Adolescência e Juventude

Conhecer para proteger

Veriana de Fátima Rodrigues Colaço
Andréa Carla Filgueiras Cordeiro
(Orgs.)

Conselho Editorial
Ângela de Alencar Araripe Pinheiro – UFC
Bernardo Monteiro de Castro – UFMG
Cláudia Regina Brandão Sampaio Fernandes da Costa – UFAM
Elder Cerqueira-Santos – UFS
Inês Silvia Vitorino Sampaio – UFC
Jaileila de Araújo Menezes-Santos – UFPE
José Célio Freire – UFC
Maria Zelma de Araújo Madeira Cantuário – UECE
Normanda Araujo de Morais – UNIFOR
Rejane Batista Vasconcelos – UFC
Vanessa Louise Batista – UFC

Adolescência e Juventude

Conhecer para proteger

© 2013 Casapsi Livraria e Editora Ltda.
É proibida a reprodução total ou parcial desta publicação, para qualquer finalidade, sem autorização por escrito dos editores.

1ª Edição	*2013*
Editor	*Ingo Bernd Güntert*
Gerente Editorial	*Fabio Alves Melo*
Coordenadora Editorial	*Marcela Roncalli*
Produção Editorial	*ERJ Composição Editorial*
Revisão	*Rogéria de Assis Batista Vasconcelos*
Projeto Gráfico de Capa	*Douglas da Rocha Yoshida*
Imagem da Capa	*Nejron Photo/Shutterstock*

Dados Internacionais de Catalogação na Publicação (CIP)
Angélica Ilacqua CRB-8/7057

Adolescência e juventude : conhecer para proteger / organizado por Veriana de Fátima Rodrigues Colaço, Andréa Carla Filgueiras Cordeiro. – São Paulo : Casa do Psicólogo, 2013.

Bibliografia.
ISBN 978-85-8040-245-2

1.Adolescentes – Brasil - comportamento 2. Adolescentes – aspectos sociais 3. Adolescentes – aspectos psicológicos 4. Adolescentes – sexualidade 5. Adolescentes – mídia 6. Autoestima I. Colaço, Veriana de Fátima Rodrigues II. Cordeiro, Andréa Carla Filgueiras

13-0316   CDD 155.5

Índices para catálogo sistemático:
1. Adolescentes – Brasil – comportamento

Impresso no Brasil
Printed in Brazil

As opiniões expressas neste livro, bem como seu conteúdo, são de responsabilidade de seus autores, não necessariamente correspondendo ao ponto de vista da editora.

Reservados todos os direitos de publicação em língua portuguesa à

Casapsi Livraria e Editora Ltda.
Rua Simão Álvares, 1020
Pinheiros • CEP 05417-020
São Paulo/SP – Brasil
Tel. Fax: (11) 3034-3600
www.casadopsicologo.com.br

Agradecimentos

Como produto de esforços coletivos, temos que reconhecer as valiosas contribuições que recebemos. Assim, agradecemos, em primeiro lugar, aos adolescentes e jovens das diferentes cidades, que participaram com muita disponibilidade dos estudos apresentados nesta coletânea, bem como às instituições que disponibilizaram seus espaços, tempo e pessoal para nos auxiliar no que foi necessário e abriram suas portas com especial receptividade para a entrada das equipes de pesquisa. Nossos agradecimentos a todos os colaboradores de pesquisa, estudantes de graduação, de mestrado e de doutorado pela dedicação e compromisso com as atividades desenvolvidas. Agradecemos ainda aos integrantes do Grupo de Trabalho da Associação Nacional de Pesquisa e Pós-Graduação em Psicologia (ANPEPP) – GT: Juventude, Resiliência e Vulnerabilidade – pelas discussões efetivadas sobre a temática do livro e, em especial, pelas contribuições para revisão do instrumento da pesquisa. Somos gratos também aos professores que fizeram a leitura dos capítulos e compuseram o Conselho Editorial. E em termos de apoio institucional, agradecemos aos Programas de Pós-Graduação em Psicologia da Universidade Federal do Ceará (UFC) e da Universidade Federal do Rio Grande do Sul (UFRGS), representados pelos laboratórios e núcleos de pesquisa envolvidos no projeto, que possibilitaram uma efetiva parceria e o rico intercâmbio estabelecido. Finalmente, reconhecemos a contribuição do Conselho Nacional de Pesquisa (CNPq) pela significativa colaboração financeira e apoio institucional, que viabilizaram a realização do projeto.

Sumário

Prefácio 9
   Silvia Helena Koller

Conhecendo adolescentes e jovens de escolas públicas de Fortaleza:
Concepção, método e procedimentos da pesquisa 13
   Veriana de Fátima Rodrigues Colaço, Idilva Maria Pires Germano, Luciana Lobo Miranda, Andréa Carla Filgueiras Cordeiro, Zulmira Áurea Cruz Bonfim

Aspectos éticos na pesquisa com adolescentes: Consentimento
parental e intervenções em casos de risco 53
   Juliana Burges Sbicigo, Cristina Benites Tronco, Débora Dalbosco Dell'Aglio

Relações com a escola e fatores psicossociais positivos na adolescência 81
   Luciana Fernandes Marques, Débora Dalbosco Dell'Aglio

A significação do ensino médio para a juventude da escola pública
de Fortaleza 103
   Paula Brígido Rodrigues, Luciana Lobo Miranda

Adolescência e juventude: Problematizando a medida de proteção de
acolhimento institucional 133
   Andréa Carla Filgueiras Cordeiro, Jacquelyne Nathaly dos Santos Moura, Joyce Hilario Maranhão

Adolescência e envolvimento em situações ilegais: Diferenças de gênero 169
Guilherme Machado Jahn, Fernanda Lüdke Nardi, Débora Dalbosco Dell'Aglio

Juventude, sexualidade e mídia: Aspectos analisados no município de Fortaleza 199
Luciana Lobo Miranda, Mauro Michel El Khouri, Paula Brígido Rodrigues, Iago Cavalcante Araújo, Diego Mendonça Viana, Natália Parente Pinheiro, Shirley Dias Gonçalves, João Paulo Pereira Barro

Autoestima e comportamento sexual de risco: A questão da vulnerabilidade pessoal 237
Elder Cerqueira-Santos, Othon Cardoso de Melo Neto

Fatores de risco e proteção em adolescentes vítimas de violência sexual 261
Samara Silva Santos, Lara Lages Gava, Cátula Pelisoli, Débora Dalbosco Dell'Aglio

Identidade étnica e percepção de preconceito racial em jovens de escolas públicas de Fortaleza 293
Veriana de Fátima Rodrigues Colaço, Walberto Silva dos Santos, Janaína Farias de Melo, Guilherme Sobreira Lopes

Estima de lugar e indicadores afetivos: Aportes da psicologia ambiental e social para a compreensão da vulnerabilidade social juvenil em Fortaleza 317
Zulmira Áurea Cruz Bomfim, Helenira Fonseca de Alencar, Walberto Silva dos Santos, Samara Silva Silveira

Vozes em contexto de desvantagem: Ressignificando o risco social em histórias de adolescentes 343
Letícia Leite Bessa, Idilva Maria Pires Germano

Trajetórias de vida, risco e proteção social em estudo biográfico com jovens 377
Idilva Maria Pires Germano

Anexo A 417

Anexo B 444

Sobre os Autores 447

Prefácio

Fazer pesquisa é mais do que ter um objetivo, coletar dados e chegar a um resultado. Para alguns grupos, a pesquisa só se finaliza quando, efetivamente, a resposta à comunidade é dada com responsabilidade e competência. Esta é parte da tarefa cumprida com a publicação deste livro. *Adolescência e juventude: conhecer para proteger* consiste em uma retribuição às tantas pessoas que se envolveram na atividade de informar sobre suas vidas, os fatores de risco que lhes inquietavam, os aspectos que consideravam promotores de saúde e bem-estar e os cuidados que recebiam de suas redes de apoio social e afetivo. As organizadoras e autores, com esta publicação, ampliam o foco para além dos participantes de suas investigações, levando ao público interessado muitos dados de relevância e que poderão inspirar outros estudos, bem como o cuidado a jovens e adolescentes com os quais convivam.

O livro representa também a finalização de um projeto de intercâmbio entre grupos de pesquisa dos Programas de Pós-Graduação em Psicologia da Universidade Federal do Ceará (UFC) e da Universidade Federal do Rio Grande do Sul (UFRGS), financiado pelo edital "Casadinho" do CNPq e que possibilitou a realização de investigações que tiveram como tema central a juventude e as condições de vulnerabilidade em articulação com fatores sociais e pessoais de proteção. Esta temática congrega pesquisadores que integram o Grupo de Trabalho Juventude, Resiliência e Vulnerabilidade, da Associação Nacional de Pesquisa e Pós-Graduação em Psicologia (ANPEPP), que originou a construção dessa proposta de intercâmbio e do qual grande parte dos autores dos capítulos são membros.

O primeiro capítulo **Conhecendo Adolescentes e Jovens de Escolas Públicas de Fortaleza: Concepção, Método e Procedimentos da Pesquisa,** de Veriana de Fátima Rodrigues Colaço, Idilva Maria Pires Germano, Luciana Lobo Miranda, Andréa Carla Filgueiras Cordeiro e Zulmira Áurea Cruz Bonfim, cumpre a tarefa introdutória do livro, trazendo uma visão sobre quem são os participantes da pesquisa e o que foi executado em sua trajetória de investigação científica. Em seguida, Juliana Burges Sbicigo, Cristina Benites Tronco e Débora Dalbosco Dell'Aglio apresentam os **Aspectos Éticos na Pesquisa com Adolescentes: Consentimento Parental e Intervenções em Casos de Risco,** que foram necessários para a realização desses estudos, bem como de vários outros que requerem o envolvimento da família, sua concordância e especialmente quando se tratam de casos que apresentam riscos.

Em seguida, com uma perspectiva sublinhada pela saúde e busca de bem-estar, o capítulo **Relações com a Escola e Fatores Psicossociais Positivos na Adolescência,** de Luciana Fernandes Marques e Débora Dalbosco Dell'Aglio, sublinha a importância da escola e a necessidade de que este contexto seja realmente promotor desses aspectos nessa faixa etária. Da mesma forma, em **A Significação do Ensino Médio para a Juventude da Escola Pública de Fortaleza,** Paula Brígido Rodrigues e Luciana Lobo Miranda enfatizam a perspectiva quanto ao papel da escola, neste caso a pública, para os jovens.

Como não poderia deixar de ocorrer em um livro como este, são tecidas as melhores considerações sobre os **Fatores de Risco e Proteção: Adolescentes e Jovens com Vivência de Acolhimento Institucional**, por Andréa Carla Filgueiras Cordeiro, Jacquelyne Nathaly dos Santos Moura e Joyce Hilario Maranhão. Tais instituições tão presentes na vida de alguns de nossos jovens e adolescentes, especialmente depois da implementação do Estatuto da Criança e do Adolescente, precisam sempre ser levadas em conta, valorizando seu papel de contextos de passagem e de superação. Com igual cuidado, Guilherme Machado Jahn, Fernanda Lüdke Nardi e Débora Dalbosco Dell'Aglio abordam temas relacionados aos comportamentos de risco em seu capítulo **Adolescência e Envolvimento em Situações Ilegais: Diferenças de Gênero**, salientando as questões referentes aos meninos e meninas de forma diversa.

Na linha de questões relativas às diferenças de gênero, Luciana Lobo Miranda, Mauro Michel El Khouri, Paula Brígido Rodrigues, Iago Cavalcante Araújo, Diego Mendonça Viana, Natalia Parente Pinheiro, Shirley Dias Gonçalves e João Paulo Pereira Barros enfocam, em seu texto **Juventude, Sexualidade e Mídia: Aspectos Analisados no Município de Fortaleza**, os aspectos relacionados às redes de comunicação e atualização dos jovens participantes de suas pesquisas. Elder Cerqueira-Santos e Othon Cardoso de Melo Neto discutem aspectos como a **Autoestima e Comportamento Sexual de Risco: A Questão da Vulnerabilidade Pessoal**. e Samara Silva Santos, Lara Lages Gava, Cátula Pelisoli e Débora Dalbosco Dell'Aglio salientam os **Fatores de Risco e Proteção em Adolescentes Vítimas de Violência Sexual**.

Todos estes tópicos são de suma importância para a compreensão da realidade atual vivenciada ao longo da execução da investigação científica.

Outro ponto fundamental foi tratado no capítulo **Identificação Étnica e Percepção de Preconceito Racial em Jovens de Escola**

Pública de Fortaleza por Veriana de Fátima Rodrigues Colaço, Walberto Silva dos Santos, Janaína Farias de Melo e Guilherme Sobreira Lopes. As questões tocantes ao preconceito são cada vez mais necessárias para a discussão em Psicologia, especialmente em uma sociedade que se torna mais diversa culturalmente como a brasileira.

Ao se falar em juventude e adolescência, os temas da vulnerabilização e do risco não podem ser menosprezado. A análise feita em **Vulnerabilidade Socioambiental Juvenil em Fortaleza a partir da Estima de Lugar e Autoestima** por Zulmira Áurea Cruz Bonfim, Helenira Fonseca de Alencar, Walberto Silva dos Santos e Samara Silva Silveira contrasta as crenças e representações do senso comum com muita propriedade.

E, para completar o brilho deste livro, o texto **Vozes em Contexto de Desvantagem: Ressignificando o Risco Social em Histórias de Adolescentes** de Letícia Leite Bessa, Idilva Maria Pires Germano cumpre com a expectativa final de todos os interessados em um livro sobre essas faixas etárias, enfatizando o direito à participação a todos aqueles que se debruçaram para a produção destes conhecimentos. Da mesma forma, este objetivo se repete em **Trajetórias de Vida, Risco e Proteção Social em Estudo Biográfico com Jovens**, capítulo no qual Idilva Maria Pires Germano dá, além da perspectiva da voz e do direito, a da esperança na vida de nossos adolescentes.

Convido a todos à leitura deste livro. Certamente, a cada capítulo, novas aprendizagens, mais compreensão e muito conhecimento serão obtidos. E que tudo o que se acresça ao longo deste percurso sirva para que, a cada dia, mais seja possível aos pais, mães, famílias, professores, técnicos, profissionais e aos próprios jovens e adolescentes para melhorarem sua saúde e sentirem completo bem-estar em suas vidas.

Silvia Helena Koller
Professora Doutora do Programa de Pós-Graduação em Psicologia
Universidade Federal do Rio Grande do Sul

Conhecendo adolescentes e jovens de escolas públicas de Fortaleza: Concepção, método e procedimentos da pesquisa

Veriana de Fátima Rodrigues Colaço

Idilva Maria Pires Germano

Luciana Lobo Miranda

Andréa Carla Filgueiras Cordeiro

Zulmira Áurea Cruz Bonfim

Quem são os adolescentes e jovens de Fortaleza? Quais são os interesses, atividades e vivências de seu cotidiano? Como convivem com os familiares e com o ambiente escolar e comunitário? Que instituições são percebidas por eles como apoio ante suas necessidades? Como percebem a si mesmos, suas capacidades e oportunidades futuras? Estas foram questões que mobilizaram a realização da pesquisa de que trataremos neste livro, que resultou de um projeto de intercâmbio entre o Programa de Pós-Graduação em Psicologia da Universidade Federal do Ceará (UFC) e o Programa de Pós-Graduação em Psicologia da Universidade Federal do Rio Grande do Sul (UFRGS). Seu objetivo principal foi levantar dados sobre a adolescência e a juventude na cidade de Fortaleza, a partir da análise dos seguintes indicadores: dados biossociodemográficos dos adolescentes e de suas famílias; aspectos relacionados à educação e ao trabalho; saúde, sexualidade e qualidade de vida; situações que expõem os jovens ao risco (violência intrafamiliar e na comunidade, exposição a doenças/drogas, deficiência, discriminação, institucionalização, vida na rua, conflito com a lei, separação/perda na família) e fatores protetores sociais (lazer, rede de apoio institucional e comunitária, apoio familiar, relações de amizade) e pessoais (espiritualidade, autoestima, autoeficácia, perspectiva para o futuro).

Nosso foco na juventude se justifica por esta representar uma parcela significativa da população brasileira – no censo de 2010 foram contabilizados 34.236.060 jovens de 15 a 24 anos, o que corresponde a 17,95% de toda a população (IBGE, 2011).[1] Ademais, os jovens representam a demanda para a criação de novos postos de trabalho e, além disso, estão expostos a várias condições vulneráveis, como as mais elevadas taxas de mortalidade por causas externas, a maior exposição ao uso abusivo e ao tráfico de drogas, entre outras.

Atualmente, têm se intensificado os estudos que buscam identificar fatores de risco e suas inter-relações no âmbito das populações juvenis. Entretanto, ainda há muito que conhecer sobre os jovens brasileiros, tendo em vista a diversidade cultural do nosso país. Algumas iniciativas têm se destacado dentro da perspectiva que visa a fornecer diagnósticos sociais. Uma delas é o trabalho de Waiselfisz (2004), que desenvolveu um indicador sobre o nível de desenvolvimento dos adolescentes do Brasil, denominado Índice de Desenvolvimento da Juventude (IDJ). Outro indicador foi desenvolvido em 2007 por Dell'Aglio, Cunningham, Koller, Borges e Leon (2009). Trata-se do Índice de Bem-Estar Infanto-Juvenil no Brasil (IBEIJ), que se baseou em dados do período

---

[1] Vale ressaltar que, em 05 de outubro de 2011, foi aprovado pela Câmara de Deputados o Projeto de Lei 4529/04, que institui o Estatuto da Juventude, com princípios e diretrizes para o Poder Público criar e organizar políticas para esse público considerado jovem, aquele que, segundo estabelece o próprio projeto, está compreendido na faixa etária de 15 a 29 anos.

de 2001 a 2002 relativos à qualidade de vida de crianças e adolescentes. Esses dois índices apontam os estados do Nordeste como os que obtiveram os valores mais baixos, portanto, como os que mais requerem maior empenho na efetivação de políticas voltadas para a juventude, especialmente no que diz respeito aos aspectos de saúde e educação.

Outro estudo de caráter diagnóstico nacional sobre a juventude, que originou o projeto de pesquisa de que tratamos neste capítulo e nos demais que compõem esta coletânea, refere-se a um conjunto de pesquisas que foram sistematizadas por uma equipe do Banco Mundial em parceria com representantes de organizações governamentais – como a Secretaria Especial de Direitos Humanos e o Ministério da Educação –, de organizações não governamentais – como o Instituto Cidadania – e de grupos de pesquisa – como os de pesquisadores do Centro de Estudos Psicológicos sobre Meninos e Meninas de Rua (CEP-RUA/UFRGS). Sua realização envolveu investigações feitas em vários municípios brasileiros sobre as situações de risco entre jovens no país. A pesquisa, denominada *Juventude brasileira: comportamentos de risco, fatores de risco e proteção* (Koller, Ribeiro, Cerqueira-Santos, Araújo de Morais & Teodoro, 2006), inicialmente contou com a participação de 3.500 adolescentes e jovens entre 14 e 24 anos, pertencentes aos níveis socioeconômicos mais baixos das cidades de São Paulo, Recife e Porto Alegre. Essa pesquisa, que compõe os estudos preliminares nos quais se baseia o relatório técnico *Jovens em situação de risco no Brasil* (Banco Mundial, 2006), identifica estatisticamente os fatores que predispõem os jovens brasileiros a se envolverem em comportamentos de risco e destaca, por um lado, o quadro de vulnerabilidade e, por outro, condições de proteção dessa população. O relatório técnico contém resultados dessa investigação e de outros estudos. Com esses dados, ele apresenta um panorama do que é ser jovem no Brasil, especialmente em condições bastante desfavoráveis.

Partindo desse projeto inicial, outros pesquisadores brasileiros vinculados ao grupo de trabalho *Juventude, Resiliência e Vulnerabilidade* da Associação Nacional de Pesquisa e Pós-Graduação em Psicologia (ANPEPP), coordenado pela Prof[a] Silvia Koller, estenderam o estudo a outras capitais, como Manaus, Brasília e Belo Horizonte e também à cidade de Presidente Prudente, aplicando a mesma metodologia. Essa ampliação implicou um banco de dados de mais de 7 mil respondentes, adolescentes e jovens, que configura um quadro abrangente da realidade nacional, particularmente das capitais e grandes cidades, e serviu de base para análises de aspectos específicos, como: sexualidade, gênero, religiosidade, situação laboral, bem como para discussões sobre redes de apoio, fatores de proteção e processos de resiliência da juventude brasileira.

Como ramificação da pesquisa de âmbito nacional, o estudo que apresentamos neste capítulo seguiu os mesmos propósitos ao analisar a realidade da cidade de Fortaleza e ampliar as informações obtidas no Nordeste, até então restritas a Recife. A importância deste estudo está relacionada ao fato de o Ceará estar entre os estados brasileiros que apresentaram aumento crescente de situações de violência e índices de vitimização juvenil. De acordo com os dados mais recentes, publicados no *Mapa da violência 2011: os jovens no Brasil* (Waiselfisz, 2011), o Ceará teve um aumento significativo na taxa de homicídios de jovens (de 15 a 24 anos) em dez anos, passando de 22,5 (em 100 mil indivíduos) em 1998 para 45,5 em 2008, um incremento de 102,1%. Observando os dados relativos a Fortaleza, o quadro atual demonstra uma elevação ainda maior na taxa de homicídios de jovens (de 15 a 24 anos), que passou de 38 para 81,6 em 100 mil habitantes. Isso representou uma mudança da 19ª posição para 14ª no ordenamento da violência entre as capitais brasileiras (Waiselfisz, 2011, p. 39).

Segundo o pesquisador, o índice de vitimização juvenil de 41,3% exibido por Fortaleza sugere que significativos fatores de risco e exclusão dos segmentos juvenis operam para consolidar esse panorama indesejável.

Portanto, os dados estatísticos refletem condições de vulnerabilidade social a que os jovens estão expostos. Entretanto, por si só, os índices não explicam nem definem situações e, menos ainda, comportamentos de risco, tendo em vista que são as relações dinâmicas que constituem a vida cotidiana destes indivíduos que delinearão suas experiências e os levarão ou não ao envolvimento em condutas de risco social ou pessoal. Por outro lado, tais indicadores assinalam para os pesquisadores a necessidade de conhecer melhor essa realidade, aproximando os contextos regionais e locais.

Nesse sentido, nossa intenção foi levantar informações mais acuradas sobre a juventude, notadamente das escolas públicas de Fortaleza e, assim, auxiliar análises comparativas dessa população no Nordeste do país. Compreender quais são os problemas que os adolescentes e jovens enfrentam nas capitais brasileiras favorece o dimensionamento de fatores e indicadores de proteção relevantes que ajudam em seu desenvolvimento e contribuem com o planejamento das políticas públicas específicas.

Adolescência e juventude: conceitos históricos e plurais

Nossos principais fundamentos teóricos foram a Abordagem Ecológica do Desenvolvimento Humano (AEDH), desenvolvida por Urie Bronfenbrenner (1917/2005), e os pressupostos da Teoria Histórico-cultural construída por Lev Semenovich Vygotski (1896/1934). Esses modelos teóricos têm em comum a compreensão do desenvolvimento humano como um processo construído socialmente, que supõe a inserção da pessoa em determinado contexto histórico e cultural.

Além dos pressupostos mais gerais, entendemos que trabalhar com conceitos como juventude, risco, vulnerabilidade, proteção e resiliência requer também lançar mão de estudos e autores contemporâneos que apresentem concepções nem sempre alinhadas com essas teorias, mas que tenham princípios comuns sobre a visão de homem e de mundo em interação que considerem que estes se constroem e se transformam mutuamente.

O modelo bioecológico propõe que o desenvolvimento ocorre por meio de processos de interação recíproca, que implicam um ser humano ativo e em permanente intercâmbio com outras pessoas, objetos e símbolos de seu ambiente imediato (Bronfenbrenner, 2002). A Teoria Bioecológica do Desenvolvimento Humano focaliza o contexto sociocultural, as diferenças entre culturas e subculturas, atentando para a diversidade relativa aos aspectos gênero, raça/etnia e nível socioeconômico e para a temporalidade no processo histórico de construção da pessoa (Narvaz & Koller, 2004). Assim, a AEDH parte da premissa de que o desenvolvimento só pode ser entendido se for devidamente contextualizado e a partir da interação dinâmica de quatro dimensões: pessoa, processo, contexto e tempo.

A Teoria Histórico-cultural também entende o desenvolvimento como decorrente das relações do homem em sua cultura, ou seja, como um processo de humanização que se faz com base nas interações sociais estabelecidas entre as pessoas no cotidiano, no qual são construídos os significados e modos de inserção de cada um em seu contexto ambiental e social. Portanto, desenvolvimento é processo e produto da vida social (Vygotski, 1926/1995). Ao mesmo tempo que o ser humano é produto de sua cultura, esta é uma construção humana. Por conseguinte, é na imbricação entre essas duas dimensões, cultural e singular, que o indivíduo se constitui como humano. Esse processo é mediado pelas ferramentas ou instrumentos produzidos historicamente e pelos signos que vão integrar a atividade humana e transformar as funções básicas em processos superiores, que envolvem a autorregulação da conduta como uma ação volitiva e consciente. Vygotski propõe que se analise o desenvolvimento não apenas nos planos filo e ontogenético, mas no que ele considerou como planos sociogenético e microgenético. A introdução destes dois planos na investigação psicológica possibilita compreender a constituição social e cultural e, ao mesmo tempo, subjetiva e singular do ser humano. O plano microgenético envolve as experiências particulares, as vivências afetivo-volitivas que constituem a subjetividade de cada um e que, concomitantemente, criam condições de possibilidade de transformação social.

Essas duas bases teóricas entendem adolescência e juventude como construção social, fomentada pelas interações humanas (Ozella, 2003) e, consequentemente, não resultante de uma determinação biológica e maturacional. São conceitos historicamente construídos e que se apresentam na contemporaneidade com forte significado social.

Um aspecto relevante a se considerar é que não há definições unificadas acerca dos conceitos de adolescência e juventude, nem sequer sobre os marcos etários destes. Isso pode ser percebido facilmente quando buscamos as referências a esse respeito e observamos que, de acordo com a Organização Mundial da Saúde (2010), adolescente é o indivíduo que se encontra entre os 10 e 19 anos de idade e, segundo o Estatuto da Criança e do Adolescente – ECA (Brasil, 1990), outra faixa etária é identificada, a dos 12 aos 18 anos, que é também adotada pelo Fundo das Nações Unidas. O Instituto Brasileiro de Geografia e Estatística (IBGE), juntamente com a Organização das Nações Unidas não especificam adolescência, e, sim, situam a juventude entre os 15 e os 24 anos de idade (IBGE, 1998).

No que tange à conceituação, a variabilidade ocorre em função, principalmente, das bases teóricas e das áreas da ciência que procuram se apropriar desses termos. No campo da Psicologia, é muito frequente o foco na adolescência, identificada nas teorias de desenvolvimento como fase intermediária entre a infância e a adultez que apresenta características merecedoras de estudos específicos. As teorizações mais tradicionais (Aberastury & Knobel, 1981, Erikson, 1972) abordam a adolescência com uma visão universalizante e marcada pela condição de crise, especialmente por ser concebida como fase de transição, em cujas transformações biológicas intensas são balizadoras da compreensão do processo desenvolvimental dos indivíduos que nela se encontram. Abordagens mais recentes (Castro, 2006; Ozella, 2003) problematizam essas visões e passam a compreender adolescência e juventude como construtos teóricos concebidos em função de parâmetros socioculturais de inserção dos indivíduos e de relações geracionais Em seus discursos, elas acentuam a pluralidade de vivências possíveis nessas faixas etárias mais jovens. Nesse sentido, prevalece o uso dos termos "adolescências" e "juventudes" para enfatizar a multiplicidade de experiências e contextos culturais produtores de determinados modos de ser adolescente e jovem. Mais especificamente no caso de juventude, a conceituação aparece vinculada principalmente a fatores sociais e é abordada nos campos da Sociologia, Antropologia e Economia.

O *Relatório de desenvolvimento juvenil* de 2003 da UNESCO [United Nations Educational, Scientific and Cultural Organization] (Waiselfisz, 2004) discute essa diferenciação entre os termos e indica que

> [...] há distinção entre juventude e adolescência no que se refere aos aspectos social, cultural e emocional. O termo juventude tem um sentido dinâmico e coletivo, e nos remete a um segmento populacional que faz parte de uma determinada sociedade, ao passo que a adolescência nos conduz a um aspecto mais relacionado ao plano individual e demarcado cronologicamente. (p. 13)

Dessa forma, em nosso estudo, que seguiu as indicações gerais da pesquisa nacional *Juventude brasileira: comportamentos de risco, fatores de risco e de proteção* (Koller et al., 2006), conservamos a faixa etária de 14 a 24 anos e, para algumas análises, tomamos como adolescentes os participantes que estão entre as idades de 14 e 17 anos e como jovens os que se situam entre os 18 e os 24 anos. Assim, trabalhamos com os conceitos de adolescência e juventude simultaneamente, sem, entretanto, abordá-los com definições específicas, mas nos baseando na ideia de que estávamos tentando conhecer uma determinada realidade da juventude de camadas populares de Fortaleza.

Por todo o exposto, é preciso considerar o jovem em um determinado tempo histórico e contexto social, inclusive porque o pertencimento a grupos e à coletividade tem especial significação na realidade atual. Segundo Dayrell e Barbosa (2009),

> [...] a questão do coletivo na vida dos jovens é fundamental, na qual ser jovem implica, a princípio, ser grupo. É mediante a troca de experiências e da necessidade de pertencer a um agrupamento que eles constroem sua subjetividade, interpretam o mundo que os rodeia e passam a se conhecer melhor. (p. 240)

Requer também admitir que, em uma sociedade marcada por desigualdades sociais, as expectativas e oportunidades para os jovens não são as mesmas, se comparadas as camadas populares e as classes mais abastadas economicamente. Enquanto são depositadas nos jovens de classe média as mais diversas esperanças e, para alcançá-las, são disponibilizados diferentes recursos, para os jovens de classe popular, restam oportunidades pouco valorizadas. Apesar das diferenças, que são inúmeras, todos têm sonhos e compartilham os mesmos apelos midiáticos que os aproximam em termos de anseios com relação a posições sociais e consumo de produtos. Alcançar tais posições e realizar os sonhos, no entanto, torna-se uma tarefa extremamente mais difícil para os jovens pobres, que precisam inclusive enfrentar visões preconceituosas sobre sua competência, para superar as limitações de ordem econômica.

Risco e proteção: uma análise dialética desses conceitos

Estudar o tema da juventude nos leva a pensar nas categorias vulnerabilidade e risco, mesmo que seja para lançar um questionamento quanto ao porquê dessa imediata relação, conforme encontramos comumente na literatura.

De um lado, ao relacionar a juventude à idade da força e vitalidade e à disposição para vivências intensas, pode-se abordar a noção de risco como aventura, coragem e situações-limite (Spink, 2001), algo que reforça e qualifica a visão idealizada da juventude, apresentando a situação de risco como estimuladora e atraente. Nessa perspectiva, o risco tem como contrapartida a satisfação pessoal presente em situações que possibilitam a vivência de "emoções radicais" e, em vez da lógica da prevenção e de ações direcionadas a evitá-lo, é enfatizada a sua positividade (Spink, Pereira, Burin, Silva & Diodato, 2008).

Por um viés oposto, surgem as ideias de suscetibilidade ou vulnerabilidade ligadas ao jovem, mais particularmente ao adolescente, em função de sua condição de pessoa em desenvolvimento, portanto, não suficientemente "madura" para enfrentar situações difíceis e tomar decisões adequadas diante da realidade social na qual se situa. Nesse ponto de vista, o risco se coloca como situação a ser evitada ou controlada, pois envolveria condições sociais e ou pessoais desfavoráveis ao pleno desenvolvimento humano. Assim, de acordo com Koller, Cerqueira-Santos, Morais e Ribeiro (2005), os "fatores de risco" estariam vinculados a condições externas que implicam a falta de rede de apoio social e a exposição a situações de violência, insalubridade e privações ou a características internas referentes a problemas de ordem psicológica ou de "coesão ecológica" (falta de amigos, insegurança ou violência no convívio familiar etc.).

De forma mais ampla, podemos tratar a noção de risco a partir dos referenciais da sociedade contemporânea, a chamada "sociedade do risco", à luz das discussões de Beck (1998) acerca da pós-modernidade ou pós-industrialismo. O autor advoga a tese que afirma que

> [...] enquanto que na sociedade industrial a "lógica" da produção de riqueza domina a "lógica" da produção de risco, na sociedade do risco se inverte esta relação [...]. As forças produtivas perderam sua inocência na reflexividade dos processos de modernização. A ganância do poder do "progresso" técnico-econômico se vê eclipsada cada vez mais pela produção de riscos. (p. 19)

Assim, a condição de risco constitui o próprio processo de modernização e se torna ameaça ao ambiente, aos animais e aos seres humanos. Porque tende à globalização, o risco se estende a todos, independentemente de idade ou classe social, não se restringe a lugares ou grupos específicos. Na "sociedade do risco", a idealização da pretensa divisão da riqueza produzida pelo avanço industrial e tecnológico é substituída pela lógica da divisão dos riscos. Conforme as palavras de Beck (1998, p. 25), "Na modernidade avançada, a produção social da *riqueza* vai acompanhada sistematicamente pela produção social de *riscos*". Eles se apresentam sob a forma de ameaças globais envolvendo guerras nucleares, terrorismo, lixo atômico, devastações ambientais, destruição da própria vida na terra. Na ótica desse autor, os riscos da sociedade atual ultrapassam os limites do individual ou social restrito. Estamos, portanto, submetidos a situações de risco em virtude de um desenfreado processo de modernização que não tem como limite a manutenção da vida, mas, sim, está sob o domínio de interesses econômicos e da intensificação do consumo.

No que tange à percepção de risco, a Psicologia Ambiental também contribui para compreendê-la nas condições de vulnerabilidade social e ambiental vivida por jovens. Dentro desse marco teórico, o risco é visto como um construto social que pode amplificar ou diminuir a noção de um perigo ou acontecimento (Garcia-Mira, 2005). Quer dizer, o que é avaliado como risco para determinada classe ou grupo social, para outros, pode ser percebido como algo que faz parte do cotidiano e traz benefícios. Lugares difundidos pela mídia como perigosos e propícios ao perigo nem sempre são vistos pelos jovens dessa maneira. Os sentimentos de pertença das pessoas ou grupos sociais a seu lugar ou bairro e a importância do *status* socioeconômico de determinada atividade podem atenuar a circunstância causadora do risco (Moffatt, Hoeldk & Pless como citado em Garcia-Mira, 2005).

Em suma, os fatores de risco concebidos socialmente e de forma apriorística não correspondem necessariamente à percepção que os indivíduos têm deles. Como processo subjetivo, é preciso levar em conta o significado do risco para cada um. Desse modo, fica evidente que o fato de estar submetido a condições vulneráveis não implica o envolvimento em comportamento de risco, seja esta de ordem social ou pessoal.

Tentando articular as diferentes concepções, vamos situar esse conceito no campo em que se encontram os jovens participantes da pesquisa. São jovens de escolas públicas que, no Nordeste e notadamente em Fortaleza, provêm, quase exclusivamente, das camadas sociais economicamente desfavorecidas. Por esse motivo, estão em condições de vulnerabilidade, se levarmos em conta a conceituação de Abramovay (2002), que afirma

> A vulnerabilidade social é tratada aqui como o resultado negativo da relação entre a disponibilidade dos recursos materiais ou simbólicos dos atores, sejam eles indivíduos ou grupos, e o acesso à estrutura de oportunidades sociais, econômicas, culturais que provêm do Estado, do mercado e da sociedade. (p. 13)

Os jovens estão, nesse contexto, sob o foco do Estado, que tem atuado muito mais em uma abordagem de gerenciamento dos fatores de risco do que no cumprimento de políticas sociais que garantam a superação das condições de vulnerabilidade. Entretanto, é importante ressaltar o papel da Doutrina da Proteção Integral, implantada com o Estatuto da Criança e do Adolescente (ECA), que tem servido de suporte para que a sociedade exija do Estado a garantia dos direitos da população infanto-juvenil.

Os fatores de risco também são analisados em sua relação com os fatores de proteção, tendo em vista que a rede de apoio socioinstitucional ou pessoal disponível entra na dinâmica de atuação das situações de risco e pode minimizá-las. Uma visão processual desses fatores os coloca em uma relação dinâmica, uma vez que, em determinadas condições, risco e proteção podem fazer parte de um mesmo fator. Por exemplo, a gravidez na adolescência, que é considerada um risco, também pode ter um papel estruturador para a adolescente e até de mudança positiva nas relações familiares. O estudo realizado por Dias (2009) com o banco de dados da pesquisa *Juventude brasileira: comportamentos de risco, fatores de risco e de proteção* sobre as expectativas de futuro de jovens que vivenciaram a gravidez mostra que

> A gravidez juvenil é valorizada pelas jovens, pois reafirma seus projetos de "ser alguém na vida". Ao contrario do que se pensa, a gestação neste período não restringe as expectativas e planos para o futuro da gestante, ela os reafirma. [...] As jovens estudadas observam que a maternidade é uma espécie de passaporte para o mundo adulto, reconhecido socialmente, que atualiza os esforços despendidos pela jovem e por sua família em termos de escolarização. (p. 178)

Conforme analisam Yunes e Szymanski (2001), complexos mecanismos mediadores atuam nas situações de risco e interferem nas consequências deste para o desenvolvimento. Tais mecanismos se referem a acontecimentos que antecedem ou sucedem a ocorrência do que chamam de "evento-chave" (fator de risco) e vão possibilitar a vivência deste como risco ou proteção. Dessa forma, para as autoras, os fatores de risco operam diferentemente em momentos distintos do desenvolvimento e podem constituir proteção, dependendo das circunstâncias em que ocorrem.

Tomando por base os pressupostos vygotskianos, as considerações sobre os processos histórico-culturais constitutivos do desenvolvimento humano tornam-se imprescindíveis para uma compreensão dialética da relação entre risco e proteção. O modo como a realidade social afeta o indivíduo não é definido por essa realidade, mas pelas significações que ela adquire no decorrer das experiências de vida e de relações com os outros. Diante de situações de vulnerabilidade social, cada pessoa se organiza com os diferentes suportes de que dispõe, tanto sociais como individuais. Entretanto, esses suportes (fatores de proteção) se efetivarão como tal, de acordo com o que representam e de como se articulam com a história particular de cada um e com suas condições concretas de existência. A pessoa não é um reflexo de seu contexto, nem uma individualidade independente deste, mas, sim, constitui-se na interdependência entre o si mesmo e suas relações sociais. E a chave para essa compreensão está no processo de significação, portanto, nas condições pragmáticas em que os significados e sentidos são construídos no cotidiano dos jovens e em como estes se organizam e se apropriam das experiências formadoras de seu desenvolvimento. Como afirma Toassa (2004) ao analisar o conceito de liberdade em Vygotski,

> Qualquer ser humano que se aproprie da linguagem é, de algum modo, livre, pois a palavra não é reflexo estático da realidade na consciência. É também pensamento e comunicação, é expressão

de determinadas lutas de motivos – embora o controle do discurso seja, sem dúvida, a mais eficiente forma de dominação material do processo de tomada de consciência. (p. 10)

Finalmente, ressaltamos na temática sobre risco que este existe porque o ser humano supera qualquer previsibilidade determinística e, nas mais variadas situações, há possibilidades de escolha, por mais limitadas que elas sejam diante de restrições socioeconômicas ou das diversas formas de dominação.

Resiliência: focalizando as capacidades de enfrentar adversidades

Nas Ciências Humanas, o conceito de resiliência está relacionado a processos envolvidos na superação de adversidades e crises por indivíduos e coletividades. Originalmente, o conceito vem da Física e é aplicado para nomear a capacidade que um material possui de resistir a deformações e voltar a seu estado inicial após cessar a fonte de tensão. Na Física, portanto, como afirma Yunes (2006, p. 49): "a resiliência refere-se à capacidade de um material absorver energia sem sofrer deformação plástica ou permanente".

Como objeto privilegiado dos estudos no âmbito da Psicologia Positiva,[2] a resiliência tem sido investigada especialmente por abordar a capacidade das pessoas de superar graves problemas e situações

---

[2] Psicologia Positiva é um movimento na psicologia contemporânea que busca lançar uma visão mais apreciativa sobre capacidades, potenciais e motivações humanas, em vez de enfatizar as patologias e desordens. Estudiosos nessa abordagem tendem a focalizar os fenômenos, processos e condições que promovem o desenvolvimento saudável (Sheldon & King, 2001; Seligman & Csikszentmihalyi, 2000).

de sofrimento no curso da vida, mantendo, contudo, a sua saúde emocional e a competência para agir.

O desenvolvimento dos estudos e uma reflexão mais crítica vêm relativizando a noção de invulnerabilidade que foi atrelada ao conceito na década de 1970 (Yunes, 2003). Dos anos 1980 para cá, outras revisões críticas têm buscado refinar o conceito, de modo a tornar mais equilibrados os atributos e as dimensões desse processo, anteriormente muito centrado nas capacidades individuais e com tendência a ser reificado, isto é, considerado como algo fixo e não contingente e processual.

Para Rutter (1987 como citado em Poletto & Koller, 2006, p. 24), a resiliência refere-se a uma "variação individual em resposta ao risco", é dizer, "os mesmos eventos estressores podem ser experienciados de maneira diferente por diferentes pessoas ". Não sendo atributo fixo do indivíduo, a resiliência se altera com a mudança das circunstâncias. O fenômeno envolve um conjunto de processos sociais e intrapsíquicos, bem como certas combinações que resultam benéficas entre as características pessoais, familiares, do ambiente social e cultural. No desenvolvimento da resiliência, Rutter (citado por Poletto & Koller, 2006, p. 26) considera importantes as experiências positivas que levam aos sentimentos de autoeficácia, autoestima e autonomia, assim como à capacidade de adaptar-se a mudanças e se valer de um repertório amplo para a resolução de problemas.

A abordagem bioecológica do desenvolvimento humano, ao integrar aspectos individuais e ambientais em um modelo sistêmico e transacional (contexto, pessoa, tempo e processo), pode contribuir para o refinamento do construto da resiliência.

O conceito de resiliência, por focalizar as capacidades relacionais para ultrapassar crises e também para a saúde e o bem-estar (ênfase salutogênica), ajuda a rever concepções tradicionais a respeito de como intervir nos problemas vividos por populações pobres em condições de risco e vulnerabilidade. Passa-se a reconhecer e estimular nessas populações suas próprias capacidades para sobreviver, manter a união, proteger seus membros e construir trajetórias de desenvolvimento saudável, apesar da precariedade material e das condições de vida bastante desfavoráveis. Sob a ótica da resiliência, intervir nessas comunidades implica potencializar tais processos nesses segmentos sociais, por meio de políticas públicas mais focadas nas relações de proteção, cuidado e acolhimento, no âmbito da escola, dos programas de saúde, do sistema jurídico e em outros.

Seguindo a inspiração construtivista, os trabalhos de Ungar (2004) têm defendido um olhar mais tolerante para a diversidade de formas como a resiliência é promovida e mantida em diferentes contextos culturais. Desse modo, o conceito perde o acento universalista e etnocêntrico para abarcar "a pluralidade de sentidos que os indivíduos negociam em suas autoconstruções como resilientes" (Ungar, 2004, p. 345). Ele redefine-se como "resultado de negociações entre indivíduos e seus ambientes pelos recursos para definir a si mesmos como saudáveis em meio a condições coletivamente vistas como adversas" (Ungar, 2004, p. 342). A reflexão do autor leva a questionar, inclusive, "se a resiliência pode ser alcançada mediante caminhos alternativos tipicamente considerados como indicativos de vulnerabilidade" e "dentro de cada contexto cultural e social particular, o que as próprias pessoas distinguem como funcionamento saudável". (ibid., p. 360). Como fruto de estudos transculturais, essa linha de pesquisa sugere que a resiliência pode ser compreendida como um modo de o indivíduo solucionar um conjunto de "tensões": acesso a recursos materiais, identidade, relacionamentos, coesão social, aderência cultural, poder e controle e justiça social. O sucesso depende, portanto, de forças e recursos de que o indivíduo dispõe internamente, mas também daqueles recrutados em sua família, comunidade e cultura.

Sobre a metodologia da pesquisa

Baseando-se no objetivo principal da pesquisa, fundamentalmente voltado à caracterização do perfil de adolescentes e jovens de escolas públicas de Fortaleza, a investigação teve um caráter eminentemente quantitativo-descritivo. Entendemos que estudos quantitativos permitem uma visão panorâmica da realidade e a identificação de problemáticas, que só serão compreendidas em sua complexidade por investigações aprofundadas que forneçam explicações do fenômeno. Se considerarmos que estamos lidando com pessoas e subjetividades, não acreditamos que somente indicadores estatísticos forneçam todas as explicações necessárias aos problemas ou fenômenos humanos. Nesse sentido, abordagens qualitativas são caminhos metodológicos que fornecem as ferramentas complementares mais adequadas. E, no nosso caso, que intentamos conhecer melhor as condições concretas da juventude em Fortaleza, desde o início da pesquisa vislumbramos essa complementaridade investigativa. Alguns capítulos deste livro apresentam desdobramentos qualitativos já iniciados pelas pesquisadoras envolvidas no projeto.

O estudo, desde as primeiras reuniões de organização da equipe, leituras e discussões sobre a temática, revisão do instrumento (questionário descrito adiante) e estudo-piloto até a coleta e análise de dados, foi realizado de janeiro de 2009 a setembro de 2011. Especificamente com relação aos trabalhos de campo, os períodos de realização foram: novembro de 2009 (estudo-piloto) e de janeiro a julho de 2010 (aplicação dos questionários). Este último período foi planejado de acordo com o calendário de reposição de aulas das escolas municipais e estaduais que passaram por interrupções de atividades devido a greves de professores em 2008 e 2009.

O delineamento da pesquisa seguiu a mesma direção do estudo nacional *Juventude brasileira: comportamentos de risco, fatores de risco e de proteção* (Koller et al., 2006) e foi efetuado conforme detalhamento que explicitado a partir de agora.

A primeira fase da pesquisa envolveu uma revisão do instrumento, o questionário utilizado na pesquisa nacional (Koller e col., 2005). A revisão visou reconfigurar o instrumento para que ele servisse não apenas a esta pesquisa, mas para subsidiar estudos em outros contextos. Deu-se com base em discussões, tanto das equipes de pesquisa de Fortaleza e de Porto Alegre quanto em sugestões feitas pelos integrantes do GT da ANPEPP, denominado *Juventude, Resiliência e Vulnerabilidade*.

Ainda nessa fase de revisão, houve também a aplicação do questionário entre os colaboradores da pesquisa, de modo que o instrumento fosse conhecido integralmente e, ao mesmo tempo, submetido à análise acerca da clareza dos itens e das principais dificuldades de compreensão que os jovens poderiam ter. Para complementar e validar o instrumento, foi feito um estudo-piloto em Fortaleza, quando o questionário já revisado foi aplicado a 64 adolescentes e jovens, de ambos os sexos e idade entre 14 e 24 anos, em duas instituições educacionais que não são escolas públicas, porém atuam com o mesmo público da pesquisa, jovens de faixa etária semelhante e oriundos de classe popular. A primeira instituição é uma organização não governamental que realiza trabalhos educativos por meio da dança e oferece serviços de apoio educacional para seu público-alvo. A segunda instituição conta com um projeto social filantrópico em uma escola particular e funciona no período da noite como Educação de Jovens e Adultos (EJA). Com essa aplicação, foi possível verificar o tempo médio de preenchimento das questões (de 30 a 60 minutos), assim como as dificuldades mais frequentes apresentadas pelos jovens, para preparar as equipes de pesquisadores para as situações de campo nas escolas.

No caso da aplicação com os adolescentes da ONG, foi realizada uma dinâmica de grupo que tinha o propósito de sensibilizar os participantes para os temas contidos no questionário. A dinâmica aproximou-se da metodologia do Círculo de Cultura proposta por Paulo Freire (2005) e as palavras geradoras eram referentes a esses temas: jovem, família, escola, drogas, trabalho, sexualidade, mídia, preconceito, medo, lazer, expectativa e futuro.

Seguiram-se a essa fase de reconfiguração do questionário as definições sobre a amostra, que envolveu a elaboração do cálculo amostral para quantificação do número de escolas e estudantes que participariam do estudo.

A cidade de Fortaleza apresenta uma forma de distribuição de renda bem específica. A população de classe baixa não se encontra apenas na periferia, existem "bolsões" de pobreza distribuídos por toda a cidade, inclusive em bairros nobres, porém concentrados de forma mais intensa às margens da cidade. Como organização político-administrativa, Fortaleza é dividida em seis Secretarias Executivas Regionais (SER), cada uma composta por vários bairros. Então, considerando esses aspectos, bem como o fato de não se ter, na época, dados atualizados do Índice de Desenvolvimento Humano (IDH) por bairros que pudessem orientar a distribuição da amostra segundo as condições socioeconômicas, resolvemos fazer o cálculo amostral contemplando escolas públicas municipais e estaduais das seis regionais da capital. Esse cálculo foi baseado em uma amostra probabilística, por conglomerado, de estudantes matriculados no 7°, 8° e 9° anos das escolas municipais e do 7° ano do Ensino Fundamental ao 3° ano do Ensino Médio, incluindo-se os alunos da formação continuada em Educação de Jovens e Adultos (EJA), das escolas estaduais da cidade. Tomando as seis regionais como unidades amostrais primárias, foram escolhidas aleatoriamente três escolas municipais e três estaduais em cada regional. Em seguida, considerando a população de alunos matriculados em 2010 nas respectivas séries das redes municipais (32.237) e estaduais (142.696), foi selecionado randomicamente (intervalo de confiança = 95% e nível de significância = 0,04) o número de participantes do estudo em cada uma das redes de ensino. Esse número foi distribuído proporcionalmente em função do número total de matriculados em cada Regional, por série e tipo de escola (municipal e estadual). A partir dos dados referentes à população dos sexos feminino e masculino da cidade de Fortaleza, fornecidos pelo IBGE (2000), os estudantes foram divididos, proporcionalmente, em função do sexo (46,8% do sexo masculino e 53,2% do feminino). Assim, a totalização da amostra deveria ter sido de 1.189 participantes. Entretanto, por razões que explicaremos mais adiante, tivemos um total de 1.140 questionários analisados.

Os aspectos éticos foram assegurados com base na Resolução nº 196 do Ministério da Saúde (1996), na Resolução nº 016 do Conselho Federal de Psicologia (CFP, 2000) e no Estatuto da Criança e do Adolescente (1990).[3] Além do Termo de Consentimento Livre e Esclarecido, que foi assinado pelos pais ou responsáveis legais dos participantes menores de idade e pelos próprios, no caso dos jovens com 18 anos ou mais, todos os estudantes das turmas escolhidas foram consultados acerca de seu interesse em participar do estudo, após serem devidamente esclarecidos sobre os objetivos da pesquisa, os procedimentos e a garantia de sigilo das informações pessoais. No decorrer das aplicações dos questionários, foi disponibilizada assistência individualizada por parte da equipe de pesquisa, quando algum participante necessitava de apoio durante ou imediatamente após a realização da aplicação do questionário.

---

[3] O projeto foi submetido ao Comitê de Ética em Pesquisa da UFC e obteve aprovação, conforme declaração anexa no final do livro.

Participaram do estudo, então, adolescentes e jovens na faixa etária de 14 a 24 anos de idade, de ambos os sexos, que frequentavam o Ensino Fundamental, Médio e EJA em escolas públicas estaduais ou municipais da cidade de Fortaleza.

Tabela 1. Caracterização da amostra (n = 1.140)

Variável	Níveis	f	%
Sexo	Masculino	479	42,0
	Feminino	660	57,9
	Não responderam	1	0,1
Idade	14 a 15 anos	409	35,9
	16 a 17 anos	355	31,1
	18 a 19 anos	276	24,2
	20 a 21 anos	63	5,6
	22 a 24 anos	36	3,1
	Não responderam	1	0,1
Estado civil	Solteiro	1.058	92,8
	Casado	9	0,8
	Mora junto	30	2,6
	Viúvo	3	0,3
	Outro	40	3,5
	Não responderam	-	-
Cor	Branca	195	17,1
	Negra	124	10,9
	Parda	724	63,5
	Amarela	44	3,9
	Indígena	40	3,5
	Não responderam	13	1,1
Renda familiar	Até 1 S M	49	4,3
	Acima de 1 S M	189	16,6
	Acima de 2 S M	154	13,5
	Não sabem	747	65,5
	Não responderam	1	0,1

Para esta pesquisa, foi utilizado como instrumento o questionário Versão II (Dell'Aglio, Koller, Cerqueira-Santos, & Colaço, 2011). Essa segunda versão do "Questionário da juventude brasileira" (ver Apêndice 1 deste livro) passou a ser constituída de 77 questões, sendo algumas de múltipla escolha e outras em formato *Likert* de cinco pontos sobre intensidade e frequência. Na nossa investigação em Fortaleza, para complementar dados específicos dos subprojetos envolvidos neste projeto geral, foram acrescentados três itens em folha anexa (dois objetivos e um descritivo) que se referem aos temas: mídia, trabalho e expectativas de futuro. O questionário foi organizado por temas, iniciando com dados biossociodemográficos e seguindo com educação, saúde, trabalho, religião, família, drogas, suicídio, sexualidade, violência intrafamiliar e extrafamiliar, deficiência, situações ilegais, eventos estressores, preconceito, lazer, mídia, autoestima, autoeficácia e perspectivas para o futuro. É importante esclarecer que na composição de alguns itens foram utilizadas escalas específicas: Escala de Autoestima de Rosenberg (1989), adaptada por Reppold e Hutz (2002), itens do instrumento de Schwarzer e Jerusalém (1995), adaptado por Teixeira e Dias (2005), Escala de Religiosidade (Cerqueira & Koller, 2009), assim como as questões sobre drogas, extraídas da pesquisa do Centro Brasileiro de Informações sobre Drogas Psicotrópicas [CEBRID] (Carlini et al., 2006).

Para a coleta e análise de dados, foram formados subgrupos coordenados pelas professoras da equipe de pesquisa, autoras deste capítulo. Cada subgrupo foi composto por estudantes de graduação e pós-graduação em Psicologia, alguns deles integrantes dos núcleos do Departamento de Psicologia da UFC envolvidos no projeto, especificamente: Núcleo Cearense de Estudos e Pesquisas sobre a Criança (NUCEPEC), Laboratório sobre Subjetividade e Contemporaneidade (LAPSUS) e Laboratório de Pesquisa em Psicologia Ambiental

(LOCUS). Todos os colaboradores, anteriormente à coleta de dados, foram treinados nos aspectos teóricos, metodológicos e éticos.[4]

Após concordância formal das Secretarias Municipal e Estadual de Educação de que as escolas fossem contatadas para o estudo e aprovação do Comitê de Ética em Pesquisa da UFC, demos início ao processo de escolha das instituições de ensino por meio de sorteio e seguindo o estabelecido pelo cálculo amostral, isto é, foram sorteadas três escolas municipais e três estaduais em cada Regional da cidade de Fortaleza. Sendo seis Regionais, foram então selecionadas 36 escolas. A aplicação do instrumento, entretanto, necessitou de dois momentos de execução. No primeiro, foram validados 733 questionários e verificou-se que as Regionais I, V e VI apresentaram menor índice de aplicação, devido a dois fatores principais, desinteresse de alguns alunos em participar da pesquisa, assim como a ausência de Termos de Consentimento Livre e Esclarecidos assinados pelos responsáveis dos alunos menores de 18 anos. Dessa forma, constatou-se a necessidade de um segundo momento de aplicação, desta vez com o objetivo de aplicar os 454 questionários que faltavam, nas Regionais defasadas. Foi, então, realizado um novo cálculo de distribuição de questionários para suprir a quantidade restante de jovens participantes. Nesse segundo momento de aplicação, foram validados 407 questionários, totalizando 1.140, um pouco menos que o número estipulado no cálculo amostral, porém dentro do quantitativo necessário para a análise de dados (mínimo de mil questionários). Dessa forma, o número de escolas foi ampliado para 43: 25 estaduais e 18 municipais.

---

[4] O treinamento da equipe de pesquisadores constou de leituras e discussões sobre o referencial teórico e de capacitações com professores participantes da pesquisa em nível nacional, a fim de esclarecer dúvidas e orientar acerca do processo como um todo. Os professores convidados foram: Débora Dalbosco Dell'Aglio (UFRGS), Elder Cerqueira-Santos (UFSE), Lucas Neiva-Silva (FURGS) e Jorge Castellá Sarriera (UFRGS).

Com cada escola sorteada para o estudo, foi feito um contato telefônico inicial e agendada uma primeira visita para explicar os objetivos da pesquisa e dar esclarecimentos sobre as nossas necessidades quanto ao número de alunos por turma, além de conhecer o espaço e a estrutura da escola, observando inclusive as condições para a aplicação dos questionários. Nessa ocasião, o contato foi feito com o núcleo gestor da escola e marcou-se o primeiro encontro com os estudantes em suas respectivas turmas, estabelecendo as datas e as turmas mais adequadas para a aplicação do instrumento. Ao nos inserirmos nas turmas, explicávamos nosso vínculo institucional e nossos interesses de pesquisa, além da importância da contribuição dos estudantes para a efetivação do estudo. Também apresentávamos o instrumento e deixávamos claro o caráter anônimo das respostas e voluntário de participação. Finalmente, líamos e explicávamos o TCLE e a necessidade de assinatura dos pais ou responsáveis no caso dos menores de idade. Após abrirmos espaço para perguntas ou comentários dos estudantes e professores presentes na sala e tendo a concordância de participação deles, entregávamos o TCLE e informávamos a data da aplicação do questionário, antecipadamente definida com a direção da escola. Quando existiam, foram contempladas turmas dos três turnos (manhã, tarde e noite), por possibilitarem acesso a perfis diferenciados de adolescentes e jovens.

A aplicação dos questionários foi coletiva e autoministrável, contando com a participação de até 35 alunos ao mesmo tempo e no mínimo dois auxiliares de pesquisa e uma das cinco professoras pesquisadoras. A aplicação do instrumento teve duração de 60 a 150 minutos (média de tempo acima da observada no estudo-piloto, mas semelhante à da pesquisa desenvolvida em São Paulo, Recife e Porto Alegre (Koller et al., 2006)).

Antes do preenchimento do questionário, durante a explicação inicial, a equipe de pesquisadores orientava os alunos com relação a diversos aspectos, ressaltando o caráter pessoal do questionário. Entretanto, apesar de serem instruídos a preencher individualmente, observamos, com frequência, alguns jovens se aglomerando com seus pares, em duplas ou trios, para responder às perguntas, principalmente aquelas iniciais. À medida que se deparavam com perguntas mais íntimas (acerca de drogas, violência e sexo, por exemplo), a tendência era que respondessem sozinhos. Porém, alguns jovens comentavam em voz alta, de forma cômica, algumas perguntas do instrumento. A equipe de pesquisadores era convocada constantemente para sanar algumas dúvidas.

Muitos alunos entregavam o questionário silenciosamente, enquanto outros comentavam uma ou outra questão ou agradeciam a oportunidade de participar. Em alguns casos, os estudantes declaravam ter gostado bastante de responder àquelas questões, principalmente por "lembrar de coisas que há tempo não lembrava ou já tinha esquecido" ou mesmo por ter "passado a vida a limpo", segundo afirmações deles.

Tanto as escolas quanto os estudantes foram informados sobre a devolução dos resultados, que seria fornecida de forma coletiva e sem separação dos dados por escola, para garantir o sigilo das respostas. Foi realizado, em dezembro de 2011, um fórum de debates com representantes das escolas participantes, das duas Secretarias de Educação e de outras entidades não governamentais que atuam na área da juventude. Nesse evento, além da apresentação dos resultados, inclusive com a distribuição de uma cartilha produzida com esse fim e do relatório final da pesquisa, foram formados grupos de discussão distribuídos pelas temáticas abordadas no questionário e os resultados das discussões foram sistematizados em plenária.

O plano de análise dos dados também seguiu os procedimentos da pesquisa nacional similar e, após a coleta dos dados em Fortaleza, foram feitas a digitação e a tabulação do banco de dados no *software*

SPSS (versão 18) e definidas as estatísticas descritivas das variáveis relacionadas a dados biossociodemográficos dos adolescentes/jovens e de suas famílias: educação e trabalho, saúde/qualidade de vida e sexualidade, comportamentos de risco (uso de drogas, tentativa de suicídio), fatores de risco (violência intrafamiliar e na comunidade, exposição a doenças/drogas, deficiência, discriminação, institucionalização, vida na rua, conflito com a lei, empobrecimento/pobreza, separação/perda na família, ideias suicidas), fatores protetores sociais (lazer, rede de apoio, coesão/satisfação familiar, relações de amizade) e pessoais (espiritualidade, valores/moralidade, autoestima, autoeficácia, perspectiva para o futuro).

Todos os resultados detalhados e algumas análises específicas estão relatados, respectivamente, no relatório técnico[5] da pesquisa e em capítulos deste livro. Apresentamos a seguir uma síntese das análises gerais produzidas a partir das respostas dos estudantes.

Síntese dos resultados: como se apresentam os adolescentes e jovens estudados

A escola pública de Fortaleza, tanto municipal como estadual, abriga estudantes das camadas populares, com baixo poder aquisitivo e complementação de renda pelos programas sociais desenvolvidos para esse fim. Tais indivíduos são de famílias numerosas (entre 4 e 5 pessoas por domicílio), na sua maioria (51,4%), caracterizadas por arranjos nucleares com pai, mãe e filhos ou monoparentais, que têm a mãe como principal responsável (30,7%) e com maior número de pais que não concluíram o Ensino Fundamental (27,3% dos pais e

---

[5] O relatório técnico está disponível na página do Programa de Pós-Graduação em Psicologia e pode ser acessado no *site* www.pospsi.ufc.br.

31,1% das mães). O maior contingente é do sexo feminino (57,9%), solteiro (92,8%), declara-se de cor parda (63,5%) e apresenta relativa defasagem com relação a seu nível de escolarização, além de alto índice de reprovação, que atinge quase metade dos participantes (46,3%). Demonstram uma visão positiva da escola, com expectativas de concluir o Ensino Médio, porém não vislumbram grandes oportunidades para a entrada na universidade. Sobre as relações no contexto escolar, observamos baixa credibilidade e confiança nos profissionais e nos colegas, o que reflete os inúmeros conflitos que permeiam o ambiente escolar, especialmente nas relações entre os pares, que podem envolver inclusive situações de *bullying*. Apesar disso, a visão positiva da instituição traz uma perspectiva otimista acerca do papel que a escola representa na vida desses jovens.

A respeito dos aspectos de trabalho, quase a maioria informa ter tido a experiência de atividade laboral (45,83%); no entanto, entre eles, são muito poucos (17,57%) os regularizados em termos salariais e de carteira profissional. O tipo de atividade varia bastante e a maior parte dos respondentes (13,6%) atua no comércio. A remuneração da maioria dos que trabalham (72,6%) é menos do que um salário mínimo.

Outro dado que podemos avaliar de forma geral como positivo se refere às condições de saúde dessa população: são bem poucos (5,4%) os que informam sofrer algum tipo de doença persistente ou crônica. Considerando a faixa etária pesquisada, esse dado era esperado. Porém a análise sobre o acompanhamento dessas condições traz um alerta, pois a maioria dos participantes parece não ter acesso fácil ao SUS nem buscar com frequência a assistência à saúde. Apenas 44,1% informam buscar o SUS.

No que tange aos dados sobre sexualidade, encontramos em nossos jovens aspectos reveladores de experiências próprias da idade, se considerada a faixa etária da primeira relação sexual, 15 a 17 anos, e a afirmação da imensa maioria (97,2%) de que a experiência foi desejada, além de não haver incidência significativa de gravidez na adolescência nem da prática de aborto. Por outro lado, é importante destacar como indicador de risco as informações sobre o uso sistemático da camisinha, indicado por apenas 61,0% dos que dizem ter vida sexual ativa. Com base nos aspectos avaliados, não se deve à falta de informação o não uso do preservativo por quase metade deles, posto que, em outras perguntas do questionário, os jovens aparentam saber a importância desse método para prevenção de doenças sexualmente transmissíveis e de gravidez indesejada. As diferenças de gênero são percebidas nesse tema, sendo que o uso da camisinha é mais frequente entre os meninos do que entre meninas. Entretanto, estas parecem mais cuidadosas com relação à prevenção de comportamentos sexuais de risco. Também são observadas diferenças de gênero a respeito do início da atividade sexual, que se dá mais tardiamente nas meninas.

Os resultados dão forte indício de que é no diálogo entre os pares (amigos) e na mídia, sobretudo a televisão, que meninos e meninas, experientes ou não, usuários ou não de preservativo, obtêm informações sobre sexo. As relações familiares e o contexto escolar, embora sejam espaços em que essas informações circulam, provavelmente não representam para os jovens ambientes privilegiados de discussão e de expressão de suas curiosidades e experiências afetivo--sexuais.

Quanto à prática de lazer, observou-se um crescimento do uso da internet comparado a pesquisas feitas no início da década atual. A televisão também é uma forte opção de lazer para os participantes (86,7% citam a TV como forma de lazer). Chama a atenção a não indicação de lugares públicos, inclusive gratuitos, como local de lazer, apesar de eles existirem em Fortaleza.

A mídia televisiva e a internet são apresentadas como principal opção de lazer. Contudo, o acesso à internet de forma gratuita ainda é limitado. O uso da internet é, inclusive, requisitado para a elaboração de trabalhos escolares, porém os estudantes informam pouco (15,2%) acesso aos laboratórios de informática de suas escolas e apresentam como opção as *lan houses* (70,5%), com acesso pago.

Alguns indicadores de vulnerabilidade e risco podem ser vislumbrados quanto ao uso de drogas, com atenção especial para as drogas lícitas (cigarro e bebidas alcoólicas, apesar de proibido o uso e a venda para menores de 18 anos), que apresenta índice elevado (61,7%) e idade precoce de ingresso no consumo (12 a 15 anos), embora, pelo tipo de perguntas feitas, não seja possível apontar uso abusivo. Com relação às drogas ilegais, os valores são baixos (8,2%), mas isso não é suficiente para avaliar positivamente o comportamento dos jovens estudados com respeito às drogas, tendo em vista que o fácil acesso às drogas legais, porém não permitidas para menores de 18 anos, abre espaço de vulnerabilidade especialmente no caso dos adolescentes.

Outro aspecto preocupante nos resultados e que também reflete condição de vulnerabilidade é o que se refere aos dados sobre violência, particularmente a violência doméstica e aquela sofrida na comunidade. Os índices são mais altos para a violência no ambiente familiar, que em princípio tem um papel de proteção e segurança. As respostas apontam os valores mais elevados de violência no ambiente familiar para **ameaça ou humilhação** e **agressão com objeto**, com 26,1% e 21,1%, respectivamente. Ademais, no contexto familiar, a violência foi muito mais avaliada negativamente, inclusive a de natureza psicológica, do que a violência sofrida no ambiente comunitário, o que pode ter repercussões graves, pois ameaça a autoimagem. Já a violência sofrida na comunidade, mesmo quando envolve agressões físicas, foi percebida com menor carga negativa. No caso da violência fora do lar, observa-se que os dados sobre **ameaça ou humilhação** e **soco ou surra** também apresentaram os porcentuais mais elevados, com índices de 26,3% e 13,9%, respectivamente, entretanto, menores que os da violência na família.

Embora a maior concentração de respostas relativas à percepção de preconceito esteja voltada para o bairro onde moram (35,5%), vale comentar os dados indicadores de discriminação étnico-racial. A percepção desse tipo de preconceito foi significativamente maior pelos participantes que se declararam negros (50%), que também são os que apresentam rendimentos mais baixos e informam mais reprovação escolar. Esses resultados corroboram os indicadores nacionais de discriminação e exclusão social da população afrodescendente e reforçam a necessidade de ampliação e efetivação das denominadas políticas afirmativas e outras que promovam a igualdade étnico-racial.

Quanto ao envolvimento em atos infracionais, não foram encontrados valores significativos (14%), principalmente nos considerados mais graves (roubo, assalto, assassinatos, por exemplo), cuja incidência foi mínima (5,6%). Esse é um dado importante, levando-se em conta os problemas apontados com relação à juventude, tida comumente como responsável pelos índices elevados de criminalidade, bem como pelos resultados sobre situações de violência sofrida por muitos dos participantes. É preciso fazer a ressalva de que todos os participantes do estudo eram adolescentes e jovens que estavam regularmente na escola

A participação e o sentimento de pertencimento à comunidade foram tratados pelos jovens com algumas reservas. Além de ser o local de moradia o maior indicador de percepção de preconceito, como mencionado acima, há um reduzido envolvimento dos jovens com atividades comunitárias (o maior percentual foi 38,5% em atividades desportivas). Esses resultados nos permitem refletir acerca da convivência desses jovens em seus bairros e do que entendemos como estima de lugar. Como são percebidas por eles as alternativas de participação comunitária em seus bairros? Qual é a razão dessa percepção negativa e da visão preconceituosa de seu bairro? Os equipamentos comunitários de lazer, de convivência e de apoio social são conhecidos e utilizados por eles? Respostas a essas questões necessitariam análises específicas e outras metodologias investigativas. Entretanto, os dados obtidos são suficientes para acreditar que os espaços sociais de convivência comunitária não estão sendo percebidos como suficientemente seguros e confiáveis e apropriados positivamente, portanto, precisam ser alvo de atenção dos investimentos econômicos e sociais.

Muito embora fatores de vulnerabilidade e risco caracteristicamente sociais estejam presentes na vida desse segmento juvenil, encontramos resultados bastante positivos no que se refere a aspectos protetivos de ordem subjetiva. Os indicadores de autoestima, autoeficácia e percepção de oportunidades de futuro anunciam a potencialidade de superação dos jovens diante das adversidades contextuais vividas. De modo geral, os jovens apresentam uma boa imagem de si, acreditam em suas capacidades e são otimistas quanto às suas possibilidades pessoais, familiares, educacionais, laborais e materiais no futuro.

Indicar com isso processos de resiliência seria precipitado em face do nível ainda superficial das análises feitas até o momento, assim como da natureza exploratório-descritiva da pesquisa. No entanto, esses resultados nos impulsionam a aprofundar o estudo e nos apontam alguns caminhos para futuras investigações.

Considerações finais

As informações aqui apresentadas compõem um quadro panorâmico da juventude da escola pública de Fortaleza e, por meio dele, podemos dizer que a conquista de condições de vida adequadas para essa população ainda se mostra um grande desafio. As políticas voltadas para o público juvenil exigem intersetorialidade e integração de ações em diferentes campos e modalidades, tendo em vista que as defasagens quanto à garantia dos direitos fundamentais ainda se mostram evidentes. Esperamos que este estudo possa trazer contribuições efetivas nesse sentido.

Traçar o perfil biossociodemográfico de adolescentes e jovens que estão na rede pública de ensino de Fortaleza foi o objetivo central da pesquisa aqui relatada. Contudo, muitos outros ganhos foram obtidos com este estudo, além de nossas primeiras intenções. A organização e o empenho da equipe nos proporcionaram a construção de um trabalho coletivo e colaborativo com a parceria entre docentes e discentes de graduação e pós-graduação, bolsistas e voluntários. Somente dessa forma foi possível realizar as várias etapas e múltiplas tarefas que a pesquisa exigiu de todos nós.

Também foi um aprendizado constante vivenciar essa parceria e as experiências oriundas do contato com a realidade das escolas e com os estudantes, que foram extremamente disponíveis e se mostraram envolvidos e interessados ao responderem a um questionário longo que abordava temas íntimos e alguns, possivelmente, conflituosos para eles.

Nesse sentido, o intercâmbio com professores da equipe da UFRGS foi de especial valor, em função do suporte que nos forneceu nos momentos de capacitação e do apoio permanente ao longo do desenrolar do projeto. Também foi imprescindível a assessoria estatística. Por outro lado, temos clareza de nossa contribuição nessa troca de experiências, especialmente pela complementaridade que nosso viés metodológico qualitativo pode fornecer às análises dos indicadores quantitativos.

Consideramos que os objetivos específicos estabelecidos ainda estão em processo, pois muitas análises são necessárias, inclusive em uma dimensão estatística, para o aprofundamento das inter-relações entre as diversas variáveis contempladas no instrumento. Ademais, muitos aspectos indicados nos índices encontrados merecem enfoque qualitativo de análise. Isso envolve desdobramentos de pesquisas e também de possíveis intervenções pontuais, bem como ações em uma dimensão política mais abrangente, que possam contribuir com dispositivos sensibilizadores de agentes e dirigentes públicos acerca da realidade social dos nossos jovens.

A produção do relatório técnico, da cartilha *Conhecer para proteger: o cotidiano de alunos da escola pública de Fortaleza* (Cordeiro, Pontes, Germano; Barros, Alencar, Miranda, Colaço & Bomfim, 2011) e deste livro são formas de dar visibilidade aos resultados que obtivemos por meio das respostas dos estudantes ao questionário e nos permite apresentar um quadro da realidade dos adolescentes e jovens das escolas públicas de nossa cidade. Além disso, a devolução dos resultados para os colaboradores diretos (representantes das escolas participantes e das instituições do estudo-piloto) da pesquisa foi contemplada com a realização do fórum, que promoveu importante debate e se tornou mais amplo do que apenas um espaço de apresentação de dados. O evento de encerramento do projeto sinalizou para nossa equipe e parceiros que o trabalho de conhecer e proteger nossos adolescentes e jovens, no que se refere a este projeto, apenas começou.

Referências

Aberastury, A., & Knobel, M. (1981). *Adolescência normal*. Porto Alegre: Artmed.

Abramovay, M. (2002). *Juventude, violência e vulnerabilidade social na América Latina: desafios para políticas públicas*. Brasília: UNESCO.

Banco Mundial (2006). *Jovens em situação de risco no Brasil.* (Relatório Técnico do Banco Mundial, n° 32.310-BR. Vol. II). Brasil: Autor.

Beck, U. (1998). *La sociedad del riesgo global: Hacia una nueva modernidad.* Barcelona: Paidós.

Brofenbrenner, U. (2002). *A ecologia do desenvolvimento humano: experimentos naturais e planejados.* Porto Alegre: ArtMed.

Carlini, E. A., Galduróz, J., Silva, A., Noto, A., Fonseca, A., Carlini, M., Oliveira, L., Nappo, S., Moura, Y., & Sanchez, Z. (2006). *II levantamento domiciliar sobre o uso de drogas psicotrópicas no Brasil: Estudo envolvendo as 108 maiores cidades do país.* São Paulo: CEBRID/UNIFESP.

Castro, L. R. (2006). Admirável Mundo Novo: a cadeia das gerações e as transformações do contemporâneo. In D. Colinvaux, L. B. Leite, & D. D. Dell'Aglio (Orgs.), *Psicologia do Desenvolvimento: reflexões e práticas atuais.* São Paulo: Casa do Psicólogo.

Cerqueira-Santos, E., & Koller, S. (2009). A dimensão psicossocial da religiosidade entre jovens brasileiros. In R. M. C. Libório, & S. Koller (Orgs.), *Adolescência e Juventude: Risco e Proteção na Realidade Brasileira* (pp. 133-154). São Paulo: Casa do Psicólogo.

Conselho Federal de Psicologia. (2000). *Resolução para pesquisa com seres humanos.* Resolução n. 016/2000, Brasília. Recuperado em 19 de outubro de 2011, de www.pol.org.br.

Cordeiro, A. C. F., Pontes, A. K., Germano, I. M. P., Barros, J. P. P., Alencar, H. F., Miranda, L. L., Colaço, V. F. R., & Bomfim, Z. A. C. (2011). *Conhecer para Proteger: o cotidiano de alunos de escolas públicas de Fortaleza.* (Cartilha Educativa). Fortaleza: Expressão Gráfica.

Dayrell, J., & Barbosa, D. (2009). "Turma ou Panelinha?": a sociabilidade de jovens alunos em uma escola pública. In L. Soares, & I. O.

Silva (Orgs.), *Sujeitos da Educação e Processos de Sociabilidade: os sentidos da experiência*. Belo Horizonte: Autêntica.

Dell'Aglio, D. D., Cunningham, Koller, S. H., Borges, V. C., & Leon, J. S. (2009). Índice de Bem-Estar Infanto-Juvenil: um levantamento de indicadores sociais. In R. M. C. Libório, & S. H. Koller (Orgs.), *Adolescência e juventude: risco e proteção na realidade brasileira*. São Paulo: Casa do Psicólogo.

Dell'Aglio, D. D., Koller, S. H., Cerqueira-Santos, E., & Colaço, V. F. R. (2011). Revisando o Questionário da Juventude Brasileira: uma nova proposta. In D.D. Dell'Aglio, & S. H. Koller (Orgs.), *Adolescência e Juventude: vulnerabilidade e contextos de proteção*. São Paulo: Casa do Psicólogo.

Dias, A. C. G. (2009). Análise das expectativas de jovens que vivenciaram a gravidez na adolescência. In S. H. Koller, & R. M. C. Liborio (Orgs.), *Adolescência e juventude: risco e Proteção na realidade brasileira*. São Paulo: Casa do Psicólogo, 2009.

Erikson, E. (1972). *Identidade, juventude e crise*. Rio de Janeiro: Zahar.

Estatuto da Criança e do Adolescente. Lei Federal n° 8069 (1990). Brasília: Congresso Nacional. Recuperado em 10 de outubro de 2011, de http://www.planalto.gov.br/CCIVIL/LEIS/L8069.htm.

Freire, P. (2005). *Pedagogia do Oprimido*. Rio de Janeiro: Paz e Terra.

Garcia-Mira, R. (2005). Evaluación de la Percepción Social de la Refinería de A Coruña: Discurso Sostenible y Ambientalmente Responsable. *Informe del Grupo de Investigación Persona-Ambiente*. A Coruña.

IBGE. (1998). O perfil da mulher jovem de 15 a 24 anos: características diferenciais e desafios. In *População Jovem no Brasil*.

IBGE. (2000). *Censo 2000*. Recuperado em 20 de julho de 2011, de http://www.sidra.ibge.gov.br.

IBGE. (2011). *Censo 2010*. Recuperado em 20 de julho de 2011, de http://www.censo2010.ibge.gov.br/sinopse.

Koller, S. H., Cerqueira-Santos, E., Morais, N. A., & Ribeiro, J. (2005). *Juventude brasileira: fatores de risco e de proteção* (Relatório de Pesquisa do World Bank). Porto Alegre.

Koller, S. H., Ribeiro, J., Cerqueira-Santos, E., Araújo de Morais, N. & Teodoro, M. L. (2006). Juventude Brasileira: comportamentos de risco, fatores de risco e proteção. In *Jovens em situação de risco no Brasil*. (Relatório Técnico do Banco Mundial, nº 32.310-BR. Vol. II). Brasil: Autor.

Narvaz, M., & Koller, S. H. (2004). O modelo bioecológico do desenvolvimento humano. In S. H. Koller (Ed.), *Ecologia do desenvolvimento humano: pesquisa e intervenção no Brasil*. São Paulo: Casa do Psicólogo.

Organização Mundial de Saúde. (2010). *Relatório Mundial de Saúde*. Recuperado em 20 de outubro de 2011, de http://www.who.int/whr/2010/whr10_pt.pdf.

Ozella, S. (2003). *Adolescências construídas*. São Paulo: Cortez.

Poletto, M., & Koller, S. H. (2006). Resiliência: uma perspectiva conceitual e histórica. In D. D. Dell'Aglio, S.H. Koller, & M. A. M. Yunes (Orgs.), *Resiliência e psicologia positiva* (pp. 19-44). São Paulo: Casa do Psicólogo.

Reppold, C. T., & Hutz, C. (2002). Auto-estima entre adolescentes de uma amostra não clínica: Prevalência, fatores influentes e subsídios para intervenção. *Anais do Congresso Brasileiro Psicologia: Ciência e Profissão*. São Paulo, SP Brasil, 1.

Resolução nº 196/1996 do Conselho Nacional de Saúde. (1996). Brasília. Recuperado em 10 de outubro de 2011, de http://conselho.saude.gov.br.

Rosenberg, M. (1989). *Conceiving the self.* New York: Basic Books.

Schwarzer, R., & Jerusalém, M. (1995). Generalized Self-Efficacy Scale. In J. Weinman, S. Wright, & M. Johnston (Eds.), *Measures in health psychology: A user's portfolio. Causal and control beliefs* (pp. 35-37). Windsor, UK: Nfer-Nelson.

Seligman, M. E. P., & Csikszentmihályi, M. (2000). Positive Psychology: An introduction. *American Psychologist, 55*(1), 5-14.

Sheldon, K. M., & King, L. (2001). Why positive psychology is necessary. *American Psychologist, 56*(3), 216-217.

Spink, M. J. (2001). Trópicos do discurso sobre risco: risco-aventura como metáfora na modernidade tardia. *Cadernos de Saúde Pública*, Rio de Janeiro, *17*(6).

Spink, M. J., Pereira, A. B., Burin, L. B., Silva, M. A., & Diodato, P. R. (2008). Usos do glossário do risco em revistas: contrastando "tempo" e "públicos". *Psicologia: Reflexão e Crítica. 21*(1). Recuperado em 20 de julho de 2011, de http://www.scielo.br/scielo.php?script=sci_arttext&pid=S0102-79722008000100001&lng=en&nrm=iso.

Teixeira, M. A. P., & Dias, A. C. G. (2005). Propriedades psicométricas da versão traduzida para o português da escala de auto-eficácia geral percebida de Ralph Schwarzer. *Anais do Congresso Brasileiro de Avaliação Psicológica*, Gramado, RS, Brasil, 2.

Toassa, G. (2004). Conceito de liberdade em Vigotski. *Psicologia: Ciência e Profissão, 24*(3). Recuperado em 13 de maio de 2011, de http://www.revistacienciaeprofissao.org/artigos/24_3/artigo01_2.htm.

Ungar, M. (2004). A constructionist discourse on resilience: multiple contexts, multiple realities among at-risk children and youth. *Youth Society, 35*, 341-365.

Vygotski, L. S. (1926/1995). *Obras Escogidas, Problemas del desarrollo de la psique.* (Tomo III). Madri: Visor.

Waiselfisz, J. J. (2004). *Relatório de Desenvolvimento Juvenil 2003.* Brasília: UNESCO.

Waiselfisz, J. J. (2011). *Mapa da violência 2011: os jovens do Brasil.* São Paulo: Instituto Sagari.

Yunes, M. A. M. (2003). *Jovens: Escolhas e mudanças-Promovendo Comportamentos Saudáveis em Adolescentes.* Organização Pan-Americana da Saúde.

Yunes, M. A. M. (2006). Psicologia positiva e resiliência: foco no indivíduo e na família. In D. D. Dell'Aglio, S. H. Koller, & M. A. M. Yunes. (Orgs.), *Resiliência e psicologia positiva* (pp. 45-68). São Paulo: Casa do Psicólogo.

Yunes, M. A. M., & Szymanski. (2001). Resiliência: noção, conceitos afins e considerações críticas. In J. Tavares (Org.), *Resiliência e Educação* (pp. 13-42). São Paulo: Cortez.

Aspectos éticos na pesquisa com adolescentes: Consentimento parental e intervenções em casos de risco

Juliana Burges Sbicigo
Cristina Benites Tronco
Débora Dalbosco Dell'Aglio

Estudos com adolescentes envolvem inúmeras questões éticas. Neste capítulo, discutiremos acerca do princípio ético da autonomia aplicado à exigência do consentimento parental (ou dos responsáveis legais) na pesquisa com adolescentes na área de Psicologia. Seria o jovem capaz de decidir pela sua participação? Ele teria capacidade cognitiva para avaliar riscos e benefícios? A exigência do consentimento preserva a autonomia do adolescente ou fere o princípio de justiça? Também serão discutidas as dificuldades metodológicas geradas pela exigência do consentimento livre e esclarecido dos responsáveis.

Outra questão ética na pesquisa com adolescentes diz respeito ao estudo de temas difíceis como uso de drogas, sexualidade, violência e suicídio. As equipes de investigação estão preparadas para intervir diante da identificação de casos de risco? Como lidar com o sigilo nessas situações? Como encaminhar tais casos?

Ilustraremos na prática a atuação da equipe do Núcleo de Estudos e Pesquisas em Adolescência (NEPA) vinculado ao Programa de

Pós-Graduação em Psicologia da Universidade Federal do Rio Grande do Sul durante a realização de um amplo estudo com adolescentes de escolas públicas de Porto Alegre, enfatizando o compromisso ético do psicólogo diante desses casos, salientando possibilidades e limitações da prática e mostrando até que ponto a pesquisa pode assumir o caráter de intervenção e contribuir para a qualidade de vida dos participantes.

Princípios éticos: a autonomia e o consentimento parental

Pesquisas com seres humanos são regidas por quatro princípios éticos: 1) autonomia (ou respeito às pessoas), que é o direito do indivíduo de se autogovernar, tomando suas próprias decisões com relação às suas escolhas; 2) beneficência, que é compromisso ético de não causar danos aos participantes das pesquisas e maximizar os possíveis benefícios, reduzindo os riscos; 3) não maleficência, que é a obrigação de não causar mal intencional a outro; e 4) justiça, que é distribuição equitativa de benefícios sociais que a pesquisa pode oferecer (Beauchamp & Childress, 2002). Esses princípios estão contidos nas Diretrizes e Normas Regulamentadoras de Pesquisas Envolvendo Seres Humanos no Brasil, Resolução 196/96, do Conselho Nacional de Saúde (1996), que também incluem os princípios de confidencialidade, privacidade, voluntariedade, equidade e não estigmatização.

Entre os princípios citados, sem dúvida, o da autonomia é o mais controverso quando se trata da realização de pesquisas com adolescentes, porque a maioria dos textos legais transfere à família o poder de decidir sobre a participação ou não do jovem menor de idade em tais estudos. Países como Austrália, Índia, Botswana e Estados Unidos requerem o consentimento de um ou ambos os pais e o assentimento da criança ou adolescente quando este já possui capacidade suficiente para isso (Jaspan et al., 2008). Da mesma forma, a Resolução 196/96 (CNS, 1996, p. 19) determina que a autonomia de crianças e adolescentes é assegurada ao "cumprir as exigências do consentimento livre e esclarecido, através dos representantes legais". Tais exigências, contudo, têm gerado inúmeras discussões entre pesquisadores que investigam a adolescência, principalmente porque as leis não diferenciam crianças de adolescentes. Observou-se, por exemplo, que não há nenhuma norma nacional que tenha o poder de vetar a participação específica de jovens em estudos, uma vez que as resoluções são pouco voltadas para essa faixa etária. A Resolução 196/96 (CNS, 1996) e a maioria das regulamentações internacionais empregam a expressão "crianças" e "crianças e adolescentes" como sinônimos, sendo que, muitas vezes, a palavra *children* é utilizada para designar essas duas faixas etárias, o que torna a interpretação das normativas um tanto confusa (Guariglia, Bento, & Hardy, 2006).

Diante desse impasse, alguns códigos de ética internacionais estabeleceram exceções com relação aos procedimentos para garantir a autonomia do adolescente. A Society for Adolescent Medicine (2003) elaborou um guia para a realização de estudos com essa população, recomendando que sejam consideradas a emergente capacidade de tomar decisões do adolescente e a necessidade de proteção desses indivíduos potencialmente vulneráveis. No Canadá, o documento Tri-Council Policy Statement – TCPS (2010), que trata da conduta ética em pesquisas envolvendo seres humanos, determina que indivíduos capazes de entender a informação apresentada e de estimar as consequências potenciais são elegíveis para a participação em estudos. Além disso, consta no documento que, em muitas situações, os adolescentes podem ser considerados competentes e oferecer seu próprio consentimento. Entretanto, o TCPS não menciona quais são essas situações. No Code Federal Regulations (National Institutes of

Health, 2005) existem cláusulas especiais a respeito de circunstâncias em que o consentimento dos pais ou responsáveis legais é prescindível. Essas circunstâncias são duas: quando a pesquisa possui risco mínimo e não traz prejuízos aos direitos e ao bem-estar dos participantes (45 CFR 46.116d) ou quando a permissão dos pais não é um procedimento razoável (por exemplo, em casos de violência, abuso e negligência) (CFR 46.408c). Nessa resolução, ainda é proposto que se determine se o jovem é capaz de dar seu assentimento, considerando sua idade, maturidade e condições psicológicas. A Resolução 196/96 (CNS, 1996), todavia, não contém exceções e define que crianças e adolescentes têm o direito de serem informados sobre a pesquisa "no limite de sua capacidade", sem que participem do consentimento propriamente dito com relação a ela. Novamente, não há distinção entre crianças e adolescentes e parte-se da ideia de que adolescentes, assim como crianças, possuem uma capacidade cognitiva limitada para consentir em participar, pois eles podem não entender os objetivos da pesquisa e seus riscos potenciais.

Buscando questionar essa "suposta capacidade limitada" do adolescente, algumas pesquisas tentaram demonstrar que jovens a partir dos 14 anos são capazes de tomar decisões e de informá-las (Bruzzese & Fisher, 2003; Sanci, Sawyer, Penny, Bond, & Patton, 2004; Weithorn & Campbell, 1982). Na década de 1980, Weithorn e Campbell (1982) compararam jovens de 9, 14, 18 e 21 anos e verificaram que os jovens de 14 anos não diferiram cognitivamente dos adultos em sua tomada de decisão informada. Bruzzese e Fisher (2003) investigaram 291 estudantes do 4°, 7° e 10° anos *do sistema público escolar americano* e universitários e verificaram que os alunos do 10° ano compreenderam tão bem os seus direitos quanto os adultos ao assistirem a uma exposição sobre os direitos dos participantes de pesquisas (Research Participants' Bill of Rights). Já um estudo brasileiro sugeriu que adolescentes a partir de 16 anos são capazes de decidir conscientemente acerca de sua participação em estudos (Guariglia et al., 2006). Para Sanci et al. (2004), os recursos cognitivos para tomar decisões e informá-las já estão presentes em adolescentes de 14 anos e, mais claramente, nos de 15 anos. No entanto, mesmo que seja reconhecido no jovem o desenvolvimento de uma capacidade cognitiva de nível adulto, há outro argumento para justificar a exigência do consentimento parental: aos adolescentes falta a experiência de vida necessária em que basear o seu julgamento (Sanci et al., 2004; Weithorn, 1983).

Nos códigos de ética em geral, o adolescente é visto como um indivíduo que não possui plena capacidade de autodeterminação. Deste modo, os pais ou responsáveis legais são considerados hábeis para decidir pelo melhor interesse daquele. Cabe salientar, entretanto, que o direito de consentir é um ato individual e, portanto, indelegável. Assim, embora o representante legal tenha a autoridade para decidir pelo melhor interesse de outra pessoa, ele não substitui a própria pessoa (Goldim, 2000). Com relação ao processo de consentimento, Foreman (1999) afirma que é importante que exista um equilíbrio adequado entre a participação do adolescente e a de seus responsáveis, principalmente quando estes são os pais, para resguardar as características morais e legais do consentimento informado. Contudo, é importante observar que pais e filhos nem sempre concordam a respeito do consentimento, pois as opiniões dos primeiros são frequentemente influenciadas por suas experiências pessoais como adolescentes (em vez da realidade das experiências dos seus filhos), e sua motivação para consentir varia de acordo com o tema da pesquisa. Por sua vez, os adolescentes também podem não querer fazer parte do estudo, mesmo que seus responsáveis legais estejam de acordo com a participação, ou ainda discordar do não consentimento dos pais. A exemplo disso, investigações sobre sexualidade ou educação sexual geralmente causam confronto entre pais e adolescentes, porque há uma confusão acerca do papel das estratégias de educação sexual (Walker, 2004). Apresentar um termo de consentimento aos familiares para participar de uma pesquisa sobre sexualidade pode ser um problema para alguns adolescentes, uma vez que o desejo de participar da pesquisa pode ser interpretado como uma confirmação de que o jovem é sexualmente ativo. Portanto, é comum que muitos pais não permitam a participação dos filhos ou que muitos adolescentes não apresentem o termo a seus responsáveis legais (Flicker & Guta, 2008).

Quando a pesquisa é realizada com adolescentes que frequentam serviços de saúde sexual, muitas vezes, a notificação da pesquisa faz com que os pais impeçam os filhos de continuar utilizando o serviço (Jones, Purcell, Singh, & Finer, 2005; Reddy, Fleming, & Swain, 2002). Pensando nisso, muitos jovens não apresentam a autorização em casa e não participam da pesquisa. Mas são exatamente estes os que mais precisam de informações sobre sexualidade e de atendimento à saúde. Nessa situação, a exigência do consentimento informado é inconsistente com o princípio de justiça, pois os jovens acabam não participando de estudos ou intervenções que visam a melhorar sua saúde (Flicker & Guta, 2008). Uma vez que esses adolescentes não são acessados, as informações obtidas nas pesquisas passam a não retratar a verdadeira realidade de tal população, o que acarreta prejuízo no que se refere ao conhecimento científico produzido sobre o desenvolvimento humano nessa faixa etária.

Rojas, Sherrit, Harris e Knight (2008) afirmam que nas pesquisas que abordam comportamentos de risco, por exemplo, atividade sexual e uso de substâncias como álcool e outras drogas, é necessário prescindir do consentimento informado dos pais para garantir a confidencialidade e a segurança do jovem. No caso de tratamentos oferecidos para adolescentes que utilizam drogas, as leis federais estadunidenses para tratamentos (42 CFR 2 e 45 CFR 2 46) permitem que os próprios adolescentes decidam sobre a participação na pesquisa e que se obtenha dispensa do consentimento parental. Essas legislações especificam sob quais condições isso pode acontecer: nos casos em que há risco mínimo à integridade do participante e quando o tratamento não afeta seus direitos e bem-estar.

A idade mínima legal para consentir varia muito nos diferentes estados norte-americanas, mas pode-se dizer que, em geral, adolescentes a partir dos 14 anos são considerados aptos a decidir.

De acordo com a Society for Adolescent Medicine (2003), que interpreta as leis norte-americanas, pesquisas sobre a cognição e a capacidade de tomada de decisão de adolescentes sugerem que eles possuem capacidade significativa para consentir em participar de pesquisas. Mais especificamente, a adolescência intermediária e tardia mostra uma habilidade para entender e tomar decisões similar à do adulto, o que indica que o jovem nessa faixa etária pode decidir quanto à sua participação. Por isso, a Society for Adolescent Medicine (2003) diz que pesquisas de baixo risco (por exemplo, levantamentos/*surveys* anônimos e confidenciais) podem prescindir do consentimento parental. Naquelas que envolvem alto risco, o guia propõe uma avaliação individual da capacidade do adolescente ou grupo de adolescentes.

Outra questão problemática com relação às legislações reside na não diferenciação entre os vários tipos de pesquisas realizadas com seres humanos. No caso do Brasil, observa-se que a Resolução 196/96 (CNS, 1996) estabelece as mesmas diretrizes éticas tanto para estudos biomédicos e experimentais quanto para pesquisas realizadas no campo das Ciências Humanas (Koller, 2008). Pesquisas genéticas, estudos de avaliação da eficácia de fármacos, avaliação de tratamentos oncológicos ou decisões acerca de transplantes em adolescentes, por exemplo, são tópicos que envolvem uma avaliação de riscos e benefícios substancialmente diferente da avaliação de riscos em estudos realizados por áreas como a Psicologia, a Educação e as Ciências Sociais.

Neste sentido, uma vez compreendidas as diferenças entre as áreas da Saúde e das Ciências Humanas, é razoável concluir que um conselho de saúde não é a instância mais adequada para estabelecer diretrizes éticas para estudos no campo da Psicologia (Koller, 2008). Um conselho de ética composto por profissionais das Ciências Humanas poderia atentar à especificidade e sensibilidade do campo e, consequentemente, estabelecer normas que contemplassem a discussão a respeito da capacidade de consentir do adolescente.

Além das questões éticas mencionadas, o requerimento da autorização parental também preocupa os pesquisadores devido às implicações metodológicas. Essa questão será discutida a seguir.

Implicações metodológicas do consentimento parental

Do ponto de vista metodológico, a principal dificuldade imposta pela exigência do consentimento parental é a redução do número de participantes nos estudos, o que impede o uso de amostras representativas e produz um viés amostral devido à autosseleção. Uma revisão da literatura sobre o assunto (Tigges, 2003) concluiu que a solicitação do consentimento parental, em geral, resulta em uma taxa de participação de 30% a 60%, enquanto a solicitação do consentimento passivo (os pais devem notificar caso não concordem com a participação dos filhos) eleva essa taxa para um percentual de 93% a 100% em pesquisas sobre comportamentos de risco na adolescência. Rojas et al. (2008) avaliaram os efeitos da solicitação de consentimento parental e o autorrelato de problemas relacionados ao álcool em adolescentes entre 14 e 18 anos. Foram realizados dois estudos: no primeiro, não foi solicitado o consentimento parental (Estudo 1);

e, no segundo, este documento foi solicitado (Estudo 2). Em ambos os estudos, foi aplicado um instrumento com validade clínica para verificar os problemas relacionados com o álcool. No Estudo 1, a taxa de não participação foi de 19,7%; e, no Estudo 2, de 59,1%. Além disso, a média dos escores para problemas ligados ao álcool no Estudo 1 foi significativamente maior do que no Estudo 2. A pesquisa é considerada inovadora, pois é uma das únicas a utilizar uma amostra isenta de qualquer tipo de consentimento parental para comparação. Essa investigação indica que os jovens foram mais sinceros quanto ao uso de álcool quando não foi pedido o consentimento.

A pesquisa de Chartier et al. (2008) testou se a queda na taxa de participação de adolescentes também diminui quando se trata de comportamentos internalizantes. Durante a implementação de um programa de rastreamento da depressão em um distrito escolar urbano no nordeste do Pacífico, a permissão parental mudou de passiva (no primeiro ano de realização do programa) para ativa (no segundo ano de realização do programa). Foi verificado que a taxa de participação sofreu redução quando foi requerida a permissão parental, diminuindo de 85% para 66%. Foi também observado que os estudantes com maior risco de desenvolver depressão no primeiro ano foram aqueles com maior declínio na participação no segundo ano.

Tendo em vista tais evidências, considera-se importante que as pesquisas indiquem como limitação do estudo o viés de autosseleção da amostra devido à exigência do consentimento parental. Em investigações que incluem diversas escolas, por exemplo, a taxa de participação pode variar muito e determinadas localidades tornam-se subrepresentadas (Esbensen, Melde, Taylor, & Peterson, 2008). Este aspecto deve ser enfatizado, problematizado e pesquisado (Smith, Boel-Studt, & Cleeland, 2009). Nesse sentido, recomenda-se a realização de estudos como o de Rojas et al. (2008) no Brasil, capazes de evidenciar que a obrigação de informar os pais pode, além de excluir sujeitos da pesquisa, interferir na fidedignidade do dado obtido. Dessa forma, qual a razão de realizar a pesquisa? Será que os dados atuais sobre fatores de risco para adolescentes refletem a realidade? É claro que um adequado *rapport* com relação ao sigilo das informações pessoais e o esclarecimento de dúvidas quanto à pesquisa maximiza a chance de obter dados mais verossímeis. No entanto, mesmo adequando as estratégias metodológicas, pode existir um viés.

Os dilemas referentes à obtenção do consentimento parental, sejam eles éticos ou metodológicos, têm até mesmo levado os pesquisadores a hesitar em incluir adolescentes em seus estudos (Hester, 2003). Para contornar a dificuldade de obtenção do consentimento dos responsáveis, alguns pesquisadores acabam utilizando estratégias não regulamentadas como a obtenção do consentimento apenas da direção da escola. Porém, as instituições de ensino, informadas acerca das normas legais, vêm autorizando a realização de pesquisas somente quando os pais também o fazem. Algumas escolas ainda exigem a permissão por escrito da Secretaria de Educação Municipal ou do Conselho Tutelar da região. Diante disso, pode-se perceber que conseguir a permissão para pesquisar indivíduos em idade escolar torna-se cada vez mais um processo burocrático.

A estratégia do consentimento passivo, utilizada em alguns países, mostra-se um procedimento interessante no caso de pesquisas com risco mínimo. No estudo brasileiro de Bezerra et al. (2009), o Termo de Consentimento Livre e Esclarecido (TCLE) continha uma definição clara dos objetivos do estudo e uma solicitação de que os pais comunicassem a escola caso não concordassem com a participação de seus filhos. Deste modo, a investigação contou com a adesão de 4.210 jovens. Contudo, esta técnica obviamente não garante que os pais tenham recebido o documento. Já na pesquisa de Gansky e Ellison (2009), uma baixa porcentagem de retorno do consentimento parental levou os pesquisadores a buscar apenas a permissão das escolas e da universidade vinculada ao estudo, uma vez que se tratava de uma pesquisa com risco mínimo.

Uma revisão (Wolfenden, Kypri, Freund, & Hodder, 2009) de estudos que utilizaram estratégias para maximizar a obtenção do consentimento parental revelou que os principais procedimentos empregados foram: a) promoção da investigação com os diretores da escola; b) apresentação da pesquisa por meio de contato direto com os pais (p. ex.: telefonema ou encontro face a face); c) oferta de incentivos para professores e estudantes; d) manutenção de contato para lembrar os responsáveis legais sobre a pesquisa; e e) indicação de um membro da equipe para coordenar o processo de recrutamento dos participantes. Essas estratégias, porém, são inviáveis no Brasil, em função da insuficiência de investimento financeiro das agências de fomento à pesquisa e, além disso, da proibição de oferecer incentivos aos participantes em pesquisas brasileiras (CNS, 1996).

Ainda quanto à questão da exigência do consentimento parental, também foram relatados problemas em estudos com adolescentes conduzidos pela internet, ambiente no qual o jovem parece expressar seus sentimentos com maior liberdade. Essas pesquisas geralmente avaliam a efetividade de determinados tratamentos terapêuticos realizados com o apoio da internet (*web-based*) para jovens, por exemplo, vítimas de violência sexual. Nesses casos também foi observada uma diminuição considerável de participantes quando existe a exigência do consentimento parental (Geluda et al., 2005; Pulier, Klein, Reynolds, Lange, & Ruwaard, 2010). Algumas investigações também têm utilizado redes sociais como o *Facebook* e o *Myspace*. À guisa de exemplo, uma investigação realizada com o uso do *Facebook* conseguiu a adesão de um grande número de adolescentes no estudo sobre a eficácia de um programa de prevenção à AIDS. Os autores não requisitaram a permissão parental porque se basearam no estatuto legal que permite aos jovens procurar serviços de saúde e informação sexual quando são menores emancipados. Nesse caso, foi concluído que a internet é um meio alternativo para pesquisa e que estudos futuros sobre outros tópicos com adolescentes lidarão com o desafio de obter a permissão dos pais e com a necessidade de revisar todos os princípios éticos, pois o ambiente virtual estabelece outras pautas de relacionamento entre pesquisador e participante (Bull et al., 2011).

A partir destas considerações, observa-se que a dificuldade envolvendo a obtenção da permissão parental em investigações com adolescentes é um obstáculo presente nas pesquisas, sejam elas conduzidas em meio real ou virtual, e consiste em um problema não apenas nacional, mas discutido mundialmente. Além disso, trata-se de um problema antigo. Já no final da década de 1980, Ellickson e Hawes (1989) escreveram sobre o impasse concernente ao consentimento e chegaram à conclusão de que a permissão passiva seria a alternativa mais adequada.

Enquanto o consentimento passivo ou a dispensa dessa permissão tem sido um procedimento viável internacionalmente quando há baixo risco (National Institutes of Health, 2005; Society for Adolescent Medicine, 2003), a legislação brasileira vem fomentando uma maior rigidez e burocratização quanto à obrigatoriedade desse requerimento. Em março de 2011, o Conselho Nacional de Ética em Pesquisa (CONEP) emitiu uma carta circular (n° 003/2011) deliberando a "obrigatoriedade de rubrica em todas as páginas do TCLE pelo sujeito de pesquisa ou seu responsável e pelo próprio pesquisador". A justificativa foi que o CONEP tem recebido vários questionamentos quanto às formas de potencializar os direitos e as garantias dos sujeitos de pesquisa, considerando sua vulnerabilidade no momento de adesão a um protocolo de pesquisa. A medida, segundo o CONEP, visa à padronização dos procedimentos, considerando a importância do consentimento informado. Esse procedimento passou vigorar em 4 de abril de 2011. Como pode-se observar, houve um incremento da burocratização em prol da "garantia dos direitos dos sujeitos pesquisados". Esse capítulo questiona justamente se há garantia de autonomia e justiça quando os adolescentes são obrigados a informar os pais sobre a pesquisa, mesmo quando o estudo envolve risco mínimo.

Com base nos aspectos mencionados, fica evidente a necessidade de uma mobilização por parte dos pesquisadores para propor uma revisão da regulamentação federal, buscando alternativas que possam preservar a autonomia dos adolescentes, contribuir para produção do conhecimento, garantir a fidedignidade dos dados e facilitar o processo de pesquisa. Outra possibilidade é a criação de normas éticas específicas para pesquisas em Ciências Humanas por um conselho composto por autoridades que atuem nesse campo. De qualquer forma, é importante o desenvolvimento de orientações que diferenciem os tipos de pesquisa e definam quando o consentimento parental é prescindível ou quando pode ser adotado o consentimento passivo. Finalmente, deve-se considerar os processos de desenvolvimento do adolescente, estabelecendo se é mais adequado estipular uma idade a partir da qual é possível consentir ou se é mais apropriado avaliar cada caso ou grupo de jovens individualmente.

Relato de experiência

Nesta seção, apresenta-se a experiência do Núcleo de Estudos e Pesquisas em Adolescência (NEPA), vinculado ao Programa de Pós-graduação da Universidade Federal do Rio Grande do Sul, na realização de um amplo estudo com adolescentes de escolas públicas de Porto Alegre, produzido durante o ano de 2010. A pesquisa integra o estudo sobre a juventude brasileira desenvolvido pelo Grupo de

Trabalho Juventude, Vulnerabilidade e Resiliência da Associação Nacional de Pós-Graduação em Psicologia (ANPEPP). O objetivo de tal pesquisa foi investigar fatores de risco e proteção em 704 adolescentes com idades entre 12 e 18 anos, que estavam entre a 7ª série do Ensino Fundamental e o 2° ano do Ensino Médio no Brasil. Foram abordados aspectos sociodemográficos, assim como as relações familiares, eventos estressores, exposição à violência, autoconceito, uso de drogas, comportamento sexual e tentativa de suicídio, entre outros.

Após a aprovação do projeto de pesquisa pelo comitê de ética, foi feito contato com as escolas selecionadas aleatoriamente a partir da lista das escolas públicas da cidade de Porto Alegre. Nas instituições de ensino em que o estudo foi autorizado, houve o sorteio das turmas e, então, a equipe apresentou a pesquisa a cada grupo de adolescentes investigado. Foram explicitados os objetivos do estudo e enfatizado o sigilo das informações pessoais. Quanto a este último, salientava-se que a pesquisa estava interessada em informações sobre os adolescentes de Porto Alegre, como um grupo geral, e não sobre cada aluno em particular. Outra garantia dada aos adolescentes era a de que nem a família e nem a escola teriam acesso aos dados e que a participação dos jovens era voluntária e havia a possibilidade de desistirem do preenchimento do questionário a qualquer momento. Percebeu-se que tais informações tranquilizavam os estudantes. Após este *rapport* inicial, foi solicitado que os adolescentes levassem o TCLE ser assinado pelos pais e que os entregassem às pesquisadoras, para que pudessem participar da pesquisa. Cerca de 30% dos termos distribuídos em cada escola retornaram com a assinatura dos pais, percentual já relatado na literatura (Tigges, 2003). Observou-se que, nas escolas onde foi permitido o contato direto com a turma para explicar a pesquisa, o retorno dos termos foi maior do que nas escolas onde a direção ou comissão coordenadora foi responsável pela distribuição destes. De qualquer forma, a equipe sempre procurou ter contato direto com os adolescentes, embora em alguns casos isso não tenha sido possível por questões de organização da própria escola. Após o recolhimento dos termos, organizou-se em cada escola a aplicação coletiva do instrumento, em sala de aula, com a presença apenas dos adolescentes cujos pais haviam autorizado a participação. Os adolescentes também assinaram um assentimento, concordando em participar do estudo.

O fato de o número de adolescentes participantes ter sido menor do que o esperado, devido à não entrega dos termos, pode ser entendido a partir de várias hipóteses: alguns adolescentes simplesmente não entregaram os termos aos pais; outros esqueceram; e, em alguns casos, os pais não concordaram com a proposta ou não entenderam o conteúdo do documento. Portanto, neste estudo houve autosseleção, conforme discutido anteriormente neste capítulo, o que gera um viés metodológico, fazendo com que a amostra não seja representativa de todos os adolescentes estudantes de escolas públicas. Pode-se também supor que pais de famílias com uma maior incidência de fatores de risco, como violência, maus-tratos e dificuldades de relacionamento, não permitiram que os filhos participassem da pesquisa, para evitar assim a identificação da situação familiar. Dessa forma, os trabalhos derivados deste estudo têm destacado o viés amostral como uma de suas limitações.

Durante a coleta de dados para a pesquisa, foram identificadas situações que levaram os pesquisadores envolvidos a questionar outra diretriz postulada pela Resolução 196/96 (CNS, 1996): a privacidade. Nessa resolução, está previsto que, nas pesquisas realizadas com seres humanos, os dados coletados não podem conter informações que identifiquem o participante individualmente. No entanto, a pesquisa aqui relatada tratou de assuntos delicados como uso de drogas, prática de atos infracionais, tentativas de suicídio e abuso sexual. Tais aspectos denunciavam situações nas quais a saúde física e mental do adolescente estava em risco. Nesse sentido, a privacidade e a impossibilidade de identificar quais adolescentes haviam respondido afirmativamente às situações de risco impediram os pesquisadores de tomar qualquer atitude para protegê-los.

Diante disso, os investigadores questionaram quanto, neste caso, a garantia à privacidade estava protegendo os jovens. Essa temática foi discutida pela equipe de pesquisa do NEPA, que é composta por psicólogos, graduandos e pós-graduandos de Psicologia, que estão em diferentes níveis de formação. O objetivo, ao debater a situação, era encontrar alternativas que permitissem auxiliar os adolescentes em risco, contemplando e respeitando as diretrizes estabelecidas pela Resolução 196/96 (CNS, 1996). Entre os argumentos levantados para oferecer ajuda a adolescentes que se encontrassem expostos a algum fator de risco significativo destacou-se o que defendia que o questionário poderia ser um meio para o jovem relatar as situações que estava vivenciando, possivelmente, inclusive por esperar alguma ajuda a partir da informação exposta. Também se discutiu que, uma vez de posse destas informações, os pesquisadores e psicólogos não deveriam negligenciar o adolescente em risco, pois poderiam ser os únicos a ter conhecimento acerca das situações relatadas no questionário. Acatar os princípios de confidencialidade e privacidade nesses casos poderia acarretar a manutenção do risco e sérias consequências emocionais e físicas para o jovem (Koller, 2008).

Existem situações nas quais a neutralidade exigida nas pesquisas científicas é inviável, principalmente nas áreas das Ciências Humanas e Sociais (Kramer, 2002). O pesquisador possui o dever ético de intervir imediatamente diante de relatos de risco iminente (por exemplo, ideação suicida ou tentativa de suicídio recente). Dessa perspectiva, a quebra da confidencialidade seria admitida eticamente nas seguintes circunstâncias:

[...] 1) quando existir alta probabilidade de ocorrer um dano grave – físico ou psicológico – a uma pessoa específica e identificável (baseado no princípio da não maleficência); 2) quando um benefício real resultar desta quebra de confidencialidade (segundo o princípio da beneficência); e 3) quando for o último recurso, após ter sido utilizada a persuasão ou outras abordagens (de acordo com o princípio da autonomia). (Neiva-Silva, Lisboa, & Koller, 2005, pp. 204-205)

Como alternativa, para garantir ao máximo os direitos do adolescente participante da pesquisa, foi estabelecida, em grupo, a estratégia que será descrita a seguir.

A coleta dos dados, realizada em sala de aula com adolescentes que haviam apresentado o TCLE e aceitado participar da pesquisa, envolveu sempre a aplicação de um questionário por, no mínimo, duas psicólogas formadas e dois estudantes de graduação. Já na realização do *rapport* era explicado ao adolescente que, quando ele completasse o questionário, deveria sinalizar, para que um dos pesquisadores fosse até o jovem e revisasse rapidamente o questionário e assinalasse questões que não haviam sido respondidas corretamente (duas respostas em uma só escala, por exemplo) ou as respostas que estivessem em branco. Após a revisão, o questionário era devolvido para o adolescente, o pesquisador se afastava, e o estudante ficava livre para não responder aquelas perguntas que havia deixado em branco propositalmente ou para retificar aquelas que realmente havia errado ou negligenciado por desatenção.

A partir dessa revisão, realizada por psicólogas formadas e treinadas para os procedimentos, foi dada maior atenção àquelas questões consideradas como de risco iminente (tentativa de suicídio, abuso sexual e exploração sexual). Quando o adolescente respondia afirmativamente a alguma dessas perguntas, ele era procurado por uma das pesquisadoras da equipe, de forma discreta, sem chamar a atenção dos demais colegas e em algum lugar reservado da escola, para uma conversa. A investigadora se colocava à disposição para conversar, apontando a importância de o jovem buscar ajuda ante a situação de risco em que se encontrava. A maioria dos alunos contatados foi bastante receptiva a esse procedimento e manifestou interesse em receber auxílio e orientação. Aqueles que se recusaram a conversar foram casos isolados de adolescentes que haviam tentado suicídio. Nesses casos, após ressaltar a importância de que alguém que pudesse ajudá-lo a lidar com a situação, a vontade do adolescente era respeitada e a pesquisadora informava seu contato, disponibilizando-se para conversar caso ele mudasse de ideia. A maioria, no entanto, agradeceu e aceitou a oportunidade de falar sobre o assunto.

Das situações acompanhadas, alguns relatos eram de eventos que já haviam acontecido havia mais de dois anos, dos quais a família tinha conhecimento e com relação aos quais os adolescentes já estavam passando ou haviam passado por acompanhamento psicoterapêutico. Em outras circunstâncias, nas quais o risco era atual e o adolescente nunca havia exposto sua vivência para ninguém, a intervenção era mais diretiva. Esses casos foram principalmente de adolescentes que haviam tentado suicídio. Quando as tentativas de suicídio do jovem eram atuais e nenhum adulto responsável tinha conhecimento dela, o pesquisador assumia a responsabilidade pelo menor até que a família fosse contatada e/ou fosse realizado o encaminhamento para diferentes serviços. Dos 704 adolescentes que participaram do estudo, houve contato individual com cerca de 40 e foram realizados 17 encaminhamentos.

Com base na avaliação do risco em que o adolescente estava, o encaminhamento poderia variar desde uma indicação de locais de atendimento especializado até a solicitação imediata da presença de um responsável na escola para informar sobre os fatores de risco do jovem e orientar o encaminhamento para os locais de atendimento. Nestes casos, primando pela confidencialidade e autonomia previstas na Resolução 196/96 (CNS, 1996), destacava-se para o adolescente a preocupação com seu bem-estar e a necessidade de que mais alguém soubesse disso para poder acompanhá-lo e ajudá-lo nesse momento. De acordo com Neiva-Silva et al. (2005), para proteger a criança e o adolescente, é importante que o pesquisador possa fortalecê-los e melhorar as condições de enfrentamento e ajustamento diante da situações identificadas. Para esses autores, podem ser focalizados e preservados os recursos pessoais sadios de cada pessoa e suas relações, bem como os recursos ambientais disponíveis na rede de apoio social e afetiva, de forma que tais recursos possam protegê-la, proporcionando-lhe melhores condições de desenvolvimento. Na realização deste estudo, na maioria das vezes, o jovem concordava que um responsável fosse contatado para ser inteirado sobre a situação em que se encontrava o menor e orientado acerca de como encaminhar a situação. Nos casos em que o adolescente não concordava com o contato, informava-se a ele que o psicólogo tinha a responsabilidade de garantir sua proteção e que seria necessário contatar os responsáveis mesmo que o jovem não aceitasse. Tendo em vista a necessidade de contatar os pais, era combinado com o adolescente qual responsável seria chamado e os assuntos que seriam tratados no encontro.

Sempre que a conversa era realizada na presença do jovem. O responsável era informado dos riscos e não era divulgada nenhuma informação que não fosse essencial para mobilizar o adulto a se responsabilizar pelo menor e realizar os encaminhamentos necessários. Os encontros com pais e responsáveis legais ocorreram nas próprias escolas por uma questão de logística, pois estes eram espaços aos quais as famílias tinham fácil acesso. Ao final do contato com os responsáveis, era solicitado um local para que a pesquisadora conversasse particularmente com o estudante, a fim de garantir e reforçar o vínculo, colocando-se à disposição dele.

É importante destacar que as escolas não foram informadas sobre os motivos pelos quais aqueles adolescentes e responsáveis estavam sendo chamados. A elas era informado apenas que, quando percebidas dificuldades, o contato seria realizado diretamente com os responsáveis sem o envolvimento da instituição de ensino. Em todos os casos, a equipe diretiva da escola respeitou esse procedimento e inclusive demonstrou certa satisfação por não ser necessário seu envolvimento com aspectos relacionados à nossa pesquisa.

Pela característica da amostra, que contava com adolescentes de escolas públicas e de famílias de nível socioeconômico baixo, eram sugeridos atendimentos psicológicos em cursos de formação e locais que oferecem o serviço gratuitamente ou de acordo com a renda. Após algumas semanas, a pesquisadora retomava o contato com as famílias, para saber como haviam sido os encaminhamentos e como estava o adolescente. Em geral, os responsáveis buscaram ajuda. No entanto, relataram dificuldade de conseguir vagas nos locais indicados ou a necessidade de um longo período de espera para o atendimento.

Surge então um novo obstáculo, ou seja, o risco foi identificado, os responsáveis informados e os encaminhamentos sugeridos, mas o acesso aos atendimentos psicoterapêuticos e aos centros de saúde é ainda muito restrito. Mas essa é uma discussão para outro capítulo.

Conclusões

Este capítulo discutiu o princípio da autonomia aplicado à exigência do consentimento parental em pesquisas com adolescentes e a atuação/intervenção da equipe de pesquisa nos casos em que situações de risco são identificadas.

Com relação à exigência do consentimento parental, é frequentemente questionada a capacidade do adolescente de decidir por participar de estudos, mas há indícios teóricos (que defendem a maturidade cognitiva do adolescente) e empíricos (pesquisas que mostram que o adolescente é capaz de decidir tão bem quanto o adulto) de que jovens a partir dos 14 anos são cognitivamente capazes de consentir. Por outro lado, posições contrárias podem argumentar que ao jovem falta experiência de vida suficiente para tomar tal decisão. Uma posição oposta a esta defendida na literatura sugere a realização de uma avaliação individual, ou seja, uma avaliação feita pelo pesquisador acerca da capacidade cognitiva do adolescente para tomar esse tipo de decisão em cada caso ou grupo.

Quanto à obrigatoriedade do consentimento parental, a principal alternativa salientada na literatura tem sido o consentimento passivo. Pesquisas sobre o efeito do consentimento têm concluído que a permissão passiva dos pais maximiza a participação e a veracidade das informações e reduz o viés metodológico. Todavia, resta ainda questionar se nesses casos algum tipo de consentimento deve ser obtido, seja da escola ou da universidade vinculada à pesquisa. De qualquer forma, faz-se a ressalva de que o consentimento passivo pode ser uma alternativa viável principalmente em pesquisas realizadas no campo das Ciências Humanas nas quais há risco mínimo. Porém, como foi mencionado anteriormente, não há nenhuma garantia de que os pais receberão o documento para assinar a menos que ele seja enviado pelo correio. Também foi encontrada na literatura a estratégia de fazer um telefonema ou promover mais encontros face a face com os pais para maximizar o vínculo e a participação. Esses procedimentos são, muitas vezes, utilizados internacionalmente. Contudo, no Brasil, eles exigiriam maior investimento financeiro na realização das pesquisas.

Defende-se aqui uma alternativa intermediária. Considera-se que, se um grupo de pesquisadores e um grupo de avaliadores de um comitê de ética avaliam que o estudo possui risco mínimo, a autorização para participação da pesquisa poderia ser fornecida por uma instância maior, que regulamenta o espaço institucional no qual será realizada a pesquisa com os adolescentes. É o que acontece nos casos de adolescentes em acolhimento institucional e em privação de liberdade, nos quais basta a concordância da instituição que mantém a guarda dos jovens para a realização da pesquisa. Ou seja, se o estudo for feito com adolescentes de escolas públicas, considera-se que uma autorização do conselho municipal de educação da cidade e o aceite da direção da escola poderiam ser suficientes para realização da investigação. Destaca-se ainda que, principalmente em situações em que os pais possuem baixa escolaridade e a leitura do TCLE torna-se difícil, a avaliação do risco para os adolescentes poderia ser realizada apropriadamente pela equipe da instituição de ensino, cujos profissionais possuem maior conhecimento sobre esse tipo de atividade e suas repercussões. Esta proposta visa a assegurar maior autonomia do adolescente, que poderia também decidir pela sua participação na pesquisa. No entanto, ainda seria necessária uma discussão quanto à idade a partir da qual o adolescente poderia tomar essa decisão, assim como quanto à necessidade de uma avaliação da capacidade cognitiva do jovem para a tomada de decisão, conforme sugere a Society for Adolescent Medicine (2003) para pesquisas de baixo risco.

Ainda que existam várias posições acerca da exigência do consentimento parental, é importante que esse debate seja visto com seriedade. Avanços teóricos e metodológicos não fazem sentido quando não se atenua esse problema que se situa na base da pesquisa e interfere na qualidade da informação. Sugere-se que os pesquisadores busquem formas de promover um diálogo com os conselhos de ética, a fim de que as leis possam atender às especificidades da pesquisa com a população adolescente, uma vez que normativas internacionais têm cada vez mais atentado à essa questão, procurando realizar mudanças que melhorem o processo de consentimento. Salienta-se que, por exemplo, na pesquisa relatada neste capítulo, a coleta de dados ocorreu somente com adolescentes que entregaram o TCLE assinado pelos pais. Tal limitação deve ser considerada, pois os resultados poderiam ser diferentes se os jovens que não apresentaram o consentimento assinado fossem incluídos. A exigência do TCLE pode ter levado a um viés na constituição da amostra, uma vez que possíveis dificuldades individuais e familiares podem ter sido o motivo para que o TCLE não fosse apresentado aos responsáveis legais ou para que os pais não concordassem com a participação de seus filhos. Entretanto, acredita-se na importância de preservar os aspectos éticos do estudo, garantindo aos participantes os direitos previstos pela Resolução 196/96 (Conselho Nacional de Saúde, 1996).

A respeito da privacidade do adolescente na pesquisa, defende-se que, em situações nas quais a preservação da identidade significa a manutenção do risco, a privacidade deve ser quebrada a favor da proteção do jovem, da mesma forma como argumentam Kramer (2002) e Neiva-Silva et al. (2005). Se os pesquisadores atuarem de forma comprometida com as diretrizes éticas, estabelecendo um vínculo de respeito e confiança com o menor, é possível intervir em prol do bem-estar deste. Considera-se ainda que pesquisadores que assumem uma atitude passiva diante de informações graves e não denunciam riscos em populações vulneráveis (crianças e adolescentes), amparando-se em diretrizes éticas para não identificar o sujeito, estariam atuando de forma negligente e seriam responsáveis pela perpetuação do risco para aquele indivíduo.

Finalmente, é importante lembrar que é dever do pesquisador da adolescência seguir as diretrizes propostas pelo Conselho Nacional de Saúde para essa faixa etária. Tais diretrizes foram criadas como forma de regulamentar os estudos, garantir os direitos e impedir que situações, hoje inaceitáveis, repitam-se. Contudo, reconhecer seu papel e relevância não significa que não se possa questionar tais diretrizes e sugerir reformulações dela, pois o intuito é garantir os direitos humanos, mas também a fidedignidade científica (que oferece benefícios para todos). Além disso, precisa ser enfatizado o compromisso ético do psicólogo de atuar em casos de risco durante a realização de pesquisas com jovens, destacando-se em que medida a pesquisa também pode assumir o caráter de intervenção e contribuir para a qualidade de vida de seus participantes.

Questionar as diretrizes não dá ao pesquisador o direito nem a autonomia de burlá-las ou ignorá-las. Seu papel o de é argumentar, reunir dados, informações e experiências e propor alternativas, modificações e adaptações para a reformulação oficial dessas diretrizes.

Referências

Beauchamp, T. L., & Childress, J. F. (2002). *Princípios de ética biomédica*. São Paulo: Loyola.

Bezerra, J., Barros, M. V. G., Tenório, M. C. M., Tassitano, R. M., Barros, S. S. H., & Hallal, P. C. (2009). Religiosidade, consumo de bebidas alcoólicas e tabagismo em adolescentes. *Revista Panamericana de Salud Publica, 26*(5), 440-446.

Bruzzese, J., & Fisher, C. B. (2003). Assessing and enhancing the research consent capacity of children and youth. *Applied Developmental Science, 7*(1), 13-26.

Bull, S., Breslin, L. T., Wright, E. E., Black, S. R., Levine, D., & Santelli, J. S. (2011). Case study: an ethics case study of HIV prevention research on facebook: the just/us study. *Journal of Pediatric Psychology, 3*, 1-10.

Chartier, M., Stoep, A. V., McCauley, E., Herting, J. R., Tracy, M., & Lymp, J. (2008). Passive versus active parental permission:

implications for the ability of school-based depression screening to reach youth at risk. *Journal of School Health, 78*(3), 157-164.

Conselho Nacional de Saúde (1996). Resolução 196/96 sobre pesquisa envolvendo seres humanos. *Bioética, 4*(2), 15-25.

Ellickson, P. L., & Hawes, J. A. (1989). An assessment of active versus passive methods for obtaining parental consent. *Evaluation Review, 13*(2), 45-55.

Esbensen, F., Melde, C., Taylor, T. J., & Peterson, D. (2008). Active parental consent in school-based research: how much is enough and how do we get it? *Evaluation Review, 32*(4), 335-362.

Flicker, S., & Guta, A. (2008). Ethical approaches to adolescent participation in sexual health research. *Journal of Adolescent Health, 42*, 3-10.

Foreman, D. M. (1999). The family rule: a framework for obtaining ethical consent for medical interventions from children. *Journal of Medical Ethics, 25*(6), 491-496.

Gansky, S. A., & Ellison, J. A. (2009). Patterns and correlates of spit tobacco use among high school males in rural California. *Journal of Public Health Dentistry, 69*(2), 116-124.

Geluda, K., Bisaglia, J. B., Moreira, V., Maldonado, B. M., Cunha, A. J., Trajman, A. (2005). Third-party informed consent in research with adolescents: the good, the bad and the ugly. *Social Science & Medicine, 61*(5), 985-988.

Goldim, J. R. (2000). Consentimento informado em crianças e adolescentes. Recuperado em 31 de março de 2013, de http://www.ufrgs.br/bioetica/conscria.htm.

Guariglia, F., Bento, S. F., & Hardy, E. (2006). Adolescentes como voluntários de pesquisa e consentimento livre e esclarecido:

conhecimento e opinião de pesquisadores e jovens. *Cadernos de Saúde Pública, 22*(1), 53-62.

Hester, C. J. (2003). Adolescent consent: choosing the right path. *Issues in Comprehensive Pediatric Nursing,* 27, 27-37.

Jaspan, H. B., Cunningham, C. K., Tucker, T. J. P., Wrightet, P. F., Self, S. G., Sheets, R. L. et al. (2008). Inclusion of adolescents in preventive HIV vaccine trials: public health policy and research design at a crossroads. *Journal of Acquired Immune Deficiency Syndromes, 47*(1), 86-92.

Jones, R. K., Purcell, A., Singh, S., Finer, L. B. (2005). Adolescents' reports of parental knowledge of adolescents' use of sexual health services and their reactions to mandated parental notification for prescription contraception. *JAMA, 293*(3), 340-348.

Koller, S. H. (2008). Ethics in research with human beings: some issues about psychology. *Ciência & Saúde Coletiva, 13*(2), 399-406.

Kramer, S. (2002). Autoria e autorização: questões éticas na pesquisa com crianças. *Cadernos de Pesquisa,* 116, 41-59.

National Institutes of Health (2005). *Code of federal regulations.* Title 45 Public Welfare. Department of Health and Human Services. Part 46: Protection of Human Subjects. Recuperado em julho de 2011, de http://ohsr.od.nih.gov/guidelines/45cfr46.html#46.408.

Neiva-Silva, L., Lisboa, C., & Koller, S. H. (2005). Bioética na pesquisa com crianças e adolescentes em situação de risco: dilemas sobre o consentimento e a confidencialidade. *Jornal Brasileiro de Doenças Sexualmente Transmissíveis, 17*(3), 201-206.

Pulier, M., Klein, B., Reynolds, J., Lange, A., & Ruwaard, J. (2010). Ethical dilemmas in online research and treatment of sexually abused adolescents. *Journal of Medical Internet Research, 12*(5), 58-60.

Reddy, D. M., Fleming, R., & Swain, C. (2002). Effects of mandatory parental notification on adolescents' use of sexual health care services. *JAMA, 288*(6), 710-714.

Rojas, N. L., Sherrit, L., Harris, S., & Knight, J. R. (2008). The role of parental consent in adolescent substance use research. *Journal of Adolescent Health*, 42, 192-197.

Sanci, L. A., Sawyer, M. S., Penny, J. W., Bond, L., & Patton, G. (2004). Youth health research ethics: time for a mature-minor clause? *A Medical Journal of Australia, 180*(7), 336-338.

Smith, D. C., Boel-Studt, S., & Cleeland, L. (2009). Parental consent in adolescent substance abuse treatment outcome studies. *Journal of Substance Abuse Treatment,* 37, 298-306.

Society for Adolescent Medicine (2003). Ethical issues in research with homeless youths: a position paper of the Society for Adolescent Medicine. *Journal of Adolescent Health,* 33, 396-399.

Tigges, B. B. (2003). Parental consent and adolescent risk behavior research. *Journal of Nursing Scholarship,* 35, 283-289.

Tri-Council Policy Statement (2010). *Ethical conduct for research involving humans*. Canadian Institutes of Health Research, Natural Sciences and Engineering Research Council and Social Sciences and Humanities Research Council of Canada. Recuperado em julho de 2011, de http://www.pre.ethics.gc.ca/pdf/eng/tcps2/TCPS_2_FINAL_Web.pdf.

Walker, J. (2004). Parents and sex education-looking beyond "the birds and the bees." *Sex Education, 4*(3), 239-254.

Weithorn, L. A. (1983). Children's capacities to decide upon participation in research. *A Review of Human Subjects Research,* 5, 1-5.

Weithorn, L. A., & Campbell, S. B. (1982). The competency of children and adolescents to make informed consent about treatment decisions. *Child Development*, 53, 1589-1598.

Wolfenden, L., Kypri, K., Freund, M., & Hodder, R. (2009). Obtaining active parental consent for school-based research: a guide for researchers. *Australian and New Zealand Journal of Public Health*, *33*(3), 270-275.

Relações com a escola e fatores psicossociais positivos na adolescência

Luciana Fernandes Marques
Débora Dalbosco Dell'Aglio

Há pelo menos duas décadas, alguns teóricos têm se reunido em torno da Psicologia Positiva e descoberto processos fundamentais para o florescimento humano. A Escola Positiva é a incorporação da Psicologia Positiva ao contexto escolar desenvolvendo temas como prevenção e promoção de saúde na escola, resiliência, bem-estar positivo, entre outros. Neste capítulo, são discutidas associações entre relações positivas com a escola e variáveis individuais, como autoestima, autoeficácia e perspectivas de futuro, entre os adolescentes.

Em março de 2006, foi aprovada no Brasil a política nacional de promoção da saúde, que visa a fomentar o desenvolvimento da qualidade de vida, auxiliar na redução das vulnerabilidades e riscos relacionados aos condicionantes da saúde da população (Ministério da Saúde – Secretaria de Vigilância em Saúde, 2006). A promoção da saúde não tem como alvo uma doença em especial, mas se volta para o desenvolvimento do bem-estar individual e coletivo de modo geral e para a atenção ao ambiente. Principalmente, pretende fortalecer pessoas e grupos, para que estes enfrentem e resolvam problemas de forma autônoma (Arantes, Martins, & Lima, 2008). Nesse sentido, os Ministérios da Saúde e da Educação estão alinhados com a iniciativa chamada Escolas Promotoras da Saúde, com o aval da Organização

Pan-Americana de Saúde (OPAS), que considera três componentes principais na promoção da saúde nas escolas: a) a educação em saúde com enfoque integral; b) a criação de entornos saudáveis; e c) a provisão de serviços de saúde (Ministério da Saúde – Organização Pan-Americana de Saúde, 2006).

Quando se fala em prevenção e promoção de saúde e qualidade de vida na adolescência, em geral, refere-se a abordar o jovem e sua família a partir da escola. Não é rotina dos serviços de saúde receber jovens cotidianamente, como ocorre com o público de outras faixas etárias (Gomes & Horta, 2010). O melhor local para ter acesso tanto à educação quanto à saúde do adolescente é a escola, principalmente quando se focaliza a promoção e a prevenção. Nesse espaço, é possível conhecer as demandas de cuidado a partir da ótica de professores e orientadores e perceber a instituição de ensino como um lugar privilegiado de promoção do desenvolvimento integral do jovem. Além do focar o indivíduo, destacar as relações, promovendo ambientes mais saudáveis e garantindo a participação e a inclusão de todos os envolvidos, também pode favorecer a saúde no espaço escolar.

A Escola Positiva

A Psicologia Positiva apresenta importantes subsídios para trabalhar com a criação de ambientes escolares saudáveis. Enquanto boa parte da literatura científica da Psicologia e da Educação enfoca o que se poderia considerar como uma parte negativa da vida humana, que seriam os problemas e déficits, buscando sua resolução, atualmente alguns autores passaram a defender a necessidade de conhecer mais profundamente o que caracteriza o melhor das pessoas e dos sistemas humanos e a discutir como incrementá-lo (Marujo, Neto,

Caetano, & Rivero, 2007). Essa ótica está em consonância com os programas de promoção de saúde mencionados na introdução.

Até algum tempo atrás, a lógica que regia a construção do conhecimento era a de que, se os problemas fossem resolvidos, tudo ficaria bem. Como se os problemas, transtornos, déficits fossem desvios temporários do equilíbrio natural da vida. Seligman (2004) foi um autor que enfatizou que essa seria uma percepção defeituosa, uma vez que, curando ou tratando problemas, não necessariamente teremos indivíduos e instituições cheios de positividade, virtuosos e fortes. Ele dá o exemplo da depressão, que mesmo sendo tratada não irá obrigatoriamente permitir a felicidade e o desenvolvimento positivo. Então, enfocar a patologia e as deficiências é apenas uma parte do trabalho do psicólogo e do educador. No entanto, é preciso ir além e incluir o potencial de desenvolvimento das forças e das virtudes como uma visão complementar e salutar. Por mais simples que possa parecer, essa mudança de perspectiva deverá influenciar as construções teóricas, de pesquisa e a própria prática do psicólogo e do educador. Nesse sentido, a visão da Psicologia Positiva não consiste somente no estudo de grandes tópicos, mas também dos processos cotidianos que facilitam a ação habitual (Jiménez & Herrer, 2010), ou seja, em indagar e investigar também as práticas cotidianas que levam a resultados positivos.

A Psicologia Positiva está voltada para o aprofundamento do conhecimento e a instituição de práticas direcionadas a criar experiências positivas, características positivas individuais e instituições positivas como escolas, famílias, hospitais, comunidades, sociedades ou ambientes físicos (Fredrickson & Losada, 2005; Park & Peterson, 2007; Snyder & Lopez, 2002). De acordo com Seligman (2004), resumiriam-se a três os pilares a partir dos quais a Psicologia Positiva pode ser estudada: o estudo das emoções positivas, o estudo de traços positivos individuais e o estudo de instituições positivas. Esse último campo, que estava negligenciado, começa a ganhar contornos por meio de conceitualizações e modelos explicativos que realçam fenômenos organizacionais positivos. Com relação ao âmbito educacional, há publicações que experimentam aplicar o conhecimento da Psicologia Positiva à escola (Cameron, Dutton, & Quin, 2003; Donaldson, Csikszentmihalyi, & Nakamura, 2011; Marujo, Neto, & Perloiro, 2003). Parece não haver melhor lugar ou instituição onde esse enfoque possa vicejar, pois, uma vez que nele se dá a formação de crianças e jovens, estes só podem beneficiar-se com a criação de um ambiente favorável.

Na história da Psicologia, pode-se encontrar facilmente o foco negativo nos estudos sobre escola, como quando se enfoca o *bullying*, a evasão escolar, o estresse laboral do professor, a alienação, o fracasso escolar, o comportamento das gangues e os desvios comportamentais em geral. Na Psicologia Escolar, é muito comum focalizar os déficits e agir de forma reativa quando o problema já está instalado. Esse viés é limitado em seu escopo, pois ajuda apenas aquele que está desordenado, além de atrasar o serviço de atendimento até que o diagnóstico apareça (Clonan, Chafouleas, McDougal, & Riley-Tillman, 2004). Um dos possíveis impactos de enfatizar o aspecto negativo é gerar práticas voltadas para o tratamento e não para a prevenção e promoção de saúde. É imperativo que a avaliação e o tratamento se direcionem não para os déficits, mas para o reforço das competências e para a construção de capacidades individuais e sistêmicas na Psicologia Escolar (Reschly & Ysseldyke, 1999).

No Brasil, por exemplo, é imediata a necessidade de programas de prevenção à violência nas escolas ou mesmo de intervenções em grupos de crianças e adolescentes em situação de risco. Contudo, seria possível imaginar um panorama ainda melhor se as atenções se voltassem para um amplo espectro de competências e habilidades direcionadas ao bem-estar e desenvolvimento desses grupos. A pesquisa educacional pode contribuir e ir além dos problemas, enfocando o que é bom na escola, o que funciona, o que é atrativo (Hoy & Tarter, 2011). A felicidade e o bem-estar são temas de estudo da Psicologia Positiva (Fredrickson, 2001; Seligman & Csikszentmihalyi, 2000). Haveria alguma dúvida de que um clima institucional afável, agradável e feliz conduz a um melhor desempenho escolar? Talvez não sejam necessários longos e detalhados estudos para se constatar o benefício de tal ambiente. Mas como criar esse ambiente sem desviar o foco do ensino-aprendizagem? Como coadunar as questões curricular e didática com esses resultados? Como podemos aproveitar o ambiente educacional para construir competências e criar um clima favorável ao desenvolvimento de características individuais positivas? Historicamente, a escola tem exercido mais uma função adaptativa e disciplinar do que de desenvolvimento pessoal, por isso a dificuldade de criar habilidades não instrumentais (Jiménez & Herrer, 2010). Porém, gradualmente, os estudos deverão integrar essa ampla gama do que vai bem e do que dá certo, contemplando a variedade de objetivos de que a escola espera dar conta.

A escola e o desenvolvimento positivo na adolescência

Essa tendência de promover ambientes saudáveis na educação assume implicitamente que a atenção à prevenção e ao desenvolvimento positivo da instituição pode levar à promoção de forças individuais como a resiliência, a competência e o otimismo (Clonan et al., 2004), ou dito de outro modo, fazer com que as instituições escolares sirvam como um veículo para o desenvolvimento positivo do jovem. A relação entre o desenvolvimento de competências pessoais e o fortalecimento de fatores de proteção em múltiplos ambientes com a promoção da resiliência tem sido sugerida em estudos de impacto como o de Masten, Best e Garmezy (1990). As escolas podem desfrutar de sua posição privilegiada como contexto organizacional que ofereça uma ecologia para o desenvolvimento positivo.

A geração de um ambiente seguro, estimulante e que proporcione bom um vínculo com as pessoas, as famílias e a comunidade é a base para esse desenvolvimento. Em um estudo nacional sobre programas comunitários para promover o desenvolvimento do jovem, Eccles e Gootman (2002) delineiam as características de ambientes de desenvolvimento positivo: segurança física e psicológica, infraestrutura apropriada, relacionamentos de apoio, oportunidades de pertencimento, normas sociais positivas, suporte para ações eficazes e cuidadoras, oportunidades para construção de habilidades e integração entre família, escola e esforços comunitários.

As relações estabelecidas no contexto escolar fazem parte da rede social do adolescente. Os relacionamentos com amigos e grupos de pares fornecem ao estudante a percepção de pertencimento e de apoio quando ele precisa contar com alguém (Amparo, Galvão, Cardenas, & Koller, 2008). A presença da rede de apoio, seja ela escolar, familiar ou comunitária, configura-se em fator protetor. O estabelecimento de relações de apego seguras e do cumprimento das tarefas com sucesso é importante para a manutenção da autoestima e da autoeficácia (Amparo et al., 2008). Para Loukas e Murphy (2007), as percepções dos estudantes quanto ao clima da escola podem contribuir para a forma como eles constroem relacionamentos positivos com seus pares, têm sentimentos positivos sobre si mesmos e são capazes de lidar mais facilmente com as transições características da adolescência. Esses autores ainda consideram que o clima da escola é um conceito complexo e multidimensional, que inclui a atmosfera, a cultura, os valores, os recursos e as redes sociais de uma instituição de ensino; e também que as experiências pessoais do estudante no ambiente escolar podem mediar os efeitos do clima institucional real e contribuir para os resultados escolares. Além disso, Loukas e Murphy destacam o papel protetor do clima escolar positivo nos problemas de conduta na adolescência, especialmente entre as meninas, pois a percepção de relações de boa qualidade com a instituição de ensino pode aumentar o sentimento de pertencimento e de ligação com a escola durante a juventude.

Para Monahan, Oesterle e Hawkins (2010), a conectividade com a escola está associada a comportamentos, emoções e resultados acadêmicos na adolescência. Refere-se tanto aos relacionamentos afetivos neste ambiente como ao investimento nas tarefas escolares e atividades a ela relacionadas. Com relação ao comportamento, jovens que se sentem conectados à escola são menos propensos a se engajarem em comportamentos delinquentes ou violentos, assim como a consumir álcool ou drogas e a ter uma iniciação sexual precoce, que é considerada um fator de risco para a gravidez na adolescência e o contágio por doenças sexualmente transmissíveis. Além disso, esses autores relatam que adolescentes conectados à escola apresentam menor risco para problemas de saúde mental, níveis mais baixos de estresse físico e emocional e de sintomas depressivos e menor tendência a cometer tentativas de suicídio e a ter esse tipo de pensamento. Por tudo isso, destacam que intervenções preventivas, que possam manter e incrementar níveis de conectividade à escola, podem promover o desenvolvimento positivo em longo prazo.

As relações com a escola são amplas e não se resumem ao relacionamento com os professores e colegas. Elas integram desde o ambiente físico, o ambiente social (professores e colegas) e a aprendizagem até as interações da instituição com as famílias e a comunidade. A escola não apenas repassa conteúdos e lida com cognições, mas vai além ao incluir na sua missão o compromisso com a formação integral do aluno. Ela tem a capacidade de promover resiliência por meio de estímulos e desafios e de construir interações de qualidade com estabilidade e coesão, criando uma rede de apoio com o ambiente (Pinheiro, 2004).

Práticas voltadas para objetivos positivos específicos, como envolver estudantes em atividades pró-sociais, podem prevenir o envolvimento dos jovens em comportamentos de risco. Os adolescentes que não participam desse tipo de atividade e aqueles que possuem relações negativas com o pessoal da escola têm maior propensão a se engajar em comportamentos como o uso de drogas, a violência e o fracasso escolar (Black, Grenard, Sussman, & Rohrbach, 2010). As teorias do Modelo de Desenvolvimento Social que integram controle, aprendizado social e teorias sobre vínculos sugerem que relações prossociais têm importância central na prevenção de comportamentos de risco e delinquência na adolescência e postulam que os jovens que possuem compromisso com atividades prossociais e com organizações convencionais como com as escolas estão menos propensos a se associar com pares delinquentes e, assim, mais protegidos de aprender comportamentos sociais de risco (Black et al., 2010).

Um aspecto importante no relacionamento do aluno com a escola é a confiança. Esta se baseia na aceitação, valorização e reconhecimento do outro e do seu papel. Sem essas práticas, dificilmente surge o apego escolar, considerado um dos prováveis pilares da resiliência (Jiménez & Herrer, 2010). A presença de um clima de confiança gera emoções positivas, que, por sua vez, conduzem à exploração, à descoberta e à maestria, ao contrário das emoções negativas que inibem o crescimento e criam a tendência à acomodação ao que se considera seguro (Seligman, 2004). A saída da zona de conforto pode gerar sensação de desamparo e medo de arriscar-se, e esse é o caminho inverso da maestria. Uma importante meta da Psicologia é o que Seligman (2004) chama de "imunização psicológica", que consiste justamente em estimular as pessoas a não desistirem sem antes tentar e enfrentar sua sensação de desamparo, para encontrar nesse trajeto o que ele chama de maestria.

Neste capítulo, são discutidas associações entre variáveis relacionadas à escola e aspectos individuais dos adolescentes, observando variáveis de interesse para o desenvolvimento positivo. Este estudo faz parte de uma pesquisa nacional sobre a Juventude Brasileira e discute os dados da amostra de Porto Alegre, Rio Grande do Sul.

Método

Participantes

O grupo de participantes desta pesquisa foi formado por 684 jovens com idades entre 12 e 18 anos (m = 15,12 anos; dp = 1,52), estudantes cursando entre a 7ª série do Ensino Fundamental e o 2º ano do Ensino Médio de escolas públicas de Porto Alegre. Quanto ao gênero, 38,7% dos participantes eram homens e 61,3%, mulheres.

Instrumento

Para esta investigação utilizou-se o Questionário da Juventude Brasileira – Versão Fase II (Dell'Aglio, Koller, Cerqueira-Santos, & Colaço, 2009). Para a construção desta versão do instrumento, foram realizadas análises estatísticas como a de consistência interna e análises fatoriais dos itens das escalas que compuseram a versão I do instrumento (Koller, Cerqueira-Santos, Morais, & Ribeiro, 2005). O instrumento Versão II é composto por 77 questões, algumas de múltipla escolha e outras em formato Likert de cinco pontos sobre intensidade e frequência e ainda mais alguns itens que investigam aspectos da caracterização biossociodemográfica dos participantes. O objetivo deste questionário é estudar fatores de risco e proteção em adolescentes, abordando aspectos relativos à educação, saúde e trabalho; comportamentos de risco (drogas, suicídio, sexualidade, violência); fatores de risco (violência intrafamiliar e na comunidade, exposição a doenças/drogas, deficiência, discriminação, institucionalização, vida na rua, conflito com a lei, empobrecimento/ pobreza, separação/perda na família); e fatores protetores sociais (lazer, rede de apoio) e pessoais (espiritualidade, autoestima, autoeficácia, perspectivas para o futuro). A questão 74 do instrumento Versão II é constituída pelos itens da Escala de Autoestima de Rosenberg (1989), adaptada por Reppold e Hutz (2002); e a questão 75 é composta pelos itens do instrumento de Schwarzer e Jerusalem (1995), adaptada por Teixeira e Dias (2005).

Para as análises deste capítulo, foram utilizadas as questões 15 (repetência), 16 (quantas vezes repetiu o ano escolar), 18 (Escala de Relações com a Escola), 74 (autoestima), 75 (autoeficácia), 76a (perspectiva de concluir o Ensino Médio), 76b (perspectiva de entrar na universidade).

Procedimentos e considerações éticas

A seleção das instituições participantes foi feita por meio do método de amostragem aleatória por conglomerados. Realizou-se um sorteio a partir de todas as escolas que pertenciam à rede pública da cidade de Porto Alegre, e o número de participantes foi definido por meio de cálculo amostral (Barbetta, 2001), com margem de erro de 4%. Também foram sorteadas as turmas participantes e, em média, participaram 50 adolescentes por escola.

Todos os procedimentos éticos que garantem a integridade dos sujeitos de pesquisa foram assegurados (Resolução nº 196/1996 do Ministério da Saúde). O projeto de estudo foi aprovado pelo Comitê de Ética em Pesquisa, do Instituto de Psicologia da UFRGS (Processo nº 2009060), e as escolas participantes assinaram o Termo de Concordância com a realização da investigação. Obteve-se o

Termo de Consentimento Livre Esclarecido assinado pelos pais dos adolescentes e um Termo de Assentimento assinado pelos estudantes manifestando o desejo em integrar o estudo. A coleta de dados foi realizada coletivamente, em sala de aula, e as sessões tiveram duração máxima de 75 minutos.

Resultados

Foram investigadas algumas variáveis referentes à escola e ao desempenho escolar. A maioria dos jovens participantes (84,4%) frequenta a instituição de ensino no turno da manhã. Com relação à reprovação, chama a atenção que mais da metade dos alunos (56,5%) tenham relatado já terem sido reprovados. Desses, 50,9% foram reprovados uma vez; 30,5%, duas vezes; e 14,2% têm três reprovações. Se, por um lado, o número de alunos reprovados parece excessivo, por outro, apenas 2,7% referem já terem sido expulsos da escola.

Os adolescentes foram indagados sobre como se sentem a respeito da escola e dos colegas por meio da Escala de Relações com a Escola, apresentada na questão 18 do instrumento, com sete itens com opções de resposta em uma Escala Likert de 5 pontos: discordo totalmente, discordo um pouco, não concordo nem discordo, concordo um pouco, concordo totalmente. O total nesta escala variou entre 7 e 35 pontos, com uma média de 25,5 (dp = 5,57) e um Alpha de Cronbach de .73, o que demonstra a consistência da escala. Foi observada diferença estatística significativa (t = 3,05; gl = 670; $p = 0,002$) nas médias apresentadas na escala entre o grupo de adolescentes que já tiveram reprovação escolar (m = 24,9; dp = 5,69) e o que não apresentou repetência (m = 26,23; dp = 5,33), indicando níveis mais positivos com relação à escola entre os adolescentes não repetentes. Pode-se observar também, nos resultados da escala, médias mais altas nos itens "sentir-se bem na escola" e "querer continuar estudando na escola", enquanto as médias mais baixas estão em "confiar nos colegas" e "contar com os técnicos da escola". Um maior detalhamento dessas respostas é apresentado na Tabela 1.

Tabela 1. Percentuais e médias dos itens da Escala de Relações com a Escola

Item		1*	2*	3*	4*	5*	Média
Eu me sinto bem quando estou na escola	%	3,8	9,2	12,1	35,8	38,3	3,96 (dp = 1,1)
	n	26	64	84	248	265	
Gosto de ir para a escola	%	5,8	10,7	11,3	37,0	33,8	3,84 (dp = 1,18)
	n	40	74	78	256	234	
Gosto da maioria dos meus professores	%	9,1	18,5	12,1	33,5	25,3	3,48 (dp = 1,3)
	n	63	128	84	232	175	
Quero continuar meus estudos nessa escola	%	10,5	8,7	13,6	12,1	53,5	3,91 (dp = 1,41)
	n	73	60	94	84	370	
Posso contar com meus professores	%	6,8	15,9	18,2	26,6	31,4	3,61 (dp = 1,26)
	n	47	110	126	184	217	
Posso contar com técnicos da escola	%	14,6	13,3	15,8	27,2	27,7	3,41 (dp = 1,4)
	n	101	92	109	188	192	
Confio nos colegas da escola	%	14,3	16,9	15,9	32,8	19,4	3,26 (dp = 1,34)
	n	99	117	110	227	134	

*Nota: 1 (discordo totalmente), 2 (discordo um pouco), 3 (não concordo nem discordo), 4 (concordo um pouco), 5 (discordo totalmente).

Nas demais escalas utilizadas neste estudo, os resultados foram: na Escala de Autoestima, o Alpha de Cronbach foi de 0,84 e a pontuação variou de 10 a 50 pontos, com média de 41,46 (dp = 7,11); na Escala de Autoeficácia, o Alpha de Cronbach foi 0,89 e a pontuação na escala variou de 11 a 44 pontos, com média de 36,35 (*dp* = 6,62). Também foram efetuadas análises de correlação entre o resultado total da Escala de Relações com a Escola e outras variáveis investigadas no estudo, conforme pode ser observado na Tabela 2. Observou-se uma correlação negativa baixa, mas significativa, entre a escala e a frequência de reprovação na escola, apontando no sentido de que as relações com a escola tornam-se mais negativas na medida em que há maior reprovação escolar ou vice-versa. Além disso, foi constatada uma correlação positiva significativa entre o total na Escala de Relações com a Escola e as demais variáveis investigadas: planos de futuro, e as Escalas de Autoestima e Autoeficácia.

Tabela 2. Correlações entre as variáveis e a Escala de Relações com a Escola

Variáveis	r	p
Número de repetências	- 0,122	0,02
Perspectiva de concluir o Ensino Médio	0,235	0,01
Perspectiva de entrar na universidade	0,220	0,01
Autoestima	0,274	0,01
Autoeficácia	0,190	0,01

Discussão

O resultado deste estudo, quanto ao número de estudantes reprovados, é alarmante (56,5%). Em pesquisa com jovens do Distrito Federal, Amparo et al. (2008) encontraram um percentual de 43,3% de reprovados. Estes dados nos levam a algumas questões: como fica a relação destes estudantes com a escola após a reprovação? Estas reprovações podem levar o adolescente à evasão e à exclusão do processo de ensino? O estudo de Jacomini (2010) apontou que a maioria dos pais e alunos defende a reprovação como forma de aprendizagem. Para eles, a repetência é como uma segunda chance de aprender, é uma medida corretiva e uma forma de pressionar o aluno a estudar. No entanto, nesta visão não está presente o questionamento sobre os modos de ensinar que não garantem a aprendizagem dos estudantes nem a influência de variáveis globais como condições sociais, econômicas e familiares. A reprovação deve ser vista como algo indesejável, e não uma forma de pressionar para o estudo, tendo em vista os resultados de investigações que apontam as consequências negativas dessa medida no desenvolvimento de adolescentes. Para Barros e Mendonça (1998), a reprovação e a subsequente repetência têm efeitos negativos sobre a autoestima e a motivação dos alunos, além de estigmatizá-los e favorecer a sua discriminação na escola. Nesse caso, a repetência aumentará a probabilidade de reprovações futuras. A reprovação também aparece como fator de risco para uso de tabaco (Oliveira, Martins, Reato, & Aderman, 2010) e de transtorno de conduta (Cruzeiro et al., 2008).

Altos índices de reprovação estão relacionados com o fracasso escolar. Seria de esperar que, com o fracasso escolar, fosse observada baixa motivação e relação negativa com a instituição. No entanto, neste estudo, verificou-se que boa parte dos jovens se sente bem quando está na escola, gostam de ir para lá e pretendem continuar estudando no mesmo local. Estes indicadores positivos podem ser entendidos como sinais de boa relação com a instituição de ensino e manutenção dos vínculos. Um bom relacionamento com a escola parece importante, conforme estudos que apontam que esta é fonte de apoio social e afetivo do jovem, minorando o processo de vulnerabilidade e contribuindo para processos de resiliência (Siqueira, 2010). Se há uma boa interação com a escola e sentimentos positivos acompanham o ir e o ficar nela, é possível que o risco de evasão seja diminuído. A manutenção do vínculo com a instituição é um fator importante de proteção, pois está relacionada a laços saudáveis de amizade no ambiente comunitário (Cerqueira-Santos, Rezende, & Correa, 2010).

Entre os laços de amizade do jovem na escola, estão também os relacionamentos com os técnicos e professores. Os estudantes investigados neste estudo disseram poder contar com esses profissionais. Naturalmente, a relação de confiança é maior com os colegas e amigos, mas os dados encontrados sugerem uma relativa proximidade com os adultos da escola. Enquanto o alto índice de reprovação poderia apontar para uma ruptura, os bons sentimentos de estar na escola e certa confiança com relação a técnicos e professores apontam para uma percepção geral positiva da instituição. Embora tenha sido constatada correlação negativa entre a reprovação e as relações com a escola, o que mostra que os repetentes estão menos satisfeitos que os demais, é necessário destacar que, mesmo sendo repetentes, os adolescentes que responderam ao questionário estavam em sala de aula, ou seja, ainda permaneciam vinculados à escola. Não se tem dados objetivos sobre quais são os índices de alunos que evadem do espaço escolar após uma reprovação e de como fica esta percepção quanto à escola após seu abandono. Um novo estudo poderia averiguar a percepção dos evadidos, apesar das dificuldades metodológicas para compor uma amostra representativa.

Quanto aos adolescentes participantes da pesquisa, observou-se uma positividade nas interações sociais na escola, assim como relações significativas desta variável com variáveis individuais positivas, como autoestima, autoeficácia e perspectivas positivas de futuro, no que se refere a concluir os estudos de segundo grau e ingressar em uma universidade. Tais resultados podem ser entendidos a partir das ideias de Loukas e Murphy (2007), que afirmam que as percepções dos estudantes quanto ao clima da escola podem contribuir para relacionamentos positivos com seus pares e sentimentos positivos sobre si mesmos. As interações sociais positivas são compreendidas como contexto no qual ocorrem as trocas do aluno com os objetos de aprendizagem e que possibilita relações de confiança (Tacca & Branco, 2008). Percepções positivas quanto à escola geralmente estão ligadas a um sentimento de pertencimento ao ambiente educacional, satisfação em estar na instituição e confiança nos professores e colegas (Loukas, Ripperger-Suhler, & Horton, 2009; Wilson, 2004). Assim, a escola tem sido considerada um dos ambientes de socialização mais influentes na vida do adolescente (Lisboa & Koller, 2004).

Neste sentido, é fundamental que ele se sinta bem neste local, estabeleça laços afetivos com professores, assim como com colegas, tendo em vista que esse contexto de desenvolvimento poderá ter um importante papel de proteção.

Sudbrack e Dalbosco (2005) afirmam que a escola, juntamente com a família, desempenha papel decisivo no processo de formação dos jovens enquanto sujeitos plenos, capazes de exercer seus direitos e cumprir com seus deveres na sociedade brasileira que integram como cidadãos. Cabe, pois, à escola, além das ações específicas da escolarização, assumir seu papel de instância formadora e de preciosa influência sobre a pessoa em desenvolvimento. Para Schenker e Minayo (2005), os adolescentes que têm objetivos definidos e investem no futuro apresentam probabilidade menor de usar drogas. Igualmente, a elevada autoestima e os sentimentos de valor, habilidade, respeito e satisfação com a vida podem servir de proteção aos jovens contra a dependência de drogas quando combinados com outros fatores protetores do seu contexto de vida. Para estes autores, a escola é um poderoso agente de socialização do adolescente, por possibilitar a convivência na comunidade de pares e por ter fortes instrumentos de promoção da autoestima e do autodesenvolvimento, constituindo-se em um fator fundamental na potencialização de resiliência dos adolescentes. Assim, os resultados encontrados neste estudo, que apontaram relações entre percepções positivas da escola com as variáveis de autoestima, autoeficácia e planos de futuro de continuar estudando, vão ao encontro das ideias de Schenker e Minayo, indicando a importância de manter os adolescentes no espaço escolar.

Amparo et al. (2008) destacam o papel fundamental da escola como ponto de partida para toda e qualquer ação educativa relativa à população juvenil. A escola pode realizar ações que procurem amenizar fatores de risco promovendo e estimulando as habilidades sociais, a visão positiva de si próprio, a cooperação, as relações afetivas, o compromisso consigo mesmo, além da autoconfiança no que se refere à competência social e emocional. A partir disso, pode-se destacar a importância de trabalhos preventivos no contexto escolar que busquem favorecer os vínculos entre professores e alunos, entre alunos e entre estes e suas famílias. Também são necessários esforços que proponham ações preventivas com relação à reprovação e repetência escolares, procurando valorizar as aprendizagens e desenvolver uma maior compreensão quanto às diferentes formas de aprender, para que os adolescentes se sintam valorizados e capazes de dar continuidade aos seus estudos e planos futuros. Por isso, aponta-se a necessidade de outros estudos capazes de trazer avanços na compreensão dos fatores envolvidos no desenvolvimento na adolescência, especialmente quanto ao papel do clima positivo na escola e a suas repercussões no desenvolvimento saudável de jovens.

Referências

Amparo, D. M., Galvão, A. C. T., Cardenas, C., & Koller, S. H. (2008). A escola e as perspectivas educacionais de jovens em situação de risco. *Psicologia Escolar e Educacional, 12*(1), 69-88.

Arantes, R. C., Martins, J. L. A., & Lima, M. F. (2008). Processo saúde-doença e promoção da saúde: aspectos históricos e conceituais. *Revista de Atenção Primária a Saúde, 11*(2), 189-198.

Barbetta, P. A. (2001). *Estatística aplicada às ciências sociais*. Florianópolis: UFSC.

Barros, R. P., & Mendonça, R. (1998). *Consequências da repetência sobre o desempenho educacional*. Brasília: Ministério da Educação e do Desporto.

Black, D. S., Grenard, J. L., Sussman, S., & Rohrbach, L. A. (2010). The influence of school-based natural mentoring relationships on school attachment and subsequent adolescent risk behaviors. *Health Education Research, 25*(5), 892-902.

Cameron, K. S., Dutton, J. E., & Quin, R. E. (Eds.). (2003). *Positive organizational scholarship: Foundations of a new discipline*. San Francisco: Berrett-Koehler.

Cerqueira-Santos, E., Rezende, N., & Correa, P. (2010). Adolescentes vítimas de exploração sexual: um estudo de casos múltiplos. *Contextos Clínicos, 3*(2), 113-123.

Clonan, S. M., Chafouleas, S. M., McDougal, J. L., & Riley-Tillman, T. C. (2004). Positive psychology goes to school: are we there yet? *Psychology in the Schools, 41*(1), 101-110.

Cruzeiro, A. L. S., Silva, R. A., Horta, B. L., Souza, L. D. M., Faria, A. D., Pinheiro, R. T., Silveira, I. O., & Ferreira, C. D. (2008). Prevalência e fatores associados ao transtorno da conduta entre adolescentes: Um estudo de base populacional. *Caderno de Saúde Pública, 24*(9), 2013-2020.

Dell'Aglio, D. D., Koller, S. H., Cerqueira-Santos, E., & Colaço, V. F. R. (2009). *Fatores de risco e proteção na juventude brasileira*. Projeto de Pesquisa. Conselho Nacional de Desenvolvimento Científico e Tecnológico – CNPq.

Donaldson, S. I., Csikszentmihalyi, M., & Nakamura, J. (2011). *Applied positive psychology: Improving everyday life, health, schools, work, and society.* New York: Routledge.

Eccles, J., & Gootman, J. A. (Eds.) (2002). *Community programs to promote youth development.* Washington, DC: National Academy Press.

Frederickson, B., L., & Losada, M. (2005). Positive affect and the complex dynamics of human flourishing. *American Psychologist, 60*(7), 678-686.

Fredrickson, B. L. (2001). The role of positive emotions in positive psychology: the broaden-and-built theory of positive emotions. *American Psychologist, 55,* 218-226.

Gomes, C. M., & Horta, N. C. (2010). Promoção de saúde do adolescente em âmbito escolar. *Revista de Atenção Primária a Saúde, 13*(4), 486-499.

Hoy, W. K., & Tarter, J. C. (2011). Positive psychology and educational administration: An optimistic research agenda. *Educational Administration Quarterly, 47*(3), 427-445.

Jacomini, M. A. (2010). Por que a maioria dos pais e alunos defende a reprovação? *Cadernos de Pesquisa, 40*(141), 895-919.

Jiménez, B. M., & Herrer, M. G. (2010). La psicología positiva va a la escuela. *Tipica, Boletín Electrónico de Salud Escolar, 6*(1). Recuperado em 19 de abril de 2011, de http://psicoapoyoescolar.org/attachments/054_Tipica_vol6N1_Moreno_psicologia_positiva-1.pdf.

Koller, S. H., Cerqueira-Santos, E., Morais, N. A., & Ribeiro, J. (2005). *Juventude brasileira: Relatório técnico.* Washington DC: World Bank.

Lisboa, C., & Koller, S. H. (2004). Interações na escola e processos de aprendizagem: fatores de risco e proteção. In E. Boruchovitch & J. A. Bzuneck (Eds.), *Aprendizagem: Processos psicológicos e o contexto social na escola*. Petrópolis, RJ: Vozes.

Loukas, A., & Murphy, J. L. (2007). Middle school student perceptions of school climate: Examining protective functions on subsequent adjustment problems. *Journal of School Psychology, 45*(3), 293-309.

Loukas, A., Ripperger-Suhler, K. G., & Horton, K. D. (2009). Examining temporal associations between school connectedness and early adolescent adjustment. *Journal of Youth and Adolescence, 38*(6), 804-812.

Marujo, H. A., Neto, L. M., & Perloiro, M. F. (2003). *Pedagogía del optimismo: guía para lograr ambientes positivos y estimulantes*. Lisboa: Narcea.

Marujo, H. A., Neto, L. M., Caetano, A., & Rivero, C. (2007). Revolução positiva: Psicologia positiva e práticas apreciativas em contextos organizacionais. *Comportamento Organizacional e Gestão, 13*(1), 115-136.

Masten, A. S., Best, K. M., & Garmezy, N. (1990). Resilience and development: Contributions from the study of children who overcome adversity. *Development and Psychopathology, 2*(4), 425-444.

Ministério da Saúde. Organização Pan-Americana de Saúde (2006). *Escolas promotoras de saúde: Experiências do Brasil*. Brasília: Ministério da Saúde. Recuperado em 30 de maio de 2011, de http://portal.saude.gov.br/portal/arquivos/pdf/esc_prom_saude.pdf.

Ministério da Saúde. Secretaria de Vigilância em Saúde (2006). *Política nacional de promoção da saúde*. Brasília: Ministério da Saúde. Recuperado em 30 de maio de 2011, de http://portal.saude.gov.br/portal/arquivos/pdf/pactovolume7.pdf.

Monahan, K. C., Oesterle, S., & Hawkins, J. D. (2010). Predictors and consequences of school connectedness: The case for prevention. *The Prevention Resercher, 17*(3), 3-6.

Oliveira, H. F., Martins, L. C., Reato, L. F. N., & Aderman, M. (2010). Fatores de risco para uso de tabaco em adolescentes de duas escolas do município de Santo André, São Paulo. *Revista Paulista de Pediatria, 28*(2), 200-207.

Park, N., & Peterson, C. (2007). Methodological issues in positive psychology and the assessment of character strengths. In A. D. Ong & M. H. M. van Dulmen (Eds.), *Oxford Handbook of methods in positive psychology* (pp. 292-305). New York: Oxford University Press.

Pinheiro, D. P. N. (2004). A resiliência em discussão. *Psicologia em Estudo, 9*(1), 67-75.

Reppold, C. T., & Hutz, C. (2002). Auto-estima entre adolescentes de uma amostra não clínica: Prevalência, fatores influentes e subsídios para intervenção. In *I Congresso Brasileiro Psicologia: Ciência e Profissão, Anais*. São Paulo.

Reschly, D. J., & Ysseldyke, J. E. (1999). Paradigm shift: The past is not the future. In T. Gutkin & C. Reynolds (Eds.), *The handbook of school psychology* (pp. 3-20). New York: Wiley.

Rosenberg, M. (1965). *Society and the adolescent self-image*. Princeton: Princeton University Press.

Schenker, M., & Minayo, M. C. S. (2005). Fatores de risco e de proteção para o uso de drogas na adolescência. *Ciência e Saúde Coletiva, 10*(3), 707-717.

Schwarzer, R., & Jerusalem, M. (1995). Generalized Self-Efficacy Scale. In J. Weinman, S. Wright, & M. Johnston (Eds.), *Measures in health psychology: A user's portfolio. Causal and control beliefs* (pp. 35-37). Windsor, Uk: Nfer-Nelson.

Seligman, M. E. P., & Csikszentmihalyi, M. (2000). Positive psychology: An introduction. *American Psychologist, 55*(1), 5-14.

Seligman, M. E. P. (2004). *Felicidade autêntica*. Rio de Janeiro: Objetiva.

Siqueira, A. C. (2010). Escola como parte da rede de apoio de adolescentes em reinserção familiar. *Vidya, 29*(2), 87-96.

Snyder, C. R., & Lopez, S. (2002). *Handbook of positive psychology*. Oxford: Oxford University Press.

Sudbrack, M. F. O., & Dalbosco, C. (2005). Escola como contexto de proteção: Refletindo sobre o papel do educador na prevenção do uso indevido de drogas. In *Proceedings of the 1th Simpósio Internacional do Adolescente*, São Paulo.

Tacca, M. C. V. R., & Branco, A. U. (2008). Processos de significação na relação professor-alunos: uma perspectiva sociocultural construtivista. *Estudos em Psicologia, 13*(1), 39-48.

Teixeira, M. A. P., & Dias, A. C. G. (2005). Propriedades psicométricas da versão traduzida para o português da Escala de Auto-Eficácia Geral Percebida de Ralph Schwarzer [resumo]. In Instituto Brasileiro de Avaliação Psicológica (Ed.), *Anais do II Congresso Brasileiro de AvaliaçãoPsicológica* [CD-ROM]. Gramado, RS: IBAP.

Wilson, D. (2004). The interface of school climate and school connectedness and relationships with aggression and victimization. *Journal of School Health, 74*(7), 293-299.

A SIGNIFICAÇÃO DO ENSINO MÉDIO PARA A JUVENTUDE DA ESCOLA PÚBLICA DE FORTALEZA[1]

Paula Brígido Rodrigues

Luciana Lobo Miranda

Na modernidade, a escola assumiu um lugar central na educação do indivíduo. Atrelada ao processo de industrialização, a escola obrigatória e compulsória esteve historicamente vinculada à necessidade de educar as massas que, para operar máquinas tão dispendiosas, precisariam ser minimamente alfabetizadas. No Brasil, a criação de um sistema nacional de ensino teve início na Era Vargas, nos anos 1930, com a instalação do MEC (na época, Ministério da Educação e Cultura) (Patto, 1984; Romanelli, 2009). Porém, mesmo sem ter-se sedimentada como garantia de transmissão do legado cultural, a escola pública brasileira, agora ligada ao contexto pós-industrial, neoliberal e de Estado Mínimo, parece sofrer de uma crise permanente: professores mal remunerados, trabalho precário, rotatividade, violência intra e extraescolar, ambiente fisicamente deteriorado, políticas públicas "de gabinete", aulas descontextualizadas, entre outros

---

[1] Este trabalho é fruto da monografia de conclusão de graduação intitulada *Ensino Médio na Escola Pública: A Significação da Educação para a juventude*, de autoria de Paula Brígido Rodrigues sob a orientação da Profa. Dra. Luciana Lobo Miranda, defendida no curso de Psicologia da UFC em dezembro de 2010. O estudo fez parte da pesquisa *Adolescência e Juventude: Situações de Risco e Redes de Proteção na Cidade de Fortaleza*.

fatores que ajudam a contribuir com a produção do fracasso escolar (Patto, 1991). Muitas vezes, a reinvenção do cotidiano escolar, visando à superação desses e de outros problemas, deve-se à luta individual e/ou coletiva da comunidade escolar, sobretudo de professores e núcleos gestores que buscam a implementação de um ensino de qualidade no sistema público brasileiro.

Se, por um lado, nos últimos anos, as políticas públicas em educação buscaram implementar a universalização do Ensino Fundamental por meio da redução nas taxas de reprovação e consequente evasão, regularizando o fluxo série/idade na Educação Básica, por outro, a ausência de melhoria na qualidade da escola pública tem levado ao analfabetismo funcional, isto é, a alunos que, mesmo permanecendo na escola, finalizam os nove anos de escolarização obrigatórios sem o domínio da leitura e escrita (Oliveira, 2005).[2] A despeito dessas tentativas, dados do UNICEF mostram que 14,8% dos adolescentes brasileiros ainda estão fora da escola; e a distorção idade/série atinge, de forma ainda mais contundente, essa faixa etária. (UNICEF, 2011).

Com a necessidade cada vez maior de escolarização para a entrada no mundo do trabalho, mesmo ela não sendo obrigatória, a demanda para o Ensino Médio nos estabelecimentos públicos vem "crescendo vertiginosamente" (Oliveira, 2005, p. 33). Assim, todos os anos, ingressa no Ensino Médio um grande contingente de alunos sem o domínio do conteúdo do Ensino Fundamental.

Aqueles que continuam os estudos após o término do Ensino Fundamental não encontram uma situação muito diferente da vivenciada nos primeiros anos de escolarização. Salvo exceções, a qualidade do Ensino Médio público no Brasil ainda é precária. Em 2008, o

---

[2] A partir de 6 de fevereiro de 2006, com a Lei nº 11.274, o Ensino Fundamental obrigatório passou de oito para nove anos, com início aos 6 anos de idade.

país possuía 34,4 milhões de jovens entre 15 e 24 anos de idade; e, para a grande maioria deles, mais de 90%, o Ensino Superior ainda era inacessível (Brasil, 2008). De acordo com o Censo da Educação Superior de 2010 (Ministério da Educação, 2011), o Brasil possuía um total de 2.377 instituições de Ensino Superior, sendo 11,7% públicas e 88,3% privadas. Mesmo diante do quantitativo de IES no território nacional, podemos considerar diversas variáveis para esse percentual, como a própria privatização do Ensino Superior. Embora a educação da juventude seja presença incontestável no planejamento e desenvolvimento das políticas públicas de todo o país, faz-se também necessário questionar a relação desses jovens, especialmente os estudantes do Ensino Médio, com as instituições de ensino, assim como o papel que estas assumem perante a sociedade.

Outro aspecto da realidade escolar brasileira que parece fundamental ressaltar é a posição instituída ao Ensino Médio. A cidade de Fortaleza dispõe atualmente de 456 escolas da rede municipal de ensino (Prefeitura de Fortaleza, 2010); e, quanto à rede estadual, responsável pelo segmento do Ensino Médio, o último levantamento realizado em 2008, apontava 178 escolas (Ceará, 2010). Na grande maioria das escolas públicas, o Ensino Médio não está focado na inserção do aluno no Ensino Superior, por meio da aprovação em concursos vestibulares ou no Exame Nacional do Ensino Médio (ENEM), sequer está voltado para o preparo do aluno para uma profissão. Ou seja, qual é o papel exercido hoje pelo Ensino Médio nas escolas públicas?

Os exames de admissão em universidades e faculdades, sejam elas particulares ou públicas, ao priorizar determinados conteúdos, habilidades e competências acabam, muitas vezes, instituindo uma padronização no método de ensino e avaliação das escolas particulares para aqueles indivíduos que estejam cursando o Ensino Médio. A educação segundo uma visão instrumentalizada e mercadológica

(Gentili, 2002) volta-se exclusivamente para um objetivo: a aprovação no vestibular ou no ENEM. No entanto, nas escolas públicas, o investimento nos alunos para que estes ingressem no Ensino Superior é bastante inferior. Em vez de investir no ensino público de qualidade, igualando as chances entre estudantes advindos de escolas públicas e particulares, as políticas públicas tendem a priorizar o regime de cotas (em algumas universidades públicas) ou da isenção/redução de impostos (com programas como o Programa Universidade para Todos [Prouni], no Ensino Superior particular).

Acerca do Prouni, ressaltamos que seu maior objetivo era e ainda é a concessão de bolsas parciais ou integrais para alunos de escolas públicas em cursos de graduação em instituições de Ensino Superior (IES) privadas, que, em contrapartida, recebem isenção de alguns tributos. Somente em 2010, foram concedidas mais de 240 mil bolsas, parciais e integrais, em todo o país (Ministério da Educação, 2010a). Essa política pública nacional possibilita a uma parte da população de classe popular a inserção no Ensino Superior, apesar de manter um sistema de ensino que faz parte da realidade brasileira desde os anos 1930, valorizando e estimulando o desenvolvimento do setor privado. Segundo Catani, Hey e Gilioli (2006), o ProUni

> [...] traz uma noção falsa de democratização, pois legitima a distinção dos estudantes por camada social de acordo com o acesso aos diferentes tipos de instituições (prioridade para a inserção precária dos pobres no espaço privado), ou seja, contribui para a manutenção da estratificação social existente. (p. 136)

A questão agrava-se ainda mais quando constatamos que o Ensino Médio na escola pública também não visa a uma formação profissional, a não ser em casos específicos de escolas profissionalizantes, que educam, porém, muitas vezes para profissões consideradas subalternas perante a sociedade.[3] Dessa forma, ao aluno de escola pública é restrita a possibilidade de alcançar uma profissão valorizada pelos demais membros da sociedade. Soma-se a esses fatores o olhar estigmatizador, que faz com que o jovem pobre seja visto como potencialmente criminoso, ou como alguém que deve assumir qualquer trabalho, mesmo que em condições adversas, para não cair em uma situação de marginalidade (Coimbra & Nascimento, 2003).

Diante disso, como esses jovens, estudantes de classe popular, podem estabelecer perspectivas de futuro e se destacar na sociedade se suas oportunidades são extremamente restritas com relação àqueles egressos das escolas particulares?

Como os jovens do Ensino Médio se sentem na escola pública? Há uma valorização de seu cotidiano? Será que estabelecem uma relação de confiança com seus pares, professores e funcionários da instituição de ensino? E quanto à perspectiva de futuro, será que veem o Ensino Médio como porta de entrada do Ensino Superior? Almejando dar visibilidade à percepção que o aluno jovem tem a respeito da escola, no presente capítulo, com base nos dados construídos na pesquisa *Adolescência e juventude: situações de risco e redes de proteção na cidade de Fortaleza*, buscamos responder aos questionamentos acerca da significação da escola para o jovem estudante da rede pública de Ensino Médio, assim como verificar suas projeções quanto à vida escolar.

---

[3] Atualmente, no Ceará, a profissionalização em escolas de Ensino Médio Técnico tornou-se um dos "carros-chefes" das políticas públicas em educação, buscando "articular a educação profissional com a continuidade dos estudos" (Ceará, 2010). De acordo com os dados mais recentes, o estado do Ceará possui 92 Escolas de Educação Profissional (EEEP) que ofertam, em 71 municípios, cursos profissionalizantes nas áreas de contabilidade, secretariado, administração, hospedagem e vestuário, totalizando 19 mil jovens atendidos em todo o Estado. (Secretaria de Educação, 2012)

(Des)Valorização da escola contemporânea

A escola, como instituição social, assume historicamente múltiplas funções de acordo com o contexto da sociedade na qual está inserida. Musgrave (1979 citado por Rosa, 1991, pp. 60-61) refere-se a cinco funções que constituem a base dos sistemas educacionais das grandes sociedades:

> I – "A função política", a partir de onde se orienta a educação para a formação das elites dirigentes e a manutenção do sistema político; II – "A função econômica" cujo papel se assemelha ao da III, que é uma "função seletiva" que promove a preparação intelectual em níveis diversos, segundo as necessidades do sistema, legitimando, assim, a exclusão dos considerados inaptos; A IV função – "A transmissão da cultura da sociedade", que é conservadora, porque repassa os esquemas fundamentais da sociedade. E, por fim, a V função, que se encarrega do "fornecimento de inovadores", pois deles se necessita para a própria sobrevivência do sistema político, promovendo-se mudanças de ordem técnica, política ou artística.

Nota-se que a escola assume uma ambiguidade ao ser conservadora, mantendo o *status quo* das elites, fato já denunciado pelas teorias crítico-reprodutivistas (Patto, 1991), e, ao mesmo tempo, agente de transformação social, de questionamento, presente na função V exposta por Musgrave (1979, citado por Rosa, 1991, pp. 60-61). Mesmo com a determinação das funções sociais da escola expostas acima, nem sempre as instituições de ensino atuam de maneira a realizar todos esses aspectos da educação.

Apesar de toda a história de luta e debates até alcançarmos finalmente as Leis de Diretrizes e Bases da Educação Nacional (LDBEN) (Brasil, 2010), as escolas brasileiras ainda não contemplam o ensino em toda a sua amplitude. Não se pode afirmar, por exemplo, que a escola pública no Brasil forma cidadãos para enfrentar as dificuldades cotidianas do contexto social, uma vez que a escola, muitas vezes, encontra-se distante da realidade de seus alunos, que não conseguem significá-la como um lugar de formação, mas, constantemente, apenas como um ambiente de transmissão de conteúdos não contextualizados, no qual não se sentem, portanto, desafiados e motivados a aprender os conteúdos ensinados (Leão, 2006).

Assim, para Rosa (1991), a educação, no caso das escolas particulares, cumpre seu papel político ao formar uma elite dirigente separadamente das grandes massas populacionais, aquela com a função de exercer o poder intelectual, político e econômico sobre estas, o que demonstra uma precarização da instituição pública, principalmente, como veremos mais adiante, no que diz respeito ao acesso e à expectativa de inserção no Ensino Superior de qualidade.

Com situações tão antagônicas no sistema de ensino, como esperar que o cotidiano da escola se configure da mesma forma na vida das diferentes juventudes, as de classe média e alta, normalmente frequentadora de escolas particulares, e a das classes menos favorecidas das escolas públicas? Mesmo com sonhos e expectativas quase semelhantes no que diz respeito ao consumo (Fischer, 1996), não se pode afirmar que a escola possui a mesma significação na vida do jovem da escola particular e na daquele de escola pública. Este último, muitas vezes, já carrega uma posição estigmatizada pela sociedade de que a escola é a fuga dos caminhos "errados", ou seja, uma instituição que não é vista como lugar de aprendizado, mas prioritariamente como "esconderijo" para problemas que, por vezes, também estão presentes no seu interior.

Como exigir dedicação e rendimento escolar se, além de não fornecer recursos humanos e materiais necessários para o aprendizado, em diversos casos os jovens menos favorecidos economicamente precisam trabalhar para ajudar na renda familiar e não dispõem de tempo para se dedicar exclusivamente aos estudos? Costa (2004) afirma que:

> Para os jovens incluídos, a escola é o centro de sua vida. O bom desempenho escolar é tudo que se espera deles nessa fase da vida. Para os jovens ameaçados de exclusão, a escola já é uma presença periférica ou até mesmo uma ausência efetiva em suas vidas. (p. 245)

Essa diferenciação entre a posição ocupada pela escola na vida dos diferentes jovens pode ser observada, muitas vezes, na desvalorização do espaço escolar da parte dos estudantes pobres. Constantemente, vemos na mídia notícias de escolas públicas que foram danificadas estruturalmente de alguma forma pelos próprios alunos, que não valorizam o material didático, a farda e a própria estrutura física da instituição. Nos noticiários, estes jovens são expostos ora como vítima do sistema, ora como vândalos. Mas como valorizar um espaço que, muitas vezes, não é visto como seu? Como valorizar um espaço no qual a cidadania se restringe ao cumprimento das normas e leis dentro e fora dele, e não inclui a participação ativa dessa juventude?

Aquém e além da vitimização ou da culpabilização desses jovens, é necessário que haja uma reflexão acerca do atual contexto das escolas públicas, bem como da posição assumida por professores, pais, poder público e, evidentemente, pelos próprios jovens.

Quem são os jovens do Ensino Médio da rede pública de Fortaleza?

O município de Fortaleza, capital do estado do Ceará, conta com uma população jovem, se considerarmos a faixa de 15 a 24 anos de idade, de 707 mil habitantes, de acordo com as últimas pesquisas realizadas em 2008 (IBGE, 2009). Na região metropolitana de Fortaleza, em 2008, 77,4% da população jovem que cursava o Ensino Médio frequentava a rede pública de educação, enquanto 22,6% estudava na rede particular (IBGE, 2009).

Dos 1.140 jovens estudantes da escola pública entre 14 e 24 anos que participaram da pesquisa *Adolescência e juventude: estudo sobre situações de risco e redes de proteção em Fortaleza*, 662 (58%) deles, que constituem a amostra deste trabalho, cursam o Ensino Médio (em 23 escolas da rede municipal e estadual), sendo que 28,7% estão no 1º ano; 29,5%, no 2º; e 41,8%, no 3º. A média de idade dessa amostra é de 17,33 anos (dp = 1,94), sendo um pouco maior se comparada à pesquisa total de Fortaleza, que apresentou uma média etária de 16,63 anos (dp = 2,10). Quanto ao turno de estudo, das respostas válidas, a maioria (67,9%) declarou estudar no período da tarde, enquanto 13,2% estudam à noite, 9,9% estudam em período integral e 9% estudam de manhã.

Diante dos dados, investigamos o perfil desse jovem estudante. Segundo o padrão metodológico utilizado na pesquisa *Adolescência e juventude: estudo sobre situações de risco e redes de proteção em Fortaleza*. Na presente pesquisa, foram realizadas análises descritivas, levantamento de frequências e análises bivariadas, utilizando como ferramentas do *software* aplicativo SPSS, o Teste T com amostras independentes e o Teste ANOVA de análise de variância.[4]

De acordo com a Tabela 1, podemos observar o perfil sociodemográfico da amostra recolhida.

---

[4] Os dados foram sistematizados por meio de um questionário autoaplicável. A respeito da proposta da pesquisa Adolescência e juventude: estudo sobre situações de risco e redes de proteção em Fortaleza e da metodologia nela empregada ver o capítulo "Conhecendo adolescentes e jovens de escolas públicas de Fortaleza: concepção, método e procedimentos da pesquisa", de Colaço et al., deste livro.

Tabela 1. Levantamento de frequência das variáveis sexo, cor e estado civil (n = 662)

	Frequência	Porcentagem %*
Sexo		
Masculino	267	40,4
Feminino	394	59,6
Cor/Etnia		
Branca	112	17,1
Negra	72	11
Parda	424	64,6
Amarela	26	4
Indígena	22	3,4
Estado civil		
Solteiro	614	92,7
Casado	08	1,2
Mora junto	17	2,6
Viúvo	01	0,2
Outros	22	3,3

Nota: * Porcentagem válida (desconsideram os alunos que não responderam).

Na tabela, é possível constatar que a amostra possui uma tendência feminina (59,5%), conservando o perfil da amostra total de Fortaleza (n = 1.140) de 57,9% de mulheres; na pesquisa nacional *Juventude brasileira: comportamentos de risco, fatores de risco e de proteção* (Koller & Libório, 2009), 54,2% são jovens mulheres; e considerando o perfil brasileiro, 51% da população é do sexo feminino (IBGE, 2009). Quanto à cor/etnia, os dados obtidos estão de acordo com a amostra total de Fortaleza (n = 1.140; 17,1% identificaram-se como brancos; 10,9%, como negros; e 63,5%, como pardos), porém diferem daqueles da pesquisa nacional (Koller & Libório, 2009), em que 38,8% consideram-se brancos, 37,4% se dizem pardos e 16,2%, negros. Divergem também do perfil brasileiro, em que 48,4% da população se considera branca, 6,8% afirma-se negra e 43,8%, parda, o que se reflete em um alto índice de cidadãos de cor branca (IBGE, 2009). Entretanto, quando comparamos com os dados da região Nordeste (29,3% de indivíduos de cor branca, 7,9% de cor negra e 62,2% de cor parda, segundo o IBGE, (2009)), obtém-se resultados semelhantes aos da amostra em questão.

Com relação ao quantitativo de indivíduos que co-habitam a mesma moradia, a amostra registrou uma média aproximada de cinco habitantes (4,73 exatamente), condizente com a amostra total de Fortaleza ($n = 1140$), na qual a maioria dos participantes (50,8%) afirmou que moram em suas residências cerca de quatro a cinco pessoas.

Já quanto aos bens de consumo, a Tabela 2 apresenta os porcentuais de alguns desses bens nos domicílios da pesquisa atual em comparação com os dados do IBGE (2009) da região metropolitana de Fortaleza, referente ao ano de 2008.

Tabela 2. Comparativo das frequências de bens de consumo com dados do IBGE para a região metropolitana de Fortaleza ($n = 662$)

Bens de consumo do domicílio (pelo menos um)	Amostra atual	Amostra da RMF (IBGE, 2009)
Geladeira	96,1%	85,5%
Máquina de lavar	30,2%	14,7%
Televisão a cores	99,0%	95,2%
Computador	29,7%	18,8%

Observa-se que, tanto na pesquisa atual, como naquela realizada pelo IBGE em Fortaleza, a televisão está presente incontestavelmente no cotidiano dos cidadãos, superando o porcentual da geladeira, configurando-se como um bem de consumo assíduo nos domicílios da cidade de Fortaleza. No entanto, a presença do computador nos lares dos estudantes investigados superou o percentual do IBGE.

A respeito da relação trabalho e estudo, 68,4% dos estudados afirmaram realizar alguma atividade laboral e, desses, 8,2% já interromperam os estudos em função do trabalho. Entretanto, devido ao fato de a pesquisa estar restrita ao ambiente escolar, encontram-se ausentes da amostra jovens que tiveram que abandonar seus estudos, devido a atividades laborais ou a qualquer outro motivo.

Por fim, percebemos que o perfil sociodemográfico da amostra em questão não difere, em aspectos gerais, do perfil nacional mais atual, de 2008, apurado pelo IBGE (2009). Sendo assim, a amostra demonstrou ser condizente com as pesquisas de maior amplitude e diversidade.

Relação juventude e escola

A partir dos dados coletados com a aplicação dos questionários, observou-se a relação estabelecida entre os jovens e suas instituições de ensino, assim como com aqueles que as compõem (professores, coordenadores, orientadores), nos quesitos afeto e confiança, por meio da escala de Conectividade à Escola (ver questão 18 do questionário no final do livro), na qual os jovens responderam a sete itens como "Eu me sinto bem quando estou na escola", "Posso contar com meus professores", "Confio nos colegas da escola". Os alunos avaliaram cada frase de acordo com uma escala de 1 a 5, em que 1 significa discordo totalmente; 2, discordo um pouco; 3, nem concordo nem discordo; 4, concordo um pouco; 5, concordo totalmente. A consistência interna dos sete itens foi considerada satisfatória ($\alpha = 0,73$)

(Sbicigo, 2011), porém o trabalho realizado está pautado na análise de cada item e busca diferenciar os aspectos detalhados dessa conectividade. É possível observar os resultados na Tabela 3.

Tabela 3. Avaliação da escola e sua rede social (*n* = 662)

	Frequência	Média (máx = 5)	dp
Eu me sinto bem quando estou na escola	657	4,13	1,07
Gosto de ir para a escola	651	4,16	1,07
Gosto da maioria dos meus professores	651	3,81	1,24
Quero continuar meus estudos nessa escola	629	4,02	1,39
Posso contar com meus professores	651	3,98	1,12
Posso contar com técnicos da escola (orientador, coordenador)	649	3,83	1,27
Confio nos colegas da escola	652	3,07	1,32

De acordo com a tabela, pode-se afirmar que o ambiente escolar como um todo agrada seus alunos, uma vez que os jovens gostam de frequentar a escola (m = 4,16) e se sentem bem neste ambiente (m = 4,13).

Quanto a seus pares, entretanto, já não é tão incidente o sentimento de confiança da parte dos jovens (m = 3,07). A agregação entre pares normalmente é vista como um dos fatores da condição juvenil atual, pois há uma grande necessidade de se relacionar com o outro, de estar em grupo, de pertencer ao coletivo. Segundo Dayrell e Barbosa (2009),

> [...] a questão do coletivo na vida dos jovens é fundamental, na qual ser jovem implica, a princípio, ser grupo. É mediante a troca de experiências e da necessidade de pertencer a um agrupamento

que eles constroem sua subjetividade, interpretam o mundo que os rodeia e passam a se conhecer melhor. (p. 240)

Se forem considerados os apontamentos de muitos estudiosos acerca do relacionamento dos jovens em grupo (Soares, 2004; Mailhiot, 1973), será encontrada uma realidade contrária aos dados da pesquisa, uma vez que os jovens participantes demonstraram que os colegas são aqueles em quem menos confiam, em comparação com os professores e a equipe técnica da escola onde estudam.

Contudo, deve ser reconsiderada a interpretação do termo "colegas" realizada pelos jovens, pois estes podem tender a considerar como colegas da escola aqueles alunos com os quais convivem, mas não mantêm vínculos, ao passo que amigos são aqueles companheiros mais próximos, com os quais os jovens e adolescentes se identificam e se relacionam. Acredita-se que, se o item do questionário avaliasse a confiança desses jovens com relação aos amigos, a média seria mais elevada. Afirma-se isso com base em alguns dados, porque, no mesmo instrumento, em um dos itens a respeito da categoria sexualidade, ao serem questionados sobre a fonte de informação sobre sexo, esses mesmos jovens afirmaram que os amigos são o principal meio de informações ($m = 3,72$ e $dp = 1,26$, para uma escala de 1 a 5), dentre família, escola, líderes religiosos, organizações não governamentais (ONGs), televisão, internet, rádio e jornal, revista ou livro, o que demonstra claramente um sentimento de confiança nos amigos.[5] Dessa forma, nota-se que o possível significado atribuído ao termo "colega", menos valorizado afetivamente do que o termo "amigo", pode ter interferido na resposta.

---

[5] Para maior detalhamento, ver Miranda et al., capítulo "Juventude, sexualidade e mídia: aspectos analisados no município de Fortaleza", no presente livro.

De qualquer maneira, destaca-se o fato de a relação entre colegas de escola ser menos valorizada pelo jovem no ambiente escolar do que a relação intergeracional, representada por professores e corpo técnico. Esse dado pode ser um indicador de que, fora do eixo de amizade existente na escola, onde é maior a identificação, é entre colegas que se estabelecem as relações mais conflituosas.

Na pesquisa, 2,4% dos jovens alegaram já terem sido expulsos de alguma escola. Entre os motivos de expulsão, o mais apontado, em 62,5% das respostas, foram as brigas, seguido pelas faltas (25,0%). Esse dado, apesar de ser pequeno em comparação com a amostra (apenas 2,4% foram expulsos), chama a atenção pelo fato de a maioria dos casos de expulsão estar relacionada a brigas. Embora o instrumento não tenha investigado o motivo das brigas nem as partes envolvidas, pode-se supor a ocorrência entre os próprios jovens.

Outro fator que se destaca é o número de reprovações. Nos dados obtidos com a aplicação dos questionários, constatou-se que 43,5% dos alunos afirmaram já ter repetido um ou mais anos ao longo de sua vida escolar, sem especificação da série. Desse quantitativo, 62,5% dos alunos afirmaram já ter repetido o ano uma vez e 31,1% declararam ter passado por isso duas vezes ao longo do Ensino Médio. Os dados relativos à reprovação se mostraram extremamente elevados quando se considera que 11,3% dos alunos do Ensino Médio da cidade de Fortaleza foram reprovados no ano de 2010 (CIC, 2010).

Vale novamente ressaltar que, pelo fato de a pesquisa se restringir ao ambiente escolar, tanto os que foram expulsos e não retornaram, quanto aqueles que evadiram da escola após repetência se encontram ausentes dessa amostra.

A partir da análise bivariada com a realização do Teste t de amostras independentes, verificou-se que os jovens reprovados pelo menos uma vez ($m = 4,03$ e $dp = 1,16$) não se sentem tão bem na escola quanto aqueles que nunca foram reprovados ($m = 4,20$ e $dp = 0,99$), com $p = 0,049$, enquanto para os demais aspectos positivos[6] de avaliação da escola e sua rede social não houve diferença significativa entre os alunos que já haviam sido reprovados e aqueles que nunca o foram.

Por meio da realização da análise bivariada utilizando o teste de variância ANOVA para interpretação da relação entre escolarização e avaliação da escola e sua rede social, constatou-se que os alunos do primeiro ano do Ensino Médio ($m = 4,22$ e $dp = 1,05$) demonstram confiar mais em seus professores se comparados àqueles do segundo ano ($m = 3,71$ e $dp = 1,66$), com $p = 0,000$. Da mesma forma, os alunos do primeiro ano afirmaram poder contar mais com os técnicos de sua escola ($m = 4,07$ e $dp = 1,18$) do que os jovens do segundo ($m = 3,74$ e $dp = 1,30$), com $p = 0,026$, e do terceiro anos ($m = 3,72$ e $dp = 1,30$), com $p = 0,009$. Nos demais quesitos de avaliação da escola e sua rede social (Eu me sinto bem quando estou na escola; Gosto de ir para a escola; Gosto da maioria dos meus professores; Confio nos colegas da escola), não houve diferença significativa entre os três anos do Ensino Médio. Observa-se que há uma tendência decrescente no aspecto confiança nos professores e técnicos da escola à medida que os jovens avançam nas etapas de escolarização. Esse fato pode refletir tanto o aumento da autonomia dos estudantes conforme avançam os anos de escolarização, quanto pode apontar para a desconfiança deles com relação aos professores à medida que a convivência torna-se mais intensa.

Acredita-se que é interessante realizar investigações futuras a fim de esclarecer tais pontuações. De qualquer forma, é necessário que haja mais atenção da parte das instituições de ensino para com

---

[6] Gosto de ir para a escola; Gosto da maioria dos meus professores; Quero continuar meus estudos nessa escola; Posso contar com meus professores; Posso contar com técnicos da escola; Confio nos colegas da escola.

essa propensão, uma vez que seria fundamental, por exemplo, que houvesse confiança nos docentes no último ano do Ensino Médio, pois essa é a fase de preparação para os exames de admissão no Ensino Superior.

Verificou-se que, entre os genitores, a maioria, tanto de mães (32,3%) quanto de pais (29,8%), estudou até o Ensino Fundamental, porém não o concluiu, ao passo que apenas 17,5% das mães e 13,9% dos pais concluíram o Ensino Médio. A partir desses dados, constatou-se uma tendência social a uma maior escolarização das novas gerações com relação às anteriores. Conforme visto anteriormente, há uma "cobrança" social para que os jovens dediquem-se mais aos estudos, além de uma exigência cada vez maior do mercado de trabalho para que todos concluam o Ensino Médio como pré--requisito mínimo para os mais diversos cargos. A tendência a uma maior escolarização também está relacionada com as políticas públicas governamentais para o combate à repetência escolar, como a Progressão Continuada.[7] Mesmo com o regime de progressão continuada adotado, sobretudo no Ensino Fundamental, crianças e jovens continuam sendo reprovados. No entanto, a própria adoção da progressão continuada também é controversa, porque, se por um lado diminui a evasão, por outro, aumenta o contingente de alunos que são aprovados anualmente sem que haja uma aprendizagem satisfatória (Oliveira, 2005).

---

[7] "O regime de Progressão Continuada, criado em 1996, é um conjunto de orientações incorporado à Lei de Diretrizes e Bases da Educação Nacional (LDB – Lei 9394/96, artigo 32, parágrafo segundo) e adotado no Ensino Fundamental pelas escolas da rede pública. Essa iniciativa governamental propõe efetuar o trabalho escolar independente das notas." (Neves & Boruchovitch, 2004, p. 77)

Expectativa de futuro com relação à juventude

Para os jovens do ensino público, principalmente para aqueles estudantes do Ensino Médio, a inserção no Ensino Superior é uma realidade bem distante. Quando se analisa a situação do Ensino Médio em escolas particulares e públicas, evidencia-se a divergência crítica existente no objetivo das instituições de ensino. A escola particular, normalmente, está preocupada com o vestibular e o Exame Nacional do Ensino Médio (ENEM), para que seus alunos possam ingressar nas melhores universidades, em sua maioria, públicas. Por outro lado, a escola pública, com raras exceções, almeja a inserção de seus alunos no mercado de trabalho e em cursos técnicos e profissionalizantes. Por exigir um preparo rigoroso, a universidade ainda é uma realidade muito distante para os alunos da escola pública, o que os desestimula a estudar e se esforçar para o ingresso no Ensino Superior.

Tal situação acaba reforçando um ciclo vicioso no qual, de um lado, alunos não acreditam em suas capacidades por não perceber nenhuma confiança por parte dos professores e, de outro, estes também estão descrentes, em decorrência do desinteresse dos alunos.

No questionário, um dos temas abordados é a expectativa de futuro dos jovens, avaliado por meio de uma questão de escala com possibilidade de múltiplas respostas, que varia de 01 a 05, com 01 equivalente a chances muito baixas; 02, a chances baixas; 03 referente a 50% de chances; 04, a chances altas; e 05, a chances muito altas (ver item 76 do questionário no final do livro). Com relação à possibilidade de concluir o Ensino Médio, a média apresentada foi 4,25 ($dp = 0,89$). Quanto à inserção na universidade, observou-se um declínio nas expectativas, com uma média de 3,47 ($dp = 1,13$), considerando a pontuação máxima de 5,00. Ao realizar a análise bivariada, por meio do teste de variância ANOVA, entre as etapas de escolarização e a perspectiva de futuro dos jovens, constatou-se que os alunos do primeiro ano do Ensino Médio apresentam maiores expectativas de entrar na universidade ($m = 3,63$ e $dp = 1,22$) em comparação com aqueles que estão no terceiro ano da mesma etapa escolar ($m = 3,34$ e $dp = 1,01$), com $p = 0,028$. Mostra-se, então, um declínio na expectativa de ingresso no Ensino Superior à medida que se aproximam os exames para tal fim. Mesmo com programas governamentais (ProUni, Política de Cotas, ENEM), o incentivo e a preparação para a inserção do jovem de classe popular nos cursos superiores são ainda bastante limitados.

A partir da análise bivariada com a realização do Teste T de amostras independentes, verificou-se a relação entre a reprovação e a perspectiva de futuro dos jovens, conforme a Tabela 4.

Tabela 4. Resultado do Teste T de amostras independentes acerca da relação entre reprovação e expectativa de futuro ($n = 662$)

Expectativa de futuro	Você já foi reprovado?	Frequência	Média ($max = 5$)	dp
Concluir o Ensino Médio (segundo grau) $p = 0,005*$	Sim	263	4,13	0.93
	Não	364	4,34	0,84
Entrar na universidade $p = 0,023*$	Sim	265	3,35	1,26
	Não	364	3,55	1,02

Nota: * Considerando $p < 0,05$.

Considerando um $p < 0,05$, para que seja significativa a análise, constata-se que os jovens que nunca foram reprovados possuem maiores expectativas de concluir o Ensino Médio ($m = 4,34$) e ingressar na universidade ($m = 3,55$) em comparação com aqueles que já foram reprovados pelo menos uma vez. Isso remete à questão da falta de estímulo do aluno que já repetiu o ano. A reprovação escolar não apenas desestimula o aluno, como também o rotula, colocando-o, perante a sociedade, em uma posição muitas vezes estigmatizada de repetente (Patto, 1991).

De acordo com o Índice de Desenvolvimento da Educação Básica (IDEB),[8] em 2009, o Ensino Médio das escolas públicas atingiu uma média de 3,4, enquanto o mesmo segmento educacional de escolas privadas alcançou 5,6 na média. O estado do Ceará seguiu o padrão nacional, apresentando média de 3,4 para as instituições de ensino da rede pública estadual e 5,5 para as escolas privadas, (Ministério da Educação, 2010b). Tendo em vista a média a ser alcançada em 2022 (6,0), os estabelecimentos da rede pública de ensino ainda estão distante dessa meta previamente estabelecida, enquanto as instituições privadas de ensino já apresentam resultados mais próximos. Esses dados demonstram a diferença de investimentos entre a rede pública e a rede privada de ensino. A partir dessas médias, é possível compreender um pouco mais sobre a qualidade educacional das escolas públicas. Com indicadores aquém do desejado, como esperar que os jovens advindos da rede pública de ensino, sobretudo aqueles que têm um histórico de fracasso, almejem o ingresso no Ensino Superior?

O Ensino Médio representa, para muitos, o término dos estudos e, por não haver uma preparação para a inserção no Ensino Superior, muitos jovens sentem-se perdidos e desconectados daquele mundo com o qual conviveram durante pelo menos 14 anos. A vida escolar chega ao fim. E, agora, o que fazer? Para onde ir? O significado do encerramento desse período escolar vai além de uma simples

---

[8] "O Índice de Desenvolvimento da Educação Básica (Ideb) foi criado em 2007 para medir a qualidade de cada escola e de cada rede de ensino. O indicador é calculado com base no desempenho do estudante em avaliações do Inep e em taxas de aprovação. [...] O índice é medido a cada dois anos e o objetivo é que o país, a partir do alcance das metas municipais e estaduais, tenha nota 6 em 2022 – correspondente à qualidade do ensino em países desenvolvidos". (Ministério da Educação, 2010b)

descontinuidade dos estudos, envolve também o término de uma etapa da vida e o rompimento com os elementos que a compõem.

> São tempos urgentes, porque são, para muitos jovens, os últimos momentos que possibilitam experimentar a condição juvenil conforme a definiu a modernidade: a vida entre os pares, a troca de afetos, a intensa sociabilidade, os espaços importantes para o exercício do lúdico e o lazer. O tempo escolar encerrado pode significar que se encerra, também, a possibilidade de ser jovem, para muitos. (Sposito & Galvão, 2004 citado por Sposito, 2008, p. 87)

Ao afirmar que o fim da condição juvenil está associada ao término do Ensino Médio, as autoras referem-se principalmente à realidade daqueles adolescentes de classe popular que iniciam a vida profissional antes mesmo de finalizar a vida escolar, com a responsabilidade de auxiliar na renda da família, como na presente amostra, que revela que 68,4% dos jovens, em algum momento, tiveram de conciliar estudo e trabalho. Assim, a juventude acaba quando se torna necessário adquirir responsabilidades com relação ao trabalho e à família. Segundo Ozella e Aguiar (2008), juntamente com as responsabilidades, ao final da adolescência, os sujeitos também adquirem mais liberdade e autonomia, o que exige maior maturidade quanto às decisões. É o início da vida adulta.

Ao longo de todos os anos de escolarização, o jovem convive diariamente com o discurso social de que é necessário estudar para se ter um futuro melhor, com mais oportunidades na vida. De acordo com essa perspectiva, a vida adulta, como sinônimo de sucesso profissional e pessoal, só seria possível após os estudos. No entanto, conforme visto, à medida que aumentam os anos de escolarização no ensino público, diminui a expectativa do jovem quanto ao ingresso no Ensino Superior.

Conforme afirma Leão (2006, p. 39), em sua pesquisa com jovens pobres da periferia de Belo Horizonte acerca de suas experiências de escolarização, há um "conflito entre o discurso social sobre o valor da educação veiculado pela mídia, pelos educadores e políticos e a experiência cotidiana de uma escolarização sem sentido e sem destino".

Os jovens também desenvolvem interesses fora do ambiente escolar, e sua formação decorre não apenas da instituição de ensino, mas também de outros dispositivos presentes na sociedade. Essa formação é exatamente o que Sposito (2008) conceitua como "educação não formal ou educação não escolar". Segundo Reymond (2003 citado por Sposito, 2008, p. 88), "a educação não-formal pressupõe a adesão voluntária do sujeito", ou seja, não há uma obrigatoriedade como na educação escolar. "A partir de matrizes conceituais e ideológicas diversificadas, são propostos caminhos educativos para esses jovens, além da freqüência à escola" (Sposito, 2008, pp. 87-88). Por não haver uma real interação entre tais sujeitos e o ambiente escolar, aqueles buscam novas formas de subjetivação para além dos moldes da educação institucionalizada. Dessa forma, os jovens, em toda a sua complexidade, buscam contextos que se adequem a seu estilo de vida e a seus interesses, dentro ou fora da escola.

Dayrell (2006 citado por Dayrell & Barbosa, 2009, pp. 253-254) define bem a situação atual da condição juvenil na escola: "O estudante, que antes só se relacionava com o *ser aluno*, hoje convive mais com as etapas da vida; nesse caso, convive mais com o *ser jovem* na escola".

É necessário, então, que a escola se insira no contexto contemporâneo em que seus alunos vivem. Uma instituição social tão importante como essa não pode estar alheia ao cotidiano, suas incertezas e vicissitudes, que incidem na vida dos jovens, além dos muros escolares. Conforme Leão (2006, p. 36), a "motivação do jovem diante da escola se dará em face [...] do significado que a educação irá adquirir em sua vida". Dessa forma, a descontextualização do ensino também contribui para a desvalorização da escola. A educação escolar deve atentar que, antes mesmo de receber alunos, seu cotidiano é povoado de sujeitos pertencentes a um grupo tão heterogêneo: a(s) juventude(s).

Tecendo considerações

Alguns dados construídos ao longo do presente trabalho merecem destaque. Vimos que a confiança dos jovens do Ensino Médio em Fortaleza com relação a seus professores e ao corpo técnico da escola decai à medida que os estudantes avançam na escolarização. O mesmo ocorre quanto à expectativa de inserção no Ensino Superior, ou seja, alunos do primeiro ano apresentam maiores expectativas de ingresso na universidade em comparação com aqueles que estão finalizando o Ensino Médio. Considera-se que, em futuras investigações, as variáveis confiança professores/funcionários/gestores e expectativa de inserção no Ensino Superior possam ser relacionadas.

Outro fator que chamou a atenção foi o percentual de reprovação, 43,5%, e os possíveis impactos desse fato na vida escolar, uma vez que aqueles que foram reprovados não se sentem tão bem na escola se comparados aos que não foram reprovados. A reprovação também compromete tanto a expectativa de entrar no Ensino Superior quanto a de terminar o Ensino Médio.

Como considerar uma escola pública de qualidade a partir de tais índices quando a exceção, no caso os alunos reprovados, torna-se quase uma regra? Estamos diante de um sistema de ensino público que reprova sistematicamente quase a metade de seus estudantes. É necessário então que, em vez de políticas "maquiadoras", como muitas vezes ocorre com a progressão continuada, as políticas educacionais se concentrem na qualidade do ensino, para que aqueles que não atingiram o perfil de aprendizagem possam ser verdadeiramente assistidos e não estigmatizados.

Por outro lado, apesar das inúmeras adversidades, verifica-se uma tendência à confiança dos alunos do Ensino Médio a respeito de alguns aspectos vinculados à escola. Mesmo que a expectativa de entrada no Ensino Superior decresça à medida que os anos de escolarização avançam e que os repetentes não se vejam em condições de igualdade com relação aos que não "carregam" em seu histórico escolar pelo menos uma reprovação, aqueles ainda demonstram um bom relacionamento com sua instituição de ensino e os diversos agentes ali presentes.

Acredita-se que esses resultados decorrem do fato de a escola ainda ser o equipamento público mais presente na vida dos jovens e, muitas vezes, de sua comunidade. É em seu território que se estabelecem as amizades, as relações intergeracionais fora do eixo familiar; é nesse microssistema, que se proporciona a aprendizagem formal e o desenvolvimento cognitivo (Costa & Dell'Aglio, 2009). Deve-se considerar que, em muitos bairros com vulnerabilidade social, a escola assume muitas vezes o local de lazer e recreação de toda a população, inclusive nos finais de semana, e torna-se um território de encontro entre a educação formal e a não formal.

Atualmente, é preciso que seja priorizada a discussão e a reflexão acerca da situação da juventude da escola pública brasileira. Há que se compreender os efeitos, a curto e longo prazo, da falta de investimento na significação do presente dos jovens e na inserção destes no mercado profissional. Que fique claro aqui que não se está fazendo referência ao incentivo ao desenvolvimento de habilidades profissionais pouco valorizadas (e quase desvalorizadas completamente) pela sociedade, mas, sim, ao estímulo e ao respaldo para que sejam viabilizadas possibilidades para esses jovens, que também possuem sonhos e, assim como todos, têm o direito a lutar em busca de suas realizações, alcancem seus objetivos.

Referências

Brasil. (2008). *Um olhar sobre o jovem no Brasil*. Brasília: Editora do Ministério da Saúde.

Brasil. (2010). *Lei nº 9.394, de 20 de dezembro de 1996*. Dispõe sobre as diretrizes e bases da educação nacional regulamentação do ensino no país. Recuperado em 24 de outubro de 2010, de http://www.planalto.gov.br/ccivil_03/Leis/L9394.htm.

Catani, A. M., Hey, A. P., & Gilioli, R. S. P. (2006). PROUNI: Democratização de acesso às instituições de ensino superior? *Revista Educar*, (28), 125-140.

Ceará. (2010). *Secretaria da Educação*. Recuperado em 06 de setembro de 2010, de http://portal.seduc.ce.gov.br/index.php?option=com_content&view=article&id=163:educacao-profissional&catid=49:aluno&Itemid=220.

CIC. (2011). *Observatório social em educação*. Recuperado em 20 de julho de 2011, de http://www.observatorioeducacaoceara.org.br/?p=1555.

Coimbra, C., & Nascimento, M. L. (2003). Jovens pobres: o mito da periculosidade. In P. Fraga, & J. Lulianelli (Orgs.), *Jovens em tempo real*. Rio de Janeiro: DP&A.

Costa, A. C. G. (2004). Educação para o empreendedorismo: uma visão brasileira. In R. Novais, & P. Vannuchi (Orgs.), *Juventude e sociedade: trabalho, educação, cultura e participação.* 2. ed. São Paulo: Perseu Abramo.

Costa, L. G., & Dell'Aglio, D. (2009). A rede de Apoio social de jovens em situação de vulnerabilidade social. In S. H. Koller, & R. M. C Libório (Orgs.), *Adolescência e juventude: Risco e proteção na realidade brasileira.* São Paulo: Casa do Psicólogo.

Dayrell, J., & Barbosa, D. (2009). "Turma ou Panelinha?": A sociabilidade de jovens alunos em uma escola pública. In L. Soares, & I. O. Silva (Orgs.), *Sujeitos da educação e processos de Sociabilidade: os sentidos da experiência.* Belo Horizonte: Autêntica.

Fischer, R. M. B. (1996). *A adolescência em discurso: Mídia e produção de subjetividade.* Tese de Doutoramento. Universidade Federal do Rio Grande do Sul, Porto Alegre, RS, Brasil.

Franco, S. A. P. (2007, outubro/novembro/dezembro). Reformas pombalinas e o Iluminismo em Portugal. *Fênix – Revista de História e Estudos Culturais, 4*(4).

Gentili, P. (2002). A macdonaltização da escola. In M. V. Costa (Org), *Escola básica na virada do século: Cultura, Política e Currículo.* 3. ed. São Paulo: Cortez.

IBGE. (2009). *Síntese de indicadores sociais: uma análise das condições de vida da população brasileira.* Rio de Janeiro. Recuperado em 31 de março de 2013, de http://www.ibge.gov.br/home/estatistica/populacao/condicaodevida/indicadoresminimos/sinteseindicsociais2009/indic_sociais2009.pdf.

Itani, A. (1998). A violência no imaginário dos agentes educativos. *Cadernos CEDES, 19*(47), 36-50.

Koller, S. H., & Libório, R. M. C. (Orgs.). (2009). *Adolescência e juventude: Risco e proteção na realidade brasileira.* São Paulo: Casa do Psicólogo.

Leão, G.M.P. (2006). Experiências da desigualdade: Os sentidos da escolarização elaborados por jovens pobres. *Revista Educação e Pesquisa, 32*(1), 31-48.

Lei nº 11.274, de 6 de fevereiro de 2006. (2006). Dispõe sobre a duração de 9 (nove) anos para o ensino fundamental, com matrícula obrigatória a partir dos 6 (seis) anos de idade. Recuperado em 28 de julho de 2011, de http://www.planalto.gov.br/ccivil_03/_Ato2004-2006/2006/Lei/L11274.htm.

Mailhiot, G. B. (1973). *Dinâmica e gênese dos grupos: Atualidade das descobertas de Kurt Lewin.* 2. ed. São Paulo: Livraria Duas Cidades.

Ministério da Educação (2010a). *ProUni – Programa Universidade para Todos.* Recuperado em 16 de outubro de 2010, de http://prouniportal.mec.gov.br/index.php?option=com_content&view=article&id=124&Itemid=140.

Ministério da Educação (2010b). *IDEB – Índice de Desenvolvimento da Educação Básica.* Recuperado em 31 de outubro de 2010, de http://portal.mec.gov.br/index.php?option=com_content&view=article&id=180&Itemid=286.

Ministério da Educação (2011). *Censo da Educação Superior 2010.* Divulgação dos Principais Resultados do Censo da Educação Superior de 2010. Instituto Nacional de Estudos e Pesquisas Anísio Teixeira. Recuperado em 17 de julho de 2012.

Nakano, M., & Almeida, E. (2007). Reflexões acerca da busca de uma nova qualidade da educação: Relações entre juventude, educação e trabalho. *Revista Educação & Sociedade, 28*(100), 1085-1104.

Neves, E. R. C., & Boruchovitch, E. (2004, janeiro/abril). A motivação de alunos no contexto da Progressão Continuada. *Revista Psicologia: Teoria e Pesquisa, 20*(1), 77-85.

Oliveira, R. P. (2005). Política Educacional no Brasil: A expansão do ensino fundamental e suas conseqüências. In Conselho Federal de Psicologia. *Conversando com quem ensina: atuações dos psicólogos nos processos educacionais*, Brasília: Conselho Federal de Psicologia, *1*, 11-35.

Ozella, S., & Aguiar, W. M. J. (2008, janeiro/abril). Desmistificando a concepção de adolescência. *Cadernos de Psicologia, 38*(133), 97-125.

Paro, V. H. (1979). *Escola e formação profissional: Um estudo sobre o sistema regular de ensino e a formação de recursos humanos no Brasil.* São Paulo: Cultrix – Fundação Carlos Chagas.

Patto, M. H. S. (1984). *Psicologia e ideologia: Uma introdução crítica à Psicologia escolar.* São Paulo: T. A. Queiroz.

Patto, M. H. S. (1991). *A produção do fracasso escolar.* São Paulo: T. A. Queiroz.

Prefeitura de Fortaleza (2010). *Secretaria Municipal de Educação.* Recuperado em 24 de outubro de 2010, de http://www.sme.fortaleza.ce.gov.br/educacao/.

Romanelli, O. O. (2009). *História da educação no Brasil (1930/1973).* 34. ed. Petrópolis: Vozes.

Rosa, S. (Org.). (1991). *A escola pública em debate: Redefinindo sua função social. Fortaleza:* [s.n.].

Sbicigo, J. B. (2011). *Impacto de variáveis demográficas e contextuais no ajustamento psicossocial de adolescentes.* Dissertação de Mestrado. Programa de Pós-Graduação em Psicologia. Universidade Federal do Rio Grande do Sul, Porto Alegre, RS, Brasil.

Secretaria de Educação (2012). *Educação profissional*. Recuperado em 11 de julho de 2012, de http://portal.seduc.ce.gov.br/index.php?option=com_content&view=article&id=163:educacao-profissional&catid=106:educacao-profissional&Itemid=260.

Soares, L.E. (2004). Juventude e violência no Brasil contemporâneo. In R. Novais, & P. Vannuchi (Orgs.), *Juventude e sociedade: Trabalho, educação, cultura e participação*. 2. ed. São Paulo: Perseu Abramo.

Sposito, M. P. (2008). Juventude e educação: Interações entre a educação escolar e a educação não-formal. *Revista Educação & Realidade, 33*(2), 83-98.

Unicef (2011). *Situação Mundial da Infância 2011 - Adolescência: Uma fase de oportunidades*. Recuperado em 29 de janeiro de 2012, de http://www.unicef.org/brazil/pt/br_sowcr11web.pdf.

Adolescência e juventude: problematizando a medida de proteção de acolhimento institucional

Andréa Carla Filgueiras Cordeiro
Jacquelyne Nathaly dos Santos Moura
Joyce Hilario Maranhão

Introdução

Neste capítulo, problematizaremos a temática do acolhimento institucional por meio de uma análise histórica, bem como de dados nacionais e municipais relativos aos adolescentes e jovens que estão ou já estiveram sob medida protetiva de acolhimento institucional. Ainda analisaremos os dados dos adolescentes e jovens participantes da pesquisa *Adolescência e Juventude: Situação de Risco e Redes de Proteção na Cidade de Fortaleza* que responderam afirmativamente ao item "Já estive internado em instituição (abrigo, orfanato)", considerando as percepções das situações de violência e risco vivenciadas na família e na comunidade apontadas pelas questões 31 e 62, respectivamente, e dos eventos de vida estressores descritos no item 65 do instrumental de estudo.

Partimos da premissa de que adolescência e juventude são categorias socialmente construídas e que, por isso, necessitam ser discutidas a partir dos autores que nos inspiram nessa linha de pensamento, ligados à abordagem histórico-cultural.

Teoria Histórico-cultural

O desenvolvimento psíquico humano, para a Teoria Histórico-cultural, é concebido a partir da cultura, isto é, as funções psíquicas superiores são construídas a partir da interação do sujeito com o ambiente no qual está inserido. O indivíduo se desenvolve por meio das relações estabelecidas entre ele e aqueles que o cercam (o ambiente social) e entre ele e o ambiente físico. De início, trata-se de um processo interpsicológico, para depois, por meio de trocas mútuas entre sujeito e ambiente, tornar-se um processo intrapsicológico (Vygotsky, 1996). Desse modo, o homem se desenvolve porque aprende nas constantes interações dialéticas com o seu ambiente social e físico, ou seja, com os outros homens e com a natureza, de forma mediada pelo uso de signos e instrumentos. "A internalização das atividades socialmente enraizadas e historicamente desenvolvidas constitui o aspecto característico da psicologia humana; é a base do salto quantitativo da psicologia animal para a psicologia humana" (Vygotsky, 2007, p. 58).

Para Vygotsky, toda função psíquica superior é originada no nível sociogenético (cultural) e formada pelas relações da ordem social internalizadas. O homem, ao mesmo tempo, transforma e é transformado pela sociedade em que vive. Transpõe-se, assim, a barreira biológica do nível filogenético para o cultural e há, simultaneamente, ruptura e continuidade, pois não ocorre o abandono da origem biológica, uma vez que a cultura não cria nada de novo além do que é permitido pela natureza (Vygotsky, 1996; Pino, 2005).

Segundo Pino (2005),

> Numa espécie de fórmula geral, ele (Vygotsky) sustenta que a essência do desenvolvimento está "na colisão das formas Culturais maduras de conduta com as formas primitivas que caracterizam

a conduta da criança", o que pode ser interpretado como colisão entre a "ordem da natureza", onde a criança nasce, e a "ordem da Cultura" onde ela deve ascender. (p. 18)

Na Teoria Histórico-cultural, o homem é concebido como alguém que constrói formas para satisfazer suas necessidades junto com outros homens (sociedade), em uma relação dialética em que ele é "um ser histórico com características forjadas de acordo com as relações sociais contextualizadas no tempo e no espaço histórico em que ele vive" e onde "ele se constrói ao construir sua realidade" (Bock, 2001, como citado em Ozella, 2003, p. 8).

Partindo da compreensão de que o homem é um sujeito histórico que se desenvolve nas relações que estabelece com os outros, é pertinente contextualizar historicamente as concepções de infância, adolescência e juventude.

Infância, adolescência e juventude: discutindo concepções

Ariès (2006), ao resgatar a história da construção social da infância e da família ao longo da história do homem ocidental (mais especificamente no âmbito europeu), afirma que a distinção entre as fases da vida tal qual como a concebemos no mundo pós-moderno foram moldadas, durante o século XIX, segundo uma visão burguesa. Essa perspectiva permitiu enxergar uma divisão mais tangível entre as crianças e os adultos, preenchendo a possível lacuna entre o que o infante poderá ser e o que o adulto é com o aparecimento das concepções de adolescência e juventude.

Ainda segundo Ariès (2006), foi a formação da estrutura moderna das classes escolares, mais especificamente o estabelecimento da relação entre a idade e a classe escolar (por meio da separação dos estudantes por nível de conhecimento), que as categorias infância, adolescência e juventude, até então confundidas, foram delineadas de acordo com suas peculiaridades, no final do século XVIII e início do século XIX.

Conforme coloca Groppo (2000, p. 18), construiu-se "do século XIX até o início do século XX, uma noção de juventude engendrada pelas práticas e discursos das instituições sociais oficiais, estatais, liberais, burguesas, capitalistas etc., noção legitimada pelas ciências modernas". Temos, desta forma, uma abertura para definições distintas e complementares, visto que nenhuma delas consegue abarcar integralmente o que as categorias adolescência e juventude representam, seja ela oriunda das ciências médicas, sociológicas, psicológicas ou das pedagógicas. Assim sendo, na Medicina temos o conceito de puberdade relacionado à maturação do corpo; na Psicologia e na Pedagogia, surge a definição de adolescência referente às mudanças na personalidade, mente e comportamento; e, por fim, aparece uma ideia mais recente, advinda da Sociologia, a de juventude, que representa um período interstício entre as funções sociais da criança e as do adulto. De tal modo,

> [...] a faixa etária juvenil, assim como os demais grupos de idade, são uma criação sócio-cultural própria, marcante e fundamental dos processos de modernização e da configuração das sociedades contemporâneas. Essa criação surge ao lado ou em conjunção com outras categorias sociais essenciais, como estruturas e estratificações sociais, relações de gênero, relações étnicas e outras, bem como junto a fenômenos históricos cruciais, como o capitalismo, o imperialismo, o "ocidentalismo" etc. (Groppo, 2000, p. 27)

Rezende (1989, pp. 4-5 como citado em Groppo, 2000, p. 15) vai além, afirmando que há uma "pluralidade de juventudes" que possuem características, símbolos, comportamentos, sentimentos e subculturas próprios. De acordo com um dado recorte, segundo critérios preestabelecidos, por exemplo, o social, o cultural, o étnico, o religioso, a classe social, o gênero etc., surgem diversas subcategorias de indivíduos jovens.

Seguindo a perspectiva histórica, a inauguração da linha de produção em série e a intensa exploração do trabalho infantojuvenil no século XX provocam mudanças nas relações familiares e geram problemas sociais e de saúde coletiva, ao mesmo tempo em que instigam a sociedade a pensar em políticas para a proteção de crianças e adolescentes. São os prelúdios da concepção dos sujeitos nessas fases do desenvolvimento humano como cidadãos, o alvorecer do paradigma de proteção integral destes sujeitos (Faleiros & Faleiros, 2007).

No que diz respeito à construção desses sentimentos-categorias no Brasil, em Pinheiro (2006), há o resgate da construção da criança e do adolescente enquanto sujeitos sociais que ocupam (ou não) lugares determinados na vida social a partir dos significados a eles atribuídos pelas relações e contradições da sociedade brasileira. Para a autora, existe uma relação histórica e dialética entre estes sujeitos e a sociedade.

Partindo do estudo de três "Brasis" – Colônia, Império e República –, passeia-se entre a visão da criança e do adolescente como mais uma das figuras subordinadas ao chefe da família (as outras eram a mulher e os escravos), dentro de uma estrutura societária patriarcal e adultocêntrica. Data dessa época a imposição da violência física à criança e ao adolescente, prática que perpassa toda a história do país, "muitas vezes sob a desculpa 'de ser pedagógica', para 'corrigir' comportamentos inadequados da criança" (Pinheiro, 2006, p. 42), e passou a caber aos pais o direito de infligir violência física com o fim de educar seus filhos.

No século XIX, a presença da família real na colônia eleva o Brasil ao *status* de Império e assinala o "início da reeuropeização brasileira" (Souza, 2000, pp. 88-97 como citado em Pinheiro, 2006, p. 45) com a impregnação de valores burgueses, principalmente o individualismo, e prevalece o sistema estatal sobre o sistema patriarcal.

Entretanto, embora a sociedade burguesa valorizasse o trabalho, essa ideologia, no Brasil, ao entrar em contato com a estrutura patriarcal e escravocrata decadente, produz uma "ocidentalização com desigualdade" (Pinheiro, 2006, p. 47), o que acabou por definir a hierarquização social por meio da perspectiva de contribuição para o progresso social segundo uma divisão valorativa, apoiada nas classes dominantes europeizadas.

Esse cenário se postergou para o Brasil-República como sustentáculo da modernização do país. É nesse contexto que a criança e o adolescente pobres eram encontrados na sociedade brasileira: ocupando o mesmo lugar social que seus pais, sendo-lhes conferidos os mesmos tipos de trabalhos subalternos, aliados a uma inserção precoce no mercado de trabalho, e tendo como espaços socializadores prioritários o trabalho e as ruas. A esses infantes e jovens era lançado o olhar de desconfiança e de medo, por estarem sujeitos a uma vida pauperizada nas ruas, o que representava perigo potencial para a sociedade burguesa e civilizada. Para Pinheiro, essa visão ainda é lançada sobre as crianças e os adolescentes oriundos das camadas populares. Assim,

> [...] Essas marcas históricas da desigualdade, da dominação/submissão e da exclusão, constituintes de nosso tecido cultural, demarcam as bases fundamentais onde são gestadas as representações sociais mais recorrentes das crianças e dos adolescentes dos segmentos subalternos. Tais representações assumem significados e encarnações diversas, em consonância com os contextos socio-históricos de sua emergência e de suas atualizações e reatualizações. (Pinheiro, 2006, p. 50)

A forma patriarcal de funcionalismo da sociedade brasileira deixou marcas profundas na construção socio-histórica do país, a ponto de, em pleno século XXI, ainda visualizarmos seus resquícios dentro das relações familiares e sociais: na desvalorização da criança e do adolescente enquanto cidadãos e participantes ativos de sua realidade histórica e nos lugares ocupados por alguns desses sujeitos dentro de nossa sociedade.

Destarte, Ozella (2003) aponta a necessidade de superar as visões naturalizantes e entender a adolescência como um processo de construção sujeito a condições históricas, culturais e sociais específicas. Assim, deve-se "entender a adolescência como constituída socialmente a partir de necessidades sociais e econômicas dos grupos sociais e olhar e compreender suas características como características que vão se constituindo no processo" (Aguiar, Bock, & Ozella, 2001, p. 171 como citado em Ozella, 2003, p. 20).

Assistência à infância e adolescência via acolhimento institucional

A história brasileira, segundo Marcílio (1998), consagrou uma assistência às crianças e aos adolescentes marcada pela omissão, negligência e falta de interesse e caracterizada por medidas autoritárias até o advento da Lei nº 8.069, o Estatuto da Criança e do Adolescente (ECA), de 13 de julho de 1990 (1990). Tal lei é um marco na história desses indivíduos no país, pois se passou a compreendê-los como sujeitos de direitos em condições especiais de desenvolvimento biopsíquico e emocional.

Dessa forma, antes da promulgação do ECA (1990), de acordo com Marcílio (1998), existiram e/ou coexistiram três fases ao longo da assistência prestada à infância e à adolescência no país:

a de caráter caritativo, que vai do período colonial até meados do século XIX; a de caráter filantrópico, que mantém alguns aspectos caritativos e vai até a década de 1960; e aquela considerada Estado de Bem-Estar Social, iniciada nas últimas décadas do século XX, apesar de alguns autores da área considerarem que isso não existe no Brasil.

A partir do ECA (1990), começou-se a pensar, no âmbito legal, no superior interesse desse público, principalmente no que concerne às políticas públicas. Contraditoriamente, ao longo da década de 1990, essa perspectiva foi sendo afetada e comprometida pelas políticas neoliberais.

Venâncio (1999, como citado em Itaboraí, 2005) aponta de que forma a falta de assistência às famílias de baixa renda contribuiu para que pais e mães abandonassem os filhos por não terem condições socioeconômicas para sustentá-los. É importante, ainda, compreender que não podemos desvincular a situação de vulnerabilidade e exposição de crianças e adolescentes da situação de seus familiares sem analisar a totalidade da questão. De acordo com o citado autor:

> Esperançosos de garantir melhores condições de vida aos seus filhos, muitas famílias pobres os entregavam à Roda dos Expostos, o que, na verdade acabava por redundar em alta mortalidade infantil. Esse paradoxo levou o referido autor a intitular seu livro "famílias abandonadas", substituindo o antigo rótulo de crianças abandonadas e denunciando sim o abandono das famílias pobres pelo poder público, pois, por uma perversidade institucional, "desde os séculos XVIII e XIX, a única forma de as famílias pobres conseguirem apoio público para a criação de seus filhos era abandonando-os". (Venâncio, 1999 como citado em Itaboraí, 2005, p. 5)

Com isso, percebe-se a histórica desresponsabilização estatal perante as expressões da questão social que atingiam esse público, bem como o fato de medidas paliativas serem formuladas como respostas aos problemas da população em geral enquanto a raiz do problema – a profunda desigualdade social vivenciada no Brasil – permanece intocável.

Segundo Marcílio (1998), na fase *caritativa*, as políticas existentes para esse público apresentavam três formas: uma informal, estendida até os dias atuais, na qual famílias recolhiam crianças abandonadas e resolviam criá-las ou adotá-las; e duas formais, uma oficialmente responsável presente na legislação portuguesa, as Câmaras Municipais, que tinham a tarefa de prover a assistência aos ditos expostos, e outra, surgida de convênios firmados entre as Câmaras Municipais e as Santas Casas de Misericórdia, que instituiu a denominada Roda dos Expostos, Casa dos Expostos e os recolhimentos para meninas pobres no Brasil no período colonial.

Basicamente, essa assistência, até meados do século XIX, atendia as crianças expostas e/ou negligenciadas, mas, com relação aos infantes que cresciam nas instituições, não se pensava em sua igual necessidade enquanto população, o que acarretava um novo abandono, uma nova expressão da questão social. Destaca-se a fala em que o presidente da província da Bahia, em 1850, trata da questão da seguinte maneira:

> Na Roda "recebe-se um exposto e cuida-se dele até os três anos, findos os quais nada mais se dispõe". No Colégio de São Joaquim "recolhe-se um órfão, e depois de saber ler e escrever, talvez um pouco mais de desenho, e nunca o conveniente aos ofícios mecânicos e à agricultura, é entregue a algum Mestre, e não se sabe mais dele" Quanto às meninas, "recolhe-se uma órfã, ou uma exposta, que acaba seus dias sem vantagem alguma para a sociedade". (Marcílio, 1998, p. 184)

Há, nesse sistema, a presença de uma educação historicamente desigual entre meninos e meninas no Brasil, uma sociedade patriarcal. Ressalta-se "a existência de uma educação dualista – ilustrada, para os filhos da elite; e de caráter técnico-profissionalizante, para as categorias populares" (Marcílio, 1998, p. 175).

Já na fase filantrópica, discussões acerca do cuidado com as crianças promoveram as instalações de colégios e asilos segundo proposições da medicina higienista. As autoridades responsáveis pela proteção à infância começaram a se preocupar em separar as crianças nos asilos, conforme o sexo e a faixa etária (Freitas, como citado em Oliveira, 2001).

Segundo Rizzini e Rizzini (2004),

> Desde o período colonial, foram sendo criados no país colégios internos, seminários, asilos, escolas de aprendizes artífices, educandários, reformatórios, dentre outras modalidades institucionais surgidas ao sabor das tendências educacionais e assistenciais de cada época. O país adquiriu uma tradição de institucionalização de crianças, com altos e baixos, mantida, revista e revigorada por uma cultura que valoriza a educação por terceiros – cultura que permeia amplos setores da sociedade, desde os planejadores até os grupos sociais de onde saem os internos. (p. 22)

A institucionalização, historicamente, está ligada a medidas de controle e disciplina. Instituições desse tipo foram analisadas por autores como Goffman (2008):

> Uma disposição básica da sociedade moderna é que o indivíduo tende a dormir, brincar e trabalhar em diferentes lugares, com diferentes co-participantes, sob diferentes autoridades e sem um plano racional geral. O aspecto central das instituições totais pode

ser descrito com a ruptura das barreiras que comumente separam essas três esferas da vida. Em primeiro lugar, todos os aspectos da vida são realizados no mesmo local e sob uma única autoridade. Em segundo lugar, cada fase da atividade diária do participante é realizada na companhia imediata de um grupo relativamente grande de outras pessoas, todas elas tratadas da mesma forma e obrigadas a fazer as mesmas coisas em conjunto. Em terceiro lugar, todas as atividades diárias são rigorosamente estabelecidas em horários (...). Finalmente, as várias atividades obrigatórias são reunidas num plano racional único, supostamente planejado para atender aos objetivos oficiais da instituição. (pp. 17-18)

A questão social no Brasil, apesar de já havia muito existente no país, conforme Behring e Boschetti (2008), só se colocou como questão política no decorrer do século XX, com as lutas dos trabalhadores e com as primeiras legislações acerca do mundo do trabalho. Tal fato evidencia, na área da infância, o início da intervenção do Estado brasileiro: o Código de Menores de 1927, segundo Marcílio (1998), foi o primeiro conjunto de leis estabelecido especificamente para esse segmento no país. Apesar de gradualmente o Estado assumir a assistência à infância, ainda inexistia uma fronteira clara entre assistência estatal, filantrópica e caritativa.

No período correspondente ao início da Era Vargas, a década de 1930, o Estado passou a ser mais atuante no que diz respeito às políticas sociais voltadas às crianças e aos adolescentes. Porém, tal atuação

Restringia-se às funções de estudo, de vigilância e de controle da assistência ao menor, bem como à repressão aos desviantes. Para cumprir essas funções, o Estado brasileiro foi criando órgãos públicos especializados, todos eles caracterizados, sobretudo por uma ineficiente e incompetente ação política e pela descontinuidade. Inscrevem-se nessa ordem, por exemplo, o Departamento Nacional da Criança (1919), que deveria ser o órgão controlador de toda a assistência à infância carente, e o Serviço Nacional de Menores, o SAM, criado em 1941, que cuidaria do controle da assistência, não apenas do menor carente, mas também do menor infrator. (Marcílio, 1998, p. 225)

Rizzini e Rizzini (2004) assinalam que, posteriormente a esse período, no que concerne à política voltada à infância e à adolescência, houve a criação da Fundação Nacional de Bem-Estar do Menor (FUNABEM), que substituiu o SAM. Progressivamente, o Estado passou a se dedicar à interiorização dessa política. Mas, apesar dos limites e dos poucos dados, com uma análise de pesquisas podem ser observadas contradições entre um discurso educativo e uma prática repressiva.

Com isso, Motta (2001 como citado em Itaboraí, 2005) analisa a necessidade de uma reflexão sobre das causas que levam crianças e adolescentes à situação de acolhimento institucional e a uma possível colocação em uma família substituta.

Ao indicar que as pesquisas sobre adoção concentram-se nas crianças e na família adotante, chama a atenção para o modo como as mães biológicas são representadas no imaginário social, que em geral não considera que estas mulheres possam estar sofrendo pressões familiares ou sociais, situações afetivas difíceis com o pai da criança ou gravidez decorrente de estupro ou incesto. (Motta, como citado em Itaboraí, 2005, p. 12)

Segundo Rizzini e Rizzini (2004), a institucionalização de crianças e adolescentes no Brasil sofreu mudanças em meados da década de 1980 e ganhou força com o movimento de redemocratização do país. Tais ganhos representam importantes conquistas para os movimentos sociais em geral e, especificamente, para os que defendem a infância, pois duas emendas populares foram referendadas pela Assembleia Nacional Constituinte, inscrevendo o artigo 227, que introduz, como vimos, a linha da doutrina da proteção integral da Organização das Nações Unidas, na Constituição Federal de 1988.

Com esse novo contexto, o ECA é promulgado em 1990 com base na Convenção sobre os Direitos da Criança, aprovada pela Assembleia Geral das Nações Unidas em 1989. Tal lei considera as crianças e os adolescentes sujeitos de direitos em situação peculiar de desenvolvimento, a quem se deve prioridade absoluta tanto na formulação das políticas públicas quanto na destinação privilegiada de recursos das diversas instâncias político-administrativas do país. Afirma ainda a necessidade de reordenamento das instituições de atendimento para esse público.

A publicação do ECA (1990) reafirma o papel do Estado diante das demandas desse público, mas, apesar das mudanças conceituais, ainda há necessidade de se lutar por essas modificações, uma vez que a transformação cultural se dá a longo prazo. Aliado a isso, está o fato de que, ao longo da década de 1990, as ofensivas neoliberais descaracterizaram inúmeros direitos conseguidos historicamente e assegurados na Constituição de 1988, atingindo, igualmente, as conquistas na área da infância e adolescência.

No entanto, com esse novo parâmetro jurídico, foram instituídas mudanças primordiais com relação à institucionalização, e medidas desse tipo passaram a ser aplicadas sempre apenas em último caso, quando realmente necessárias, pelo menos no que se refere ao cumprimento da lei.

Para o regime de institucionalização, dependendo das causas, existem as medidas de proteção (entre elas o acolhimento institucional, uma medida de caráter provisório e excepcional de proteção para crianças e adolescentes em situações de risco pessoal e social) e as medidas socioeducativas (como a internação, para adolescentes a partir de 12 anos que tenham cometido algum tipo de ato infracional). Salienta-se que tais medidas são diferentes, ou seja, na primeira, a criança ou o adolescente envolvido é vítima e, na segunda, o adolescente é responsabilizado pelo crime cometido, é o autor do ato. Em ambas, a lei prevê mecanismos de garantia dos direitos desse público.

Em razão do enfoque de nossa pesquisa, trataremos especificamente da medida de proteção de acolhimento institucional em abrigos (ECA, 1990). Essas instituições podem ser públicas ou privadas. As públicas, em geral, estão associadas a programas municipais ou estaduais. Já as privadas geralmente são iniciativas ligadas a diversas igrejas e organizações não governamentais que acabam recebendo recursos públicos por meio um sistema de cogestão.

Conforme o discurso preconizado pelo ECA (1990) em seu artigo 92, as entidades de abrigo têm de seguir diversos princípios, a saber: preservação dos vínculos familiares; integração em família substituta, quando os vínculos são totalmente desfeitos; atendimento personalizado e em pequenos grupos; não separação de irmãos; desenvolvimento de atividades em regime de coeducação; evitação de transferência, sempre que possível, dos abrigos para outras entidades; preparação gradativa para o desligamento; participação na vida da comunidade local; e participação de pessoas da comunidade no processo educativo.

O acolhimento institucional constitui medida de proteção social especial de alta complexidade (Política Nacional de Assistência Social [PNAS], 2004). Esse novo contexto considera que crianças e adolescentes são sujeitos de direitos, e é dever da família, da comunidade, da sociedade e do poder público assegurar tais direitos com absoluta prioridade.

A nova redação dada ao ECA pela Lei nº 12.010/2009 centraliza-se na garantia de direitos de crianças e adolescentes à convivência familiar e comunitária, baseando-se nas seguintes questões: prevenir o afastamento do convívio familiar e comunitário, desburocratizar o processo de adoção e evitar o prolongamento da permanência em abrigos. Estipula ainda o prazo máximo de dois anos em acolhimento institucional, salvo em caso de comprovação de necessidade e interesse superior de crianças e adolescentes, pois, até então, não havia prazo máximo para o menor permanecer em abrigo sem que sua situação fosse definida. A mesma lei ainda determina que crianças e adolescentes que vivem sob acolhimento institucional devem ter sua situação reavaliada no máximo a cada seis meses.

Identifica-se que a situação de miséria de parte da população, o perfil usualmente procurado pelos adotantes, a burocratização da destituição do poder familiar, bem como a falta de políticas públicas eficazes para o atendimento à demanda das famílias das crianças e dos adolescentes sob medida de proteção de acolhimento institucional contribuem para um maior período de institucionalização. Tal prolongamento do tempo de acolhimento provoca outras inúmeras problemáticas que permeiam a trajetória de vida marcada pela longa institucionalização: as dificuldades existentes para a entrada no mercado trabalho para adolescentes desligados ao completarem 18 anos, as questões subjetivas advindas da própria institucionalização e a falta de políticas públicas destinadas aos jovens, já maiores, que saem das instituições para ter uma vida adulta independente.

Adolescência e juventude na interface da medida protetiva de acolhimento institucional: da teoria à realidade

Dados do Levantamento Nacional de Abrigos para Crianças e Adolescentes da Rede de Serviços de Ação Continuada (SAC), do Instituto de Pesquisa Econômica Aplicada (IPEA/DISOC, 2003), demonstram que, nas 589 instituições analisadas em todo o Brasil, existem cerca de 20 mil crianças e adolescentes sob acolhimento, sendo que a maioria é composta por meninos (58,5%), afrodescendentes (63%), com idade entre 7 e 15 anos (61,3%). Tais números indicam que mais da metade dessa população está em situação de institucionalização há mais de dois anos. Os motivos apontados para o acolhimento são: pobreza (24,2%), abandono (18,9%), violência doméstica (11,7%), dependência química dos pais ou responsáveis, incluindo alcoolismo (11,4%), vivência de rua (7,0%) e orfandade (5,2%). Salienta-se que, apesar de a pobreza não constituir legalmente motivo suficiente para a aplicação dessa medida de proteção, ela ainda aparece como tal.

Além das várias causas que levam crianças e adolescentes a serem acolhidos institucionalmente, há a questão da saída da casa de acolhimento, quando os jovens que crescem em abrigos e permanecem sob a tutela estatal até os 18 anos, idade em que, segundo a legislação brasileira, já adultos, eles deixam de ser amparado pelas medidas protetivas previstas no Estatuto da Criança e do Adolescente (1990) e são então desligados da instituição.

De acordo com as ações programadas pelo Plano Nacional, bem como pela reformulação do Estatuto da Criança e do Adolescente, com a conhecida Nova Lei da Adoção (Lei nº 12.010, 2009), foi criado o Cadastro Nacional de Adoção e, atualmente, está sendo concebido o Cadastro Nacional de Crianças e Adolescentes em sistema de acolhimento familiar ou institucional (antigo abrigamento) nos moldes utilizados para viabilizar a adoção. O cadastro contém informações atualizadas sobre a situação jurídica de cada criança e adolescente e também sobre as providências tomadas para sua reintegração familiar ou colocação em família substituta.

Ainda é importante frisar que, muitas vezes, o acolhimento institucional ocorre durante a adolescência, período de transformação do indivíduo, física e mental, mas principalmente de grandes indagações, associadas ainda ao sentimento de insegurança, como corrobora Calligaris (2000):

> Entre a criança que se foi e o adulto que ainda não chega, o espelho do adolescente é frequentemente vazio. Podemos entender então como essa época da vida possa ser campeã em fragilidade de auto-estima, depressão e tentativas de suicídio. [...] O adolescente vive a falta do olhar apaixonado que ele merecia quando criança e a falta de palavras que o admitam como par na sociedade dos adultos. A insegurança se torna assim o traço próprio da adolescência. [...] Tanto uma timidez apagada quanto o estardalhaço maníaco manifestam as mesmas questões, constantemente à flor da pele, de quem se sente não mais adorado e ainda não reconhecido. (p. 25)

Apesar de entendermos que a adolescência não é uma fase natural da vida, e, sim, um fenômeno sócio-histórico construído por nossas experiências e vivências coletivas, é válido salientar aqui a repercussão íntima do internamento prolongado em pessoas na condição especial de desenvolvimento.

Segundo Goffman (2008), a primeira forma de *mutilação do eu* é a barreira que as instituições totais colocam entre o internado e o mundo externo, pois assim ele perde papéis que antes desempenhava na realidade exterior. O autor diz que "um exemplo mais difuso desse tipo de mortificação ocorre quando (o indivíduo) é obrigado a executar uma rotina diária de vida que considera estranha a ele – aceitar um papel com o qual não se identifica" (Goffman, 2008, p. 31).

Assim, um longo período de institucionalização pode significar uma maior dificuldade para enfrentar a vida cotidiana externa à entidade, principalmente para aqueles que passaram a maior parte de seu desenvolvimento infantojuvenil em situação de acolhimento institucional. São as circunstâncias da vivência dos indivíduos, sua interação com o ambiente e a postura construída por eles diante desse fato que os colocarão em situação de risco ou de proteção.

A legislação brasileira que embasa essa questão perpassa o Sistema Único de Assistência Social e o Sistema de Garantia de Direitos, a Constituição de 1988 e também a Lei Orgânica da Assistência [LOAS] (1993), o Estatuto da Criança e do Adolescente (1990), o Plano Nacional de Assistência Social [PNAS] (2004), o Plano Nacional de Promoção, Proteção e Defesa do Direito de Crianças e Adolescentes à Convivência Familiar e Comunitária (2006) e o Plano Municipal de Convivência Familiar e Comunitária da cidade de Fortaleza (2010), especificamente no município.

Com relação a Fortaleza, Moura e Santos (2011) apresentam uma discussão interessante sobre adolescentes e jovens que passaram parte ou toda a infância e adolescência sob medida de proteção de acolhimento, destacando as dificuldades existentes para a preparação gradual desses indivíduos para a saída do abrigo após os 18 anos. Destacam ainda a baixa escolaridade e a baixa motivação desse público, fatores que apontam para possíveis questões relacionadas aos jovens que já passaram por essa medida de proteção.

O Relatório de Monitoramento da Política para a Infância e Adolescência no município de Fortaleza elaborado pelo Centro de Defesa da Criança e do Adolescente (CEDECA) do Ceará discute as condições alarmantes de infraestrutura das unidades de acolhimento municipais e da precarização das condições de trabalho, ressaltando "o perfil da maioria do público atendido nos dois abrigos é de adolescentes com necessidade de tratamento terapêutico para drogadicção e/ou necessitando de proteção, por encontrarem-se ameaçados em suas comunidades" (CEDECA, 2010, p. 11).

Nesse sentido, o relatório detectou que unidades de acolhimento estão sendo utilizadas para suprir a falta de uma política municipal contra as drogas, especialmente o *crack*, privando adolescentes do convívio familiar e comunitário, bem como de um real tratamento contra essas substâncias. Detecta, além disso, que há abrigos em regime de cogestão com o Estado nessa mesma situação.

> Esta medida tem sido aplicada também a adolescentes autores de atos infracionais, que deveriam estar cumprindo medida socioeducativa. Os entes (Executivo e Judiciário) transferem a responsabilidade um para o outro e não buscam ir ao cerne da questão, portanto ambos devem ser responsabilizados por esta conduta: a Prefeitura, por não ter espaços adequados para as condições destes adolescentes, e o Juizado, por encaminhar os adolescentes para os abrigos, na ausência de locais apropriados. Os/as adolescentes são "depositados" nestes espaços, sem receberem tratamento adequado, simplesmente como forma dos gestores da política darem alguma resposta àquelas famílias, mesmo sabendo que, com esta prática, não estarão resolvendo o problema de fato. (CEDECA, 2010, p. 12)

Desse modo, nas unidades de acolhimento que atendem o público previsto, as admissões ocorrem por vários motivos e essencialmente vinculadas à negação de direitos. Tal população é encaminhada pelo Juizado da Infância e Juventude e acompanhada por outras instituições que fazem parte do Sistema de Garantia de Direitos de Crianças e Adolescentes, como o Conselho Tutelar e o Centro de Referência Especializado da Assistência Social (CREAS).

Segundo diagnóstico do Plano Municipal de Convivência Familiar e Comunitária da Cidade de Fortaleza (2010), o Disque Direitos da Criança e do Adolescente (DDCA) recebeu 2.791 denúncias em 2009, entre as quais: 935 casos de negligência, 530 casos de violência física, 441 casos diagnosticados como com necessidade de apoio sociofamiliar e 186 casos de abandono. Tais denúncias ocorreram principalmente em bairros de menor Índice de Desenvolvimento Humano (IDH) de Fortaleza, situados nas Regionais V e VI do município.

Assim, verifica-se a ocorrência significativa de circunstâncias que podem levar crianças e adolescentes às instituições de acolhimento, o que evidencia que a vulnerabilidade social da população exerce grande influência para gerar situações de negação de direitos de crianças e adolescentes, uma vez que negar os direitos sociais básicos só aumenta os índices do ciclo da pobreza, do ciclo de violência, entre outros.

Adolescentes e jovens de Fortaleza: percepções e vivências na família e na comunidade

Dos 1.140 adolescentes e jovens com idade entre 14 e 24 anos participantes da pesquisa, apenas 23 afirmaram ter cumprido medida protetiva de acolhimento institucional. A amostra da pesquisa foi composta de forma aleatória com sorteio de escolas publicas da cidade de Fortaleza.

Os jovens que constituem esse grupo estavam cursando, na época, o Ensino Fundamental (56,5%) ou o Ensino Médio (43,5%) e tinham entre 14 e 22 anos de idade. A maior parte desses sujeitos afirmaram ter cor parda (52,2%) e ser solteiro(a)s (91,3%). A grande maioria dos indivíduos é do sexo masculino (69,6%); apenas 30,4% são do sexo feminino. A caracterização da amostra confirma o perfil nacional de crianças e adolescentes sob medida de proteção de acolhimento institucional.

O instrumento de medida usado na pesquisa (Dell'Aglio, Koller, Cerqueira-Santos, & Colaço, 2011) incluiu, entre outras, questões sobre: a percepção da experiência de acolhimento institucional, com quem o jovem mora, eventos de vida estressores e sobre situações de violência intra e extrafamiliar, sendo esses os itens que foram analisados e a partir dos quais foram obtidos os resultados abaixo discriminados.

Com relação à percepção da vivência da situação de acolhimento em instituição (abrigo ou orfanato) advinda da aplicação da medida protetiva, boa parte dos adolescentes e jovens que responderam ao item afirmou que a experiência não foi ruim, 30,4%, seguida pelos que afirmaram que a situação de acolhimento foi horrível, 21,7%. Tais porcentagens nos apontam duas possíveis questões: o acolhimento institucional pode ter proporcionado um ambiente mais satisfatório que aquele em que o menor se encontrava anteriormente, bem como a vivência no âmbito familiar e/ou a instituição de acolhimento pode não ter garantido outros direitos inerentes a esse público, como o direito à convivência familiar e comunitária.

Tabela 1. Percepção da experiência de acolhimento institucional

	f	%
Nada ruim	7	30,4
Mais/menos ruim	2	8,7
Muito ruim	2	8,7
Horrível	5	21,7
Não respondeu	7	30,4
Total	23	100

Foi encontrada uma frequência considerável de adolescentes e jovens que moram com pai, mãe e irmãos, o que evidencia que eles estão inseridos em uma rede familiar, condição de proteção prevista pelo Estatuto da Criança e do Adolescente. Contudo, as relações estabelecidas com os membros da família podem vir a se configurar tanto como um fator de proteção como de risco, e isso se torna um mote para nossa investigação de percepções e vivências de violência nesse espaço e, posteriormente, na comunidade.

Tabela 2. Com quem mora?

	f	%*
Pai	12	52,2
Mãe	16	69,6
Padrasto	0	0
Madrasta	3	13,0
Irmãos	15	65,2
Avô	2	8,7
Avó	3	13
Tios	4	17,4
Pais adotivos	1	4,3
Filhos	0	0
Companheiro	0	0
Outra pessoa	0	0

Nota: * Questão de múltipla resposta. O percentual foi calculado sobre o $n = 23$.

Concernente aos fatores estressores para a amostra de 23 indivíduos, as situações estressoras que podem estar vinculadas às causas que levam crianças e adolescentes às instituições de acolhimento, bem como a uma longa institucionalização que, muitas vezes, dura até a juventude, estão exemplificadas na tabela a seguir.

Tabela 3. Eventos de vida estressores

	f	%
O nível econômico da minha família baixou de uma hora para outra	12	52,2
Alguém em minha casa está desempregado	15	65,2
Já fugi de casa	9	39,1
Já morei na rua	7	30,4
Alguém da minha família está ou esteve preso	12	52,2
Alguém muito importante pra mim faleceu	14	60,9
Já passei fome	8	34,8
Já cumpri medida socioeducativa sem privação de liberdade	8	34,8
Já estive privado de liberdade (instituição fechada)	9	39,1

A presença da violência, seja de ordem física, psíquica ou sexual, surge como uma das diversas expressões da forma como a sociedade está organizada, e o jovem, em seu cotidiano, é mais um dos expostos à violência e, ao mesmo tempo, também se apresenta como seu propagador. Em ambos os papéis, vítima e agressor, a violência se configura como um fator de risco que poderá interferir no desenvolvimento saudável desses jovens.

Longe de ter uma causa específica, a violência é antes um fato social complexo que submerge cada vez mais em uma trama econômica, política, cultural e subjetiva, exigindo resoluções que integrem diversos atores sociais em prol de um objetivo comum. As situações de violência, para Waiselfisz (2011, p. 11), "nos possibilitam inferir que, longe de ser resultado de decisões individuais tomadas por indivíduos isolados, estamos perante fenômenos de natureza social, produto de conjuntos de determinantes que se originam na convivência dos grupos e nas estruturas da sociedade".

Para Azevedo e Guerra (1989, p. 36), a violência contra crianças e adolescentes "é todo ato ou omissão cometido por pais, parentes, responsáveis, outros indivíduos, instituições públicas ou privadas capazes de causar dor ou dano físico, sexual e/ou psicológico ao(à) vitimizado(a)". Por conseguinte,

> [...] Há violência quando, em uma situação de interação, um ou vários atores agem de maneira direta ou indireta, maciça ou esparsa, causando danos a uma ou a mais pessoas em graus variáveis, seja em sua integralidade física, seja em sua integridade moral, em suas posses, ou em suas participações simbólicas e culturais. (Michaud, 1989 como citado em Waiselfisz, 2011, p. 11)

A Tabela 4 mostra que os tipos de violência vivenciada na família foram *soco* ou surra e agressão com objeto, ambos com 34,8%. Embora os jovens afirmem que as agressões quase nunca são frequentes (21,7% – Tabela 5), salienta-se que a presença desta forma de agressão corrobora o que discute Pinheiro (2006) quando afirma que a violência física foi e ainda continua sendo aceita como um meio de os adultos educarem seus filhos baseado na lógica do poder daqueles sobre a criança e o adolescente.

Os pais também são os perpetradores mais citados com relação à violência no âmbito familiar, sendo a mãe a mais citada nos casos de soco ou surra (13%) e de agressão com objeto (21,7%), seguida pelo pai, com índices de 8,7% e 4,3% para os dois casos, respectivamente. Já a figura paterna é apontada como a principal perpetradora de ameaça ou humilhação (8,7%), seguida por outros membros da família não especificados, 4,3% (Tabela 6).

A percepção de quão ruim foram as situações de ameaça ou humilhação, soco ou surra e agressão com objeto vividas na família (Tabela 7) é, ao mesmo tempo, relatada como nada ruim, 8,7%, 8,7%

e 4,3%; um pouco ruim, 4,3%, 17,4% e 8,7%; e horrível, 4,3%, 8,7% e 8,7%, respectivamente, o que demonstra que essas ocorrências devem ser analisadas considerando-se as interações de cada indivíduo com os familiares, bem como a influência mútua.

Tabela 4. Tipos de violência intrafamiliar vivenciada

	f	%
Ameaça ou humilhação	4	17,4
Soco ou surra	8	34,8
Agressão com objeto	8	34,8
Mexeu no meu corpo	0	0
Relação sexual forçada	0	0

Tabela 5. Frequência da vivência da situação de violência intrafamiliar

	Nunca		Quase nunca		Às vezes		Quase sempre		Sempre	
	f	%	f	%	f	%	f	%	f	%
Ameaça ou humilhação	0	0	2	8,7	2	8,7	0	0	0	0
Soco ou surra	0	0	5	21,7	3	13,0	0	0	0	0
Agressão com objeto	0	0	5	21,7	1	4,3	0	0	0	0
Mexeu no meu corpo	0	0	0	0	0	0	0	0	0	0
Relação sexual forçada	0	0	0	0	0	0	0	0	0	0

Tabela 6. Quem é o perpetrador da violência intrafamiliar?

	Pai		Mãe		Padrasto		Madrasta		Irmãos		Outros	
	f	%	f	%	f	%	f	%	f	%	f	%
Ameaça ou humilhação	2	8,7	0	0	0	0	0	0	0	0	1	4,3
Soco ou surra	2	8,7	3	13	0	0	0	0	1	4,3	1	4,3
Agressão com objeto	1	4,3	5	21,7	0	0	0	0	1	4,3	0	0
Mexeu no meu corpo	1	4,3	0	0	0	0	0	0	0	0	0	0
Relação sexual forçada	0	0	0	0	0	0	0	0	0	0	0	0

Tabela 7. Quão ruim foi a vivência da situação de violência intrafamiliar?

	Nada ruim		Um pouco ruim		Mais/menos ruim		Muito ruim		Horrível	
	f	%	f	%	f	%	f	%	f	%
Ameaça ou humilhação	2	8,7	1	4,3	0	0	0	0	1	4,3
Soco ou surra	2	8,7	4	17,4	0	0	0	0	2	8,7
Agressão com objeto	1	4,3	2	8,7	1	4,3	1	4,3	2	8,7
Mexeu no meu corpo	0	0	0	0	0	0	0	0	1	4,3
Relação sexual forçada	0	0	0	0	0	0	0	0	0	0

Na comunidade estudada, os tipos de violência (Tabela 8) que estiveram presentes foram apenas ameaça ou humilhação (30,4%) e o soco ou surra (17,4%), sendo suas ocorrências (Tabela 9) relatadas como quase nunca (21,7%) e às vezes (8,7%), no primeiro episódio, e como quase nunca (13%), no segundo. Foram apontados como os perpetradores da violência no âmbito comunitário (Tabela 11) os colegas de escola e os amigos: na situação de ameaça ou humilhação, em 8,7% e 4,3% das respostas; e no caso de soco ou surra, por 4,3% e 8,7% dos participantes, respectivamente. O sentimento relacionado à experiência (Tabela 10) foi percebido na situação de ameaça ou humilhação como: pouco ruim em 17,4% dos casos, muito ruim para 8,7% dos entrevistados e horrível para 4,3% deles. Já no caso de soco ou surra, a experiência foi descrita como: nada ruim por 4,3% dos participantes, pouco ruim por 4,3% deles e mais ou menos ruim por 4,3%.

Tabela 8. Tipos de violência vivenciada na comunidade

	Sim	
	f	%
Ameaça ou humilhação	7	30,4
Soco ou surra	4	17,4
Agressão com objeto	0	0
Mexeu no meu corpo	0	0
Relação sexual forçada	0	0

Tabela 9. Frequência da vivência da situação de violência na comunidade

	Nunca		Quase nunca		Às vezes		Quase sempre		Sempre	
	f	%	f	%	f	%	f	%	f	%
Ameaça ou humilhação	0	0	5	21,7	2	8,7	0	0	0	0
Soco ou surra	0	0	3	13,0	0	0	0	0	0	0

Continua

Continuação

	Nunca		Quase nunca		Às vezes		Quase sempre		Sempre	
	f	%	f	%	f	%	f	%	f	%
Agressão com objeto	0	0	0	0	0	0	0	0	0	0
Mexeu no meu corpo	0	0	0	0	0	0	0	0	0	0
Relação sexual forçada	0	0	0	0	0	0	0	0	0	0

Tabela 10. Quão ruim foi a vivência da situação de violência na comunidade?

	Nada ruim		Um pouco ruim		Mais/ menos ruim		Muito ruim		Horrível	
	f	%	f	%	f	%	f	%	f	%
Ameaça ou humilhação	0	0	4	17,4	0	0	2	8,7	1	4,3
Soco ou surra	1	4,3	1	4,3	1	4,3	0	0	0	0
Agressão com objeto	0	0	0	0	0	0	0	0	0	0
Mexeu no meu corpo	0	0	0	0	0	0	0	0	0	0
Relação sexual forçada	0	0	0	0	0	0	0	0	0	0

Tabela 11. Quem é o perpetrador da violência na comunidade?

	Família		Amigos		Colegas de classe		Vizinhos		Professor/ Monitor		Policiais		Outros	
	f	%	f	%	f	%	f	%	f	%	f	%	f	%
Ameaça ou humilhação	1	4,3	2	8,7	0	0	0	0	0	0	2	8,7	0	0

Continua

Continuação

	Família		Amigos		Colegas de classe		Vizinhos		Professor/ Monitor		Policiais		Outros	
	f	%	f	%	f	%	f	%	f	%	f	%	f	%
Soco ou surra	2	8,7	1	4,3	0	0	0	0	0	0	0	0	0	0
Agressão com objeto	0	0	0	0	0	0	0	0	0	0	0	0	0	0
Mexeu no meu corpo	0	0	0	0	0	0	0	0	0	0	0	0	0	0
Relação sexual forçada	0	0	0	0	0	0	0	0	0	0	0	0	0	0

Em uma perspectiva social e histórica sobre as vulnerabilidades da adolescência e da juventude ante as relações de violência, percebe-se uma persistência de diferentes tipos de agressão física e psicológica e a disseminação dessas práticas nas instituições sociais, o que caracteriza a negação desses indivíduos como sujeitos de direitos, mesmo após o marco de legalização e institucionalização de direitos fundamentais expressos tanto pela Convenção dos Direitos da Criança (ONU, 1989) e pelo Estatuto da Criança e do Adolescente (1990).

Ao serem submetidos a condições materiais, ambientais, sociais e familiares adversas, os jovens têm seu desenvolvimento pessoal e social dificultado, embora a presença desses fatores de risco pessoal e contextual não seja determinante para o insucesso destes indivíduos em suas trajetórias de vida. A presença de redes de apoio social e afetivo, como família e comunidade (vizinhos, professores, amigos etc.), e mesmo na instituição de acolhimento (funcionários e companheiros da instituição etc.) contribui para a proteção e para a busca de alternativas para um desenvolvimento saudável dos jovens.

De tal modo, a exposição de crianças e adolescente às circunstâncias que podem configurar-se como situação de vulnerabilidade e de risco não implica que eles não possam enfrentá-las. Tais situações devem ser entendidas a partir de um dado contexto social e histórico, o que não cristaliza as características desses indivíduos e nem as experiências vivenciadas por eles, como vem sendo relatado nas pesquisas sobre resiliência.

Considerações finais

No decorrer de nossas análises, foi possível perceber que, ao longo da história da assistência às crianças e aos adolescentes por meio de acolhimento institucional, essa medida protetiva foi aplicada de maneira pontual e esteve ligada a valores conservadores, com o interesse voltado para a família biológica ou substituta e para a sociedade, e não para interesse do público atendido.

Dessa maneira, apesar de o Estado brasileiro assumir gradualmente a assistência à infância no decorrer do século XX e de ser de fato, atualmente, responsável legalmente pelos direitos sociais, verificamos que ainda há uma tensão na fronteira entre assistência caritativa, filantrópica e estatal, uma vez que elas coexistem. Tal tensão se mostra ainda na existência de instituições de acolhimento ligadas a igrejas e ONGs, além das crescentes parcerias feitas entre Estado e ONGs, o que revela uma consequente desresponsabilização estatal diante das demandas sociais.

A partir disso, verifica-se a continuidade de determinadas práticas conservadoras mesmo após a promulgação do ECA (1990), que imprimiu a doutrina da proteção integral, estabelecendo que crianças e adolescentes são sujeitos de direitos em situação peculiar de desenvolvimento, e imputou à família, ao Estado e à sociedade a responsabilidade sobre eles.

Os dados da pesquisa sobre a juventude em Fortaleza apontam que a maioria dos indivíduos que já esteve internado em instituição (abrigo, orfanato) é do sexo masculino e da cor parda. Estes dados confirmam o perfil nacional de crianças e adolescentes sob medida de proteção de acolhimento institucional já mencionados.

Com relação às situações de violência e risco vivenciadas pelos adolescentes e jovens participantes da pesquisa, os dados indicam ocorrências convergentes com os motivos de acolhimento institucional apresentados pela pesquisa do IPEA/DISOC (2003) e salientam ainda o fator econômico como possível motivo para o acolhimento institucional, uma vez que o baixo nível econômico permeia a história de vida desse público. Destaca-se também que a violência no âmbito doméstico apresenta maior porcentagem do que no ambiente comunitário.

Verificou-se que a passagem por um abrigo foi informada por 30,4% desses indivíduos como uma experiência nada ruim. Nesse mesmo item, o indicador horrível aparece com 21,7%. Tais porcentagens sugerem duas possíveis questões: o acolhimento institucional pode ter proporcionado um ambiente mais satisfatório que o anterior, assim como a vivência no âmbito familiar e a instituição de acolhimento pode não ter garantido outros direitos inerentes a esse público, como o direito à convivência familiar e comunitária.

Nesse sentido, a presente pesquisa não pretende ser conclusiva e visa a fomentar a discussão, além de servir como base para possíveis políticas públicas destinadas a esse público, pois há a necessidade de políticas públicas efetivas de investimento na educação e na saúde, de combate à pobreza e de prevenção da violência, posto que as situações de vulnerabilidade social se afirmam à medida que se instala a omissão do Estado diante das demandas sociais.

Assim, é importante frisar que a medida de acolhimento institucional deve ser aplicada sempre em último caso, como previsto em lei, por não se configurar como solução nem como prevenção das situações que a antecedem. De fato, ela se mostra inevitável para alguns casos, mas tem contribuído para produzir outras problemáticas, como:

institucionalização prolongada desse público até os 18 anos ou início da idade adulta, momento em que os jovens precisam necessariamente ser desligados da instituição.

Referências

Ariès, P. (2006) *História social da criança e da família*. (D. Flaksman, trad.). Rio de Janeiro: LCT.

Azevedo, M. A., & Guerra, V. N. de A. (1989). *Crianças vitimizadas: a síndrome do pequeno poder*. São Paulo: Iglu.

Behring, E. R., & Boschetti, I, (2008). *Política social: Fundamentos e história*. São Paulo: Cortez.

Calligaris, C. (2000). *A adolescência*. São Paulo: Publifolha.

Centro de Defesa da Criança e do Adolescente [CEDECA] (2010). *Relatório de monitoramento da política para a infância e adolescência no município de Fortaleza*. Recuperado em 13 de novembro de 2010, de www.cedecaceara.org.br.

Constituição da República Federativa do Brasil de 1988 (1988). Brasília, DF.

Dell'Aglio, D. D., Koller, S. H., Cerqueira-Santos, E., & Colaço, V. F. R. (2011). Revisando o Questionário da Juventude Brasileira: uma nova proposta. In D. D. Dell'Aglio, & S. H. Koller, *Adolescência e Juventude: vulnerabilidade e contextos de proteção*. São Paulo: Casa do Psicólogo.

Estatuto da Criança e do Adolescente (ECA). Lei nº 8.069 de 13 de fevereiro de 1990 (1990). Brasília, DF.

Faleiros, E. S., & Faleiros, V. de P. (2007). *Escola que protege: Enfrentando a violência contra crianças e adolescentes*. Brasília: Ministério da

Educação, Secretaria de Educação Continuada, Alfabetização e Diversidade.

Goffman, E. (2008). *Manicômios, prisões e conventos*. 8. ed. (D. M. Leite, trad.). São Paulo: Perspectiva.

Groppo, L. A. (2000). A juventude como categoria social. In *Juventude: Ensaios sobre sociologia e historia das juventudes modernas*. (Coleção Enfoques. Sociologia). Rio de Janeiro: DIFEL

IPEA/DISOC (2003). *Levantamento nacional de abrigos para crianças e adolescentes da Rede SAC*. Recuperado em 13 de novembro de 2013, de http://www.mp.sp.gov.br/portal/pls/portal/docs/1/1665238.PDF.

Itaboraí, N. R. (2005). *A proteção social da família brasileira contemporânea: reflexões sobre a dimensão simbólica das políticas públicas*. As famílias e as políticas públicas no Brasil, Belo Horizonte: Anais do seminário as famílias e as políticas públicas. Recuperado em 13 de novembro de 2013, de www.abep.nepo.unicamp.br/docs/anais/.../NathalieItaboraí.pdf.

Lei nº 12.010, de 03 de agosto de 2009. Dispõe sobre adoção e altera diversas leis. *Diário Oficial da União*, Brasília, DF, 3 ago. 2009. Recuperado em 13 de novembro de 2013, de http://www.planalto.gov.br/ccivil_03/_Ato2007-2010/2009/Lei/L12010.htm.

Lei orgânica da assistência social (LOAS). Lei nº 8.742, de 7 de dezembro de 1993 (1993). Brasília, DF.

Marcílio, M. L. (1998). *História social da criança abandonada*. São Paulo: Ed. HUCITEC.

Moura, J. N. dos S., & Santos, G. P. G dos. (2011). *Institucionalização prolongada: infância e adolescência sob medida de proteção de acolhimento institucional em um abrigo da cidade de Fortaleza – CE*. Monografia

(Graduação em Serviço Social) – Universidade Estadual do Ceará, UECE, Fortaleza.

Oliveira, L. A. (2001). O laboratório de biologia infantil: discurso científico e assistência no Juizado de menores. In Jacó-Vilela, A. M.; Cerezzo, A. C., & Rodrigues, H. B. C. (Orgs.), *Clio-Psyché ontem: fazeres e dizeres psi na história do Brasil* (pp. 237-242). Rio de Janeiro: Relume Dumará; FAPERJ.

ONU. *Convenção dos direitos da criança* (1989). Recuperado em 13 de novembro de 2013, de http://www.unicef.pt/docs/pdf_publicacoes/convencao_direitos_crianca2004.pdf.

Ozella, S. et al. (2003). *Adolescências construídas: a visão da psicologia socio-histórica*. São Paulo: Cortez.

Pinheiro, Â. (2006). *Criança e adolescente no Brasil: Porque o abismo entre a lei e a realidade*. Fortaleza: Editora UFC.

Pino, A. (2005). Cultura e Desenvolvimento Humano. In *Revista Viver – mente & cérebro*. (Coleção Memória da Pedagogia). Lev Semenovich VYGOTSKY, São Paulo, 2.

Plano Municipal de Convivência Familiar e Comunitária da Cidade de Fortaleza (2010). Fortaleza, CE.

Plano nacional de promoção, proteção e defesa do direito de crianças e adolescentes à convivência familiar e comunitária [PNDCFC] (2006). Brasília, DF.

Política nacional de assistência social [PNAS] (2004). Brasília, DF.

Rizzini, I., & Rizzini, I. (2004). *A Institucionalização de crianças no Brasil: Rercurso histórico e desafios do presente*. Rio de Janeiro: Ed. PUC-Rio; São Paulo: Loyola.

Vygotsky, L. S. (2007). *A formação social da mente*. 1. ed. São Paulo: Martins Editora.

Vygotsky, L. S. (1996). Génesis de las funciones psíquicas superiores. In *Vygotsky – Obras Escogidas*, 1. ed., *III,* Madrid: Editora Visor.

Waiselfisz, J. J. (2011). *Mapa da violência 2011 – Os jovens do Brasil.* Brasília: Ministério da Justiça/São Paulo: Instituto Sangari.

Adolescência e envolvimento em situações ilegais: Diferenças de gênero

Guilherme Machado Jahn
Fernanda Lüdke Nardi
Débora Dalbosco Dell'Aglio

Este capítulo tem o objetivo de investigar o envolvimento de adolescentes de escolas públicas de Porto Alegre em situações ilegais, levando em consideração a diferença entre os sexos. As situações estudadas foram brigas com agressão física, pichação, assalto, roubo e venda de drogas. Tendo em vista que há diferentes expectativas sociais com relação aos gêneros, construídas a partir das diferenças entre os sexos, pode-se pensar que aspectos sociais e culturais estejam associados às diferenças entre meninos e meninas adolescentes quando se trata de comportamentos ilegais.

Adolescência

A adolescência compreende o período de transição entre a infância e a adultez. Diferentemente de culturas em que rituais decisivos demarcam a passagem da infância para a vida adulta, na sociedade brasileira, esse acontecimento ocupa um período de tempo, por vezes, prolongado e se dá por meio da gradual assunção de papéis e funções que o indivíduo logra na sociedade. Para Steinberg (1952/1999), a adolescência é um fenômeno cultural que tem início com o advento das mudanças biológicas próprias da puberdade. Esse autor também menciona que mudanças biológicas que ocorrem nessa fase do desenvolvimento humano resultam em novas possibilidades de experiências no campo social. Assim, o adolescente é investido de novas expectativas, posturas, ocupações, compromissos, responsabilidade, funções e papéis, e abre-se um novo campo de experiências. Todavia, o *status* de adulto só é atingido gradualmente e, por isso, o adolescente não tem os mesmos privilégios e responsabilidades que os adultos. Todas essas mudanças repercutem profundamente no jovem, ocasionando-lhe diversas consequências psicológicas.

De acordo com Steinberg (1952/1999), as três dimensões fundamentais que passam por transformações na adolescência são a biológica, a cognitiva e a social. Para o estudioso citado, existem dois aspectos relacionados às mudanças na dimensão social: um deles é a aquisição de privilégios e direitos adultos por parte dos adolescentes diante da sociedade; e o outro, uma maior liberdade dos jovens com relação às crianças, que é acompanhada por um aumento de responsabilidade, autonomia e cobrança de maior participação social. Os fatores contextuais da sociedade em que o indivíduo se desenvolve balizam a adolescência, ou seja, cada sociedade vive as mudanças típicas da puberdade conforme sua cultura. É justamente a essas peculiaridades quanto ao como cada cultura vivencia a puberdade e às vicissitudes psicossociais decorrentes dessa interação que se denomina adolescência (Steinberg, 1952/1999).

Essas transformações que ocorrem na adolescência têm profundas repercussões psicológicas e podem ser fonte de conflitos psíquicos que se expressam de diversas formas (Bordin & Offord, 2000). Segundo Levisky (2000), a realidade de uma sociedade, embora democrática e defensora da igualdade dos direitos, pode ser caracterizada por desorganização, desrespeito e intransigências, aspectos que dão origem a frustrações e são responsáveis por expressões agressivas que alimentam e perpetuam a violência, física ou moral. A expressão desses conflitos contribui para que o adolescente seja visto como um indivíduo rebelde, porque suas características biopsicossociais o inclinam a agir espontânea e impulsivamente, buscando a satisfação dos seus desejos de maneira imediata, sem passar a ação pelo crivo da reflexão (Levisky, 2000). Essa impulsividade pode se manifestar por meio de comportamentos externalizantes, como mentir ou matar aula, e que costumam ocorrer ao longo do desenvolvimento de crianças e adolescentes sem que isso indique a existência de patologias ou tenha graves consequências para o desenvolvimento (Bordin & Offord, 2000). Muitos desses comportamentos são pertinentes à adolescência e constituem fenômeno comum a essa etapa do ciclo vital (Knobel, 1981/1992).

Para distinguir normalidade de psicopatologia é importante averiguar se os comportamentos se manifestam esporadicamente e de maneira isolada ou se indicam síndromes, representando uma irregularidade do padrão de comportamento esperado para indivíduos da mesma faixa etária e mesmo sexo em determinada cultura (Bordin & Offord, 2000). Portanto, é importante discriminar as frequentes condutas transgressoras, como oposições às regras parentais, e a gravidade dessa oposição daquelas posturas saudáveis de contrariedade dos adolescentes e que estão relacionadas com o desenvolvimento de sua autonomia. Knobel (1981/1992) ressalta a importância da oposição do adolescente com relação aos pais. Assumir ideologias e entendimentos diversos daqueles apresentados pelos progenitores é importante para o indivíduo na medida em que o diferencia daqueles e corrobora sua autonomia, um atributo adulto ao qual o adolescente deve se conformar (Steinberg, 1952/1999).

Da mesma forma, no período da adolescência, os jovens exploram e experimentam diversos tipos de comportamentos (Hein, 2004), inclusive o envolvimento em situações ilegais. De acordo com Wainer (2006), a manifestação de condutas transgressoras, marcadas por atos de rebeldia, por exemplo, tem sido considerada comum durante o processo de desenvolvimento de um jovem. Muitos indivíduos que apresentam condutas antissociais no período da infância ou da adolescência vão se caracterizar, mais tarde, na idade adulta, como pessoas com níveis esperados de inserção social.

Embora muitos desses comportamentos sejam manifestações típicas no desenvolvimento da criança e do adolescente, existem outras formas de manifestação, caracterizadas por condutas infracionais persistentes. Pacheco, Alvarenga, Reppold, Piccinini e Hutz (2005) mencionam comportamentos delinquentes persistentes observados na juventude que podem ter seus protótipos em comportamentos antissociais já apresentados na infância. Para alguns autores (Miller, Malone, & Dodge, 2010; Schaeffer et al., 2006), indivíduos que apresentam esse padrão de comportamento desde a infância têm maior propensão a mantê-los ao longo da vida. Da mesma forma, os estudos de Priuli e Moraes (2007) identificam uma trajetória de condutas infracionais desde a infância nos adolescentes em conflito com a lei. Assim, o comportamento antissocial precoce é compreendido como fator de risco para o envolvimento, de maneira persistente, em ato infracional ulterior.

Por outro lado, quando se fala em comportamento antissocial, é importante não confundi-lo com o Transtorno de Personalidade Antissocial, pois, de acordo com Gallo e Williams (2005), o comportamento antissocial é aquele em que indivíduos violam leis sociais. Nesse sentido, um comportamento antissocial é algo relativo, porque viola leis que são culturalmente vigentes em determinado espaço e tempo. Desse modo, um comportamento antissocial na nossa sociedade atual poderia ser um comportamento pertinente em outra época ou região. Já o Transtorno de Personalidade Antissocial é um fenômeno de maior gravidade, uma vez que se refere a uma patologia clínica catalogada pelo Manual Diagnóstico e Estatístico de Transtornos Mentais (DSM-IV-TR, 2002) e atribuível somente a adultos (Gallo & Williams, 2005).

Na adolescência, todavia, pode-se utilizar a terminologia Transtorno de Conduta (DSM-IV-TR, 2002). Algumas situações ilegais investigadas no presente estudo correspondem a alguns critérios desse transtorno, que é definido como um padrão repetitivo e persistente de comportamento, na infância ou adolescência, em que são violados os direitos individuais dos outros ou normas e regras sociais pertinentes à idade. Alguns desses comportamentos são agressão física ou situações em que a violência é um perigo iminente: depredação de patrimônio, assalto, roubo, estupro, homicídio e sérias violações de regras. De fato, percebe-se que muitos comportamentos característicos do Transtorno de Conduta consistem em atividades ilegais. Isso é o que indicam também Bordin e Offord (2000), ao afirmarem que o Transtorno de Conduta tem como base uma tendência permanente a apresentar comportamentos perturbadores, além de envolvimento em atividades perigosas e, inclusive, ilegais.

Conforme coloca Pesce (2009), esses comportamentos que compõem os critérios para o Transtorno de Conduta representam transtornos externalizantes, ou seja, são aqueles em que conflitos psíquicos se voltam "para fora", manifestados como problemas comportamentais, por exemplo, agressividade ou conduta desafiadora, ao contrário dos transtornos internalizantes em que os problemas são internalizados e manifestados como emocionais e cognitivos, como é o caso da depressão ou da ansiedade (Steinberg, 1952/1999).

Destaca-se que muitos desses comportamentos externalizantes podem ser entendidos como ilegais (Steinberg, 1952/1999) e se apresentam como fatores que geram graves consequências para os jovens (Maschi, Morgen, Bradley, & Hatcher, 2008). Assim, os conflitos psíquicos decorrentes da adolescência podem se expressar por meio de comportamentos externalizantes, entre os quais se destacam os atos infracionais. No entanto, mesmo que comportamentos ilegais ocorram de maneira persistente e comprometedora, apenas uma pequena parcela dos adolescentes apresenta esse tipo de comportamento. O Levantamento Nacional do Atendimento Socioeducativo ao Adolescente em Conflito com a Lei, realizado em 2009 pela Secretaria Nacional de Promoção dos Direitos da Criança e do Adolescente, apontou uma redução na taxa de crescimento da medida de internação entre os anos de 2006 e 2009, sendo que em 2009 o quantitativo nacional de adolescentes em cumprimento desta medida socioeducativa alcançou 11.901 casos. Este número é muito pequeno quando comparado com o total de indivíduos na idade entre 12 e 21 anos encontrado no Brasil (em torno de 33 milhões). Isso significa que, para cada 10 mil adolescentes brasileiros, existem menos de três privados de liberdade (Brasil, 2009), considerando que este tipo de medida pode ser aplicada a jovens de até 21 anos, quando o ingresso no sistema se dá aos 18 anos, pois o tempo máximo de internação é de três anos.

Esse fenômeno tem alimentado o interesse quanto ao envolvimento de adolescentes em situações ilegais. Para melhor entender a situação de jovens em conflito com a lei, a literatura científica tem buscado pesquisar fatores de risco presentes nessa população. Dada a complexidade do tema, alguns autores (Gallo & Williams, 2005; Valdenegro, 2005) abordam o ato infracional como uma situação multicausal que envolve dimensões biológicas, cognitivas, familiares, culturais, entre outras. Nesse sentido, Garbarino (2009) ressalta que a conduta agressiva não deve ser entendida como uma simples relação de causa e efeito, mas, sim, como uma relação complexa que contribui para a conduta ilegal. Segundo o autor, quando buscamos compreender por que adolescentes agem de maneira violenta, devemos levar em conta fatores como gênero, temperamento, idade, relações familiares e cultura, além de outros. Gallo e Williams (2005) consideram que os indivíduos que violam normas sociais estão expostos a diversos riscos nas dimensões pessoal, familiar, social, biológica e, no caso de adolescentes, escolar também. Para esses estudiosos, o comportamento humano é multideterminado por relações complexas entre fatores biológicos e ambientais.

Gallo e Williams (2005) e Garbarino (2009) explicam que a conduta agressiva letal na adolescência geralmente começa a partir da combinação de dificuldades precoces nas relações interpessoais, aliadas a experiências negativas e a um temperamento difícil. Segundo a American Psychological Association (APA, 1996), determinadas características fisiológicas podem predispor uma criança a ser menos ou mais agressiva, porém essa predisposição é moderada pelo ambiente em que a criança se desenvolve. Entre tais fatores ambientais poderiam ser destacados os aspectos socioculturais relativos aos gêneros. A APA (1996) ainda destaca quatro grupos de fatores que convergem para o envolvimento dos sujeitos em comportamentos violentos: fatores biocomportamentais, fatores cognitivos, fatores situacionais e fatores de socialização.

Os fatores biocomportamentais seriam as influências biológicas que predispõem o indivíduo à agressão e à violência, como as funções neurofisiológicas. Já os fatores cognitivos seriam ideias, crenças e padrões de pensamento que influenciam o comportamento dos indivíduos. Alguns estudos (APA, 1996; Garbarino, 2009) mostram que perceber hostilidade ou sentir-se vitimizado, em algumas situações, pode contribuir para que o indivíduo tome uma atitude agressiva. Os fatores situacionais são aquelas condições ambientais que podem estimular o comportamento agressivo. Muller, Barboza, Oliveira, Santos e Paludo (2009) afirmam que fatores situacionais como adversidades ou dificuldades materiais podem contribuir para o envolvimento de adolescentes em situações ilegais como o roubo. Por fim, os fatores de socialização são aqueles processos em que as crianças aprendem padrões de comportamentos sociais específicos, incluindo regras, valores e atitudes, e inclusive estereótipos (APA, 1996).

Além desses fatores, alguns autores (Knobel, 1981/1992; Levisky, 2000) abordam outros aspectos da conduta ilegal a partir de uma perspectiva psicodinâmica relacionada com a identidade. Levisky (2000) destaca que na adolescência o indivíduo é vulnerável e suscetível às influências do meio social. Por isso, nessa etapa do crescimento humano, tem-se uma segunda e importante oportunidade de oferecer aos indivíduos condições construtivas, ou destrutivas, para o desenvolvimento de sua personalidade. Isso se dá pela interação do jovem com a sociedade de que ele faz parte e em que encontra os modelos de identificação com os quais estrutura a sua identidade (Levisky, 2000). Tendo em vista que a elaboração da identidade é uma urgência na adolescência, "é preferível ser alguém perverso, indesejável, a não ser nada" (Knobel, 1981/1992, p. 32), o que pode ocorrer em uma sociedade como a brasileira, na qual a violência tem-se feito presente no cotidiano dos jovens, oferecendo elementos negativos na elaboração de sua identidade (Levisky, 2000).

Dessa forma, os fatores sociais têm grande influência no surgimento e na manutenção de comportamentos antissociais e podem chegar a ter maior importância que os fatores biológicos em se tratando de conduta agressiva (Gallo & Williams, 2005). Além disso, aspectos de socialização, como ideações estereotipadas sobre as diferenças entre os sexos, têm sido apontados como fatores de risco para a conduta infracional, sendo que os adolescentes do sexo masculino são mais propensos ao comportamento antissocial do que as meninas (Bordin & Offord, 2000). Conforme o DSM-IV-TR

(2002), há prevalência do gênero masculino nos índices de Transtorno de Conduta, ou seja, adolescentes homens se envolvem mais em situações relacionadas a agressão, roubo, assalto e depredação de patrimônio.

Diferenças de gênero

Sendo o desenvolvimento biológico diferente para os sexos feminino e masculino, podemos pensar que as consequências psicossociais da maturação do corpo também carregam diferenças conforme o sexo do indivíduo. As maneiras como a cultura lida com a maturidade física de meninos e de meninas são diferentes. Fukuda, Brasil e Alves (2009) destacam que são comuns comentários cotidianos de que determinado comportamento ou atitude se deve às diferenças entre homens e mulheres, isto é, às diferenças sexuais e seus desdobramentos. Esse pensamento traduz a interação da dimensão social com a maturidade biológica do indivíduo e a diferença entre sexos.

Com relação às diferenças de gênero, Steinberg (1952/1999) indica que a maturação precoce na adolescência pode trazer mais desvantagens para as meninas do que para os meninos, porque o desenvolvimento destes resulta em uma imagem corporal masculina culturalmente admirada, um corpo forte. No caso das garotas, um corpo delicado satisfaz um estereótipo feminino e o amadurecimento precoce dele a afastaria desse ideal de delicadeza. Para os garotos, ao contrário, ter um corpo mais desenvolvido é sinônimo de mais força, o desenvolvimento corporal precoce pode ser desejável. Esses dois exemplos mostram como a cultura vive de formas diferentes um mesmo evento, o desenvolvimento corporal precoce, conforme convenções sociais de gênero.

Outro exemplo exposto por Steinberg (1952/1999) se refere às atividades sexuais. Segundo o autor, os meninos têm o comportamento sexual muito mais diretamente influenciado por fatores hormonais do que as meninas, embora os fatores sociais também sejam relevantes. Nas adolescentes, a atividade sexual sofre muito mais interferência de fatores sociais, como uma maior vigilância. Em pesquisa realizada com adolescentes de escolas públicas de Porto Alegre, Tronco (2010) observou que as garotas têm comportamentos mais contidos que os garotos. A autora destaca diferenças entre os sexos para o início das relações sexuais, frequência de uso de métodos contraceptivos e média de parceiros sexuais. Os meninos apresentaram, nesse estudo, médias de idade mais baixas quanto à iniciação sexual e um maior número de parceiras do que as meninas, além de se preocuparem menos com o uso de métodos contraceptivos. Para Tronco (2010), o comportamento e as atitudes sexuais desses jovens são influenciados por demandas sociais de gênero.

As expectativas sociais sobre comportamentos, atividades, papéis e funções que os indivíduos assumem são permeadas pela diferença de gênero. Por exemplo, Steinberg (1952/1999) ressalta que, na cultura ocidental, a mulher é socializada para ser mais emocional. Além disso, os jovens desde cedo aprendem sobre a apropriação de gênero a respeito de papéis laborais, o que teria um impacto relevante sobre o desenvolvimento ocupacional de homens e mulheres. Essa divergência resultaria em diferentes expectativas e aspirações com relação às atividades ocupacionais futuras, às quais os adolescentes buscam se vincular para lograr o *status* de adultos.

É importante considerar que tanto a masculinidade quanto a feminilidade são construções socioculturais e incorporam diversos aspectos subjetivos em cada indivíduo (Fukuda et al., 2009). Dessa forma, fatores culturais como as questões de gênero estão fortemente ligados com o desenvolvimento da adolescência, sendo que essas diferenças entre os gêneros têm repercussão em diversas dimensões, tanto no indivíduo quanto na sociedade, e também atuam no caso de envolvimento de indivíduos em situações ilegais. A literatura tem apontado consistentemente um maior índice de comportamento violento em homens do que mulheres, sendo que diversos estudos mostram que, desde a adolescência, aqueles se envolvem significativamente mais em comportamento agressivo e prisão por crimes violentos que estas (Valença et al., 2010).

Bordin e Offord (2000) já apontavam nessa mesma direção, mencionando que ser do sexo masculino é um fator de risco para o comportamento antissocial, o que denuncia a relação do gênero com esse tipo de conduta. Vinet e Bañares (2009), a respeito do comportamento antissocial, ressaltam que os delitos cometidos pelos meninos são mais violentos. Assis e Constantino (2001) também indicam que os atos praticados pelas mulheres são de menor gravidade.

Contudo, não se pode concluir que somente os homens cometem delitos violentos. Conforme Abramovay (2010), o discurso que associa o gênero masculino à violência está radicado na cultura brasileira, o que pode enviesar a atenção sobre a violência masculina e negligenciar a violência cometida por mulheres. Para Assis e Constantino (2001), a escassez de estudos sobre a delinquência feminina se deve a uma menor incidência do problema se comparada à dos homens. Além disso, o papel feminino na sociedade e na vida extrafamiliar é visto como secundário e se dá pouco valor a esses tipos de manifestação em mulheres. A falta de interesse da opinião pública ainda é citada pelas autoras como um fator que contribui para a ausência de estudos sobre tal temática. Mas o fato de que o sexo masculino tenha sido o maior representante em diversos tipos de violência não indica que mulheres não cometam crimes tão violentos quanto os homens. Por isso, é mais seguro dizer que crimes violentos são mais cometidos por indivíduos do sexo masculino do que crimes mais violentos são cometidos por homens.

Ainda assim, entender o envolvimento de adolescentes em situações ilegais, independentemente de seu gênero, é de suma importância, pois nenhuma camada da população se envolve mais em violação a leis do que adolescentes e adultos jovens (Steinberg, 1952/1999). Crimes violentos, como assalto e assassinato, e crimes contra a propriedade, como roubo, aumentam em frequência na pré-adolescência e adolescência e diminuem na adultez jovem (Chesney-Lind & Paramore, 2001). Gallo e Williams (2005) mencionam que os adolescentes representam significantemente as ocorrências policiais.

Por outro lado, alguns autores (Assis & Constantino, 2001; Dell'Aglio, Santos, & Borges, 2004; Garbarino, 2009; SDH, 2010) têm feito referência ao aumento de meninas no envolvimento em situações ilegais. Assis e Constantino (2001) apresentam dados da 2ª Vara da Infância e da Juventude do Rio de Janeiro, que indicam um incremento de 130% nas taxas de infrações cometidas por meninas entre 1991 e 1999. Da mesma forma, Chesney-Lind e Paramore (2001) relataram que, em 1991, as porcentagens de jovens presos por roubo em Honolulu (Estados Unidos) eram de 95% para meninos e 5% para meninas. Já em 1997, as taxas eram, respectivamente, de 84,4% e 15,6%, ou seja, no período indicado, a proporção de meninas presas por roubo triplicou. Garbarino (2009) menciona que a parcela de prisões de meninas por assalto era de uma para cada dez meninos, taxa que mudou nos últimos 20 anos para uma garota para cada quatro garotos. No Levantamento Nacional do Atendimento Socioeducativo ao Adolescente em Conflito com a Lei (Brasil, 2009) foi evidenciada uma taxa de 4% de adolescentes do sexo feminino em situação de privação total de liberdade no país por conta de cumprimento de medida socioeducativa de internação e em situação de internação provisória, enquanto o percentual de meninos era de 96%.

No Brasil, no entanto, Fornari (2009) aponta um decréscimo (0,5% no Brasil e 33,3% na região Sul) na taxa de meninas em cumprimento de medida socioeducativa de internação no período entre 2002 e 2006. Porém, esse dado não leva em conta outros tipos de medida socioeducativa, relacionadas a atos infracionais menos graves. Um estudo do Ministério Público do Distrito Federal e Territórios (MPDFT, 2002) mostra que a medida de internação representa a menor taxa para ambos os sexos (1,7% das medidas aplicadas a indivíduos do sexo feminino e 4,1% aos do sexo masculino) no Distrito Federal e territórios. Outras medidas como liberdade assistida, prestação de serviço à comunidade e advertência apresentam um maior percentual. O decréscimo destacado por Fornari (2009) se limita às infrações cuja medida socioeducativa é a internação e não dá conta de outras condutas infracionais que resultam no cumprimento de medidas em meio aberto. Assim, a diminuição na taxa de cumprimento de medida de internação não representa necessariamente um menor envolvimento de meninas em atos infracionais.

Devido à gravidade da violência e de suas repercussões, principalmente sobre a população juvenil (Steinberg, 1952/1999), são necessárias pesquisas sobre essa temática. Portanto, tendo em vista, por um lado, o maior envolvimento de meninos em condutas transgressoras (DSM-IV-TR, 2002) e, por outro, o referido aumento da participação feminina nessas experiências (Assis & Constantino, 2001; Chesney-Lind & Paramore, 2001; Garbarino, 2009), buscou-se neste capítulo investigar diferenças relativa ao sexo no envolvimento de adolescentes em situações ilegais.

Método

Participantes

Participaram deste estudo 684 adolescentes de ambos os sexos (38,7% meninos e 61,3% meninas), com idades entre 12 e 18 anos

(m = 15,12; dp = 1,52), que estudavam entre a 7ª série do Ensino Fundamental e o 2° ano do Ensino Médio, em escolas públicas da cidade de Porto Alegre, no Rio Grande do Sul. Foi composta uma amostra aleatória por conglomerados, por meio de sorteio das escolas e das turmas de alunos em cada instituição selecionada.

Procedimentos e considerações éticas

Os aspectos éticos que garantem a integridade dos participantes foram assegurados de acordo com a legislação brasileira, tendo como base a Resolução n° 196 do Ministério da Saúde. A pesquisa foi submetida e aprovada pelo Comitê de Ética em Pesquisa do Instituto de Psicologia da UFRGS. Foi realizado o contato com as escolas sorteadas, solicitando concordância delas para a realização do estudo, e também foi solicitado o Termo de Consentimento Livre e Esclarecido aos pais. Os alunos foram convidados a participar do estudo e receberam esclarecimentos sobre a voluntariedade da participação, garantia de sigilo das informações pessoais e possibilidade de desistência a qualquer momento. Os adolescentes que concordaram em participar da investigação assinaram o Termo de Assentimento. A aplicação do instrumento foi coletiva e teve duração de aproximadamente 60 minutos. Foi disponibilizada a assistência da equipe de pesquisa nos casos de adolescentes que indicaram situações de risco e foram realizados alguns contatos com pais e encaminhamentos para locais de atendimento psicológico. A coleta de dados ocorreu no período entre maio e setembro de 2010.

Instrumento

Foi utilizado o Questionário da Juventude Brasileira, Versão Fase II (Dell'Aglio, Koller, Cerqueira-Santos, & Colaço, 2011). Esse instrumento foi elaborado para a segunda etapa do *Estudo Nacional sobre Fatores de Risco e Proteção na Juventude Brasileira*, a partir do questionário utilizado na etapa I (Koller, Cerqueira-Santos, Morais, & Ribeiro, 2005), vinculado ao Grupo de Trabalho Juventude, Resiliência e Vulnerabilidade da Associação Nacional de Pesquisa e Pós-Graduação em Psicologia (ANPEPP). Para a construção desta versão do instrumento, foram feitas análises de consistência interna e análises fatoriais dos itens das escalas que compuseram a versão I do instrumento. O objetivo desse questionário era investigar comportamentos de risco, fatores de risco e proteção em adolescentes, abordando aspectos biossociodemográficos e variáveis relacionadas à educação, saúde (incluindo sexualidade e drogas), humor/tentativa de suicídio, trabalho, lazer, violência, rede de apoio social, religiosidade, autoestima e autoeficácia. O instrumento compunha-se de 77 questões, algumas no formato verdadeiro/falso e outras em formato Likert de cinco pontos sobre intensidade e frequência. Para este estudo, foi realizada uma análise apenas da questão 64, que se referia ao envolvimento em comportamentos antissociais (envolver-se em brigas com agressão física, assaltar alguém, roubar algo, pichar, vender drogas, e destruir propriedade), além das questões referentes a dados sociodemográficos.

Resultados e discussão

Foi realizada uma análise descritiva e inferencial dos dados obtidos. Foram verificados os percentuais de envolvimento dos adolescentes em situações ilegais e, depois, foi verificada a diferença do envolvimento nessas situações de acordo com o sexo.

Observou-se um percentual de 15,2% de envolvimento dos adolescentes em brigas com agressão física/violência contra pessoas; 7%, em pichação; 1,2%, em assalto; 2,3%, em roubo; e 1,6%, em venda de drogas. Os resultados revelaram que houve diferença estatisticamente significativa entre os sexos, uma vez que os meninos se envolveram mais nas atividades ilegais investigadas do que as meninas, conforme exposto na Tabela 1.

Tabela 1. Percentuais de envolvimento em situações ilegais por sexo

	Feminino	Masculino	Teste do Qui-Quadrado	p
Brigas com agressão	8,6%	24,7%	X2(1)=32,24	<0,001
Pichação	2,1%	14,2%	X2(1)=35,44	<0,001
Assalto	0,2%	2,2%	X2(1)=8,07	=0,018
Roubo	0,5%	4,9%	X2(1)=12,72	<0,001
Venda de drogas	0,2%	3,7%	X2(1)=10,58	=0,001

Os resultados mostram que brigas com agressão foram a situação ilegal mais referida pelos participantes da pesquisa (Tabela 1), de ambos os sexos. Todavia, os meninos apresentaram maior envolvimento nesse tipo de ato infracional. Esses resultados estão em concordância com outros estudos que revelam a prevalência de comportamento agressivo em sujeitos do sexo masculino. Para alguns autores (Garbarino, 2009; Steinberg, 1952/1999; Vinet & Banãres, 2009), pensar no contexto cultural que envolve o desenvolvimento de um indivíduo pode ajudar no entendimento sobre a diferença entre os sexos com relação a situações de violência. Assim, questões de gênero estariam associadas ao maior envolvimento de indivíduos do sexo masculino nesse tipo de conduta.

Segundo a APA (1996), padrões histórico-culturais têm vinculado à figura masculina o comportamento de agressão física. Esse comportamento representaria virilidade e estaria associado ao controle e exercício de autoridade. De acordo com Steinberg (1952/1999), as imagens de masculinidade para os meninos e de feminilidade para as meninas têm profunda importância nas relações interpessoais, pois garotos adolescentes que não agem segundo estereótipos masculinos e meninas que não se apresentam suficientemente femininas tendem a ser menos aceitos por outros indivíduos do mesmo sexo e também do sexo oposto. Sabendo-se da importância do grupo de pares na adolescência (Knobel, 1981/1992), podemos pensar que a relação entre pares contribui para que meninos e meninas acentuem sua postura conforme a expectativa social quanto aos gêneros.

Além disso, o anseio do adolescente por assumir a condição adulta (Knobel, 1981/1992) pode ser um fator que facilita a adesão desses adolecescentes aos estereótipos relativos a gênero. A autoafirmação por meio de uma atividade estereotipada como masculina ou feminina contribui para aplacar a ansiedade do jovem no seu processo de desenvolvimento da identidade e solidificar a posição de homem ou mulher, acentuando um *status* de adulto. Todavia, autoafirmar-se "masculino", de acordo com alguns estereótipos, pode estar atrelado a comportamentos de agressão com violência física (Garbarino, 2009).

Como Levisky (2000) menciona, a autoafirmação é um componente que tem importância e pertinência no desenvolvimento da identidade do adolescente e pode ser caracterizada por rebeldia e condutas agressivas. Para esse autor, na sociedade brasileira a violência tem feito parte dos modelos de identificação dos jovens, padronizando condutas e satisfazendo uma autoafirmação legitimada. Mas, como afirma Garbarino (2009), os meninos estão mais expostos a elementos culturais que justificam a agressão, ou seja, estão mais vulneráveis a edificar sua identidade com elementos de violência, o que pode ser observado, de forma indireta, nos resultados da presente pesquisa.

Embora fatores biológicos também possam explicar a maior incidência de condutas violentas em homens, Gallo e Williams (2005) afirmam que discriminar influências que sejam exclusivamente biológicas ou ambientais se torna uma questão de alta complexidade e que dificilmente pode ser entendida atualmente. Portanto, entender a violência somente como fator biológico é arriscado, tendo em vista os múltiplos fatores que contribuem para tal conduta. Assim, acredita-se que, apesar de existirem fatores biológicos subjacentes ao comportamento agressivo, fatores culturais da sociedade propiciam a prevalência, denunciada nos resultados deste estudo, dos meninos (24,7%) sobre as meninas (8,6%) no envolvimento em situações de brigas com agressão física. Esse dado vai ao encontro da ideia de Levisky (2000), para quem a cultura facilita ou inibe expressões violentas, da mesma forma que uma postura construtiva ou destrutiva.

Outro resultado encontrado nesta pesquisa mostra que o segundo tipo de situação ilegal mais referida pelos participantes, tanto para os garotos (14,2%) quanto para as garotas (2,1%), foi pichação. Para a SDH (2010), a pichação tem importância na dimensão identidade para quem participa de gangues. A SDH (2010) ainda expõe diferenças interessantes quanto ao envolvimento de indivíduos no cometimento dessa prática e aponta a crença comum, por parte dos próprios integrantes de gangues, de que as meninas não apresentam tantas habilidades de grafia quanto os meninos, fator que comprometeria a "qualidade" da pichação. Com relação à pichação feita por meninas e à sua grafia, as poucas garotas que picham ilustram a inexistência de uma divisão sexual natural de habilidades; o que existe é uma divisão construída pelos próprios jovens (SDH, 2010). As meninas que se envolvem em pichação nem sempre são autoras do ato, pois, muitas vezes, apenas acompanham os meninos que picham. Estes escreveriam os próprios nomes e os das meninas, que carregariam os *sprays* em suas bolsas e se vestiriam conforme estereótipos femininos, utilizando, por exemplo, salto alto, o que contribuiria para despistar os policiais (SDH, 2010). Assim, a presença de indivíduos do sexo feminino nos grupos de pichação teria influência importante, pois as garotas são vistas como mais ingênuas e menos predispostas ao crime, e sua aparência contribui para tal crença na medida em que disfarça as intenções dos jovens para a polícia (SDH, 2010). Dessa forma, elas atuariam em segundo plano, mas ambos – meninas e meninos – ganhariam o prestígio de ter seus nomes espalhados pela cidade.

Com base nos dados expostos pela SDH, podemos pensar que dentro de um grupo de adolescentes que picham quem corre menos risco de ser flagrado são as meninas, considerando seu papel secundário na maioria das situações. O estigma de inocência que as meninas carregam pode contribuir para a negligência relativa ao envolvimento delas como pichadoras, e o fato de que elas estão "apenas acompanhando" os meninos pode ser utilizado como explicação. Dessa forma, percebe-se que o envolvimento feminino na situação ilegal de pichação é permeado por questões estereotipadas de gênero. Uma menor taxa de autoras de pichação do sexo feminino pode estar associada a essa crença de que as meninas têm menor habilidade, ou seja, de que possuem características biológicas insuficientes para fazer uma pichação de qualidade. Embora a diferença fundamentada nas peculiaridades de sexo seja errônea, existem crenças culturais quanto aos gêneros que justificam, de maneira precipitada, tal dessemelhança quanto à pichação.

Outro fato relacionado à pichação é que muitas meninas se agrupam com gangues visando a se aproximar de meninos líderes e pichadores mais famosos (SDH, 2010). Dell'Aglio et al. (2004) também destacam o relacionamento afetivo de garotas com adolescentes infratores como fator de risco que pode facilitar o seu envolvimento em situações ilegais. Por outro lado, a crença na ingenuidade feminina pode ser aspecto atenuante para uma menina que picha ou até mesmo para a determinação da medida corretiva, o que influencia as taxas de envolvimento feminino nesse tipo de ato infracional e acentua a prevalência masculina.

O relacionamento afetivo de jovens do sexo feminino com pessoas envolvidas em situações ilegais pode contribuir para o entendimento da diferença entre sexos encontrada neste estudo no que se refere à venda de drogas. As taxas encontradas nesta pesquisa foram de 3,7% para os meninos e de 0,2% para as meninas (Tabela 1). Segundo Assis e Constantino (2001), todas as adolescentes entrevistadas no estudo tiveram pelo menos um companheiro envolvido em situação ilegal, tráfico ou roubo. Além disso, tanto Assis e Constantino (2001) como Souza (2009) mencionam o tráfico de drogas como atividade de grande contribuição para prisão de mulheres. Por isso, o relacionamento afetivo de garotas com companheiros envolvidos com o tráfico de drogas pode ser especialmente perigoso. Homens que ocupam posição de destaque no tráfico de drogas, que representam poder, força e condição financeira destacada, podem ser atraentes para as meninas, que buscam proteção e submetem-se às práticas ilegais de seus parceiros.

Pimentel (2008) ressalta a forte relação entre a dimensão afetiva e o envolvimento de indivíduos do sexo feminino no tráfico de drogas. Para ela, as representações sociais que as mulheres traficantes têm sobre seus relacionamentos afetivos são permeadas pela ideia, consciente ou não, de submissão ao homem e pela necessidade de provar seu amor. Assim, a mulher pode se envolver em situações ilegais por submissão ao companheiro ou para "provar" afeto e fidelidade ao cônjuge. Visto que a própria identidade se desenvolve a partir da relação afetiva com o outro, as práticas ilegais dos companheiros podem passar a fazer parte do repertório de conduta dessas mulheres (Pimentel, 2008). No entanto, o tráfico de drogas continua sendo uma atividade predominantemente masculina. Talvez o fato de que os meninos ainda possuem mais liberdade de andar sozinhos pela rua e voltar mais tarde para casa contribua para uma maior exposição destes às situações de tráfico e de outras situações ilegais.

Por fim, neste estudo constatou-se maior envolvimento de meninos em assaltos e roubos do que de meninas, conforme a Tabela 1. Chesney-Lind e Paramore (2001) mencionam que situações de assalto ou roubo são geralmente cometidas em grupos. Tendo em vista que adolescentes imitam ou reproduzem, consciente ou inconscientemente, posturas baseadas em suas relações, na busca de solidificar a identidade fundamentada na contestação e na autoafirmação (Levisky, 2000), percebe-se que o envolvimento dessa população com grupos vinculados a práticas ilegais é fator de risco para o seu desenvolvimento. Como já mencionado com relação à pichação, as meninas geralmente têm papel secundário em grupos envolvidos em atividades ilegais, o que poderia resultar em uma menor apreensão de jovens do sexo feminino por conduta infracional.

Para Chesney-Lind e Paramore (2001), entre os fatores que contribuem para o envolvimento de jovens em situações de roubo ou assalto estão as necessidades materiais ou a importância que os jovens dão a roupas e acessórios da moda. Estudos indicam que os roubos cometidos por adolescentes não são demasiadamente planejados e se caracterizam mais por uma atuação impulsiva e espontânea, ensejados por fatores situacionais como aqueles propostos pela APA (1996). Chesney-Lind e Paramore (2001) ainda mencionam que, embora as meninas cometam menos roubo que os meninos, os motivos apresentados por ambos os sexos são os mesmos e estão associados à já referida aquisição de dinheiro e *status* por meio de assessórios da moda, os quais podem ser adquiridos com o lucro obtido com tal atividade. No entanto, os indivíduos do sexo masculino são mais propensos a usar armas em situações de roubo, o que potencializa a ocorrência de outras condutas transgressoras, como o homicídio. Pode-se pensar que meninos e meninas utilizam diferentes meios para adquirir dinheiro e objetos, sendo o roubo ou assalto mais comum aos adolescentes do sexo masculino, o que viria ao encontro dos resultados desta pesquisa. Chesney-Lind e Paramore (2001), em sua revisão, citam aspectos como a excitação e a emoção na participação em um roubo como fatores que contribuem no envolvimento em tais situações. A pesquisa de Formiga, Aguiar e Omar (2008) também mostra a associação entre a busca por situações de intensidade emocional e de novidade com o envolvimento em ato infracional.

A partir dos resultados deste e de outros estudos percebe-se a importância da diferença entre os gêneros no que se refere à prática de atos infracionais. Questões importantes da cultura influenciam essa prática e por isso devem ser pensadas e problematizadas no dia a dia dos adolescentes.

Considerações finais

Embora seja pequeno o número de adolescentes que se envolve em atos infracionais graves e mantém esse padrão de comportamento durante seu desenvolvimento (Steinberg, 1952/1999), a violência tem sido referida como um grave problema cujas repercussões afetam profundamente a população juvenil (Pesce, 2009; Priuli & Moraes, 2007). O envolvimento em situações ilegais pode se apresentar durante o desenvolvimento do adolescente (Wainer, 2006) e, em alguns casos, pode se tornar uma situação permanente e patológica. Além disso, tem sido relatado um aumento do envolvimento de meninas em situações ilegais (Assis & Constantino, 2001; Dell'Aglio et al., 2004; Garbarino, 2009; SDH, 2010), fator instigante que necessita ser estudado.

A relação entre a maior liberdade social da mulher e o aumento do envolvimento em situações ilegais é apontada por Garbarino (2009) e por Assis e Constantino (2001). Essas autoras mencionam que o controle social sobre as mulheres contribui eficazmente para entender o baixo envolvimento destas com o crime. Esse controle divide a esfera pública, destinada aos indivíduos do sexo masculino, da esfera privada, restrita ao lar e destinada aos do sexo feminino, o que se fundamenta nos estigmas atribuídos às mulheres, como o que defende elas devem se dedicar exclusivamente ao lar.

Assim, as idealizações da mulher pura e recatada e do homem forte e dominador (Assis & Constantino, 2001; Steinberg, 1952/1999) se perpetuam e contribuem para que o sexo masculino represente maior taxa no envolvimento em situações ilegais. Portanto, fatores culturais associados às diferenças entre os sexos estão subjacentes, em alguma medida, no envolvimento de adolescentes em condutas transgressoras. Todavia, considerando-se o aumento da participação feminina em espaços públicos da sociedade (Pimentel, 2008), é relevante pensar na mulher não só como figura passiva em papéis sociais, mas também como ativa (Souza, 2009). Isso também diz respeito às adolescentes e aos atos infracionais. Conforme coloca a SDH (2010), é importante romper estereótipos que limitem o envolvimento de mulheres em situações de violência como vítimas e investigar os contextos em que elas figuram como autoras.

Chesney-Lind e Paramore (2001) mencionam que uma maior apreensão de meninas pode ser mais bem explicada por mudanças políticas ante o ato infracional feminino do que por mudanças no comportamento das garotas. Assis e Constantino (2001) atentam para o fato de que um maior registro de infrações cometidas por meninas não representa um aumento real desse tipo de situação. Em outras palavras, o aumento da taxa de envolvimento feminino em algumas situações ilegais pode ser resultado de uma maior rigidez frente às adolescentes autoras de ato infracional, o que resultaria em um aumento na notificação de condutas transgressoras cometidas por essa população. Por isso, um maior envolvimento de meninas em situações infracionais diversas pode ser entendido tanto em função de um aumento virtual decorrente de uma maior notificação quanto em razão de um aumento real da presença do sexo feminino nessas ocorrências.

Considerando que o desenvolvimento de meninas e meninos respeita peculiaridades de gênero, faz-se necessário discriminar variáveis que associam o sexo (gênero) ao ato infracional. Esclarecer essas diferenças pode contribuir para uma melhor intervenção em benefício da população juvenil, seja como prevenção do conflito com a lei ou como ação com adolescentes em cumprimento de medida socioeducativa, adequando as estratégias utilizadas às características de cada grupo. Por outro lado, pensar em intervenções nas famílias e escolas é também de fundamental importância, tendo em vista o papel desses dois contextos no desenvolvimento dos indivíduos na sociedade brasileira, pois a família e a escola podem ser tanto fatores de risco como fatores protetivos (Assis & Constantino, 2005).

Na família, têm sido destacadas as crenças comuns relacionadas à diferença de gênero, como as que propagam que os meninos devem ser agressivos, ou que as meninas devem ser recatadas (Garbarino, 2009). Refletir sobre tais crenças pode contribuir para uma educação menos pautada em estereótipos de gênero e constituir fator de proteção para os jovens, ampliando as possibilidades de expressão feminina na sociedade. Tendo em mente que essas crenças podem estar relacionadas ao surgimento e manutenção de comportamentos antissociais, percebe-se a importância de debater sobre o tema com os pais. Da mesma forma, a escola, como contexto mais amplo que engloba uma grande variedade de diferenças entre indivíduos, é um ambiente favorável para se pensar nas diferenças entre gêneros, abordando aspectos biológicos, sociais e psicológicos.

No período da adolescência, os pais se deparam com o problema de decidir quanto tempo podem permitir que seus filhos fiquem sem supervisão e monitoramento ao permanecerem mais tempo fora de casa com os amigos (Kaplan, Sadock, & Grebb, 2003). Esse aspecto referente à educação também é influenciado pelas diferenças de gênero. Geralmente, aos meninos é conferida maior liberdade de estar na rua e há um menor monitoramento de suas atividades, o que permite maior exposição desses jovens a diversas situações, inclusive atividades ilegais. Alguns autores acreditam que é extremamente importante que os pais continuem monitorando os filhos durante a fase adolescente, tendo conhecimento de onde estão, na companhia de quem e o que estão fazendo (Kaplan et al., 2003). Todavia, esse tipo de monitoramento é mais comum com relação às meninas. Falhas no monitoramento parental podem representar um grave fator de risco para o envolvimento com grupos infratores, atividades antissociais e uso de substâncias ilícitas (Patterson, Reid, & Dishion, 1992).

De acordo com Kaplan et al. (2003), durante o período da adolescência, a função dos pais consiste em compreender as mudanças que ocorrem nas amizades, na aparência pessoal e nos interesses dos filhos, porém sem abdicar de sua autoridade. Portanto, verifica-se que monitorar os filhos, tanto os meninos como as meninas, e exercer certa autoridade sobre eles constitui fator de proteção contra comportamentos antissociais. Mais uma vez, esses aspectos educacionais são permeados por diferenças baseadas nos estereótipos de gênero, que estão associados com os resultados encontrados neste estudo.

Vale salientar que neste estudo foi analisada somente a ocorrência de um limitado número de comportamentos ilegais, não tendo sido investigadas outras variáveis importantes como a frequência desses comportamentos, as circunstâncias de sua ocorrência e o período em que essas condutas se iniciaram. Além disso, seria interessante pesquisar as razões do envolvimento dos adolescentes investigados em tais situações, o que não pôde ser abordado na presente pesquisa. Espera-se que esta investigação tenha contribuído de alguma maneira para o entendimento sobre o ato infracional e sobre as diferenças entre os sexos, bem como provocado o interesse de outros pesquisadores quanto ao tema, principalmente com relação a aspectos cujas limitações deste capítulo não puderam apreender.

Referências

Abramovay, M. (2010). *Gangues, gênero e juventudes: donas de rocha e sujeitos cabulosos.* Brasília/DF: Secretaria de Direitos Humanos.

American Psychological Association (1996). *Reducing violence: a research agenda.* A human initiative report. Washington/DC.

Assis, S. G., & Constantino, P. (2001). *Filhas do mundo: infração juvenil feminina no Rio de Janeiro.* Rio de Janeiro: FIOCRUZ.

Assis, S. G., & Constantino, P. (2005). Perspectivas de prevenção da infração juvenil masculina. *Ciência & Saúde Coletiva, 10*(1), 81-90.

Bordin, I. A. S., & Offord, D. R. (2000). Transtorno da conduta e comportamento antissocial. *Revista Brasileira de Psiquiatria, 22*(supl. II), 12-15.

Brasil. (2009). Presidência da República. *Levantamento nacional do atendimento socioeducativo ao adolescente em conflito com a lei.* Recuperado em 26 de junho, 2011, de http://www.mp.rs.gov.br/infancia/estudos.

Chesney-Lind, M., & Paramore, V. V. (2001). Are girls getting more violent? Exploring juvenile robbery trends. *Journal of Contemporary Criminal Justice, 17*(2), 142-166.

Dell'Aglio, D. D., Santos, S. S., & Borges, J. L. (2004). Infração juvenil feminina: uma trajetória de abandonos. *Interação em Psicologia, 8*(2), 191-198.

Dell'Aglio, D. D., Koller, S. H., Cerqueira-Santos, E., & Colaço, V. F. R. (2011). Revisando o Questionário da Juventude Brasileira: uma nova proposta. In D. D. Dell'Aglio, & S. H. Koller (Eds.), *Adolescência e juventude: vulnerabilidade e contextos de proteção* (pp. 259-270). São Paulo: Casa do Psicólogo.

DSM-IV-TR (2002). *Manual diagnóstico e estatístico de transtornos mentais*. 4. ed. Porto Alegre: Artmed.

Formiga, N. S., Aguiar, M., & Omar, A. (2008). Busca de sensação e condutas antissociais e delitivas em jovens. *Psicologia: Ciência e Profissão, 28*(4), 668-681.

Fornari, C. E. (2009). *Televisão, violência e as meninas em conflito com a lei da Fase-RS*. Trabalho de conclusão de curso. Universidade Federal do Rio Grande do Sul, Porto Alegre, RS, Brasil.

Fukuda, C. C., Brasil, K. T., & Alves, P. B. (2009). Fatores de risco e proteção: considerações sobre gênero. In R. M. C. Libório, & S. H. Koller (Eds.), *Adolescência e juventude: risco e proteção na realidade brasileira* (pp. 107-131). São Paulo: Casa do Psicólogo.

Gallo, A. E., & Williams, L. C. A. (2005). Adolescentes em conflito com a lei: uma revisão dos fatores de risco para a conduta infracional. *Psicologia: Teoria e Prática, 7*(1), 81-95.

Garbarino, J. (2009). Why are adolescents violent? *Ciência e Saúde Coletiva, 14*(2), 533-538.

Hein, A. (2004). Factores de riesgo y delincuencia juvenil: revisión de la literatura nacional e internacional. Fundación Paz e Ciudadana. Recuperado em 04 de setembro de 2010, de http://www.pazciudadana.cl/docs/pub_20090623190509.pdf.

Kaplan, H. I., Sadock, B. J., & Grebb, J. A. (2003). *Compêndio de psiquiatria: ciências do comportamento e psiquiatria clínica*. Porto Alegre: Artmed.

Knobel, M. (1981/1992). A síndrome da adolescência normal. In A. Aberastury, & M. Knobel (Eds.), *Adolescência normal* (pp. 24-62). Porto Alegre: Artes Médicas.

Koller, S. H., Cerqueira-Santos, E., Morais, N. A., & Ribeiro, J. (2005). *Juventude brasileira: relatório técnico*. Washington DC: World Bank.

Levisky, D. L. (2000). Aspectos do processo de identificação do adolescente na sociedade contemporânea e suas relações com a violência. In D. L. Levisky (Ed.), *Adolescência e violência: conseqüências da realidade brasileira* (pp. 19-34). São Paulo: Casa do Psicólogo.

Maschi, T., Morgen, K., Bradley, C., & Hatcher, S. S. (2008). Exploring gender differences on internalizing and externalizing behavior among maltreated youth: implications for social work action. *Child and Adolescent Social Work Journal, 25*(6), 531-547.

Miller, S., Malone, P., & Dodge, K. (2010). Developmental trajectories of boys' and girls' delinquency: sex differences and links to later adolescent outcomes. *Journal of Abnormal Child Psychology, 38*(7), 1021-1032.

Ministério Público do Distrito Federal e Territórios (2002). *Perfil dos adolescentes infratores do Distrito Federal: 1997 a 2001*. Recuperado em 26 de junho de 2011, de http://www.mpdft.gov.br/portal/pdf/unidades/promotorias/pdij/perfil/PerfilMenorInfrator.pdf.

Muller, F., Barboza, P. S., Oliveira, C. C., Santos, R. R. G., & Paludo, S. S. (2009). Perspectivas de adolescentes em conflito com a lei sobre o delito, a medida de internação e as expectativas futuras. *Revista Brasileira Adolescência e Conflitualidade, 1*(1), 70-87.

Pacheco, J., Alvarenga, P., Reppold, C., Piccinini, C. A., & Hutz, C. S. (2005). Estabilidade do comportamento anti-social na transição da infância para a adolescência: uma perspectiva desenvolvimentista. *Psicologia: Reflexão e Crítica 18*(1), 55-61.

Patterson, G., Reid, J., & Dishion, T. (1992). *Antisocial boys*. Eugene: Castalia.

Pesce, R. (2009). Violência familiar e comportamento agressivo e transgressor na infância: uma revisão de literatura. *Ciências e Saúde Coletiva, 14*(2), 507-518.

Pimentel, E. (2008). *Amor bandido: as teias afetivas que envolvem a mulher no tráfico de drogas*. Trabalho apresentado no VI Congresso Português de Sociologia, Universidade Nova de Lisboa, Portugal. Recuperado em 15 de outubro de 2011, de http://www.aps.pt/vicongresso/pdfs/708.pdf.

Priuli, R. M. A., & Moraes, M. S. (2007). Adolescentes em conflito com a lei. *Ciência & Saúde Coletiva, 12*(5), 1185-1192.

Schaeffer, C. M., Ialongo, N., Hubbard, S., Petras, H., Masyn, K. E., Poduska, J. et al. (2006). A comparison of girls' and boys' aggressive--disruptive behavior trajectories across elementary school: prediction to young adult antisocial outcomes. *Journal of Consulting and Clinical Psychology, 74*(3), 500-510.

Secretaria de Direitos Humanos (2010). *Gangues, gênero e juventudes: Donas de rocha e sujeitos cabulosos*. Brasília/DF.

Souza, K. O. J. (2009). A pouca visibilidade da mulher brasileira no tráfico de drogas. *Psicologia em Estudo, 14*(4), 649-657.

Steinberg, L. (1952/1999). *Adolescence*. 5th ed. Boston: McGraw-Hill College.

Tronco, C. B. (2010). *Comportamentos sexuais na adolescência: aspectos individuais, familiares e contextuais*. Dissertação de mestrado. Programa de Pós-Graduação em Psicologia, Universidade Federal do Rio Grande do Sul, Porto Alegre, RS, Brasil.

Valdenegro, B. A. (2005). Factores psicosociales asociados a la delincuencia juvenil. *Psykhe, 14*(2), 33-42.

Valença, A. M., Nascimento, I., Mecler, K., Freire, R., Mezassalma, M. A., Leão, V., & Nardi, A. E. (2010). Comportamento violento, gênero e psicopatologia. *Revista Latinoamericana de Psicopatologia Fundamental, 13*(2), 238-252.

Vinet, E., & Bañares, P. A. (2009). Caracterización de personalidad de mujeres adolescentes infractoras de ley: un estudio comparativo. *Paideia, 19*(43), 143-152.

Wainer, F. W. (2006). *Prevención social del delito: Pautas para una intervención temprana en niños y jóvenes*. Fundación Hanns Seidel Stiftung & Fundación Paz e Ciudadana. Recuperado em 28 de agosto de 2010, de http://www.pazciudadana.cl/docs/pub_20090618132605.pdf.

Juventude, sexualidade e mídia: Aspectos analisados no município de Fortaleza

Luciana Lobo Miranda

Mauro Michel El Khouri

Paula Brígido Rodrigues

Iago Cavalcante Araújo

Diego Mendonça Viana

Natália Parente Pinheiro

Shirley Dias Gonçalves

João Paulo Pereira Barros

Pesquisas quantitativas servem menos para provar realidades do que para levantar novas questões a serem investigadas. (Abramo & Branco, 2008, p. 13)

A discussão acerca da formação da sexualidade do jovem tem ocupado saberes das mais diversas áreas, sobretudo no campo da educação e da saúde (Libório & Castro, 2009). Tal preocupação normalmente se encontra atrelada aos aspectos da prevenção de doenças e da gravidez precoce. Por outro lado, crescem também pesquisas que versam sobre os aspectos ligados à afetividade e à satisfação na sexualidade juvenil, como nos apontam os estudos de

Libório e Castro (2009), Abramovay, Castro e Silva (2004) e Calazans (2008).

A relação entre juventude e mídia também encontra cada vez mais espaço nas investigações nos campos da Educação, Comunicação, Psicologia e Sociologia, conforme pode ser visto em Fischer (2002), Vivarta (2004) e Castro (1998). Embora com enfoques teóricos distintos, a maioria dos estudos enfatiza a importância que a mídia tem assumido na constituição da subjetividade de crianças, adolescentes e jovens na contemporaneidade.

A exemplo de outras pesquisas que trabalham na articulação entre juventude, sexualidade e mídia (Buckingham & Bragg 2004; Fischer 1996), este capítulo procura problematizar, sem buscar respostas definitivas, o lugar da mídia na constituição da sexualidade juvenil.

Com base na construção de dados quantitativos e qualitativos, em experiências no campo da pesquisa e da extensão e na interlocução com teóricos e pesquisadores, será discutido o papel da mídia na formação da sexualidade juvenil, mediante a categoria "fonte de informação sobre sexo", correlacionando-a com a discussão sobre gênero, com a iniciação sexual e com o uso consistente de preservativo.

Os dados quantitativos foram sistematizados com base na pesquisa *Adolescência e juventude: Estudo sobre Situações de Risco e Redes de Proteção em Fortaleza*, realizada com 1.140 adolescentes e jovens entre 14 e 24 anos de 43 escolas públicas de Fortaleza, por meio de um questionário autoaplicável.[1] Para a análise dos dados obtidos, utilizou-se o *software* aplicativo SPSS, especializado em pesquisas estatísticas em Ciências Sociais. Por meio de análises descritivas e

---

[1] Para maiores detalhes acerca do perfil sociodemográfico, do instrumento utilizado e da metodologia ver nesta publicação o capítulo "Conhecendo Adolescentes e Jovens de Escolas Públicas de Fortaleza: Concepção, Método e Procedimentos da Pesquisa" (Colaço et al.).

análises bivariadas de significância com a ferramenta do Teste *t* de amostras independentes, foram realizadas as seguintes correlações: fonte de informação sobre sexo e gênero; fonte de informação sobre sexo e experiência sexual; e fonte de informação sobre sexo e uso consistente do preservativo.

Os dados qualitativos têm como base a pesquisa *Juventude, Mídia e Sexualidade: uma Análise Qualitativa das Relações entre Sexualidade e Mídia com Jovens de Fortaleza*, efetuada durante o biênio 2009-2011, como subprojeto da pesquisa quantitativa anteriormente citada. Na fase qualitativa, foi constituído um grupo de discussão de 12 adolescentes e jovens entre 14 e 18 anos, estudantes de uma das escolas estaduais participantes da etapa quantitativa. Durante cinco encontros com aproximadamente uma hora de duração cada, foi analisada com o grupo a relação entre juventude, sexualidade e mídia, com base nos resultados de algumas questões do questionário da fase quantitativa. Nessas reuniões, também eram sugeridos debates, exibidos vídeos, feitas dinâmicas de grupo, além de outros procedimentos. Os conteúdos dos encontros, gravados em áudio e vídeo, foram posteriormente transcritos e agrupados por eixos temáticos. Assim como na aplicação dos questionários, todos os alunos tiveram o Termo de Consentimento Livre e Esclarecido (TCLE) devidamente assinado, seja por eles mesmos (quando maiores de 18 anos) ou pelo responsável legal (quando menores de 18 anos).

Mídia e juventude: uma breve contextualização

A partir dos anos 1950, as sociedades ocidentais engendraram inúmeras mutações referentes a aspectos culturais e subjetivos, a exemplo do advento das novas tecnologias, da virtualização do espaço, da midiatização da sociedade (Moraes, 2006) levando o capitalismo para um novo momento, chamado pós-industrial (Jameson, 1993) ou líquido (Bauman, 2001), ancorado menos na produção de bens materiais ou duráveis e mais na produção e consumo de signos. O indivíduo da atualidade constrói sua subjetividade a partir de múltiplos e diferenciados fatores, fragmentados entre si, dentre os quais está a mídia.

Se na Modernidade cabia à família e à escola a formação de crianças e jovens, atualmente outro agente atua como um "dispositivo pedagógico" das novas gerações: a mídia (Fischer, 2002). Rádio, televisão, computador, celular e, recentemente, todos juntos na chamada fusão das mídias têm crianças e jovens cada vez mais hábeis como seus usuários. De acordo com Miranda, Sampaio e Lima (2009), Castro (1998) e Fischer (2002), mais do que simples entretenimento, o contato com a mídia ajuda a promover relações de ser, estar, sentir e agir no mundo e consigo mesmo e atua como um agente na educação das pessoas.

No cotidiano das populações de grandes centros urbanos, destaca-se o consumo de mídia pelo público mais novo, isto é, crianças e jovens. Para esses segmentos da população, a relação com o mundo parece ser interpelada pela mídia e pelas novas tecnologias. Pesquisas recentes avaliam que a mídia, principalmente a televisão, ocupa boa parte do lazer de jovens. Os dados do PeNSE 2009 mostraram que 79,5% dos escolares frequentando o 9º ano do Ensino Fundamental assistiam à TV por duas ou mais horas diárias. Esse indicador variou de 74%, em Boa Vista, a 83%, em Cuiabá (Brasil, 2009). Em estudo realizado pelo UNICEF (2007), o lazer do jovem dividiu-se em assistir à televisão (35%), praticar esportes (33%) e ouvir música (24%); e quanto menor a escolaridade, maior o tempo gasto diante da televisão. Na presente pesquisa, 86,7% dos adolescentes e jovens informaram assistir à televisão e 63,6% revelaram navegar na internet nas horas de lazer (Colaço et al., 2011, p. 100).

O fato é que diferentes segmentos sociais da juventude, sejam advindos de classes altas e médias, sejam oriundos de classes desfavorecidas, têm seu cotidiano atravessado pela mídia. Segundo Martin-Barbero (2008, p. 13), as pesquisas com jovens deveriam então "valorizar o lugar que ocupam as culturas audiovisuais e as tecnologias digitais, tanto na vida cotidiana de jovens quanto na configuração de imaginários de onde os jovens veem a si mesmos e na transformação de seus modos de estar juntos".

É com base na compreensão da participação da mídia na formação de crianças e jovens que será discutida a sexualidade juvenil.

Problematizando a relação sexualidade e juventude

O desenvolvimento da ciência enquanto discurso legitimado como saber-verdade, na modernidade, trouxe consequências para diversos aspectos da vida, entre eles a sexualidade. O conceito de sexualidade só pode ser concebido diante de uma sociedade marcada pela individualidade, pois sua tematização se encontra articulada com a de família nuclear, adolescência, universalização da escola e outros demarcadores da vida moderna, como notado em Ariès (1981) e Abramovay, Castro e Silva (2004).

Restrita ao domínio do humano, em que é compreendida não apenas quanto a seu aspecto reprodutivo, mas também ao de obtenção de prazer, a sexualidade passa a ser estudada por diversos autores com referenciais teóricos distintos. Saberes médicos (Pediatria, Ginecologia, Psiquiatria) e psicológicos (Psicologia e Psicanálise) desenvolveram, ao longo dos séculos XIX e XX, todo um aparato de estudo e de intervenção acerca da sexualidade. No entrecruzamento desses saberes e poderes, a sexualidade acabou por assumir a centralidade subjetiva do sujeito moderno:

> O problema é o seguinte: como se explica que, em uma sociedade como a nossa, a sexualidade não seja simplesmente aquilo que permita a reprodução da espécie, da família, dos indivíduos? Não seja simplesmente alguma coisa que dê prazer e gozo? Como é possível que ela tenha sido considerada como lugar privilegiado em que a nossa "verdade" profunda é lida, é dita? Pois o essencial é que, a partir do cristianismo, o Ocidente não parou de dizer "Para saber que és, conheça o seu sexo". (Foucault, 1979, p. 229)

Foucault, em a *História da Sexualidade* volumes I, II e III (1988, 2007a, 2007b), traz a sexualidade para o campo da problematização histórico-filosófica, produzindo não um compêndio das práticas sexuais do Ocidente, seja na Antiguidade, seja na Modernidade, mas reconstruindo o fio condutor que liga o sexo à procura da verdade.

O filósofo cria, então, o conceito de dispositivo de sexualidade, segundo o qual, ao mesmo tempo em que a sexualidade é reprimida por meio de toda a moralidade vitoriana problematizada por Freud, ela também passa a ser colocada em um regime de discursividade nunca visto. Nossa sociedade "fala prolixamente de seu próprio silêncio" (Foucault, 1988, p. 15).

De acordo com Abramovay, Castro e Silva (2004), a segunda metade do século XX trouxe novos elementos do chamado dispositivo de sexualidade: o desenvolvimento de métodos contraceptivos ajudou a descolar a ideia de sexo da ideia de reprodução e contribuiu para a emergência de movimentos *gays* e feministas tanto na sociedade civil quanto na academia. Posteriormente, nos anos 1980, a pandemia da AIDS, marcada ou não por preconceitos acerca do que se costumou chamar de grupos de risco, popularizou o debate acerca da sexualidade, muitas vezes, atrelando ciência e moral (Santana, 1996).

Os fóruns internacionais também ajudaram a colocar a sexualidade no âmbito político, trazendo questões sobre os direitos reprodutivos e os sexuais. Enquanto o primeiro diz respeito à gravidez, contracepção, aborto, maternidade, paternidade e tecnologias reprodutivas, o segundo engloba o direito à sexualidade prazerosa, à liberdade, à autonomia e ao exercício responsável da sexualidade (Plataforma de Ação de Beijing, 1995, como citado em Abramovay, Castro, & Silva, 2004, p. 31).

Crescem também estudos que abordam a relação entre juventude e sexualidade. No Brasil, a saúde reprodutiva e os direitos dos jovens vêm despertando, nos últimos anos, mais interesse de acadêmicos e gestores de políticas públicas (Abramovay, Castro, & Silva, 2004; Calazans, 2008). Segundo Calazans (2008, p. 215), "para o discurso de muitos sexólogos e educadores sexuais, tanto a sexualidade como a adolescência estariam calcadas na natureza dos processos de amadurecimento hormonal associados ao desenvolvimento dos caracteres sexuais secundários".

No âmbito dos saberes *psi*, também prevalece a ligação entre juventude e experimentação da sexualidade. Marcadores biológicos, psíquicos e sociais ajudam a delimitar o que socialmente se convencionou nomear de adolescência ou juventude. Do retorno do Édipo, agora com possibilidade de efetiva realização libidinal (Aberastury & Knobel, 1981), à crise pela busca de identidade (Erikson, 1972), somadas às questões mais contemporâneas como gravidez na adolescência, prevenção das doenças sexualmente transmissíveis (DST) e abuso sexual, há sempre como pano de fundo o rito que marca a iniciação sexual como passagem para a vida adulta (Abramovay, Castro, & Silva, 2004).

O início da vida sexual se configura como marco de transição entre essas duas etapas de constituição do sujeito. Por meio da primeira relação sexual, o jovem busca autonomia e aceitação social como sujeito maduro. Há ainda as exigências por parte da sociedade com relação ao desempenho sexual do jovem para se afirmar como sujeito no mundo. Conforme Abramovay, Castro e Silva (2004) relataram em estudos acerca da sexualidade na juventude realizados em 13 estados, além do Distrito Federal, há sentidos identitários que, segundo o senso comum, atrelam o "tornar-se homem" e o "fazer-se mulher" à iniciação da vida sexual.

Assim, a construção de uma sexualidade juvenil encontra-se marcada por uma tessitura da qual participam diversos campos enunciativos:

> Reconhecer a sexualidade como construção social assemelha-se a dizer que as práticas e desejos são também construídos culturalmente, dependendo da diversidade de povos, concepções de mundo e costumes existentes; mesmo quando integrados em um só país, como ocorre no Brasil. Isso envolve a necessidade de questionamento de idéias majoritariamente presentes na mídia, em condutas idealizadas, que são "naturalizadas", e, assim, generalizadas para todos os grupos sociais, independentemente de suas origens e localização. (Figueiredo, 1999 como citado em Abramovay, Castro, & Silva, 2004, p. 33)

Torna-se necessário adotar uma perspectiva que se distancia de uma visão naturalizada da sexualidade, problematizando a relação sexualidade e juventude circunscrita em seu tempo histórico-social. Nesse sentido, a inserção da análise sobre a incidência da mídia na sexualidade juvenil tende a enriquecer o debate.

Onde os jovens obtêm informações sobre sexo?

Com base na pergunta "Onde você obtém informações sobre sexo?", 1.140 adolescentes e jovens entre 14 e 24 anos de idade responderam item a item sobre a importância dos seguintes agentes na formação de sua sexualidade: família, amigos, escola (professores, funcionários, coordenadores, diretores etc.), líderes religiosos (padre, pastor, pai de santo etc.), organização não governamental (ONG), televisão, internet, rádio, jornal/revista/livro.[2] As fontes de informação sobre sexo foram analisadas de acordo com uma escala de 1 a 5, na qual 1 significa nunca; 2, quase nunca; 3, às vezes; 4, quase sempre; e 5, sempre. Para a presente análise, calculou-se a média da pontuação de cada item relativa aos locais de obtenção de informação.

Tabela 1. Fontes de informação sobre sexo (n = 1.140)

Ordem	Fonte de informação	m	dp
1º	Amigos	3,58	1,30
2º	Televisão	3,47	1,32
3º	Jornal/revista/livro	3,11	1,48
4º	Internet	2,88	1,57
5º	Escola	2,77	1,40
6º	Família	2,58	1,44
7º	Rádio	2,11	1,37
8º	Líderes religiosos	1,79	1,25
9º	ONGs	1,55	1,09

Nota: *m* – média; *dp* – desvio padrão.

Observa-se que, em uma escala de 1 a 5, os jovens priorizam os amigos como fonte de informação sobre sexo (com média de 3,58), ou seja, há uma preferência quanto à obtenção de informação de seus próprios pares, que talvez se encontrem em situação similar, o que

---

[2] Preservou-se nesta descrição a ordem do item do questionário (ver no final do livro) e não da tabela.

facilita a identificação. No entanto, as três fontes seguintes de informação estão relacionadas à mídia, com destaque para a televisão (com média de 3,47), jornal/revista/ livro (com média de 3,11) e internet (com média de 2,88). Em quinto lugar aparece uma fonte de vínculo institucional formal, a escola (com média de 2,77), seguida pela família (com média de 2,58), que ganha apenas do rádio (com média de 2,11), dos líderes religiosos (com média de 1,79) e das ONGs (com média de 1,55).

Para o aprofundamento da análise, as respostas acima foram agrupadas nas categorias relações interpessoais (família e amigos), relações com a mídia (televisão, rádio, internet, jornal, revista e livro) e relações institucionais (escola, líderes religiosos e ONGs).[3]

Tabela 2. Fontes de informação sobre sexo agrupadas em categorias

	m	dp	n
Relações interpessoais	3,07	1,07	1.028
Relações com a mídia	2,89	1,15	1.013
Relações institucionais	2,02	0,93	984

Nota: relações interpessoais (família e amigos); relações institucionais (escolas, ONGs e líderes religiosos); relações com a mídia (televisão, internet, rádio, jornal/revista/livro).

---

[3] É reconhecido o caráter problemático que o termo *instituição* comporta, sobretudo, quando circunscrito a um campo menos empírico, isto é, estabelecimentos ou organizações, e mais conceitual, "enquanto algo não localizável, forma que produz e reproduz as relações sociais" (Rodrigues & Souza, 1987, p. 21), sentido atribuído pela análise institucional. Assim, embora se reconheça a família como uma das instituições mais presentes na sociedade, optou-se por agrupá-la nas relações interpessoais juntamente com amigos, devido ao fato de que suas relações costumeiramente assumem um caráter menos formal, diferentemente das relações institucionais presentes, por exemplo, nas interações com líderes religiosos, agrupados nas relações institucionais.

Na criação dessas categorias, as relações interpessoais (3,07) aparecem em destaque devido à preferência dos jovens pela obtenção de informação dos amigos, em detrimento da família, que apareceu em sexto lugar. As relações com a mídia (televisão, internet, rádio, jornal/revista/livro) apresentaram-se de forma mais homogênea entre os jovens pesquisados, em segundo lugar (com média de 2,89), com exceção do rádio, que teve baixa pontuação. Destaca-se a presença da televisão, que perde apenas para amigos, como fonte de informação. Por último, as relações institucionais (escola, ONGs, líderes religiosos) mostraram-se enfraquecidas (com média de 2,02). No entanto, a escola se mostra como instituição formal mais presente como fonte de informação sobre sexo.

Na pesquisa qualitativa, os jovens se posicionaram, no grupo de discussão, com relação às fontes de informação. Aos adolescentes ainda sem conhecimento sobre os dados da pesquisa, foi solicitado que debatessem sobre os lugares de obtenção de informação sobre sexo anteriormente citados. A maioria dos participantes demonstrou surpresa com a possibilidade de obter informação sobre sexo no rádio e de líderes religiosos.

A alta pontuação da mídia e sua distribuição homogênea se devem ao fato de que ela constitui um forte dispositivo pedagógico na contemporaneidade (Fischer, 2002). Em seu cotidiano, por meio da linguagem audiovisual, jovens são "chamados" a se revelar, a falar em programas de televisão, novelas e publicidade acerca de sua sexualidade e "aconselhados" a seguir caminhos: "torna-se impossível fechar os olhos e negar-se a ver que os espaços da mídia constituem-se também como lugares de formação – ao lado da escola, da família, das instituições religiosas" (Fischer, 2002, p. 2).

David Buckingham, pesquisador inglês, coordenou uma pesquisa com dados quantitativos e qualitativos sobre "o relacionamento com a mídia no que diz respeito ao tema sexo" (Buckingham

& Bragg, 2004, p. 13). Esse trabalho mostrou que crianças e adolescentes ingleses constroem uma imagem de si mesmos como pessoas experientes em mídia e capazes de administrar nesta o conteúdo destinado à sexualidade, contrapondo-se ao discurso do adulto, que os vê como vulneráveis. As crianças e adolescentes também disseram que suas famílias desconhecem o que eles sabem sobre sexo. Mesmo em casa, eles preferem ter acesso a esse tipo de conteúdo por meio da mídia, em seus quartos, de preferência sozinhos. A escola também é vista como "inadequada" para diálogos acerca da sexualidade, por priorizar "um foco estritamente 'médico ou científico'" (Buckingham & Bragg, 2004, p. 19).

Segundo Abramovay, Castro e Silva (2004), a educação sexual nas escolas, introduzida em 1995 como tema transversal nos Parâmetros Curriculares Nacionais (PCN), tem se baseado preponderantemente nas *scientia sexualis*, reduzindo a sexualidade ao aspecto de controle e reprodução, o que dificulta um diálogo mais amplo com os jovens.[4] No entanto, as autoras ponderam:

> Ao tempo em que se receia que a escola tenda a um excesso de disciplina, ao impor limites no campo da sexualidade e ministrá-la por informações/saberes competentes, também, considerando-se as críticas de Foucault (1984) aos saberes sobre sexualidade, teme-se que essa se oriente pela ética consumista/individualista, da total permissividade, por ênfase na compulsão ao prazer – que caracterizaria tendências pós-60. (Abramovay, Castro, & Silva, 2004, p. 36)

---

[4] As pesquisadoras baseiam-se em Foucault (1988) que destaca duas formas de apropriação do saber acerca da sexualidade, a *Scientia sexualis*, normativa-prescritiva, marcada pelo discurso científico e a preocupação com a reprodução, e a *Ars erotica*, presente nas nações árabes-muçulmanas, ligada a práticas de obtenção do prazer.

No grupo de discussão, adolescentes e jovens falaram sobre a diferença da qualidade de informação encontrada na escola e na mídia. A escola é vista como um ambiente de troca de informações, uma vez que é onde eles se encontram com os amigos, que são tidos como a principal fonte de conhecimento sobre sexo: "É... é porque é na escola que a gente tem amigos... que a gente tem pessoas... que a gente conversa e..." (Aluna A).[5] As informações que eles obtêm na escola que frequentam (sobretudo por meio dos professores) são basicamente sobre doenças sexualmente transmissíveis, em um contexto mais normativo, que Foucault chamou de *scientia sexualis*: "É, na sala de aula todo ano a gente fala sobre sexo... sobre doenças..." (Aluna A).

A mídia aparece como lugar de circulação da sexualidade, mesmo que o jovem não a procure com esse fim:

> Pesquisadora: Vocês acham que buscam muita informação na televisão ou não?
> Aluna B: Tiram... em programas envolvidos...
> Pesquisadora: Tiram o que?
> Aluna B: Dúvidas! Nem que você não queira.
> [...]
> Aluna D: Eu acho assim ó... não depende do horário, mas passa... Qualquer canal que você estiver assistindo passa sobre o assunto... Querendo ou não a gente assiste.

A televisão e a internet aparecem como lugar de ensinamento para os jovens.

> Aluna K: [a mídia] tá falando, né... De qualquer forma...

---

[5] A fim de preservar o anonimato dos jovens participantes do grupo de discussão, será utilizada apenas uma letra para identificá-los.

Pesquisadora: Vocês acham que faz muita diferença isso?
Aluno R: Faz. Porque cedo ou tarde você vai aprender na prática, então... [risos]
[...]
Aluno L: [...] Porque certas coisas... a pessoa vê na internet quer imitar e acaba tendo consequências... trágicas, né? [referência à possibilidade de engravidar ou contrair o vírus HIV].

A mídia se coloca como uma fonte de informação, apesar dos embaraços provocados pelo excesso de conteúdo erótico na programação, também criticado por crianças e adolescentes da pesquisa de Buckingham e Bragg (2004).

O diálogo intergeracional está enfraquecido quanto à informação sobre sexo, pois família, escola, líderes religiosos e ONGs, que representariam a presença de adultos na vida dos jovens, são colocados aquém da relação com amigos e mídia. Esta, mesmo sendo feita prioritariamente por adultos, na maioria das vezes, adota um tom mais lúdico, uma linguagem pretensamente juvenil, como nos programas *Amor e Sexo* e *Altas Horas*.[6]

Outras inquietações também balizaram o campo de problematização da presente pesquisa: meninos e meninas se relacionam da mesma forma com essas "fontes de informação"? Na vida sexual ativa, a busca por informação se intensifica? As fontes de obtenção de informação influenciam ou não acerca do uso da camisinha? Em função desses questionamentos é que as fontes de informação foram correlacionadas a gênero, experiência sexual e uso do preservativo.

---

[6] O programa *Amor & Sexo*, apresentado por Fernanda Lima e exibido às quintas-feiras à noite pela Rede Globo de televisão, é um programa de auditório sobre sexualidade e relacionamentos. O programa *Altas Horas*, apresentado por Serginho Groisman e transmitido também pela mesma emissora de televisão na madrugada dos sábados, apresenta o quadro "Sexo com Laura Muller", em que a sexóloga que dá nome à atração tira dúvidas de ordem sexual da plateia, na maioria jovem.

Gênero e obtenção de informação sobre sexualidade: possíveis relações

Scott (1995) concebe gênero como um elemento constitutivo de relações sociais fundadas sobre as distinções percebidas entre os sexos. Como tal, é uma das formas primeiras de significar relações microfísicas de poder, agenciando crenças, valores e posicionamentos subjetivos.

Week (2010) também salienta que signos como "masculinidade" e "feminilidade", ao invés de serem atribuídos propriamente a características biológicas, resultam das significações histórica e socialmente constituídas acerca das condutas esperadas dos indivíduos. De acordo com essa perspectiva, a naturalização da polaridade entre "feminino" e "masculino" é posta em causa, na medida em que se afirma a existência de uma multiplicidade de compreensões e vivências relativas à "masculinidade" e à "feminilidade", com base em questões como nacionalidade, raça, religião e classe social.

Dessa forma, os estudos de gênero, em uma vertente pós-estruturalista, pretendem recolocar o debate em um plano social e político:

> [...] pois é nele que se constroem e se reproduzem as relações (desiguais) entre os sujeitos. As justificativas para a desigualdade precisam ser buscadas não nas diferenças biológicas, mas sim nos arranjos sociais, na história, nas condições de acesso aos recursos da sociedade, nas formas de representação. (Louro, 2010, p. 22)

A atenção à historicidade das questões de gênero tem sido fortalecida pelas reflexões foucaultianas sobre relações de poder e modos de subjetivação implicados na história da sexualidade. De acordo com tais reflexões, as práticas de controle levadas a cabo por diferentes instâncias sociais estão permeadas por lugares de poder e distinções entre o que é relativo ao homem e o que concerne à mulher. Contudo, essas posições normativas são explicadas como se não resultassem de tensões, mas, sim, de consensos.

Foucault (1988) esclarece esses atravessamentos entre gênero e poder ao destacar que:

> [...] as crianças são definidas como seres sexuais "liminares", ao mesmo tempo aquém e já no sexo, sobre uma perigosa linha de demarcação; os pais, as famílias, os educadores, os médicos e, mais tarde, os psicólogos, todos devem se encarregar continuamente desse germe sexual precioso e arriscado, perigoso e em perigo [...]. (p. 63)

Também a esse respeito, Rocha (2005) reflete sobre situações cotidianas que revelam como as questões de gênero, por vezes, desestabilizam a rotina de instituições como a escola, especificamente quando nesses espaços são identificadas transgressões dos limites convencionais entre "ser menino" e "ser menina" e estereótipos e preconceitos de gênero circulam entre alunos, professores e funcionários, tornando a escola "um local de vigilância, descaso e constrangimentos diversos ao não saber como tratar dessas questões" (Rocha, 2005, p. 62). Nesse cenário, pode-se incluir a mídia, que tende a estipular um modo de ser menino ou menina baseado, na maioria das vezes, em clichês e estereótipos (Fischer, 2002; Calazans, 2008).

O presente trabalho corrobora com Louro (2010), ao dizer que não se trata apenas de afirmar que a diferença entre gêneros é cultural, mas, antes, de conceber as diferenças tendo o homem como padrão, como "referência de todo o discurso" (p. 33). Logo, as análises das questões relacionadas à sexualidade e ao gênero nesta pesquisa se fundamentam na noção de que a identidade de gênero está intimamente ligada às práticas discursivas e aos sentidos que são produzidos nas relações sociais. Tal prisma, portanto, desconfia das metanarrativas sobre "o" homem e "a" mulher, bem como daquilo que é visto como "natural" nas diferenças entre "meninos" e "meninas" nos modos de sociabilidade cotidianos.

No caso de adolescentes e jovens, o gênero, assim concebido, tem figurado como importante constituinte de sua configuração identitária nas interações sociais cotidianas. No entanto, deve-se ressaltar que as identidades sexuais e de gênero estão sempre em construção, o que torna incoerente a delimitação de um momento – quer o nascimento, quer a adolescência, por exemplo – para o estabelecimento de tais identidades. Por fim, ainda com o auxílio de Louro (2010), faz-se necessário ratificar que os sujeitos têm identidades plurais, múltiplas, e que essas não podem ser consideradas fixas ou permanentes, uma vez que podem, inclusive, ser contraditórias. Essas identidades são constituídas no pertencimento a diferentes grupos (étnicos, sexuais, de classe, de gênero etc.).

No que diz respeito à comparação entre médias da variável fonte de informação sobre sexo em função do gênero, com base nas respostas dos participantes da pesquisa aos questionários, os resultados foram os seguintes:[7]

Tabela 3. Fontes de informação sobre sexo agrupadas em categorias versus gênero

Onde você busca informações sobre sexo?	Sexo do respondente					
	Masculino		Feminino			
	Média[1]	dp	Média[1]	dp	t	
Relações interpessoais	2,89	1,12	3,67	1,08	- 2,52	*
Relações com a mídia	2,87	1,13	2,92	1,17	- 0,65	

Continua

---

[7] Para as comparações efetuadas no presente estudo, foi realizado o teste *t*. Para a avaliação da significância, foi considerado *p* < 0,05 ou *p* ≤ 0,01 ou *p* ≤ 0,001.

Continuação

Onde você busca informações sobre sexo?	Sexo do respondente					
	Masculino		Feminino			
	Média[1]	dp	Média[1]	dp	t	
Relações institucionais	1,92	0,97	2,13	0,97	- 3,26	**

Nota: [1] Escala Likert. * Relação significativa para $p \leq 0,05$. ** Relação significativa para $p \leq 0,001$. Relações interpessoais (família e amigos); relações institucionais (escola, ONGs e líderes religiosos); relações com a mídia (televisão, internet, rádio, jornal/revista/livro).

Na Tabela 3, as maiores médias (2,89 para o sexo masculino e 3,67 para o sexo feminino) remetem à busca de informações sobre sexo nas relações interpessoais. Isso torna plausível dizer que, em ambos os sexos, mas com evidente destaque para as respondentes do sexo feminino, há uma preponderância de busca de informação com as pessoas mais próximas no cotidiano, como família e amigos. No entanto, as médias de busca de informações a partir de relações com a mídia (2,87 para o sexo masculino e 2,92 para o feminino) não se distanciam muito daqueles das relações interpessoais, se comparadas às médias relativas às relações institucionais (1,92 para o sexo masculino e 2,13 para o sexo feminino). Além disso, no que diz respeito à busca de informações sobre sexo por meio da mídia, as médias sugerem não haver diferenças significativas entre respondentes do sexo masculino e feminino.

Ademais, no tocante à procura de informações sobre sexo nas instituições mencionadas, houve diferença significativa do ponto de vista estatístico entre as respostas de adolescentes/jovens do sexo masculino (com média de 1,92) e do sexo feminino (com média de 2,13). Em todas as categorias, constatou-se uma tendência à maior procura de informação por parte das garotas do que dos garotos.

Nota-se, na tabela seguinte (agora sem os agrupamentos feitos anteriormente), que a busca por informações é apresentada com uma configuração diferente:

Tabela 4. Fontes de informação sobre sexo *versus* gênero

Onde você busca informações sobre sexo?	Sexo do respondente[1]				
	Masculino		Feminino		
	Média[2]	dp	Média[2]	dp	t
Amigos	3,55	1,32	3,60	1,29	- 0,56
Televisão	3,47	1,33	3,46	1,32	0,13
Jornal/revista/livro	2,98	1,51	3,21	1,45	- 2,54 *
Internet	3,10	1,56	2,73	1,56	3,71 **
Escola	2,59	1,42	2,90	1,38	- 3,48 **
Família	2,36	1,39	2,74	1,46	- 4,17 **
Rádio	1,95	1,31	2,23	1,41	- 3,31 **
Líderes religiosos	1,70	1,22	1,85	1,33	- 1,82
ONG	1,50	1,05	1,59	1,12	- 1,20

Nota: [1] Números válidos, desconsiderando os alunos que não responderam. [2] Escala Likert. * Relação significativa para $p \leq 0,01$. ** Relação significativa para $p \leq 0,001$.

Percebe-se que, nas respostas de ambos os sexos, amigos e televisão figuram como principais redutos de obtenção de informações sobre sexo. Verifica-se também que, tanto para adolescentes/jovens do sexo masculino quanto para os do sexo feminino, a mídia aparece de forma relevante como meio de acesso à informação (com médias consideráveis para televisão, jornal, revista ou livro e internet). Assim, pode-se afirmar que os adolescentes/jovens têm buscado, primordialmente, fontes de informação às quais possuem acesso direto ou procurado seus pares ou pessoas de confiança (amigos, por exemplo).

No caso de pesquisa de informação pela internet e por jornais/revistas/livro, as diferenças entre as respostas dos meninos e das meninas chamam a atenção. Com relação à internet, a média de respostas dos indivíduos do sexo masculino (3,10) foi significativamente superior do ponto de vista estatístico à média de respostas das meninas (2,73). Inclusive, é possível perceber pela Tabela 4 que a internet, no caso dos adolescentes/jovens do sexo masculino que participaram da pesquisa, é a terceira maior fonte de informação sobre sexo, ficando atrás somente dos amigos e da televisão, respectivamente. Já entre as participantes, a internet assume apenas a sexta colocação. Na pesquisa qualitativa, ao serem convidados a levantar hipóteses sobre os resultados da investigação, bem como sobre os conteúdos buscados por meninos e meninas, os jovens afirmaram que a diferença entre gêneros pode ocorrer em função da preferência dos meninos por conteúdo erótico ou pornográfico na internet, enquanto que as meninas buscam informações a respeito de doenças e prevenção. Não se pode afirmar que a diferença quantitativa se justifica pela qualitativa, ou seja, que o fato de os meninos recorrerem mais à internet ao buscar informações sobre sexo se deve ao interesse exclusivo por conteúdos eróticos. No entanto, deve-se considerar que a internet facilitou o acesso também a esses conteúdos, socialmente mais aceitos entre meninos e que podem ser consumidos de forma rápida e sem custos.

As mídias impressas aparecem, no caso das respondentes (com média de 3,21), com médias significativamente maiores do que a média das respostas dos meninos para tal item (2,98) e inferior apenas às médias referentes à busca de informação com amigos e pela televisão. De acordo com os números, ainda no caso das meninas, também é relevante frisar que a procura por informações sobre sexo por meio da mídia impressa é significativamente superior à busca pela internet. Ora, como explicar isso nos dias em que se afirma que a juventude não lê mais e passa o todo tempo na rede mundial de computadores? Uma das hipóteses admissíveis para isso se relaciona ao fato de haver diversas publicações em jornais e revistas que são direcionadas para o público adolescente/jovem do sexo feminino, elas versam sobre sexualidade, em especial no que concerne às dúvidas a respeito do tema (Calazans, 2008).

Por seu turno, a escola ainda é um espaço de formação e de obtenção de informação sobre sexualidade, havendo significativas diferenças quanto às respostas de meninos e meninas. No caso das garotas, a busca de informações sobre sexo na escola obteve a quarta maior média (2,90), superando inclusive a média relativa à busca de informações pela internet. Já no caso dos meninos, a escola, enquanto fonte de informações a respeito de sexo procurada pelos adolescentes/jovens, obteve média inferior (2,59), ficando atrás de amigos, televisão, internet e jornal/revista/livro.

Considerando as respostas de ambos os sexos, os dados da tabela acima mostram que tal instituição não ocupa o lugar de centralidade na busca de informações sobre sexo pelos adolescentes/jovens, a despeito de destinar cada vez mais espaços informativos formais e informais sobre educação sexual, os quais, via de regra, abordam temas como prevenção de gravidez e doenças sexualmente transmissíveis (DST). Isso pode sinalizar, pois, dificuldades existentes no diálogo entre a instituição escolar e o segmento adolescente/juvenil com relação à sexualidade.

No que diz respeito à obtenção de informações sobre sexo na instituição familiar, foi possível também identificar diferenças quanto ao gênero na tabela em questão. Enquanto a família aparece com a quinta maior média entre as meninas (2,74), ela surge com média significativamente inferior entre os meninos (2,36) e fica apenas com a sexta maior média entre este grupo.

No grupo de discussão, foi com relação à família que a diferença de gênero se tornou mais evidente:

> Aluna L: "Só que meu irmão sempre ela [referindo-se a mãe] foi mais "liberal" [fazendo aspas com os dedos] com relação a essas coisas... é

tanto que ela dá dinheiro pra ele comprar camisinha... essas coisas assim... entendeu? E pra mim ela... a gente assim... mal conversa sobre isso porque eu acho que ela pensa... eu vejo dessa forma, né? Eu já conversei com ela... e eu acho que ela só vai falar realmente sobre isso quando eu realmente entrar em um namoro sério..."

Em outro momento:

Aluna K: Mas é porque o homem foi criado dessa forma, né? A mulher sempre protegida e o homem sempre liberal... porque antigamente era ele e também nossos pais foram criados assim... por isso é assim... querendo ou não a mulher é mais protegida do que o homem...
Pesquisadora: Mas a mulher é mais protegida... e ela recebe menos informação dos pais, como assim?
Aluna C: Não... ela recebe informações, tanto é que a maioria das meninas aqui conversa com mães...
Aluna J: Depende, né? Depende da relação entre as famílias... mesmo vocês sendo presa, tem mãe que não costuma conversar com os filhos...

De modo geral, o fato de as meninas, em comparação com os meninos, obterem mais informações sobre sexo em sete dos nove itens indicados pelo questionário, sendo que quatro apresentam diferença significativa do ponto de vista estatístico, reitera o ponto de vista de que a fonte de informações sobre sexo indica diferentes posições identitárias quanto ao gênero entre o segmento adolescente/juvenil, uma vez que, tradicionalmente, mulheres costumam ser alvo de maior preocupação e controle no que diz respeito à sexualidade. Assim sendo, a ausência de diálogo por parte da família, ao contrário do que sugerem os discursos familiares, não constitui fator de proteção com relação à sexualidade juvenil. O diálogo familiar, além de possibilitar que o jovem compartilhe e confie suas experiências sexuais a pessoas próximas, aliviando possíveis angústias e conflitos que o tema traz, sobretudo, na fase adolescente, pode servir também como via de informação a ser buscada. Portanto, é importante romper tabus e promover maior aproximação entre gerações nessa interação.

Obtenção de informação sobre sexualidade e experiência sexual: possíveis relações

Acerca do tema iniciação sexual, do total da amostra, 43% (473) dos participantes declararam já ter mantido relações sexuais. Esse porcentual, inclusive, é semelhante ao que foi verificado na pesquisa *Adolescência e Juventude: Risco e Proteção na Realidade Brasileira*, em que 40,4% de sujeitos entre 14 e 24 anos, de cidades das cinco regiões do país declararam que já haviam tido a primeira relação sexual (Libório & Castro 2009).

Na presente pesquisa, pouco mais da metade dos adolescentes (52,1%) que disseram já haver se iniciado sexualmente teve sua primeira relação entre os 15 e os 17 anos. Segundo Libório e Castro (2009), os maiores porcentuais verificados na pesquisa nacional supramencionada também foram de iniciação sexual entre 15 e 17 anos (48,6%). Ainda tratando-se da comparação entre os dados de Fortaleza e os nacionais, 34,9% dos respondentes tiveram sua primeira relação sexual entre 12 e 14 anos, percentual menor que o da pesquisa nacional (42,6%). Já 4,4% dos participantes declararam que sua iniciação sexual se deu até os 11 anos, porcentual semelhante ao verificado na pesquisa nacional (4,8%).[8] Não obstante, 8,5% dos jovens entrevistados tiveram

---

[8] Por fugir do escopo de análise da presente pesquisa, embora sejam de extrema importância, não serão discutidos os possíveis casos de abuso sexual.

sua iniciação sexual a partir dos 18 anos, número superior ao verificado no estudo nacional (4,6%). Dessa forma, pode-se depreender que os adolescentes da presente pesquisa iniciam sua vida sexual mais tardiamente, em comparação com os dados de pesquisas com o mesmo segmento populacional em âmbito nacional.

Também foram verificadas, como esperado, diferenças de gênero quanto à idade da primeira relação sexual, visto que meninos costumam ter sua iniciação sexual mais cedo (Rua & Abramovay, 2001; Abramovay, et al., 2004; Brasil, 2009, Libório & Castro, 2009): 47,8% dos respondentes do sexo masculino declararam que sua primeira relação sexual ocorreu antes dos 15 anos, índice superior ao das respondentes do sexo feminino (31,5%), como se vê na Tabela 5.

Vale destacar ainda que, na presente investigação, a média de idade da primeira relação é de 14,92 anos (dp = 2,129 e n = 473, considerando apenas os que já tiveram relação sexual); sendo que a idade mínima para isso é 6 anos e a idade máxima é 23 anos. Há, como previsto, também uma diferença de gênero a esse respeito, uma vez que, no caso de meninos, a média é 14,40 anos (dp = 2,370; com idade mínima de 6 anos, e máxima de 20 anos; n = 228); no caso das meninas, a média é 15,43 anos (dp =1,73; com idade mínima de 11 anos, e máxima de 23 anos; n = 244). Um dos participantes não declarou nada sobre isso.

Tabela 5. Idade da iniciação sexual

Quantos anos você tinha "na primeira vez"?	Sexo do respondente				Total	
	Masculino		Feminino			
	f	%	f	%	f	%
Até 11 anos	20	8,77	1	0,41	21	4,45

Continua

Continuação

Quantos anos você tinha "na primeira vez"?	Sexo do respondente				Total	
	Masculino		Feminino			
	f	%	f	%	f	%
12-14 anos	89	39,03	76	31,15	165	34,96
15-17 anos	109	47,81	137	56,15	246	52,12
A partir de 18 anos	10	4,39	30	12,29	40	8,47
Total	228	100	244	100	472	100

A idade da primeira relação sexual ainda figura como um marco diferencial das identidades de gêneros entre o segmento juvenil. Tal qual em outras investigações, os dados da presente pesquisa sugerem uma atividade sexual mais precoce e intensa da parte dos meninos, o que é explicado por grande parte da literatura sobre o assunto como uma produção social da subjetividade, que constitui-se uma tentativa de os jovens do sexo masculino, a um só tempo, esboçarem aproximações com relação a uma identidade adulta e demarcarem diferenciações quanto ao sexo feminino – por meio de signos como o da virilidade. (Abramovay et al., 2004).

Com base nos resultados obtidos, realizou-se a comparação entre médias da variável fonte de informação sobre sexo em função da variável iniciação sexual dos jovens (Tabela 6). Considerando as variações significantes, observou-se que há uma intensificação na busca de informação na mídia e nas relações interpessoais entre aqueles que já tiveram a primeira relação sexual. Com relação à primeira fonte, a média sobe de 2,71 (não tiveram relação sexual) para 3,11 (com experiência sexual). Nas relações interpessoais, a diferença vai de 2,95 para 3,28. Nas relações institucionais, talvez por serem marcadas por aspectos mais formais, houve um decréscimo da busca de informação. Este, no entanto, não é significativo do ponto de vista estatístico.

Tabela 6. Fontes de informações sobre sexo agrupadas em categorias *versus* experiência sexual

Onde você busca informações sobre sexo?	Você já teve relações sexuais (transou) alguma vez?					
	Sim		Não			
	Média[1]	dp	Média[1]	dp	t	
Relações interpessoais[2]	3,28	1,10	2,95	1,05	-4,56	*
Relações com a mídia[2]	3,11	1,15	2,71	1,10	-5,28	*
Relações institucionais[2]	2,00	1,04	2,08	0,90	1,11	

Nota: [1] Escala Likert. * Relação significativa para $p \leq 0,001$. [2] Relações interpessoais (família e amigos); relações institucionais (escola, ONGs e líderes religiosos); relações com a mídia (televisão, internet, rádio, jornal/revista/ livro).

Entre os que já tiveram sua iniciação sexual, há nas relações interpessoais uma intensificação da obtenção de informação com os amigos. O mesmo ocorre no que se refere às mídias, (televisão, internet, jornal/revista/livro e rádio), em que todas as médias apresentaram um aumento significativo do ponto de vista estatístico. Nas relações institucionais, por outro lado, apenas a obtenção de informação com líderes religiosos se mostrou mais forte anteriormente à primeira experiência sexual (Tabela 7).

Tabela 7. Fontes de informação sobre sexo *versus* experiência sexual

Onde você busca informações sobre sexo?	Você já teve relações sexuais (transou) alguma vez?					
	Sim		Não			
	Média[1]	dp	Média[1]	dp	t	
Amigos	3,88	1,23	3,39	1,29	- 6,06	***
Televisão	3,60	1,32	3,37	1,30	- 2,68	**

Continua

Continuação

Onde você busca informações sobre sexo?	Você já teve relações sexuais (transou) alguma vez?				
	Sim		Não		
	Média[1]	dp	Média[1]	dp	t
Jornal/revista/livro	3,32	1,44	2,93	1,47	- 4,16 ***
Internet	3,23	1,53	2,59	1,54	- 6,53 ***
Escola	2,73	1,44	2,81	1,34	0,86
Família	2,65	1,47	2,52	1,39	- 1,44
Rádio	2,25	1,45	1,99	1,30	- 2,94 **
Líderes religiosos	1,69	1,22	1,88	1,33	2,32 *
ONG	1,58	1,14	1,53	1,05	- 0,70

Nota: [1] Escala Likert. * Relação significativa para $p \leq 0,05$. ** Relação significativa para $p \leq 0,01$. *** Relação significativa para $p \leq 0,001$.

Há, assim, uma tendência ao aumento da busca de informação daqueles com maior experiência sexual, com destaque para a mídia como fonte. As interações em que prevalece a informalidade e a ludicidade, componentes presentes tanto nas relações de amizade como também na mídia, parecem ser mais atrativas para os jovens. No grupo de discussão, os adolescentes destacaram a publicidade como lugar privilegiado de apelo à sexualidade na mídia, muitas vezes, com a utilização do humor. O sexo aparece como estratégia de venda, sobretudo nas propagandas de bebida alcoólica:

> Aluno L: É, em comum que todas essas propagandas tem é a abordagem da sexualidade, mesmo que muito subliminarmente.

Pesquisador: Qual é a propaganda?
Aluno L: Mais subliminar? É a da... cerveja
(...)
Aluno L: elas [referindo-se às propagandas]... são cada vez mais evidentes. A porcentagem é... acho que...
Aluna K: Acho que é até normal...
Aluno C: Acho que só não aparece [apelo a sexualidade] nas de refrigerante.
Aluna P: Ou nas de eletrodomésticos.

Obtenção de informação sobre sexualidade e uso da camisinha: possíveis relações

A discussão sobre o uso consistente ou inconsistente de camisinha tem como base a questão sobre a frequência, levando em conta o último ano, com que o jovem utilizou camisinha durante as relações sexuais (Tabela 8). Entre as opções de respostas (nunca; poucas vezes; muitas vezes, mas não em todas; e sempre), apenas a última foi considerada como uso consistente de preservativo; portanto, todas as outras opções são tomadas como uso de preservativo de forma inconsistente. Os resultados mostraram que 39% dos adolescentes e jovens que já tiveram relações sexuais usam camisinha consistentemente, ou seja, em todas as relações sexuais do último ano.

Tabela 8. Frequência uso da camisinha no último ano

Frequência com que usou camisinha nas relações[1]	f^*	%
Nunca	51	11,1
Poucas vezes	102	22,2

Continua

Continuação

Frequência com que usou camisinha nas relações[1]	f*	%
Muitas vezes, mas não em todas	127	27,7
Sempre	179	39,0

Nota: * (n = 459) Foram desconsiderados os alunos que não responderam. [1] Considerando o último ano.

A pesquisa *Juventude e Sexualidade* (Abramovay et al., 2004) constatou que mais de 50% dos jovens, em 11 capitais brasileiras, declararam usar camisinha em todas as relações sexuais, sendo que Fortaleza apresenta um índice menor (36%). Assim, o valor obtido na presente pesquisa (39%) aproximou-se do verificado na acima citada.

No grupo de discussão, alguns alunos questionaram os resultados encontrados, considerando alto o uso consistente do preservativo. Para eles, os jovens, de fato, usam camisinha com pouca frequência: "É, só porque eles não queriam dizer a verdade. [pausa] Na verdade, foi poucas vezes". (Aluna P).

Apenas um jovem do grupo discordou, afirmando que o uso do preservativo depende de cada pessoa e que existem pessoas que se preocupam com isso.

> Aluno L: Eu acho relativo, porque (...) tem gente que sempre se cuida na hora de se relacionar. Acho que é uma coisa relativa. Há a pessoa que sempre usa, tem cuidado com seu corpo, com as consequências. E tem [pessoas que usam] poucas vezes também.

Foi feita também a comparação entre médias das variáveis fontes de informação sobre sexo e uso consistente de camisinha. Com ela, buscou-se investigar se existe alguma relação entre a utilização de preservativo e as fontes de informação sobre sexo. A análise ocorreu de duas formas: primeiramente, por meio de agrupamento por categorias (relações interpessoais, relações institucionais e relações com a mídia) e, em seguida, de forma não agrupada (Tabelas 9 e 10).

Tabela 9. Fontes de informações sobre sexo agrupadas por categorias *versus* uso de camisinha

Onde você busca informações sobre sexo?	Uso de camisinha[1]				
	Inconsistente		Consistente		
	Média[2]	dp	Média[2]	dp	t
Relações Interpessoais*	3,26	1,10	3,36	1,09	0,87
Relações com a Mídia	3,13	1,12	3,12	1,19	-0,07
Relações Institucionais	1,98	0,97	2,11	1,18	1,11

Nota: [1] (n = 459) Foram desconsiderados os alunos que não responderam. * Relações interpessoais (família e amigos); relações institucionais (escola, ONGs e líderes religiosos); relações com a mídia (televisão, internet, rádio, jornal/revista/livro). [2] Escala Likert. $p \leq 0,05$. Obs.: Não houve relação significativa.

Tabela 10. Fontes de informação sobre sexo *versus* uso de camisinha

Onde você busca informações sobre sexo?	Uso de camisinha[1]				
	Inconsistente		Consistente		
	Média[2]	dp	Média[2]	dp	t
Amigos	3,88	1,23	3,39	1,29	0,22
Televisão	3,60	1,32	3,37	1,30	-0,05
Jornal, revista ou livro	3,32	1,44	2,93	1,47	0,29
Internet	3,23	1,53	2,59	1,54	-0,42
Escola	2,73	1,44	2,81	1,34	0,15

Continua

Continuação

Onde você busca informações sobre sexo?	Uso de camisinha[1]				
	Inconsistente		Consistente		
	Média[2]	dp	Média[2]	dp	t
Família	2,65	1,47	2,52	1,39	1,12
Rádio	2,25	1,45	1,99	1,30	0,07
Líderes religiosos	1,69	1,22	1,88	1,33	0,90
ONG	1,58	1,14	1,53	1,05	1,33

Nota: [1] (n = 459) Foram desconsiderados os alunos que não responderam. [2] Escala Likert. Obs.: não houve relação significativa em nenhum caso.

De acordo com as Tabelas 9 e 10, não houve relação significativa do ponto de vista estatístico entre as variáveis, tanto agrupadas como isoladamente. O resultado da amostra indica que o lugar de informação não é significativo para o uso ou não da camisinha de forma consistente.

Com relação à mídia, foco da presente análise, a diversidade das práticas discursivas existentes em seu conteúdo quanto ao uso de camisinha, indicada pelos jovens do grupo de discussão, pode ser um dos indicadores para a pouca diferença na média entre aqueles que declararam fazer uso consistente e os que revelaram uso inconsistente: "Mostrar a camisinha só a propaganda" (Aluna K); "Assim... a Malhação influencia mais a usar camisinha, mas as outras [novelas], de oito horas... sete, vai ver! É só... é só... a sacanagem" (Aluno R). Os jovens percebem um discurso ambíguo na mídia a respeito do uso da camisinha, a exemplo da televisão. Ou seja, por um lado, estimula-se o uso em campanhas institucionais ou mesmo nas falas de especialistas voltados para a juventude, por outro, cenas de novela e publicidade fazem referência ao ato sexual, ignorando por vezes o uso do preservativo.

Outra reflexão que surge implica que, no cotidiano dos adolescentes/jovens, as próprias fontes de informação interagem entre si. Escola, televisão, amigos e assim por diante, quando isolados, em forma de subitens, tornam-se pontos estáticos de análise. A realidade das relações que produzem as subjetividades e, com isso, definem a atitude de usar ou não preservativo é mais complexa. Os discursos contidos nas diversas instâncias sociais transitam entre uma fonte e outra e muitas vezes se justapõem. A informação que surge da internet ou das revistas atravessa a família e se dissolve no ambiente escolar, na televisão, na comunidade, de modo que se torna inviável estabelecer limites entre as fontes de informação.

Dessa forma, a ausência de relação significativa entre determinada fonte de informação e o uso de preservativo pode expressar também o entrelaçamento discursivo que envolve a rede formada pelas interações sociais.

Pesquisa realizada com amostra semelhante, incluindo dados de Fortaleza e de Porto Alegre (Tronco, 2011), relacionou comportamentos sexuais considerados de risco (idade na primeira relação sexual, diferença de idade do parceiro, frequência de uso de camisinha, uso de métodos contraceptivos, ocorrência de gravidez, ocorrência de DST) com aspectos individuais, familiares e contextuais dos adolescentes. Os resultados apresentados indicam que ter uma imagem boa de si mesmo, da própria família e da comunidade tem relação com comportamentos sexuais considerados saudáveis. Mais especificamente, a autoestima, o apoio da família e o apoio da comunidade parecem atuar como fatores de proteção, diminuindo o envolvimento dos adolescentes em comportamentos sexuais de risco. Assim, pode-se inferir que a relação entre o adolescente/jovem e o uso consistente ou não de camisinha está marcada por uma teia complexa, e não por uma causalidade única com a mídia.

Algumas considerações

Mesmo ciente dos limites do instrumento utilizado e da necessidade de futuras investigações, a presente pesquisa teve o mérito de articular dados quantitativos e qualitativos. Sem pretender universalizar conclusões, estes últimos, muitas vezes, ajudam a ir aonde os números não vão. A inclusão da fala do jovem, o embate e a polêmica a respeito de alguns dos resultados da pesquisa no grupo de discussão reiteram a diversidade da condição juvenil. Enquanto alguns se colocavam na posição de diálogo ante suas famílias, outros mostravam que, quando o assunto é sexualidade, a formação se dá prioritariamente fora do eixo familiar.

Os lugares destacados no questionário não se colocam de forma estanque. Em suas vidas cotidianas, os jovens falam, por exemplo, entre amigos sobre o programa que viram na televisão ou sobre o *site* da internet de forte conteúdo sexual. A mãe que não se sente à vontade para conversar com o filho sobre sexo pode chamá-lo para ver ou ler uma reportagem. A própria fusão das mídias indica uma fluidez de conteúdo originário de um vídeo caseiro, como filmagem de cenas de sexo na escola, postado em redes de compartilhamento, e ganha uma dimensão antes inexistente.

Sem pretender tornar estático o que na vida é dinâmico, chama a atenção o lugar da mídia na constituição do jovem, sobretudo, se comparado às relações institucionais. Os resultados (tanto quantitativos quanto qualitativos) dão forte indício de que, salvo o diálogo entre os pares (amigos), é na mídia, especialmente na televisão, que meninos e meninas, experientes ou não, usuários ou não de preservativo, buscam ajuda para se constituir como sujeitos de uma sexualidade.

Os resultados instigam a refletir sobre as dificuldades que, passado quase meio século da chamada revolução sexual, família e escola, legitimadas como lugar de formação do sujeito, demonstram ao lidar com a sexualidade juvenil. Tais dificuldades podem estar relacionadas à questão, já indicada alhures, de que os dispositivos de educação sexual nas famílias e nas escolas lançam mão de um discurso sobremaneira normativo-prescritivo acerca da sexualidade – o discurso da *scientia sexualis*, segundo Foucault (1988) –, aproximando-a mais da reprodução e do risco que do prazer.

Nossa hipótese é a de que a oferta midiática de estilos de vida, identidades, valores, desejos, prazeres, entre outros, extrapola a capacidade heurística da categoria da informação. Também exercendo certo controle sobre a sexualidade dos jovens, a mídia, com uma roupagem aparentemente mais lúdica, tende a se aproximar das práticas discursivas cotidianas desse público, como dispositivo pedagógico informal que atua na constituição da sexualidade juvenil.

Referências

Aberastury, A., & Knobel, M. (1981). *Adolescência normal.* Porto Alegre, Artmed.

Abramo, H.W., & Branco, P. P. M. (Orgs.). (2008). *Retratos da juventude brasileira:* análises de uma pesquisa nacional. São Paulo: Perseu Abramo.

Abramovay, M., Castro, M. G., & Silva, L. B. da. (2004). *Juventude e sexualidade.* Brasília: UNESCO Brasil.

Ariès, P. (1981). *História social da criança e da família.* 2. ed. Rio de Janeiro: LTC.

Bauman, Z. (2001). *Modernidade líquida.* Rio de Janeiro: J. Zahar.

Brasil. (2009). *Pesquisa nacional de saúde do escolar. PeNSE 2009.* Rio de Janeiro: IBGE. Recuperado em 20 de julho de 2011, de http://www.ibge.gov.br/home/estatistica/populacao/pense.

Buckingham, D., & Bragg S. (2004). Dentro ou fora da infância? Crianças, adolescentes, sexo e mídia. *Revista Psicologia Clínica, 16*(2),13-34.

Calazans, G. J. (2008). Os jovens falam sobre sua sexualidade e saúde reprodutiva: elementos para a reflexão. In H. W. Abramo, & P. P. M. Branco (Orgs.), *Retratos da juventude brasileira: análises de uma pesquisa nacional* (pp. 215-243) São Paulo: Perseu Abramo.

Castro, L. (Org.). (1998). *Infância e adolescência na cultura do consumo.* Rio de Janeiro: NAU.

Colaço, V. F. R., Germano, I. M. P., Miranda, L. L., Cordeiro, A. C. F., & Bonfim, Z. A. C. (2011). *Adolescência e juventude: Estudo Sobre Situações de risco e redes de proteção em Fortaleza* (Relatório de Pesquisa CNPq/2011), Fortaleza, CE, Departamento de Psicologia, Universidade Federal do Ceará.

Erikson, E. (1972). *Identidade, juventude e crise.* Rio de Janeiro: Zahar.

Fischer, R. M. B. (1996). *Adolescência em discurso: Mídia e produção de subjetividade,* Tese de Doutorado, Educação URFGS.

Fischer, R. M. B. (2002). O dispositivo pedagógico da mídia: Modos de educar na (e pela) TV. *Educação e Pesquisa, 28*(1), 151-162.

Foucault, M. (1979). *Microfísica do poder.* Rio de Janeiro: Graal.

Foucault, M. (1988). *História da sexualidade I: a vontade de saber.* Rio de Janeiro: Graal.

Foucault, M. (2007a). *História da sexualidade II: O uso dos prazeres.* Rio de Janeiro: Graal.

Foucault, M. (2007b). *História da sexualidade III: O cuidado de si*. Rio de Janeiro: Graal.

Jameson, F. O. (1993). Pós-modernismo e a sociedade de consumo In Kaplan, E. (Org). *O Mal Estar no pós-modernismo* (Ribeiro. V, trad). Rio de Janeiro: Jorge Zahar.

Libório, R. M. C., & Castro, B. M. (2009). Juventude e sexualidade: educação afetivo-sexual na perspectiva dos estudos da resiliência. In R. M. C. Libório, & S. H. Koller (Orgs.), *Adolescência e juventude: risco e proteção na realidade brasileira*, (pp. 185-217). São Paulo: Casa do Psicólogo.

Louro, G. L. (2010). *Gênero, sexualidade e educação: Uma perspectiva pós-estruturalista*. Petrópolis: Vozes.

Martin-Barbero, J. (2008). A mudança da percepção da juventude: sociabilidades, tecnicidades e subjetividades entre os jovens. In S. Borelli, & J. Freire Filho (Orgs.), *Culturas Juvenis do século XXI* (pp. 9-32). São Paulo: EDUC.

Miranda, L. L., Sampaio, I. V., & Lima, T. R. (2009). Fazendo mídia, pensando educação: reverberações no mesmo canal. *Comunicação e Sociedade, 30*(51), 89-112.

Morais, D. (2006). *Sociedade midiatizada*. Rio de Janeiro: Maud.

Rodrigues. H. C., & Souza, A. (1987). Análise institucional e a profissionalização do psicólogo In V. Kamkhagi, & O. Saidon (Orgs.), *Análise Institucional no Brasil*, (pp. 17-36). Rio de Janeiro: Espaço e Tempo.

Rocha, S. L. C. O. (2005). O brincar de meninos e meninas no contexto da educação infantil. In M. F. V. Costa, & G. Freitas, *Cultura lúdica, discurso e identidades na sociedade do consumo*, (pp. 51-69). Fortaleza: Expressão Gráfica.

Rua, M. G., & Abramovay, M. (2001). *Avaliação das ações de prevenção às DST/AIDS e uso indevido de drogas nas escolas de ensino fundamental e médio das capitais brasileiras.* Brasília: UNESCO, Ministério da Saúde, Grupo Temático UNAIDS, UNODC.

Santana, M. (1996). *Os homossexuais e a aids: imagens de uma epidemia.* Dissertação de mestrado não publicada, Pontifícia Universidade Católica (PUC), Rio de Janeiro, RJ, Brasil.

Scott, J. (1995, julho/dezembro). Gênero: Uma categoria útil da análise histórica. In *Revista Educação e Realidade, 20*(2), 1-15.

Tronco, C. B. (2011). *Comportamentos sexuais na adolescência: Aspectos individuais, familiares e contextuais.* Dissertação de Mestrado não publicada. Programa de Pós-Graduação em Psicologia. Universidade Federal do Rio Grande do Sul, Porto Alegre, RS.

UNICEF. Adolescentes e jovens do Brasil. Recuperado em 08 de julho de 2011, de http://www.unicef.org/brazil/pt/voz2007.pdf.

Vivarta, V. (2004). *Remoto controle: Linguagem, conteúdo e participação nos programas de televisão para adolescentes.* São Paulo: Cortez.

Week, J. (2010). O corpo e a sexualidade. In G. L. Louro (Org.), *O corpo educado: Pedagogias da sexualidade* (pp. 15-45). Belo Horizonte: Autêntica.

Autoestima e comportamento sexual de risco: A questão da vulnerabilidade pessoal

Elder Cerqueira-Santos

Othon Cardoso de Melo Neto

Este capítulo tem como objetivo refletir sobre a relação entre os índices de autoestima e os comportamentos sexuais de risco entre jovens. Assim como outros textos desta obra, parte-se de uma revisão teórica e se relata dados obtidos de jovens da cidade de Fortaleza, Ceará. Questões metodológicas são descritas em outro capítulo desta obra e os dados aqui apresentados referem-se apenas às questões relativas à autoestima e comportamento sexual.

Faz-se necessário reafirmar de onde se parte na reflexão buscada neste texto. O conceito de adolescência que será considerado aqui passa por uma perspectiva sócio-histórica, uma vez que só é possível compreender qualquer fato a partir de sua inserção na totalidade. A adolescência que presenciamos atualmente é consequência das condições sociais nas quais estamos inseridos. Clímaco (1991) mostra de maneira bem simples e revisada a construção do que vem a ser adolescência ao dizer que, na sociedade moderna, o trabalho, com sua sofisticação tecnológica, passou a exigir um tempo prolongado de formação adquirida na escola e que o desemprego crônico/estrutural da sociedade capitalista trouxe a exigência de retardar o ingresso dos jovens no mercado e aumentar os requisitos para esse ingresso.

Algumas questões, independentemente do viés adotado, sempre estiveram e provavelmente ainda estarão por muito tempo atreladas a essa fase do desenvolvimento humano, como a preocupação com inserção em grupos, o possível envolvimento com drogas, a busca por uma identidade social como forma de participação das relações de poder entre os gêneros, assim como a formação da identidade adulta, a autonomização perante os pais e a atribulação provocada pelos períodos mais característicos dessa fase: as profundas mudanças biopsicossociais, especialmente concernentes à maturação sexual e o surgimento do interesse pelo sexo oposto e consequente trato do início da vida sexual.

O desaparecimento dos valores tradicionais, as atrações do mundo consumista urbano e as condições econômicas reais nas cidades favorecem tanto as relações sexuais pré-matrimoniais com diferentes parceiros e a exploração sexual juvenil como as grandes consequências negativas disso, como a gravidez não desejada e o aborto. Para Clímaco (1991), a melhoria das possibilidades de educação para os adolescentes e também as razões econômicas resultam no aumento da idade para o casamento. Cada vez mais, a escolha do parceiro, anteriormente assunto acordado entre as famílias, é assumida pelos próprios jovens. Isso, por sua vez, favorece a ocorrência de relações sexuais com diferentes parceiros até que se encontre o "escolhido" (Ozella, 2002).

Tradicionalmente, a educação sexual ocorria no contexto das relações familiares e oferecia aos adolescentes a iniciação social e proteção. Clímaco (1991) diz que a família e as estruturas comunitárias asseguravam a transmissão de normas e valores. Existia um consenso social acerca dos papéis dos adolescentes masculinos e femininos. Isso não é mais assim e ainda não existe uma substituição conveniente que possa compensar a perda da educação tradicional.

Hoje em dia, as crianças recebem suas informações sobre sexo de muitas fontes: pais, irmãos, colegas da mesma idade, rádio, TV, revistas, conversas ou observação de outros. Estas informações, porém, frequentemente, são incompletas, enganadoras ou até falsas. Ozella (2002) afirma que estudos e trabalhos estão sendo feitos ao redor do mundo, na tentativa de entender o fenômeno da adolescência e traçar políticas de prevenção e tratamento de saúde física e mental para essa população tão importante, futuro de todas as nações. No Brasil, não poderia ser diferente. Mas, apesar das grandes ações implantadas pelo governo, por diversas ONGs e pela sociedade, muito ainda precisa ser feito.

Comportamento sexual

A sexualidade humana é socialmente construída por meio das interações do indivíduo com seu contexto, que perpassa a cultura e seus significados (Parker, 2000). Assim, a sexualidade e o comportamento sexual são constituídos sob a influência de diversos aspectos da vida da pessoa. "A experiência sexual, como toda a experiência humana, é produto de um complexo conjunto de processos sociais, culturais e históricos" (Araújo, 2002, p. 74), incluindo as questões de gênero e os aspectos biológicos. A vivência da sexualidade e os significados atribuídos a ela variam não somente entre as culturas, mas também de pessoa para pessoa (Barros, 2002).

O comportamento sexual de risco, de acordo com Li, Stanton, Cottrell, Burns, Pack e Kaljee (2000), compreende o sexo desprotegido (ato de manter relações sexuais sem o uso de preservativo) e o fato de se ter múltiplos parceiros sexuais. Ou seja, o comportamento não necessariamente tem uma consequência negativa, porém a probabilidade de que a pessoa contraia HIV seria um exemplo de resultado negativo para ele.

Revisando a literatura, encontram-se algumas classificações para o nível de risco do comportamento sexual. Gallois et al. (1992, como citados em Rosa, 1998) propõem uma escala de segurança do comportamento sexual com cinco categorias: sexo sem penetração; sexo com penetração, com parceiro único e uso de preservativo; sexo com penetração, com parceiro único e sem uso de preservativo; sexo com penetração, com parceiro ocasional e com uso de preservativo; e sexo com penetração, com parceiro ocasional e sem uso de preservativo.

Alguns questionamentos podem ser feitos a essa classificação, por exemplo, considerar o sexo sem penetração como o nível de menor risco. Sabe-se que também há risco de contaminação por DST/HIV no sexo sem penetração. Se, por um lado, o sexo sem penetração dificilmente leva a uma gravidez, por outro, com relação a DST/HIV, é sabido que o sexo oral oferece algum risco de contaminação.

Outra crítica que pode ser feita a essa classificação é quanto ao fato de ela considerar o sexo com parceiro único e sem uso de preservativo mais seguro que a relação sexual com parceiro ocasional e com uso de preservativo. Ainda que a prática sexual com múltiplos parceiros possa trazer um risco aumentado para contaminações, o sexo com parceiro único não é sinônimo de segurança. De acordo com Paiva, Venturi, França-Júnior e Lopes (2003), tal afirmação corrobora-se pelo fato de que, entre as mulheres que convivem com o HIV, a principal forma de infecção é por meio de relações estáveis, com parceiros fixos.

Li et al. (2000) também sugerem uma classificação, esta com quatro grupos de risco: abstinência, sexo com preservativo com parceiro único, sexo desprotegido ou com múltiplos parceiros e sexo desprotegido com múltiplos parceiros. As mesmas críticas podem ser feitas para essa proposição, por exemplo, no que se refere à segurança do sexo desprotegido com parceiro único. Mesmo que tais definições possam ser questionadas, elas são tentativas de sistematização para a pesquisa e o estudo na área. Observa-se que as duas classificações levam em conta o número de parceiros e o uso ou não do preservativo. Contudo, não há um padrão sobre o que se considera "múltiplos parceiros" nem sobre qual é a frequência de uso de preservativo que indica sexo protegido ou de risco.

É na fase adolescente que ocorre, para a maioria das pessoas, o início do exercício da sexualidade com parceiro (Heilborn et al., 2002), juntamente com a afirmação social da identidade sexual e a ideia de consolidação da orientação sexual (Barros, 2002; Outeiral, 1994). Também se espera que, nessa etapa da vida, o adolescente adquira habilidade para o desenvolvimento de relacionamentos íntimos (Rosenthal, Cohen, & Biro, 1994). As peculiaridades dessa fase podem tornar os adolescentes mais vulneráveis ao sexo desprotegido (Rieth, 2002) e facilitar o comportamento sexual de risco e seus possíveis prejuízos. Além disso, as doenças sexualmente transmissíveis e, em especial, a gravidez não desejada têm maior impacto na fase adolescente do que em outras fases do ciclo vital, exatamente pelas especificidades físicas e psíquicas desse momento (Vitiello, 1994, 1997).

O contexto social tem estimulado o início da prática sexual cada vez mais cedo entre os jovens (Pereira, Messina, Pessoa, & Ganc, 2000) sem, contudo, prover condições para o exercício de uma sexualidade consciente (Vitiello, 1994). Quanto à idade de iniciação sexual, em estudo com 945 estudantes cariocas de 13 a 21 anos, a média de idade da primeira relação, foi de 15 anos (Trajman, Belo, Teixeira, Dantas, Salomão, & Cunha, 2003), bastante próxima à encontrada entre jovens brasileiros [m = 15,3] (Szwarcwald, Júnior, Pascom, & Júnior, 2005). Já na pesquisa de Warren et al. (1998), a média de idade de início da vida sexual de adolescentes estadunidenses foi de 16 anos. É interessante notar que a pesquisa de Warren et al. (1998) é a mais antiga entre as citadas e é exatamente a que menciona a maior idade para a iniciação sexual. Esses dados reforçam a ideia de que os jovens têm começado a vida sexual cada vez mais cedo.

No que se refere à diferença da iniciação sexual entre homens e mulheres, alguns estudos sugerem que os homens começam a vida sexual antes das mulheres (Antunes, Peres, Paiva, Stall, & Hearst, 2002; Trajman et al., 2003) e são mais propensos a ter múltiplos parceiros (DeSouza, Madrigal, & Millán, 1999; Malow, Dévieux, Jennings, Lucenko, & Kalichman, 2001; Trajman et al. 2003). Quanto ao número de parceiros, Sonenstein, Peck, e Ku (1991) constataram que, entre jovens estadunidenses de 15 a 19 anos, o número médio de parceiros no último ano era de 1,9.

As estatísticas referentes ao sexo desprotegido são preocupantes se forem considerados os resultados. O comportamento sexual de risco tem consequências sérias e pode ocasionar doenças sexualmente transmissíveis [DST] (entre elas a Síndrome da Imunodeficiência Adquirida – AIDS) e a gravidez não desejada. A AIDS tem destaque especial nesse contexto, pois é considerada um dos mais graves e complexos problemas de saúde pública nos dias de hoje (Oliveira & Weinstein, 2002). Foi o surgimento desta doença que favoreceu as pesquisas na área das DST que objetivaram diminuir o sexo de risco e, consequentemente, o contágio pelo vírus da imunodeficiência adquirida (HIV). As doenças sexualmente transmissíveis (incluindo a AIDS) e a gravidez não desejada podem acontecer em diferentes fases do ciclo vital, mas parecem ter repercussões mais complexas durante a adolescência.

Segundo o Ministério da Saúde (2006), 36% dos jovens entre 15 e 24 anos relataram ter tido a primeira relação sexual antes dos 15 anos de idade, enquanto apenas 21% dos jovens entre 25 e 29 anos tiveram a primeira relação na mesma época. Daqueles, 20% afirmaram ter tido mais de dez parceiros nas suas vidas e, destes, 7% tiveram mais de cinco parceiros no último ano. O aumento nas taxas de gravidez na adolescência pode ser explicado por diferentes causas, principalmente por aquelas relacionadas com aspectos socioeconômicos, contudo, no presente estudo, será enfocada a possível influência de fatores ligados à autoestima sobre o maior ou menor envolvimento com gestações, comportamento sexual de risco e DST/AIDS. Segundo Cerqueira-Santos, Paludo, Schirò, Koller (2010), embora o fenômeno atinja e esteja presente e em ascensão em todas as classes sociais, ainda há forte relação entre pobreza e baixa escolaridade e baixa idade para gravidez, comportamento sexual de risco e DST/AIDS.

Os adolescentes, o foco deste trabalho, são um grupo bastante vulnerável às DST. De acordo com o Ministério da Saúde, o grupo de adolescentes do sexo feminino, em especial, precisa de bastante atenção, uma vez que, em diversos casos de DST, não é fácil distinguir os sintomas das reações orgânicas comuns de seu corpo. Isso exige da mulher consultas periódicas ao médico e/ou enfermeiro (Ministério da Saúde, 2010).

Entre os jovens que responderam ao questionário *Juventude Brasileira* em Fortaleza, foram excluídos 106, por terem sido omissos quanto à questão que investigava se já possuíam experiência sexual ou não – considerada a questão base para ser relacionada com as demais que este estudo estabelece como relevante.

É importante destacar que, diferente dos demais capítulos desta obra, os dados apresentados foram analisados considerando somente aqueles participantes que responderam a todos os itens necessários. Tal procedimento metodológico acarretará necessariamente diferentes valores amostrais (n), dependendo da variação de respostas apresentadas pelos participantes.

Considerando este importante aspecto, o entendimento dos números apresentados deve ficar mais fácil. Tendo ciência desta condição, passa-se aos dados abaixo e apresentados durante o texto.

Dos 1.034 participantes de Fortaleza válidos para análises do estudo deste capítulo, 660 (57,9%) eram do sexo feminino, com idades entre 14 e 24 ($m = 16,66$; $dp = 2,08$). A maior parte da amostra (60,1%) cursa o Ensino Médio no período da tarde. A quase totalidade dos jovens (86,4%) afirmou que mora com a família e que esta possui, em média, renda de R$ 768,59 (dp = R$ 534,85). Os solteiros formam a maioria da amostra, com 92,6% dos participantes, seguido pelos que estão namorando alguém, 3,5%. Esse fato pode estar relacionado com a média de idade dos jovens participantes da pesquisa (16,66 anos), considerado um patamar relativamente baixo para os padrões brasileiros quanto a casamento ou união estável. Na Tabela 1, também é possível ver a distribuição do estado civil por sexo, a frequência da amostra para o tipo de serviço de saúde utilizado, se o indivíduo já teve relações sexuais e se faz uso do preservativo no momento do coito.

Tabela 1. Caracterização da Amostra para Comportamentos Sexuais*

Itens	Caracterização	Amostra (n)	f (% válida) Masculino	f (% válida) Feminino
Estado civil	Solteiro	n =1.033	406 (94,6)	551 (91,2)
	Não solteiro		23 (5,4)	53 (8,8)
Serviço de saúde	SUS	n = 1.027	185 (39,7)	281 (60,3)
	Particular		126 (38,7)	200 (61,3)
	Outros		106 (45,1)	129 (54,9)
Já teve relações sexuais	Sim	n = 1.033	243 (49,2)	186 (34,5)
	Não		251 (50,8)	353 (65,5)
Uso de preservativo	Sim	n = 459	139 (45,6)	166 (54,4)
	Não		75 (48,7)	79 (51,3)

Nota: * Os valores de *n* correspondem apenas aos jovens que responderam aos itens necessários para a análise de dados e não se referem ao banco de dados inteiro.

Do total da amostra, 47,8% dos participantes afirmaram já ter tido a primeira relação sexual. A idade média do debute sexual foi 14,92 anos ($dp = 2,12$), com a mínima de 6 anos (o que pode caracterizar abuso sexual) e a máxima de 23. Os dados estão de acordo com Cerqueira-Santos (2008), que afirma que a idade para o debute sexual tem caído, e confirma a tendência encontrada em estudos que acreditam na hipótese de uma cultura que permite a liberação sexual cada vez mais precoce, no entanto, preservando uma tendência de comportamento de tradição machista, segundo a qual um porcentual maior de homens já teve relação sexual. É curioso perceber que o uso de preservativo é relatado com maior frequência pelas mulheres (67,8%) da amostra, apesar de um número maior de rapazes (63,3%) relatar o porte de camisinha.

Sobre comportamentos que podem ser considerados preditores para atitudes de risco à própria saúde, a Tabela 2 apresenta valores para experiências de relações sexuais, média de idade para a primeira relação, uso de preservativos, rotatividade de parceiros sexuais e facilidade de acesso ao preservativo, comparados em função do sexo do participante.

Tabela 2. Comparação de comportamentos sexuais por gênero*

	n	Homem	Mulher	Total	χ^2 / t	p
Já teve relações sexuais	1.033	56,6%	41,6%	47,8%	22,882	<0,001
Média de idade na primeira relação	472	14,40	15,43	---	5,249	<0,001
Usou camisinha nas relações	459	65,0%	67,8%	66,4%	0,402	0,553
Possui parceiro(a) fixo(a)	459	65,0%	67,8%	66,4%	39,311	<0,001
Portou camisinha consigo	470	63,3%	27,0%	44,7%	62,765	<0,001

Nota: * Os valores de n correspondem apenas aos jovens que responderam aos itens necessários para a análise de dados e não se referem ao banco de dados inteiro.

De acordo com as estatísticas do World Health Organization (2005) e do Ministério da Saúde (2005), a população empobrecida é mais vulnerável aos comportamentos sexuais de risco, principalmente ao sexo precoce e à baixa frequência do uso de camisinha. A pesquisa de Cerqueira-Santos et al. (2010) diz que, mesmo que os comportamentos sexuais de risco estejam presentes e em ascensão em todas as classes sociais, ainda há forte ligação destes com a pobreza e com o baixo nível de escolaridade.

A maioria dos adolescentes possui reduzida informação a respeito de doenças e não utiliza adequadamente a camisinha. Além disso, os patógenos das DST podem penetrar mais facilmente por meio do muco cervical da adolescente. O cérvix da mulher é mais suscetível à infecção por papiloma vírus humano (HPV), que causa câncer cervical, e à infecção por gonococos e clamídia, que podem causar doença inflamatória pélvica e/ou esterilidade (Coordenação Nacional de DST/AIDS, 1999).

Quanto mais cedo o adolescente inicia a vida sexual, maior será a tendência natural a uma alta rotatividade de parceiros e, por consequência, maior será a probabilidade de contrair uma DST.

De acordo com Yarber e Parrillo (1992), fatores psicológicos como autoestima e *lócus* de controle estão associados a comportamentos de risco de DST. O início cada vez mais precoce da atividade sexual é possível graças à diminuição da idade média da menarca, muito influenciada pela aceleração secular, descrita por Tanner (1981). O acesso aos serviços de saúde é um fator crítico na prevenção das enfermidades. Programas de intervenção eficazes devem levar em conta fatores de risco e de desenvolvimento do adolescente. Como defendem Yarber e Parrillo (1992), os serviços clínicos para adolescentes precisam ser melhorados, em todo o mundo, para poder oferecer diagnóstico mais preciso, tratamento e aconselhamento. Pesquisas e foco em educação também se mostram necessários, afinal, segundo os mesmos autores acima, o objetivo maior da educação sobre as DST é proporcionar aos jovens maior autossuficiência na prática da prevenção às doenças e à redução dos riscos. Os programas devem ser sensíveis às subculturas juvenis e incluir mensagens sobre o HIV e a AIDS.

O vírus HIV entra no organismo humano e pode ficar incubado por muitos anos sem que o indivíduo apresente nenhum sintoma ou sinal da doença. Esse período costuma ser de aproximadamente oito anos. Durante esse tempo, mesmo não tendo ainda desenvolvido a doença, os infectados podem transmitir o vírus, principalmente em situações como o compartilhamento de seringas e agulhas para o uso de drogas injetáveis e, especialmente, no caso de jovens e adolescentes, na manutenção de relação sexual com parceiros eventuais sem o uso de preservativos. O perfil dos contaminados por essa doença mudou ao longo de quase 30 anos de epidemia. Atualmente, a epidemia demonstra uma tendência à feminilização, juvenilização e pauperização. Sendo assim, a população mais vulnerável, hoje em dia, é a das mulheres jovens e de nível socioeconômico mais baixo.

Até junho de 2009, foram notificados no Brasil aproximadamente 544.846 casos de AIDS, sendo que os dados do Ministério da Saúde estimam que aproximadamente 650 mil pessoas no país vivam com o HIV ou já tenham desenvolvido a doença (Ministério da Saúde, 2010). Destes, acredita-se que 27 mil sejam jovens de até 24 anos. Apesar dos bons resultados encontrados nesse boletim, devido à massificação das políticas de prevenção ao vírus HIV – os números de casos dentro dessa faixa etária tiveram significativa redução –, acredita-se que o número real (incluindo o de soropositivos) seja cinco vezes maior que o apresentado em boletins epidemiológicos produzidos pelo MS, considerando-se que algumas pessoas não notificam soropositividade.

No início da epidemia, foi disseminada a ideia de que existiriam grupos de risco para a doença. Depois, passou-se a trabalhar com a noção de comportamento de risco. As duas hipóteses circunscreviam o risco ao comportamento individual. O conceito de vulnerabilidade é uma tentativa de explicar como a inter-relação de fatores distintos, por exemplo, os individuais, os sociais e os políticos, pode facilitar ou dificultar a exposição de uma pessoa ou população ao HIV. Vilela e Diniz (1998, p. 8, como citado em Barros, 2002) acreditam que:

> A vulnerabilidade amplia a compreensão de risco, já que a disseminação do vírus ocorre no entrecruzamento de comportamentos e vivências individuais e subjetivas – sexualidade e identidade de gênero – com condições sociais mais amplas, como o acesso a serviços e existência de políticas públicas. (p. 104)

O conceito de vulnerabilidade pessoal e coletiva aponta a responsabilidade dos aspectos sociais mais amplos, assim como a existência de políticas públicas claras para o enfrentamento da epidemia. Quando o enfoque era apenas no comportamento social, a solução encontrada foi a de impor um comportamento, o sexo seguro, e um instrumento, a camisinha, e depois contabilizar o número de usuários de camisinha. Esse tipo de abordagem não considerava as diferenças entre as pessoas e seus contextos sócio-históricos. Propunha-se responsabilidade individual descontextualizada.

A crescente incidência da AIDS entre meninas de 13 a 19 anos é preocupante, e pode ser explicada pelo início sexual precoce com homens mais velhos, com maior experiência sexual e, consequentemente, maior exposição ao risco de contaminação por DST/HIV. Sabe-se que os portadores de alguma DST têm um risco aumentado em até 18 vezes para o contágio de HIV (Ministério da Saúde, 2010).

Autoestima

No Brasil e em vários outros países, a temática da autoestima é pouco abordada cientificamente. Palavra fácil na *psicologização* das relações humanas, o tema autoestima se tornou popularizado por meio de livros de autoajuda e pelo senso comum, o que acarreta dificuldades conceituais e metodológicas. De acordo com Avanci, Assis, Santos e Oliveira (2007), se, por um lado, a propagação superficial desse conceito traz dificuldades e requer um esforço na consolidação científica de algo já inscrito no senso comum; por outro, traz vantagens, uma vez que é uma temática já inscrita no imaginário social.

Mruk (1995 como citado em Avanci et al., 2007) afirma que estudos que avaliam a importância da autoestima proliferam nos países desenvolvidos e destacam-se entre os indicadores de saúde mental e nas análises sociais de crescimento e progresso. A violência familiar, o abuso de drogas, a gravidez precoce, o fraco desempenho escolar, a delinquência, o suicídio, as agressões escolares, a depressão e a prostituição são alguns dos problemas ditos contemporâneos associados à baixa autoestima (Assis & Avanci, 2003).

O conceito de autoestima tem sido estudado e considerado um importante indicador da saúde mental na adolescência (Andrade & Angerami, 2001). Existe uma correlação entre autoestima, rendimento escolar e aprovação social que é virtualmente generalizável a todos os grupos étnicos e culturais (Steinberg, 1999). Costa (2000), destaca que a autoestima é talvez a variável mais crítica que afeta a participação exitosa de um adolescente junto com outros em um projeto. Os adolescentes com baixa autoestima desenvolvem mecanismos que provavelmente distorcem a comunicação de seus pensamentos e sentimentos e dificultam a integração grupal.

Conforme colocam Solomon e Serres (1999), um bom grau de autoestima é um fator crítico para o bom funcionamento do adolescente, uma vez que ela ajuda os adolescentes a acreditarem e confiarem em si mesmos. Os autores afirmam que a autoestima também afeta o adolescente na forma de lidar com o ambiente. Crianças e adolescentes com boa autoestima persistem mais e fazem mais progressos diante de tarefas difíceis do que aqueles com baixa autoestima.

A autoestima está relacionada com a saúde mental, o bem-estar psicológico, e sua carência está ligada a certos fenômenos mentais negativos, como depressão e comportamentos de risco (Mruck, 1995 como citado em Avanci et al., 2007). Para Rosenberg (1989), pessoas com baixa autoestima se engajam em comportamentos delinquentes como uma forma de retaliação contra a sociedade que desdenha delas e também como uma forma de obter autoestima. A baixa autoestima em adolescentes tem sido significantemente associada ao abuso de substâncias como álcool e drogas ilícitas e à predominância de comportamentos sexuais de risco (McGee & Williams, 2000).

Estudo feito por Lalbahadur (2010) com adolescentes, estudantes na cidade de Durban, mostrou que não há relação significativa entre níveis de autoestima e comportamentos sexuais de risco quanto ao uso de preservativos ou número de parceiros sexuais. Mas, em suas conclusões, o autor sugere que sejam feitos trabalhos visando ao aumento da autoestima dos jovens ainda quando estudantes das escolas primárias – quando provavelmente ainda não tiveram o seu debute sexual –, pois isso favorece a proteção contra comportamentos sexuais de risco. Quanto mais cedo os jovens receberem informações acerca dos fatores sexuais de risco e tiverem sua autoestima bem trabalhada e fortalecida, menos chances de se envolver em relações danosas à sua saúde apresentarão.

McNair, Carter e Williams (1998) estudaram no estado da Georgia, nos Estados Unidos, a percepção de risco e os comportamentos sexuais em estudantes de faculdades relacionando tais fatores com autoestima, gênero e uso de álcool. Os resultados encontrados mostram que o comportamento sexual de risco varia com relação ao sexo do participante, nível de autoestima e consumo de álcool, além de sugerirem que essas condutas estão ligadas a variáveis como o sexo do sujeito e sua autoestima. As pessoas com alta autoestima relataram maior uso de preservativos, enquanto mulheres e estudantes com baixa autoestima apresentaram maiores riscos para si e para seus parceiros.

Um estudo conduzido por Cole (1996) revisou a literatura existente sobre a relação positiva, mas intuitiva, da autoestima e a prática de comportamentos sexuais mais seguros. Afinal, a autoestima aparece nas pesquisas como uma variável que influencia a prática de comportamentos sexuais de risco. Supõe-se frequentemente que os níveis mais elevados de autoestima estão associados a comportamentos sexuais mais seguros, especialmente àqueles que impedem a propagação do HIV. Mas a pesquisa de Cole mostrou que os níveis mais elevados de autoestima são encontrados em jovens adolescentes que praticam comportamentos sexuais de risco e têm mais parceiros sexuais.

Walsh (1991) descobriu que indivíduos machos e fêmeas com níveis elevados de autoestima, medidos pela escala de Rosenberg, apresentaram maior possibilidade de ter parceiros sexuais do que os indivíduos que possuem baixa autoestima. Investigações de Hally e Pollack (1993) constataram que os estudantes universitários que possuíam uma ampla variedade de experiências sexuais obtiveram as menores pontuações na escala de autoestima de Rosenberg. No entanto, Rosenthal, Moore e Flynn (1991) estudaram um grupo maior de estudantes universitários ($n = 1.788$) e descobriram que, tanto em homens quanto em mulheres, o maior número de comportamentos sexuais de risco foi praticado por jovens com maiores níveis de autoestima. Da mesma maneira, Cole e Slocumb (1995) encontraram, em uma pesquisa feita apenas com jovens do sexo masculino, que aqueles que possuíam alta autoestima tinham maior probabilidade de praticar comportamentos sexuais de risco.

A Tabela 3 apresenta os dados relativos à amostra de Fortaleza, correlacionando comportamentos sexuais e autoestima. Vale ressaltar novamente, que as informações encontradas são resultado da limpeza do banco, que usou somente aqueles participantes que responderam a todas as questões referentes à tabela em questão, o que refletirá um número amostral (n) necessariamente diferente dos outros já apresentados em tabelas anteriores. Percebe-se que somente o uso de camisinha, em geral, apresenta significância com os níveis de autoestima, sendo que os jovens com estes níveis mais altos tendem a apresentar porcentual maior no uso de camisinha. Os resultados obtidos estão de acordo com a tendência dos dados encontrados em McNair, Carter e Williams (1998), que mostrou relação positiva entre autoestima e uso de camisinha. No entanto, dados de outros estudos brasileiros (Melo Neto & Cerqueira-Santos, no prelo) não encontraram tais indícios, o que sugere que nem sempre a autoestima tem efeito positivo sobre os comportamentos sexuais.

Tabela 3. Análises bivariadas entre os índices de autoestima e comportamento sexual*

			Nível de autoestima			
		Total n (%)	Baixo n (%)	Médio n (%)	Alto n (%)	p
Já transou	Não	461 (52,1)	5 (1,1)	73 (15,8)	383 (83,1)	0,288
	Sim	423 (47,9)	5 (1,2)	84 (19,9)	334 (79,0)	
Gravidez	Não	326 (86,5)	4 (1,2)	62 (19,0)	260 (79,8)	0,201
	Sim	51 (13,5)	1 (2,0)	15 (29,4)	35 (68,6)	
Aborto	Não	21 (50,0)	1 (4,8)	5 (23,8)	15 (71,4)	0,399
	Sim	21 (50,0)	0 (0,0)	8 (38,1)	13 (61,9)	

Continua

Continuação

		Total n (%)	Nível de autoestima			p
			Baixo n (%)	Médio n (%)	Alto n (%)	
Uso de camisinha	Não	137 (34,9)	2 (1,5)	37 (27,0)	98 (71,5)	0,011*
	Sim	255 (65,1)	2 (0,8)	38 (14,9)	215 (84,3)	
Camisinha parceiro fixo	Não	133 (35,6)	2 (1,5)	31 (23,3)	100 (75,2)	0,441
	Sim	216 (57,8)	3 (1,4)	36 (16,7)	177 (81,9)	
	Dúvida	25 (6,7)	0 (0,0)	7 (28,0)	18 (72,0)	
Camisinha parceiro não fixo	Não	63 (29,9)	1 (1,6)	11 (17,5)	51 (81,0)	0,410
	Sim	121 (57,3)	1 (0,8)	22 (18,2)	98 (81,0)	
	Dúvida	27 (12,8)	0 (0,0)	9 (33,3)	18 (66,7)	
Parceiro fixo	Não	156 (38,2)	3 (1,9)	33 (21,2)	120 (76,9)	0,561
	Sim	252 (61,8)	2 (0,8)	50 (19,8)	200 (79,4)	
Sexo por algo em troca	Não	364 (94,5)	3 (0,8)	69 (19,0)	292 (80,2)	0,053
	Sim	13 (4,3)	1 (4,8)	7 (33,3)	13 (61,9)	

Nota: * Os valores de *n* correspondem apenas aos jovens que responderam aos itens necessários para a análise de dados e não se referem ao banco de dados inteiro.

Embora a importância da autoestima para o bem-estar social e individual seja reconhecida internacionalmente, no Brasil, há escassez de pesquisas sobre a temática, especialmente em bases populacionais. Um dos obstáculos para uma abordagem epidemiológica da autoestima é a falta de instrumentos diagnósticos consolidados cientificamente em amostras brasileiras, o que impede o conhecimento desse atributo em contextos de investigação.

Referências

Andrade, D., & Angerami, E. L. S. (2001). A auto-estima em adolescentes com e sem fissuras de lábio e/ou de palato. *Revista Latino-americana de Enfermagem, 9*(6), 37-41.

Antunes, M. C., Peres, C. A., Paiva, V. Stall, R., & Hearst, N. (2002). Diferenças na prevenção da AIDS entre homens e mulheres jovens de escolas públicas em São Paulo, SP. *Revista de Saúde Pública, 36*(4 supl.), 88-95.

Araújo, M. F. (2002). Amor, casamento e sexualidade: velhas e novas configurações. *Psicologia Ciência e Profissão, 22*(2), 70-77.

Assis, S. G., & Avanci, J. Q. (2003). *Labirinto de espelhos. A formação da auto-estima na infância e na adolescência.* Rio de Janeiro, RJ: Editora Fiocruz

Avanci, J. Q., Assis, S. G., Santos, N. C. dos, & Oliveira, Rachel, V. C. (2007). Adaptação transcultural de escala de auto-estima para adolescentes. Porto Alegre. *Psicologia: Reflexão e Crítica, 20*(3), 397-405. Recuperado em 25 de junho de 2010, de http://www.scielo.br/pdf/prc/v20n3/a07v20n3.pdf.

Barros, M. N. dos S. (2002). Saúde Sexual e reprodutiva. In M. de L. J. Contini (Coord.), *Adolescência e psicologia: concepções, práticas e reflexões críticas* (pp. 46-54). Rio de Janeiro: Conselho Federal de Psicologia.

Cerqueira-Santos, E., Paludo, S., dos S., Schirò, E. D. B. dei, & Koller, S. H. (2010). Gravidez na adolescência: Análise contextual de risco e proteção. Maringá. *Psicologia em Estudo, 15*(1), 73-85. Recuperado em 02 de junho de 2010, de http://www.scielo.br/pdf/pe/v15n1/a09v15n1.pdf.

Cerqueira-Santos, E. (2008). *Comportamento sexual e religiosidade: um estudo com jovens brasileiros.* São Paulo: São Paulo

Clímaco, A. A. de S. (1991). *Repensando as concepções de adolescência.* Dissertação de Mestrado em Psicologia da Educação, PUC-SP, São Paulo, SP.

Cole, F. L. (1996). The role of self-esteem in safer sexual practices. *Journal Association Nurses AIDS Care 8*(6):64-70.

Cole, F. L., & Slocumb, E. M. (1995). Factors influencing safer sexual behaviors in heterosexual late adolescents and Young adult collegiate males. *Image. Journal of Nursing Scholarship, 27,* 217-222.

Coordenação Nacional de DST/AIDS. (1999). *Prevenção e controle das DST/AIDS na comunidade: Manual do agente comunitário.* Brasília: Ministério da Saúde.

Costa, A. C. G. (2000). *Protagonismo juvenil: adolescência, educação e participação democrática.* Fundação Odebrecht, Salvador.

DeSouza, E. Madrigal, C., & Millán, A. (1999). A cross cultural validation of the multidimensional condom attitudes scale. *Revista Interamericana de Psicologia, 3*(1), 191-204.

Hally, C. R., & Pollack, R. (1993). The effects of self-esteem, variety of sexual experience, and erotophilia on sexual satisfaction in sexually active heterosexuals. *Journal of Sex Education and Therapy, 19,* 183-192.

Heilborn, M. L., Salem, T., Rohden, F., Brandão, E., Knauth, D., Víctora, et al. (2002). Aproximações socioantropológicas sobre a gravidez na adolescência. *Horizontes Antropológicos, 8*(17), 13-45. Recuperado em 17 de junho de 2010, de http://www.scielo.br/pdf/ha/v8n17/19074.pdf.

Lalbahadur, Keshnie (2010). *The influence of self-esteem and self-efficacy on sexual risk-taking behavior in school-going adolescents in the Durban Metropolitan area*. UKZN Institucional Repository. Durban: University of Kwazulu-Natal.

Li, X., Stanton, B., Cottrell, L., Burns, J., Pack, R., & Kaljee, L. (2000). Patterns of initiation of sex and drug-related activities among urban low-income African-American adolescents. *Journal of Adolescent Health, 28*, 46-54.

Malow, R.M., Dévieux, J. G., Jennings, T., Lucenko, B. A., & Kalichman, S. C. (2001). Substance-abusing adolescents at varying level of HIV risk: Psychosocial characteristics, drugs use, and sexual behavior. *Journal of Substance Abuse, 13*, 103-117.

McGee, R., & Williams, S. (2000). Does low self-esteem predict health compromising behaviors among adolescents? *Journal of Adolescence, 23*, 259-582.

McNair L. D., Carter, J. A., & Williams, M. K. (1998). Self-esteem, gender, and alcohol use: relationships with HIV risk perception and behaviors in college students. *Journal Sex Marital Ther. 24*(1):29-36.

Melo Neto, O. C., & Cerqueira-Santos, E. (2012). Comportamento sexual e autoestima em adolescentes. *PsicoPucrs*, no prelo.

Ministério da Saúde (2010). *Boletim epidemiológico da AIDS* (Ano VI número 1). Ministério da Saúde. Brasília – DF. Recuperado em 01 de junho de 2012, de http://www.aids.gov.br.

Ministério da Saúde (2006). *Marco teórico e referencial da saúde sexual e reprodutiva de adolescentes e jovens*. Brasília. Recuperado em 20 de junho de 2010, de www.portal.saude.gov.br.

Oliveira, S. B., & Weinstein, C. (2004). AIDS: duas décadas. Epidemia, Pandemia, Vulnerabilidade social. O que vem depois? In

Ministério da Saúde, *Manual de prevenção do HIV/Aids para profissionais de saúde mental* (pp. 16-23). Brasília.

Outeiral, J. O. (1994). *Adolescer: Estudos sobre adolescência.* Porto Alegre: Artes Médicas.

Ozella, S. (2002). Adolescência: uma perspectiva crítica. In M. de L. J. Contini (Coord.), *Adolescência e psicologia: concepções, práticas e reflexões críticas* (Cap. 1, pp. 16-24), Rio de Janeiro: Conselho Federal de Psicologia.

Paiva, V., Venturi, G., França-Júnior, I., & Lopes, F. (2003). Uso de preservativos: pesquisa nacional MS/IBOPE, Brasil 2003. Recuperado em 27 de maio de 2010, de http://www.aids.gov.br.

Parker, R. (2000). *Na contramão da AIDS: Sexualidade, intervenção, política.* São Paulo: Editora 34.

Pereira, A. C. S. B.; Messina, E., Pessoa, P., & Ganc. L. (2000). Adolescentes grávidas: trauma nas famílias ou acontecimentos da vida? *Nova Perspectiva Sistêmica, 16*, 42-50.

Rieth, F. (2002). A iniciação sexual na juventude de mulheres e homens. *Horizontes Antropólogicos, 8*(17), 77-91.

Rosa, F. H. (1998). *Personalidade e comportamento sexual: um estudo exploratório.* Dissertação de Mestrado em Psicologia do Desenvolvimento, UFRGS – Porto Alegre, RS.

Rosenberg, M. (1989). *Society and the adolescent self-image.* Princeton, NJ: Princeton University Press.

Rosenthal, S.L., Cohen, S. S., & Biro, F. M. (1994). Sexually transmitted diseases: A paradigm for risk taking among teens. In R. J. Simeonsson, *Risk: Resilience & prevention: promotion the well-being of all children* (pp. 239-264). USA: Maple Press Company.

Solomon, C. R., & Serres, F. (1999). Effects of parental verbal aggression on children's self-esteem and school marks. *Child Abuse & Neglect, 23*(24), 339-351.

Sonenstein, F. L., Peck, J. H., & Ku, L. (1991). Levels of sexual activity among adolescent males in the United States. *Family Planning Perspectives, 23*, 162-167.

Steinberg, L. (1999). *Adolescence.* New York: McGraw-Hill.

Szwarcwald, C. L., Júnior, A. B., Pascom, A. R. & Júnior, P. R. S. (2005). Pesquisa de conhecimento, atitudes e práticas na população brasileira de 15 a 54 anos, 2004. In Ministério da Saúde, *Boletim Epidemiológico – AIDS e DST.* [versão eletrônica]. Brasília, Coordenação Nacional de DST/AIDS.

Tanner, J. M. (1981). *A History of the Study of Human Growth.* Cambridge, Cambridge University Press.

Trajman, A., Belo, M. T., Teixeira, E. G., Dantas, V. C. S., Salomão, F. M., & Cunha, A. J. L. A. (2003). Knowledge about STD/AIDS and sexual behavior among high school students in Rio de Janeiro, Brazil. *Cadernos de Saúde Pública, 19*(1), 127-133.

Vitiello, N. (1994). Sexualidade e reprodução na adolescência. *Revista Brasileira de Sexualidade Humana, 5*(1), 15-27. Recuperado em 17 de junho de 2010, de http://www.adolec.br/bvs/adolec/P/pdf/volumes/volume5_1.pdf.

Vitiello, N. (1997). Iniciação Sexual: uma pesquisa nacional – resultados preliminares. *Revista Brasileira de Sexualidade Humana, 8*(2), 257-269.

Walsh, A. (1991). Self-esteem and sexual behavior: exploring gender differences. *Sex Roles, 25*, 441-450.

Warren, C. W., Santelli, J. S., Everett, S.A., Kann, L., Collins, J. L., Cassell, C., et al. (1998). Sexual behavior among U.S. high school students, 1990-1995. *Family Planning Perspectives, 30,* 170-172.

World Health Organization (2005). *Sexual relations among youth in developing countries.* Relatório técnico. World Health Organization.

Yarber, W. L., Parrillo, A. V. (1992, setembro). Adolescents and sexually transmitted diseases. *Journal Scholar Health*; *62*(7):331-8.

Fatores de risco e proteção em adolescentes vítimas de violência sexual

Samara Silva Santos
Lara Lages Gava
Cátula Pelisoli
Débora Dalbosco Dell'Aglio

A preocupação com a violência contra crianças e adolescentes é fruto de um processo histórico que ganhou visibilidade no final da década de 1950. Foi por meio da Convenção das Nações Unidas que se esclareceu que tanto a criança quanto o adolescente devem ser considerados sujeitos de direitos (Ferrari, 2002; Pedersen & Grossi, 2011). No Brasil, os primeiros registros de denúncia da violência contra a criança datam da década de 1970, mas estudos e trabalhos científicos começaram a ser publicados apenas na década de 1980 (Ferrari, 2002). Considerada uma violação de direitos humanos universais, a violência ou abuso sexual é um problema multifacetado. Para a World Health Organization (WHO) (2004), trata-se da mais cruel e trágica infração aos direitos de crianças e adolescentes.

Atualmente, essa violência tem sido caracterizada como um problema crescente de saúde pública no mundo (WHO, 2004). Ela pode ser compreendida também como uma das diferentes manifestações de uma violência maior, denominada estrutural, que perpassa os diferentes contextos sociais e advém de condições desfavoráveis em que muitas famílias sobrevivem (Minayo, 1994). Tais condições podem ser visíveis não somente com relação a aspectos financeiros, mas também nas relações sociais e afetivas. Por ser estrutural, trata-se de um fenômeno cuja compreensão exige a consideração de dimensões culturais, políticas, sociais e legais, que servem como pano de fundo tanto para sua ocorrência quanto para o enfrentamento, segundo relatório do Comitê Nacional de Enfrentamento à Violência Sexual contra Crianças e Adolescentes (CNEVSCA) (2006).

Segundo dados da World Health Organization (WHO, 2004), existe uma variedade de termos (violência sexual, estupro, agressão sexual, abuso sexual, por exemplo) que são considerados sinônimos e usados de forma intercambiável para definir violência sexual. A violência sexual infantil, por sua vez, é definida como qualquer interação entre a criança ou o adolescente e alguém em estágio de desenvolvimento sexual mais adiantado, que tenha por fim a satisfação sexual deste último. Apresenta-se sob a forma de práticas eróticas e sexuais impostas pela indução ou coerção. Esse tipo de violência ainda se apresenta por meio da exploração da criança ou adolescente para a realização de *performances* sexuais, produção de materiais pornográficos e prostituição (WHO, 2004). As interações, portanto, podem variar desde atos em que não há o contato sexual (voyeurismo, exibicionismo, produção de fotos) até aqueles que incluem contato sexual com ou sem penetração. Além disso, estas interações são consideradas sexualmente violentas independentemente da relação ou do grau de parentesco existente entre o agressor e a vítima (Jewkes, Sen, & Garcia-Moreno, 2002) e podem ser identificadas como violência sexual extrafamiliar, quando envolve pessoas estranhas ao núcleo familiar, ou intrafamiliar, quando é perpetrada por alguém com laços significativos com a vítima, sejam eles consanguíneos ou não (Habigzang & Caminha, 2004; Pelisoli & Dell'Aglio, 2007).

A exposição da criança e do adolescente à violência sexual pode acarretar uma série de consequências tanto para a vítima quanto para sua família. Diversos estudos, a maioria deles realizada em contextos clínicos de atendimento à saúde física e mental, destacam as repercussões sociais, emocionais e comportamentais que a violência sexual pode manifestar na vida da vítima, sinalizando as possíveis alternativas de tratamento para elas (Araújo, 2002; Azevedo, 2001; Azevedo & Guerra, 1989; Borges & Dell'Aglio, 2008; Costa, Penso, & Almeida, 2008; De Antoni & Koller, 2002; Habigzang, 2010; Habigzang & Caminha, 2004; Habigzang & Koller, 2006; Habigzang, Koller, Azevedo, & Machado, 2005; Padilha & Gomide, 2004; Souza, Assis, & Alzuguir, 2002). Um estudo envolvendo mais de nove mil vítimas de abuso encontrou como efeitos da violência o desenvolvimento de transtorno de estresse pós-traumático, depressão, suicídio, promiscuidade sexual, o ciclo de violência (vítima-agressor) e prejuízo no desempenho acadêmico (Paolucci, Genius, & Violato, 2001). Outros problemas comportamentais, físicos e afetivos, como sentimentos de medo e ansiedade, pesadelos, dores de estômago e cefaleia, uso de álcool e drogas, problemas de comportamento, também foram relatados (Myers, 2006). Nem todas as vítimas de violência, contudo, apresentam sintomas no momento da avaliação, por isso é importante considerar a manifestação destes em momentos posteriores. Consequências de longo prazo também se fazem presentes nas vítimas, como problemas de ajustamento e transtornos de personalidade, sendo o borderline o mais comum (Linehan & Dexter-Mazza, 2009). Cohen e Mannarino (2000) demonstram que a elaboração da exposição à experiência sexualmente abusiva pode ser afetada pela cognição individual sobre o evento e também por fatores familiares que envolvem a estabilidade do funcionamento familiar. Isso indicaria que esses fatores influenciariam a intensidade e frequência dos sintomas apresentados pela vítima.

A real prevalência da violência sexual é desconhecida. Entretanto, os dados existentes parecem demonstrar um padrão mais ou menos constante de vitimização ao longo dos anos, que se situa em 10% para os homens e entre 10% e 20% para mulheres (Pereda, Guilera, Forns, & Gómez-Benito, 2009). Uma investigação envolvendo 38 estudos realizados em 21 países concluiu que o abuso sexual continuar a ser um problema generalizado e que merece atenção da sociedade e dos governos (Pereda et al., 2009). Em Porto Alegre, capital do estado do Rio Grande do Sul, Polanczyk, Zavaschi, Benetti, Zenker e Gammerman (2003) se propuseram a pesquisar a prevalência da exposição à violência sexual entre adolescentes estudantes de escolas estaduais, com a aplicação de um questionário a 1.193 adolescentes. Os resultados indicaram que 27 jovens (2,3%) relataram ter sido sexualmente atacados, molestados ou estuprados. Além disso, esse estudo demonstrou que a experiência de violência sexual foi associada a outras violências presentes na comunidade, como a física e a experimentação e o uso de drogas. Esses aspectos reforçam a sobreposição de experiências negativas na vida de alguns adolescentes. Ainda em Porto Alegre, porém mais recentemente, uma pesquisa realizada no contexto clínico observou uma média de 858 casos anuais envolvendo suspeita ou ocorrência de violência sexual contra crianças e adolescentes (Pelisoli, Pires, Almeida, & Dell'Aglio, 2010).

Em uma pesquisa recente sobre violência e atividade sexual desprotegida entre adolescentes menores de 15 anos, Teixeira e Taquette (2010) mostraram que a ocorrência conjunta de diversas formas de violência, como a estrutural e a familiar, amplia a vulnerabilidade das adolescentes e pode contribuir tanto para uma vitimização quanto para atividade sexual precoce desprotegida. Os autores revelaram preocupação com uma provável subnotificação desse tipo de violência. Muitas vezes, essas situações não são comunicadas aos órgãos competentes, por conta de ameaças, do estigma social ou, ainda, por uma descrença no sistema de proteção ou responsabilização do agressor. Segundo os estudiosos, tais aspectos podem contribuir tanto para uma regressão gradual desse tipo de comunicação nos conselhos tutelares como para a criação de um filtro, que priorize situações consideradas mais graves. A subnotificação dificulta a compreensão da real dimensão desse fenômeno e, consequentemente, tem implicações na implantação e implementação de efetivas ações sociais de prevenção (Azambuja, 2005; França-Junior, 2003). De acordo com dados discutidos por Pires e Miyazaki (2005), estima-se que, no Brasil, para cada caso notificado, de 10 a 20 não o são, apesar da obrigatoriedade do registro. O fato é que qualquer situação que envolva violência contra crianças e adolescentes deve ser notificada e adequadamente acompanhada (Brasil, 1990).

Alguns estudos têm identificado fatores de risco para o desenvolvimento associados à violência sexual, como o abuso de álcool e outras drogas, tentativas e ideação suicida, eventos estressores e relacionamento familiar conflituoso (Bastos, Bertoni, & Hacker, 2008; Marcondes Filho et al., 2002; Tavares, Béria, & Lima, 2004). Assim, da mesma forma que é possível verificar a presença de fatores de risco, também se pode identificar fatores de proteção. Como exemplos destes últimos cabe mencionar o apoio social e afetivo do grupo familiar e de amigos, que atuam como mediadores do impacto negativo e auxiliam a vítima em seu processo de recuperação (Habigzang, Azevedo, Koller & Machado, 2006; Lovett, 2004; Plummer, 2006; Sattler, 2011).

A partir dessa mesma perspectiva de identificar fatores de risco e proteção, Fleming, Mullen e Bammer (1996) encontraram que abuso físico, isolamento social, falta de rede de suporte emocional e mãe com doença mental foram fatores que se destacaram por sua associação com abuso sexual na infância. Uma criança cuja mãe apresenta transtornos mentais está em risco maior para negligência e falta de supervisão. Além disso, uma criança que sofre privação emocional acaba por ter necessidade maior de afeto e de atenção, o que a deixa, portanto, mais vulnerável a um abuso. Para o abuso intrafamiliar, os fatores de risco que se destacaram foram pai alcoolista, ausência de adulto cuidador do sexo feminino, abuso físico e inexistência de alguém em quem confiar. Para o abuso extrafamiliar, os preditores significativos foram abuso físico, isolamento social, morte da mãe e mãe alcoolista (Fleming, Mullen & Bammer, 1996).

Outros fatores também são identificados nos estudos de Koller e De Antoni (2004) e Pelisoli (2008) nos diferentes contextos de desenvolvimento. Para essas autoras, no "eu ecológico", os fatores de risco podem ser baixa autocongruência, ambivalência de sentimentos com relação ao abusador, presença de sintomas decorrentes do abuso, afastamento de familiares a partir da institucionalização, falta de consciência sobre o abuso; enquanto entre os fatores de proteção, podem ser citados autocongruência positiva, consciência da violência, gosto por estudos, identificação real e ideal com figura protetiva, identificação negativa com abusador. Já no microssistema, podem ser observados inúmeros fatores de risco, como família numerosa, baixa renda, instabilidade de cuidados, violência conjugal, alto grau de conflito e baixo nível de afetividade entre o casal, abuso físico, psicológico e negligência, alcoolismo e uso de drogas (pai/padrasto), baixa afetividade e alto conflito na relação vítima/abusador, ambivalência da mãe, alto poder do abusador, cronicidade da violência, manutenção do segredo; e, entre os fatores de proteção, podem ser citados relacionamento afetivo com mãe e irmãos, atitude protetiva da mãe, credibilidade da mãe no relato da vítima (filho/filha). Quanto ao mesossistema, os fatores de risco se referem a situações em que há poucas relações de amizade e rede de apoio precária, enquanto na presença dessa rede de apoio na família e escola é possível observar proteção. Um exossistema que apresente fatores como desemprego, instabilidade financeira e pobreza pode constituir risco. Por sua vez, a presença de serviços qualificados de atendimento, programas de abrigamento e recursos da comunidade para a realização da denúncia podem constituir fatores de proteção nesse contexto. Já no macrossistema, ausência de conhecimento do conceito de abuso sexual, ausência de conhecimento sobre direitos, naturalização e banalização da violência e aceitação cultural de posse com relação à mulher e à criança são fatores de risco; e a presença de campanhas contra a violência, políticas de proteção à criança e ao adolescente e uma cultura da infância como etapa que exige cuidados constituem proteção (Koller & De Antoni, 2004; Pelisoli, 2008).

Considerando a complexidade das situações de violência sexual, este capítulo tem por objetivo discutir, com base em estudos de casos, diferentes fatores de risco e proteção relacionados a esse tipo de violência, tanto intrafamiliar como extrafamiliar, perpetrada contra sete adolescentes. Além dos dados referentes à própria violência sofrida, questões como exposição a outros tipos de violência e eventos estressores, clima familiar, autoestima, ideações ou tentativas de suicídio e uso de drogas foram abordadas.

Os casos estudados

Para este estudo, foram selecionados sete casos de adolescentes que tiveram experiência de abuso sexual em uma amostra de 702 adolescentes estudantes de escolas públicas de Porto Alegre, participantes de um estudo maior. A amostra total foi constituída de forma aleatória por conglomerados, com sorteio das escolas e das turmas participantes. Foi utilizado o Questionário da Juventude Brasileira (QJB) (Dell'Aglio, Koller, Cerqueira-Santos & Colaço, 2009), que é composto por 77 questões, incluindo itens dicotômicos e escalas Likert e aspectos demográficos, assim como fatores de risco e proteção para adolescentes. Especificamente para esta pesquisa, foram observadas as questões do questionário referentes à violência sexual e analisadas as variáveis de risco e proteção presentes nos contextos de inserção desses jovens. Para selecionar os adolescentes participantes do estudo, foram utilizadas como critério as respostas positivas dos participantes às questões 31 e 62, itens "d" e "e", que abordavam situações em que o participante havia experienciado violência sexual com sua família (intrafamiliar) ou fora de casa (extrafamiliar). Nos casos selecionados, foram avaliadas as respostas às questões que se referem, respectivamente, à própria violência sexual sofrida (questões 31 e 62, itens "d" e "e"), a outros tipos de violência sofrida (questões 31 e 62, itens "a", "b" e "c"), ao clima familiar (questão 77), à autoestima (questão 74), a eventos estressores (questão 63), a ideações ou tentativas de suicídio (questões 66 e 67, respectivamente) e ao uso de drogas no último mês (questão 36). A questão 74 foi constituída pelos itens da Escala de Autoestima de Rosenberg (1965), adaptada por Reppold e Hutz (2002). Essa escala mensura a autoestima por meio de dez questões fechadas que avaliam aspectos positivos (Exemplo: "Eu tenho motivos para me orgulhar na vida") e negativos (Exemplo: "Eu sinto vergonha de ser do jeito que sou") do autovalor. As perguntas estão dispostas no formato Likert de cinco pontos, variando entre "Nunca" e "Sempre".

Também foi utilizado o Inventário do Clima Familiar elaborado por Teodoro, Allgayer e Land (2009), composto de 22 itens que investigam o clima familiar por meio de quatro fatores, a saber, coesão (5 itens), apoio (5 itens), hierarquia (6 itens) e conflito (6 itens). As questões estão dispostas no formato Likert de cinco pontos e variam entre "Não concordo de jeito nenhum" e "Concordo plenamente". Segundo os autores do instrumento, os fatores coesão e apoio correspondem a um clima positivo, enquanto hierarquia e conflito correspondem a um clima negativo.

Dessa forma, participaram deste estudo sete estudantes de escolas públicas de Porto Alegre, entre 13 e 18 anos, que responderam ao Questionário da Juventude Brasileira e indicaram ter sido vítimas de violência sexual. Apenas um dos participantes era do sexo masculino. Quatro participantes responderam que vivenciaram situações de violência sexual fora do contexto familiar e três indicaram ter sido vítimas de violência sexual dentro da própria família, envolvendo, portanto, pessoas conhecidas e de confiança. A Tabela 1 apresenta as principais informações dos participantes.

Tabela 1. Dados sociodemográficos e características da violência sexual

Participantes	Sexo	Idade	Escolaridade	Violência sexual	Abusador
1	M	16	Ens. Médio	Intrafamiliar	Avô
2	F	18	Ens. Médio	Intrafamiliar	Avô
3	F	13	Ens. Fund.	Intrafamiliar	Padrasto
4	F	14	Ens. Médio	Extrafamiliar	Amigo
5	F	15	Ens. Fund.	Extrafamiliar	Desconhecido
6	F	18	Ens. Médio	Extrafamiliar	Vizinho
7	F	13	Ens. Fund.	Extrafamiliar	Amigo

Todos os cuidados éticos referentes à conduta na pesquisa com seres humanos foram considerados neste estudo, atendendo à Resolução 196/96 do Conselho Nacional de Saúde. A investigação foi aprovada pelo Comitê de Ética do Instituto de Psicologia da Universidade Federal do Rio Grande do Sul (UFRGS), sob o protocolo n° 2009060. Foi solicitada a autorização das instituições educacionais para a realização da pesquisa. Os pais ou responsáveis legais pelos adolescentes que autorizaram a participação na pesquisa manifestaram sua anuência por meio da assinatura do termo de consentimento livre e esclarecido, e os estudantes deram seu assentimento quanto a participar.

Resultados e discussão

As situações analisadas se distinguem com relação a dois aspectos principais, envolvendo o contexto onde a violência sexual ocorreu (intra ou extrafamiliar) ou, mais especificamente, considerando se o autor da agressão era alguém com quem os participantes tinham laços familiares ou não. Os estudos indicam uma ocorrência maior de violência sexual envolvendo o contexto familiar (Araújo, 2002; Faleiros, 2003). Nos casos analisados, entretanto, observou-se que as situações de violência sexual perpetradas por alguém de fora da família tiveram uma ocorrência maior. Isso pode ser justificado pelo fato de os pais ou responsáveis precisarem fornecer a anuência relativa à participação do adolescente na pesquisa por meio da assinatura no termo de consentimento livre e esclarecido. Sendo assim, se houvesse situações em que pais ou responsáveis fossem os perpetradores da violência sexual, estes provavelmente não teriam fornecido a anuência para a participação do adolescente na pesquisa. Tendo isso em vista, pode estar ocorrendo um viés metodológico nesta pesquisa, fazendo com que as situações de violência intrafamiliar estejam sub-representadas. Além disso, tais ocorrências parecem mobilizar maior intensidade de afetos negativos, que poderiam dificultar a revelação do fato pelo adolescente neste contexto de aplicação coletiva por meio de um instrumento de pesquisa na escola.

Nessa etapa do ciclo vital, os pares ganham maior importância na vida do adolescente. Trata-se de uma característica marcante da adolescência: a aproximação dos amigos e o distanciamento dos pais. A necessidade de individuação e de separação dos progenitores faz parte daquilo que Maurício Knobel chama de síndrome normal da adolescência. Nessa teoria, a separação progressiva dos pais é caracterizada por uma "ambivalência dual": pais e filhos querem e temem, ao mesmo tempo, o crescimento (Aberastury & Knobel, 1990). A partir disso, consegue-se inferir que alguns participantes tenham optado pela não revelação, uma vez que estavam no contexto escolar, com os colegas ao redor. Mesmo que tenham sido abordadas as questões de sigilo e ética com os grupos em que eram aplicados os instrumentos, os adolescentes podem ter omitido informações, para evitar uma possível consequência em forma de iniciativa da equipe de pesquisa para garantir sua proteção. Ainda há a possibilidade de que, em alguns casos, os próprios indivíduos vitimizados tenham escolhido não participar do estudo.

O número de situações de violência sexual identificadas na presente pesquisa é um aspecto que deve ser ponderado. Dos 702 questionários analisados, apenas sete apontaram a vivência de violência sexual, o que corresponde a cerca de 1%. Como referido anteriormente, diversos estudos apontam a frequência de situações envolvendo violência sexual contra crianças e adolescentes (Costa, Souza, Castanha, & Lima, 2009; Faleiros, 2003; Faleiros, Matias, & Bazon, 2009; França-Junior, 2003; Habigzang et al., 2005). Entretanto, é preciso refletir quanto ao fato de que muitas dessas investigações são realizadas com participantes que frequentam algum serviço de saúde ou instituições responsáveis pela notificação dessas situações. O contexto onde a pesquisa é realizada, por permitir o acesso aos participantes, é um viés importante a ser analisado. Se, por um lado, ao expandir para contextos mais amplos de coleta de dados, como a escola, é possível que a violência sexual não se mostre de forma tão expressiva, por outro lado, reunir dados nesse espaço pode facilitar o acesso às situações que ainda não foram notificadas às autoridades. Polanczyk et al. (2003) já haviam comentado a importância de realizar pesquisas sobre a temática da violência sexual, incluindo outros ambientes que não os clínicos.

Outro aspecto que possivelmente limitou a identificação de situações de violência sexual diz respeito ao próprio questionário, que não foi elaborado exclusivamente com esse objetivo e continha grande número de questões que exploravam diversos aspectos da vida de adolescentes. Além disso, alguns participantes podem não ter compreendido a questão que abordava a ocorrência de violência sexual. A falta de informação ou consciência sobre o que é violência ou abuso sexual também tem sido identificada como um obstáculo à identificação dessas situações (Azevedo, 2001; Crisma, Bascelli, Paci, & Romito, 2004). Nesse sentido, algumas iniciativas que abordam a questão da prevenção da violência contra crianças e adolescentes destacam a necessidade de se trabalhar nas escolas e com os profissionais e estudantes, fornecendo informações e orientação a esse respeito (Brino & Williams, 2003, 2009; Padilha & Williams, 2009). Dado importante a ser destacado é que o instrumento utilizado neste estudo não se baseava em um conceito amplo de violência sexual, como proposto pela WHO (2004). O questionário perguntava aos participantes se eles haviam tido "relações sexuais forçadas" na família e fora dela ou se alguém havia "mexido em seu corpo". Entretanto, não incluía claramente outros acontecimentos que poderiam ser classificados como violência sexual, como, por exemplo, exposição a material ou filmes pornográficos. Dessa forma, é lógico pensar que quanto mais restrito for o conceito de abuso utilizado, menos vítimas poderão ser identificadas. Por outro lado, se partirmos do pressuposto de que a violência sexual de fato inclui outros comportamentos, muitas vezes mais sutis e que nem sempre incluem contato físico, certamente novas vítimas serão identificadas. Há, portanto, uma ampla variação dos dados apresentados na literatura, tendo em vista a existência de diferentes definições utilizadas pelos pesquisadores, técnicas de amostragem e métodos de coleta de dados (Fassler, Amodeo, Griffin, Clay, & Ellis, 2005). Outro aspecto relacionado a esse resultado é a ideia de que grande parte dos casos permanece desconhecida, uma vez que muitas vítimas optam por nunca revelar que sofreram a violência. A subnotificação da violência sexual é um aspecto bastante apontado na literatura (Gonçalves & Ferreira, 2002).

Por meio da análise dos questionários, também foi possível identificar, entre os participantes que tiveram a experiência de abuso sexual, outras formas de violência, como abuso psicológico e físico nas relações familiares, além da ocorrência de eventos estressores, como se pode observar na Tabela 2. Nos casos de violência sexual extrafamiliar (casos 4, 5, 6 e 7), não foram identificadas situações de violência na família. Por outro lado, em todos os casos de violência sexual intrafamiliar, também estavam presentes outros tipos de violência. Nos casos 1 e 2, foram identificadas situações de violência física, enquanto no caso 3, além da violência física, foi identificada a violência psicológica. Isso está de acordo com a literatura científica, que mostra que as crianças e adolescentes submetidos a abusos sexuais intrafamiliares são, na maioria dos casos, também vítimas de negligências, abusos emocionais e abusos físicos (Habigzang & Caminha, 2004). Uma possível justificativa para isso está no fato de que a punição física é, ainda, uma prática frequente utilizada pelos pais na educação dos filhos (Brito, Zanetta, Mendonça, Barison, & Andrade, 2005; Weber, Viezzer, & Brandenburg, 2004). Sendo assim, algumas famílias se utilizam de estratégias educativas que contribuem para a naturalização e reprodução da violência no sistema familiar (Narvaz & Koller, 2004). Ademais, a falta de conhecimento dos pais sobre outras estratégias educativas e quanto ao desenvolvimento cognitivo e emocional das crianças pode contribuir para a prática de ações coercitivas na educação dos filhos. Esse modelo de educação, baseado em punições físicas, é transmitido de uma geração a outra por meio de um ciclo vicioso difícil de ser quebrado e questionado, uma vez que frequentemente é acompanhado pela suspensão imediata do comportamento da criança, o que reforça o ato de bater (Weber et al., 2004).

Tabela 2. Violência na família e eventos estressores identificados

Participantes	Violências dentro da família	Eventos estressores
1	Agressão com objetos (mãe)	Falecer alguém importante
2	Soco e surras (irmãos)	Baixo nível econômico da família Falecer alguém importante
3	Ameaça e humilhação (mãe) Agressão com objetos (mãe)	Fugir de casa Dormir na rua Sofrer grave acidente Falecer alguém importante Passar fome
4	Não	Separação dos pais Falecer alguém importante
5	Não	Falecer alguém importante
6	Não	Falecer alguém importante Problemas com a justiça
7	Não	Falecer alguém importante

Quanto aos eventos estressores, a Tabela 2 também demonstra que todos os sujeitos passaram por situações estressantes. O caso 3, especificamente, foi o que apresentou maior quantidade desses eventos. O fato de a adolescente ter passado fome e dormido na rua pode ser relacionado a uma violência estrutural, o que assinala uma condição precária de sobrevivência que talvez esteja presente na história de algumas famílias com vítimas de violência sexual (Minayo, 1994). Considerando que todos os adolescentes estudados sofreram eventos estressores, pode-se destacar que a violência sexual é mais um entre outros problemas que a família tem de enfrentar, especialmente em situações de baixas condições socioeconômicas. No entanto, a violência sexual é um problema que ocorre em todos os contextos e classes (Caminha, 1999; Day et al., 2003). Além disso, apesar de ser mais evidente nas classes menos favorecidas, pressupõe-se que a violência sexual é um crime ainda mais subnotificado nas classes mais altas, que evitam a exposição e o julgamento social e legal associado a ele. Por medo de rompimentos e separações, a família, muitas vezes, opta pelo silêncio (Baptista, França, Costa, & Brito, 2008). Portanto, a subnotificação da violência, como uma realidade brasileira, envolve tanto dificuldades de nível técnico (como o sigilo e o medo do profissional de sofrer consequências legais) quanto questões da própria família, que pode sentir-se ameaçada ou protegida pela notificação (Gonçalves & Ferreira, 2002). Essa tendência a negar a violência é reforçada pela impunidade, pelo fracasso dos órgãos responsáveis, assim como pelo silêncio dos envolvidos, sejam eles vítimas, familiares, agressores ou profissionais (Araújo, 2002; Furniss, 1993).

Nos casos estudados, foram também avaliadas as percepções sobre clima familiar e autoestima. O clima familiar diz repeito à percepção da qualidade dos relacionamentos intrafamiliares (Teodoro et al., 2009). A autoestima, por sua vez, foi definida por Rosenberg (1965) como a avaliação do indivíduo sobre seu próprio valor e adequação, o que se reflete em sentimentos, pensamentos e atitudes de aprovação ou desaprovação de si mesmo (Sbicigo, Bandeira, & Dell'Aglio, 2011).

A Tabela 3 apresenta os escores finais de cada participante no Inventário do Clima Familiar e na Escala de Autoestima. Para a obtenção da pontuação final em cada instrumento, foram seguidas as instruções dos autores Sbicigo et al. (2011) e Teodoro et al. (2009).

Tabela 3. Escores finais nos instrumentos clima familiar e autoestima

Participantes	Clima familiar	Autoestima
1	72.2	40
2	82.8	42
3	71.0	30
4	65.6	61
5	95.4	87
6	93.6	82
7	96.4	83

Como os casos destacados nesta investigação foram selecionados com base em um estudo maior, optou-se por utilizar os dados da amostra da pesquisa maior como parâmetro para analisar os resultados apresentados nos instrumentos que avaliaram o clima familiar e a autoestima. Na amostra de adolescentes de Porto Alegre, segundo a pesquisa realizada por Sbicigo (2011), o clima familiar foi classificado como positivo (pontuação igual ou superior a 98), moderado (pontuação entre 81 e 97) e negativo (pontuação igual ou inferior a 80). Transpondo esses resultados para uma análise qualitativa dos casos apresentados, pode-se observar (Tabela 3) que nenhum dos casos analisados participa de uma família cujo clima é percebido como positivo. A percepção desses adolescentes com relação ao clima familiar pode estar associada ao próprio período da adolescência, uma vez que é esperado nessa etapa do ciclo vital que, ao buscar sua autonomia, os jovens questionem as regras e o funcionamento familiar. Diante dessas novas demandas nas relações familiares, os conflitos geracionais (entre pais e filhos) podem ocorrer com frequência maior, diminuindo, muitas vezes, ao final da adolescência, pois a família tende a apresentar um aumento da flexibilidade em seu funcionamento, aceitando as mudanças, sem comprometer a autoridade parental, em um esforço para manter a harmonia familiar (Preto, 1995; Wagner, Falke, Silveira & Mosmann, 2002). No entanto, o fato de que os adolescentes investigados só terem apontado médias moderadas e baixas pode indicar a presença de dificuldades no âmbito familiar.

Enquanto os três últimos casos percebem o clima familiar como moderado, os quatro primeiros o consideram negativo. É importante observar que, desses que percebem o clima familiar negativo, três alegaram a ocorrência de violência dentro da família, como visto na Tabela 2. Alguns estudos sobre violência nas relações familiares destacam a existência de um padrão de funcionamento no qual as estruturas (conflito, hierarquia, coesão e apoio) que compõem o sistema familiar são influenciadas pelas interações entre os membros da família, revelando baixos níveis de afetividade e proximidade entre seus membros e altos níveis de conflito e poder hierárquico de uns membros sobre outros em situações de violência (De Antoni, 2005; Pelisoli & Dell'Aglio, 2007). Ainda, o fato de que todos os participantes vítimas de violência sexual intrafamiliar pontuaram baixos escores em clima familiar sugere que o clima familiar negativo pode ser considerado um fator de risco para a ocorrência do abuso. Outros trabalhos sobre famílias com abuso sexual apontam características de disfuncionalidade, baixa coesão e níveis elevados de conflito (Cecil & Matson, 2001; Fassler et al., 2005; Pfeiffer & Salvagni, 2005). Entretanto, é interessante notar que os casos que apresentaram maiores pontuações no clima familiar (participantes 5, 6, e 7) foram os mesmos que obtiveram pontuações maiores na escala de autoestima. Do mesmo modo, menores pontuações no clima familiar corresponderam a menores pontuações em autoestima. O resultado indica uma relação entre autoestima e clima familiar, que deve ser avaliada e confirmada em estudos quantitativos. De fato, já foi demonstrado na literatura científica que as relações estabelecidas com outros e, sobretudo, com a família são particularmente importantes para a construção de autoconceitos positivos (Peixoto, 2004). Além disso, relações conflituosas e baixa afetividade dentro da família parecem contribuir para afetos negativos e uma autocongruência negativa (Pelisoli, Teodoro, & Dell'Aglio, 2007; Scodelário, 2002). No caso dos três participantes que sofreram violência sexual intrafamiliar, foram verificados os menores escores em autoestima. Esses resultados podem estar indicando uma degradação dos relacionamentos ou pelo menos a influência do abuso na percepção sobre o clima familiar e sobre si mesmo. Sabendo que a família é um importante mediador das consequências da violência sexual, destaca-se que essas relações constituem importante fator de risco para o desenvolvimento dos adolescentes, que deveriam encontrar na família o apoio necessário para o enfrentamento da violência vivenciada.

A Tabela 4 apresenta o uso de drogas no último mês, bem como ideações e tentativas de suicídio. Sabe-se que esses problemas são frequentes nessa etapa da vida, especialmente entre jovens que sofreram abuso sexual (Bastos et al., 2008; Marcondes Filho et al., 2002; Tavares et al., 2001, 2004). Cinco dos sete participantes apresentaram uso de drogas no último mês, com destaque para bebida alcoólica, presente em quatro desses cinco casos. De fato, o álcool é a droga mais consumida entre os adolescentes (Pechansky, Szobot, & Scivoletto, 2004). No entanto, o elevado número de participantes que ingeriram drogas pode estar relacionado à etapa da adolescência, uma vez que esta é a faixa etária de maior vulnerabilidade para a experimentação de drogas, tanto as lícitas quanto as ilícitas (Baus, Kupek, & Pires, 2002; Tavares et al., 2001).

Tabela 4. Uso de drogas no último mês, ideação e tentativa de suicídio

Part.	Uso de drogas no último mês	Ideação suicida	Tentativa de suicídio
1	Bebida alcoólica, anabolizante e remédio para ficar "doidão"	Não	Não
2	Maconha	Não	Não
3	Não	Sim (duas vezes)	Não
4	Bebida alcoólica e remédio para ficar "doidão"	Sim (várias vezes)	Sim (três: facas, remédios ou veneno e fogo)
5	Bebida alcoólica e remédio para emagrecer	Não	Não
6	Não	Não	Não
7	Bebida alcoólica e cigarro	Sim (várias vezes)	Não

Por sua vez, a ideação suicida esteve presente nos casos 3, 4 e 7. Chama a atenção o fato de os casos 3 e 4 terem apresentado mais baixa autoestima quando comparados aos dos outros sujeitos da pesquisa. De fato, já foi demonstrado que aspectos referentes à baixa autoestima estão positivamente relacionados com a presença de ideações suicidas (Vaz Serra & Pocinho, 2001). Sendo assim, a concepção que o sujeito tem acerca de si mesmo influencia suas expectativas a respeito da vida e de seu desejo de viver. Entre as consequências adversas ocasionadas pela vitimização sexual, ideação e tentativa de suicídio assumem importância crucial. Fassler et al. (2005) revisaram trabalhos que demonstraram maior incidência de depressão e tentativas de suicídio em mulheres que foram vítimas de violência na infância em comparação com aqueles que não foram vitimizadas. Outros autores também apontam a possibilidade de risco de suicídio como uma consequência da vitimização sexual em crianças e adolescentes. Para Sanderson (2005), algumas vítimas de abuso apresentam comportamentos autopunitivos e buscam se ferir como resposta ao trauma. Habigzang (2010) também aponta os comportamentos de machucar a si mesmo e o suicídio como consequências possíveis. Um recente estudo com adolescentes jamaicanos demonstrou a clara correlação entre sofrer abuso sexual e apresentar ideação suicida (Kukoyi, Shuaib, Campbell-Forrester, Crossman, & Jolly, 2010): dos adolescentes que fizeram alguma tentativa de suicídio, 33% relataram ter sofrido abuso sexual ou ter alguém na família que o sofreu; e, daqueles que tiveram ideação suicida, 29,4% tinham sofrido esse tipo de violência.

Considerações finais

Este trabalho investigou fatores de risco e proteção presentes em sete casos de adolescentes vítimas de violência sexual. Fatores de risco são compreendidos como obstáculos individuais ou ambientais que aumentam a vulnerabilidade da criança a resultados negativos no seu desenvolvimento (Pesce et al., 2004). Por sua vez, fatores de proteção incluem variáveis individuais e familiares relacionadas ao apoio do meio ambiente (Pesce et al., 2004). Nesses sete casos, foram identificados como fatores de risco: baixa autoestima, uso de drogas, ideação e tentativa de suicídio, presença de eventos negativos de vida e exposição a outras formas de violência. Como fatores de proteção, destacaram-se: relações familiares positivas e elevada autoestima, observadas em alguns dos casos.

Este estudo soma evidências para discutir o papel das relações familiares na proteção desses adolescentes e levantar aspectos que merecem maior investigação e atenção, tanto de profissionais que atuam diretamente com as vítimas de violência em um contexto clínico quanto de pesquisadores que se dedicam a estudar tal fenômeno. São necessárias ações que possibilitem a minimização do impacto da vitimização sexual, uma vez que esses sujeitos estão expostos a inúmeros danos. Uso de drogas, ideação e tentativa de suicídio, outros eventos negativos de vida e exposição a outras violências são graves aspectos associados à violência sexual que podem direcionar essas vítimas a um "caminho sem volta". Família e sociedade são responsáveis pelo bem-estar, cuidado, saúde e proteção de crianças e adolescentes e hão de se tornar cada vez mais conscientes dos problemas "em cascata" que são causados pela vitimização sexual.

Para que sejam assegurados e garantidos todos os cuidados que crianças e adolescentes têm por direito, é preciso que a família tenha condições para poder desempenhar adequadamente suas funções protetivas. No intuito de cumprir tal função, muitas famílias superam as dificuldades decorrentes da condição de desigualdade social, que tem origem na violência estrutural (Pedersen & Grossi, 2011).

Perpetrada dentro do contexto familiar ou por desconhecidos, a violência sexual não afeta apenas a vítima de forma isolada, mas sua família e a sociedade como um todo. Portanto, compreender os diferentes fatores associados à manifestação dessa violência tem constituído estratégia importante para embasar ações de prevenção e enfrentamento.

A origem e o desencadeamento de situações de abuso contra crianças e adolescentes estão relacionados a diversos fatores, sejam estes individuais e familiares ou ainda de ordem macrossocial (Belsky, 1980; Gomes, Deslades, Veiga, Behring, & Santos, 2002). Dessa forma, apenas um modelo explicativo não consegue dar conta da complexidade do problema. Os maus-tratos contra a criança são um fenômeno sociopsicológico e multideterminado (Belsky, 1980). Entendendo a influência de diferentes fatores, conclui-se que a violência sexual envolve necessariamente a atuação de diversas áreas de conhecimento: Serviço Social, Psicologia, Direito, Medicina etc. A interação entre os profissionais de cada área, instituições e famílias é o que pode contribuir para a proteção e a reabilitação das vítimas. A identificação de fatores de risco e proteção nesses casos pode fornecer importantes dados que possibilitem formular estratégias preventivas, a fim de diminuir o risco de abuso e/ou minimizar o impacto na vida das vítimas.

Referências

Aberastury, A., & Knobel, M. (1990). *Adolescência normal*. Porto Alegre: Artes Médicas.

Araújo, M. F. (2002). Violência e abuso sexual na família. *Psicologia em Estudo, 7*(2), 3-11.

Azambuja, M. P. R. (2005). Violência doméstica: reflexões sobre o agir profissional. *Psicologia: Ciência e Profissão, 25*(1), 4-13.

Azevedo, E. C. (2001). Atendimento psicanalítico a crianças e adolescentes vítimas de abuso sexual. *Psicologia: Ciência e Profissão, 21*(4), 66-77.

Azevedo, M. A., & Guerra, V. N. A. (1989). *Crianças vitimizadas: a síndrome do pequeno poder*. São Paulo: IGLU.

Baptista, R. S., França, I. S. X., Costa, C. M. P., & Brito, V. R. S. (2008). Caracterização do abuso sexual em crianças e adolescentes notificado em um Programa Sentinela. *Acta Paulista de Enfermagem, 21*(4), 602-608.

Bastos, F. I, Bertoni, N., & Hacker, M. A. (2008). Consumo de álcool e drogas: principais achados de pesquisa de âmbito nacional. *Revista de Saúde Pública, 42*(supl.1), 109-117.

Baus, J., Kupek, E., & Pires, M. (2002). Prevalência e fatores de risco relacionados ao uso de drogas entre escolares. *Revista de Saúde Pública, 36*(1), 40-46.

Belsky, J. (1980). Child maltreatment: an ecological integration. *American Psychologist, 35*(4), 320-335.

Borges, J. L., & Dell'Aglio, D. D. (2008). Relações entre abuso sexual na infância, transtorno de estresse pós-traumático (TEP) e prejuízos cognitivos. *Psicologia em Estudo, 13*(2), 371-379.

Brasil (1990). *Lei Federal nº. 8.069/1990 de 13 de julho de 1990.* Dispõe sobre o Estatuto da Criança e do Adolescente e dá outras providências. Publicada dia 16 de julho de 1990 no Diário Oficial.

Brino, R., F., & Williams, L. C. A. (2003). Concepções da professora acerca do abuso sexual infantil. *Cadernos de Pesquisa, 119*, 113-128.

Brino, R., F., & Williams, L. C. A. (2009). Professores como agentes de prevenção do abuso sexual infantil: detalhamento de um programa de capacitação. In L. C. A. Williams, & E. A. C. Araújo (Eds.), *Prevenção do abuso sexual infantil: um enfoque interdisciplinar* (pp. 112-127). Curitiba: Juruá.

Brito, A. M. M., Zanetta, D. M. T., Mendonça, R. C. V., Barison, S. Z. P., & Andrade, V. A. G. (2005). Violência doméstica contra crianças e adolescentes: estudo de um programa de intervenção. *Ciência e Saúde Coletiva, 10*(1), 143-149.

Caminha, R. (1999). A violência e seus danos a crianças e adolescentes. In AMENCAR (Ed.), *Violência doméstica* (pp. 43-60). Brasília: UNICEF.

Cecil, H., & Matson, S. C. (2001). Psychological functioning and family discord among African American adolescent females with and without a history of childhood sexual abuse. *Child Abuse & Neglect,* 25, 973-988.

Cohen, J. A., & Mannarino, A. P. (2000). Predictors of treatment outcome in sexually abused children. *Child Abuse & Neglect, 24*(7), 983-994.

Comitê Nacional de Enfrentamento à Violência Sexual contra Crianças e Adolescentes (CNEVSCA). (2006). *Plano nacional de enfrentamento da violência sexual infanto-juvenil: relatório do monitoramento 2003-2004.* Brasil: UNICEF. Recuperado em 10 janeiro de 2011, de http://www1.direitoshumanos.gov.br/spdca/publicacoes/.arquivos/.spdca/plano_nac_parte1.pdf.

Costa, L. F., Penso, M. A, & Almeida, T. M. C. (2008). O grupo multifamiliar: uma intervenção no abuso sexual infantil e adolescente. In L. F. Costa, & H. G. D. de Lima (Eds.), *Abuso sexual: a justiça interrompe a violência* (pp. 35-52). Brasília: Líber Livro.

Costa, L., Souza, L. R. P., Castanha, N., & Lima, T. S. (2009). *Disque 100: cem mil denúncias e um retrato da violência sexual infanto-juvenil.* Brasília: Secretaria Especial de Direitos Humanos.

Crisma, M., Bascelli, E., Paci, D., & Romito, P. (2004). Adolescents who experienced sexual abuse: fears, needs and impediments to disclosure. *Child Abuse & Neglect, 28,* 1035-1048.

Day, V. P., Telles, L. E. B., Zoratto, P. H., Azambuja, M. R. F., Machado, D. A., Silveira, M. B. et al. (2003). Violência doméstica e suas diferentes manifestações. *Revista de Psiquiatria do Rio Grande do Sul, 25*(1), 9-21.

De Antoni, C. (2005). *Coesão e hierarquia em famílias com história de abuso físico.* Tese de doutorado. Universidade Federal do Rio Grande do Sul. Porto Alegre, Brasil.

De Antoni, C., & Koller, S. H. (2002). Violência doméstica e comunitária. In M. L. J. Contini, S. H. Koller, & M. N. S. Barros (Eds.), *Adolescência & psicologia: concepções, práticas e reflexões críticas* (pp. 85-91). Rio de Janeiro: Conselho Federal de Psicologia.

Dell'Aglio, D., Koller, S., Cerqueira-Santos, E., & Colaço, V. F. R. (2009). *Estudo nacional sobre fatores de risco e proteção na juventude brasileira*. Projeto de pesquisa. Conselho Nacional de Desenvolvimento Científico e Tecnológico – CNPq.

Faleiros, E. (2003). *Abuso sexual contra crianças e adolescentes: os (des)caminhos da denúncia*. Brasília: Presidência da República, Secretaria Especial dos Direitos Humanos.

Faleiros, J. M., Matias, A. S. A., & Bazon, M. R. (2009). Violência contra crianças na cidade de Ribeirão Preto, São Paulo, Brasil: a prevalência dos maus-tratos calculada com base em informações do setor educacional. *Cadernos de Saúde Pública, 25*(2), 337-348.

Fassler, I. R., Amodeo, M., Griffin, M. L., Clay, C. M., & Ellis, M. A. (2005). Predicting long-term outcomes for women sexually abused in childhood: contributions of abuse severity versus family environment. *Child Abuse & Neglect, 29*, 269-284.

Ferrari, D. C. A. (2002). Visão histórica da infância e a questão da violência. In D. C. A. Ferrari & T. C. C. Vecina (Eds.), *O fim do silêncio na violência familiar – teoria e prática* (pp. 23-56). São Paulo: Ágora.

Fleming, J., Mullen, P., & Bammer, G. (1996). A study of potential risk factors for sexual abuse in childhood. *Child Abuse and Neglect, 21*(1), 49-58.

França-Junior, I. (2003). Abuso sexual na infância: compreensão a partir da epidemiologia e dos direitos humanos. *Interface – comunicação, saúde, educação, 7*(12), 23-38.

Furniss, T. (1993). *Abuso sexual da criança: uma abordagem multidisciplinar*. Porto Alegre: Artes Médicas.

Gomes, R., Deslades, S. F., Veiga, M. M., Bhering, C., & Santos, J. F. C. (2002). Por que as crianças são maltratadas?: explicações para a prática de maus-tratos infantis na literatura. *Cadernos de Saúde Pública, 19*(3), 707-714.

Gonçalves, H. S., & Ferreira, A. L. (2002). A notificação da violência intrafamiliar contra crianças e adolescentes por profissionais da Saúde. *Cadernos de Saúde Pública, 18*(1), 315-319.

Habigzang, L. F. (2010). *Avaliação de impacto e processo de um modelo de grupoterapia cognitivo-comportamental para meninas vítimas de abuso sexual*. Tese de doutorado. Universidade Federal do Rio Grande do Sul. Porto Alegre, RS, Brasil.

Habigzang, L. F., & Caminha, R. M. (2004). *Abuso sexual contra crianças e adolescentes: conceituação e intervenção clínica*. São Paulo: Casa do Psicólogo.

Habigzang, L. F., & Koller, S. H. (2006). Terapia cognitivo-comportamental e promoção de resiliência para crianças e adolescentes vítimas de violência sexual intrafamiliar. In D. D. Dell'Aglio, S. H. Koller, & M. A. M. Yunes (Eds.), *Resiliência e psicologia positiva: interfaces do risco à proteção*. (pp. 233-258). São Paulo: Casa do Psicólogo.

Habigzang, L. F., Azevedo, G. A., Koller, S. H., & Machado, P. X. (2006). Fatores de risco e de proteção na rede de atendimento a crianças e adolescentes vítimas de violência sexual. *Psicologia: Reflexão e Crítica, 19*(3), 379-386.

Habigzang, L. F., Koller, S. H., Azevedo, G. A., & Machado, P. X. (2005). Abuso sexual infantil e dinâmica familiar: aspectos observados em processos judiciais. *Psicologia: Teoria e Pesquisa, 21*(3), 341-348.

Jewkes, R., Sen, P., & Garcia-Moreno, C. (2002). Sexual violence. In E. G. Krug, L. L. Dahlberg, J. A. Mercy, A. B. Zwi, & R. Lozano (Eds.), *World report on violence and health* (pp. 147-174). Genebra: World Health Organization (WHO). Recuperado em 22 junho de 2010, de http://whqlibdoc.who.int/hq/2002/9241545615.pdf.

Koller, S. H., & De Antoni, C. (2004) Violência intrafamiliar: uma visão ecológica. In S. H. Koller (Ed.), *Ecologia do desenvolvimento humano: pesquisa e intervenção no Brasil* (pp. 293-310). São Paulo: Casa do Psicólogo.

Krug, E. G., Dahlberg, L. L., Mercy, J. A., Zwi, A. B., & Lozano, R. (2002). *World report on violence and health*. Genebra: World Health Organization – WHO. Recuperado em 22 junho de 2010, de: http://whqlibdoc.who.int/hq/2002/9241545615.pdf.

Kukoyi, O. Y., Shuaib, F. M., Campbell-Forrester, S., Crossman, L., & Jolly, P. E. (2010). Suicidal ideation and suicide attempt among adolescents in Western Jamaica. *Crisis, 31*(6), 317-327.

Linehan, M., & Dexter-Mazza, E. T. (2009). Terapia comportamental dialética para transtorno da personalidade borderline. In D. H. Barlow (Ed.), *Manual clínico dos transtornos psicológicos: tratamento passo a passo* (pp. 366-421). Porto Alegre: Artmed.

Lovett, B. B. (2004). Child sexual abuse disclosure: maternal response and other variables impacting the victim. *Child and Adolescent Social Work Journal, 21*(4), 355-371.

Marcondes Filho, W., Mezarroba, L., Turini, C. A., Koike, A., Motomatso, A., Junior Shibayama, E. E. M. et al. (2002). Tentativas de suicídio por substâncias químicas na adolescência e juventude. *Adolescência Latinoamericana, 3*(2), 0-0.

Minayo, M. C. S. (1994). A violência social sob a perspectiva da saúde pública. *Cadernos de Saúde Pública, 10*(1), 7-18.

Myers, J. E. B. (2006). *Child protection in America: past, present and future.* New York: Oxford University Press.

Narvaz, M. G., & Koller, S. H. (2004). O modelo bioecológico do desenvolvimento humano. In S. H. Koller (Ed.), *Ecologia do desenvolvimento humano: pesquisa e intervenção no Brasil* (pp. 51-65). São Paulo: Casa do Psicólogo.

Padilha, M. G. S., & Gomide, P. I. C. (2004). Descrição de um processo terapêutico em grupo para adolescentes vítimas de abuso sexual. *Estudos de Psicologia, 9*(1), 53-61.

Padilha, M. G. S., & Williams, L. C. A. (2009). Intervenção escolar para prevenção do abuso sexual com estudantes pré-adolescentes e adolescentes. In L. C. A. Williams, & E. A. C. Araújo (Eds.), *Prevenção do abuso sexual infantil: um enfoque interdisciplinar* (pp. 128-135). Curitiba: Juruá.

Paolucci, O. E., Genuis, M. L., & Violato, C. (2001). A meta-analysis of the published research on the effects of child sexual abuse. *Journal of Psychology, 135*(1), 17-36.

Pechansky, F., Szobot, C. M., & Scivoletto, S. (2004). Uso de álcool entre adolescentes: conceitos, características epidemiológicas e fatores etiopatogênicos. *Revista Brasileira de Psiquiatria, 26*(1), 14-17.

Pedersen, J. R., & Grossi, P. K. (2011). O abuso sexual intrafamiliar e a violência estrutural. In M. R. F. Azambuja, & M. H. M. Ferreira

(Eds.), *Violência sexual contra crianças e adolescentes* (pp. 25-34). Porto Alegre: Artmed.

Peixoto, F. (2004). Qualidade das relações familiares, autoestima, autoconceito e rendimento académico. *Análise Psicológica, XXII,* 253-244.

Pelisoli, C., & Dell'Aglio. (2007). Características familiares no contexto do abuso sexual intrafamiliar. In C. Hutz (Ed.), *Prevenção e intervenção em situações de risco e vulnerabilidade* (pp. 205-246). São Paulo: Casa do Psicólogo.

Pelisoli, C. (2008). *Entre o público e o privado: abuso sexual, família e rede de atendimento*. Dissertação de mestrado. Universidade Federal do Rio Grande do Sul. Porto Alegre, Brasil.

Pelisoli, C. L., Teodoro, M. L. M., & Dell'Aglio, D. D. (2007). A percepção de família em vítimas de abuso sexual intrafamiliar: estudo de caso. *Arquivos Brasileiros de Psicologia, 59*(2), 256-269.

Pelisoli, C., Pires, J. P. M., Almeida, M. E., & Dell'Aglio, D. D. (2010). Violência sexual contra crianças e adolescentes: dados de um serviço de referência. *Temas em Psicologia, 18*(1), 85-97.

Pereda, N., Guilera, G., Forns, M., & Gómez-Benito, J. (2009). The international epidemiology of child sexual abuse: a continuation of Finkelhor (1994). *Child Abuse and Neglect,* 33, 331-342.

Pesce, R. P., Assis, S. G., Santos, N., & Oliveira, R. V. C. (2004). Risco e proteção: em busca de um equilíbrio promotor de resiliência. *Psicologia: Teoria e Pesquisa, 20*(2), 135-143.

Pfeiffer, L., & Salvagni, E. P. (2005). Visão atual do abuso sexual na infância e adolescência. *Jornal de Pediatria, 81*(5), 197-204.

Pires, A. L. D., & Miyazaki, M. C. O. S. (2005). Maus-tratos contra crianças e adolescentes: revisão da literatura para profissionais da saúde. *Arquivos de Ciências da Saúde, 12*(1), 42-49.

Plummer, C. A. (2006). The discovery process: what mothers see and do in gaining awareness of the sexual abuse of their children. *Child Abuse & Neglect, 30,* 1227-1237.

Polanczyk, G. V., Zavaschi, M. L., Benetti, S., Zenker, R., & Gammerman, P. W. (2003). Violência sexual e sua prevalência em adolescentes de Porto Alegre, Brasil. *Revista de Saúde Pública, 37,* 8-14.

Preto, N. G. (1995). Transformação do sistema familiar na adolescência. In B. Carter, & M. McGoldrick (Eds.), *As mudanças no ciclo de vida familiar* (pp. 223-247). Porto Alegre: Artes Médicas.

Reppold, C. T., & Hutz, C. (2002). Autoestima entre adolescentes de uma amostra não clínica: prevalência, fatores influentes e subsídios para intervenção. *Anais do Congresso Brasileiro de Psicologia: Ciência e Profissão*, São Paulo, SP, Brasil, 1.

Rosenberg, M. (1965). *Society and the adolescent self-image.* Princeton: Princeton University Press.

Sanderson, C. (2005). *Abuso sexual em crianças: fortalecendo pais e professores para proteger crianças contra abusos sexuais e pedofilia.* São Paulo: M Books.

Sattler, M. K. (2011). O abusador: o que sabemos. In M. R. F. de Azambuja, & M. H. M. Ferreira (Eds.), *Violência sexual contra crianças e adolescentes* (pp. 235-247). Porto Alegre: Artmed.

Sbicigo, J. B. (2011). *Variáveis demográficas e contextuais associadas ao ajustamento psicossocial de adolescentes.* Dissertação de mestrado. Universidade Federal do Rio Grande do Sul. Porto Alegre, Brasil.

Sbicigo, J. B., Bandeira, D. R., & Dell'Aglio, D. D. (2011). Escala de Autoestima de Rosenberg (EAR): validade fatorial e consistência interna. *Psico-USF, 15*, 395-403.

Scodelario, A. S. (2002). A família abusiva. In D. C. A. Ferrari, & T. C. C. Vecina (Eds.), *O fim do silêncio na violência familiar: teoria e prática* (pp. 95-106). São Paulo: Ágora.

Souza, E. R., Assis, G. S., & Alzuguir, F. C. V. (2002). Estratégias de atendimento aos casos de abuso sexual infantil: um estudo bibliográfico. *Revista Brasileira de Saúde Materno-Infantil, 2*(2), 105-116.

Tavares B. F., Béria, J. U., & Lima M. S. (2001). Prevalência do uso de drogas e desempenho escolar entre adolescentes. *Revista de Saúde Pública, 35*(2), 150-58.

Tavares, B. F., Béria, J. U., & Lima, M. S. (2004). Fatores associados ao uso de drogas entre adolescentes escolares. *Revista de Saúde Pública, 38*(6), 787-796.

Teixeira, S. A. M., & Taquette, S. R. (2010). Violência e atividade sexual desprotegida em adolescentes menores de 15 anos. *Revista da Associação Médica Brasileira, 56*(4), 440-446.

Teodoro, M. L. T, Allgayer, M., & Land, B. R. (2009). Desenvolvimento e validade fatorial do Inventário do Clima Familiar (ICF) para adolescentes. *Psicologia: Teoria e Prática, 11*(3), 27-39.

Vaz Serra, A., & Pocinho, F. (2001). Autoconceito, coping e ideias de suicídio. *Psiquiatria Clínica, 22*, 9-21.

Wagner, A., Falke, D., Silveira, L. M. B. O., & Mosmann, C. P. (2002). A comunicação em famílias com filhos adolescentes. *Psicologia em Estudo, 7*(1), 75-80.

Weber, L. N. D., Viezzer, A. P., & Brandenburg, O. J. (2004). O uso de palmadas e surras como prática educativa. *Estudos de Psicologia*, 9(2), 227-237.

World Health Organization, Regional Office for Africa (2004). *Child sexual abuse: a silent health emergency*. AFR/RC54/15 Rev. 1. Recuperado em 23 julho de 2010, de http://afrolib.afro.who.int/RC/RC%2054%20Doc-En/AFR.RC54.15%20Rev.1%20Child.Sexual.Abuse.18.06.04-5a.pdf

Identidade étnica e percepção de preconceito racial em jovens de escolas públicas de Fortaleza

Veriana de Fátima Rodrigues Colaço
Walberto Silva dos Santos
Janaína Farias de Melo
Guilherme Sobreira Lopes

Introdução

Os estudos sobre preconceito racial no Brasil vêm sendo realizados há décadas, entretanto, situam-se notadamente em campos como a Sociologia, Antropologia, Educação e Economia, sendo recentes e ainda escassas as pesquisas sobre o tema na área da Psicologia. Conforme afirma Munanga (2009),

> No que toque aos estudos sobre o negro no Brasil, iniciados há mais de 100 anos, com os trabalhos pioneiros de Raimundo Nina Rodrigues, observa-se quantitativamente uma distância muito grande entre as ciências sociais e a psicologia social que, na sua especificidade, teria auxiliado as primeiras a captar os fenômenos

psíquicos do racismo, sobre os quais elas não têm domínio metodológico. (p. 09)

O racismo no Brasil assume incontestáveis contradições, que contribuem para deixá-lo na invisibilidade e escamoteia os problemas sociais e individuais que ele acarreta. Por um lado, advoga-se a democracia racial em um país cuja formação étnica é atribuída à mistura de raças; por outro, os dados censitários (IBGE, 2000, 2011) e as estatísticas econômicas (IBGE/PNAD, 2010) atestam a desigualdade e a exclusão social dos negros e pardos[1] com relação aos brancos. Este fato traz repercussões marcantes para a constituição subjetiva das pessoas, tanto daquelas que sofrem o preconceito e a discriminação, que concreta e simbolicamente estão submetidas a uma ideologia de desqualificação e subordinação, quanto das que se colocam na posição do branco, que se apropriam da ideia de referência com relação aos demais grupos étnicos para legitimar a sua superioridade política e social, fortalecida pelo poder econômico que produz tais desigualdades e as perpetuam. Trata-se de um processo perverso, que dificulta o seu enfrentamento e reforça o silenciamento acerca da discriminação racial brasileira. Como afirma Costa (2007, p. 46), "O discurso do colonizador trabalhou no sentido de convocar as etnias nativas e africanas para a integração na condição de subalternidade. Flagrantemente oculto é o nosso paradoxal racismo".

É importante considerar que o Brasil é o maior país com população afrodescendente do mundo fora do continente africano, de acordo com informações do Instituto de Estudos do Trabalho e Sociedade – IETS (2003). Essa população concentra os indicadores mais baixos com relação ao Índice de Desenvolvimento Humano

---

[1] É necessário esclarecer que o IBGE utiliza os termos preto e pardo, caracterizando ambos como negros. Neste texto, utilizaremos negros e pardos em função da terminologia usada no questionário da pesquisa.

(IDH), ao processo de alfabetização e escolarização, ao emprego e salário, dentre outros aspectos sociodemográficos.

Os dados da Pesquisa Nacional por Amostra de Domicílios (PNAD) de 2009, que estão no texto *Síntese dos Indicadores Sociais: análise das condições de vida da população brasileira* (IBGE/PNAD, 2010), mostram as disparidades, especialmente no que tange aos aspectos de escolarização e de rendimentos. Pelos índices da pesquisa, a população brasileira é composta por 51,1% de negros e pardos, sendo que é nestes segmentos populacionais que se situam os indicadores mais preocupantes. As taxas de analfabetismo das pessoas de 15 anos ou mais mostram que 13,3% delas são negras, 13,4%, pardas e apenas 5,9% são brancas. No caso do Nordeste, esses valores aumentam e, especificamente no Ceará, os índices são: 24,3% de negros, 20,6% de pardos e 13,7% de brancos. Isto se agrava se considerarmos o analfabetismo funcional. No Ceará, 36,9% de negros e 32% de pardos se encontram nesta condição, enquanto brancos apenas 23,5% são analfabetos funcionais. A proporção de indivíduos na faixa etária entre 18 e 24 anos que frequenta o Ensino Superior no Brasil é: 20,6% de pessoas brancas; 7,4%, negras; e 8,4%, pardas.

Ademais, estudos (Figueira, 1990; Rosemberg, 1998; Menezes, 2002) apontam práticas discriminatórias no ambiente escolar, reforçadas inclusive pelos próprios recursos pedagógicos – como textos e materiais didáticos, estrutura curricular, projeto político pedagógico etc. –, com ênfase no "padrão branco" e, principalmente, com imagens e referências que desqualificam a cultura negra. Atentar para estes aspectos e para as oportunidades desiguais de acesso à educação da população negra é indispensável para compreender melhor os índices encontrados. Isto amplia também o entendimento das propostas relativas às ações afirmativas voltadas a essa população.

Atualmente, uma das medidas de enfrentamento dessa realidade foi a promulgação da lei 10.639 (Brasil, 2003), que estabelece a obrigatoriedade do ensino da história e cultura africanas no currículo escolar e indica outras orientações para propiciar o reconhecimento e a valorização da cultura e luta dos negros no Brasil. Embora ainda em processo de implementação, mesmo sofrendo resistência, sua efetivação gradativamente vem trazendo mudanças e possibilitado a introdução de políticas inclusivas na escola.

Sobre os dados de rendimento, a PNAD 2009 revela resultados ainda mais contundentes sobre as desigualdades enfrentadas pela população negra no Brasil. Conforme afirmação do IBGE/PNAD (2010),

> A observação dos décimos de rendimento familiar per capita mostra uma linearidade na maior proporção de brancos nas parcelas mais elevadas. A população de cor preta mostra menor presença nos dois décimos de menor rendimento do que pardos, mas, apesar de flutuações, também está de forma consistente mais concentrada nos décimos inferiores. (p. 230)

Portanto, pode-se perceber que "A pobreza tem cor", conforme diz Maria Aparecida Silva Bento no livro *Psicologia Social do Racismo* (2009, p. 27). E acrescenta:

> Mesmo em situação de pobreza, o branco tem o privilégio simbólico da brancura, o que não é pouca coisa. Assim, tentar diluir o debate sobre raça analisando apenas a classe social é uma saída de emergência permanentemente utilizada, embora todos os mapas que comparem a situação de trabalhadores negros e brancos, nos últimos vinte anos, explicitem que entre os explorados, entre os pobres, os negros encontram um déficit muito maior em todas as dimensões da vida, na saúde, na educação, no trabalho. (Bento, 2009, p. 27)

A recente divulgação da pesquisa *Características Étnico-raciais da População* (IBGE, 2011), realizada em 2008, traz importantes informações sobre a percepção da influência da cor da pele em diferentes instâncias de convívio social e ressalta logo na introdução a necessidade do aprofundamento de estudos que explicitem as especificidades dessa influência, considerando que:

> O atual debate no Brasil sobre as políticas de ação afirmativa e de promoção da igualdade no acesso das populações negra e indígena às universidades e aos concursos públicos tornou premente, no contexto institucional, a necessidade de aprofundar a reflexão sobre o sistema de classificação de cor ou raça utilizado nas pesquisas domiciliares do IBGE. Os compromissos assumidos pelo Brasil na III Conferência Mundial contra o Racismo, Discriminação Racial, Xenofobia e Intolerância Correlata, realizada em Durban, na África do Sul, em 2001, quando foi adotada a "Declaração e o Programa de Ação de Durban", que trata especificamente das políticas e práticas de coleta e desagregação de dados, pesquisas e estudos nesta área, reforçaram essa necessidade. (IBGE, 2011, p. 12)

O estudo revela que mais da metade dos entrevistados (63,7%) disse que a cor ou raça tem repercussão na vida das pessoas e que isto se dá principalmente no âmbito do trabalho (71%), que é seguido pelo da "relação com a justiça/polícia" (68,3%), depois pelo "convívio social" (65%), a escola (59,3%) e as "repartições públicas" (51,3%). Estes dados fazem supor que começa a se tornar mais visível para o brasileiro os processos de discriminação étnico-racial existentes no país desde a colonização.

Entendemos que essa visibilidade decorre, fundamentalmente, de condições conjunturais de possibilidade de se falar sobre o tema, na medida em que as práticas sociais estabelecem novos dispositivos de institucionalização que explicitam a identificação étnico-racial. Tal processo se articula e se constrói por meio da linguagem, porque é no plano do discurso que os significados e referências socioculturais são produzidos. Neste sentido, a terminologia relativa à questão tem mostrado o papel da linguagem nos modos de apropriação dos sentidos referentes à problemática étnico-racial.

Falar sobre raça carrega a marca das características biológicas, uma delas relativa à cor da pele, cuja visibilidade em nosso país é questão que assume uma ampla variabilidade, que reforça os aspectos concernentes ao encobrimento do preconceito e da discriminação racial já apontados. Assim, o conceito de raça vem sendo substituído pelo conceito de etnicidade, que remete às identidades sociais. Segundo Foescth (2007, p. 2), a etnicidade pode ser considerada "um fenômeno puramente social, produzido e reproduzido ao longo do tempo, em que por meio da socialização o indivíduo assimila os estilos de vida, normas e crenças de suas comunidades". Esta autora também discute que a etnicidade é um fator importante quando diz respeito às questões de identidade, pois remete às tradições e à cultura de um determinado povo.

Alguns estudiosos, entretanto, mantêm a terminologia raça a partir das referências sociológicas e esclarecem o sentido dado a esta denominação em face da compreensão do conceito de racismo. Por exemplo, a pesquisadora e educadora Fúlvia Rosemberg (2010, p. 94) afirma que "[...] o sentido atribuído ao termo raça não é o da Biologia, sentido desacreditado em meio acadêmico, mas que permanece vivo no senso comum para classificar hierarquicamente segmentos sociais". E complementa com a seguinte explicação:

> Como outros estudiosos do tema, venho adotando um conceito de racismo que atenta simultaneamente para as dimensões simbólica

e estrutural na produção e sustentação de desigualdades sociais. (ESSED, 1991; GUIMARÃES, 1999; WIEVIORKA, 1991) No plano simbólico, o racismo manifesta-se via adoção da crença (ou ideologia) da superioridade "natural" (geralmente mediada por uma noção, mesmo que vaga, de transmissão de atributos morais pelo sangue ou pela hereditariedade) de um grupo racial sobre outro. No plano estrutural, o racismo consiste no sistemático acesso desigual a bens materiais e simbólicos entre os diferentes segmentos raciais. Esta conceituação considera o preconceito interpessoal como apenas uma das possíveis manifestações do racismo. No sentido aqui adotado, enfatizam-se, sobretudo, relações sociais e não apenas atitudes individuais de pessoas. (ibid., p. 94-95)

Uma das questões que se coloca com relação à análise do problema trata do modo como as pessoas se identificam etnicamente. Recorre-se à cor da pele nesta identificação em razão da dificuldade de objetivação do processo identitário no Brasil. O que não resolve o problema. Ao se declarar de cor parda ou morena (na pesquisa do IBGE mencionada acima, a pergunta sobre autoclassificação de cor era aberta), muitas vezes, coloca-se aí um contingente de pessoas negras que não informam o pertencimento a essa identidade étnica pela carga simbólica negativa que isto lhe imprimiria em termos de valorização pessoal.

Sobre a questão da autodeclaração e reconhecimento dos brasileiros ao seu pertencimento de cor, Paixão e Gomes (2010) são bastante esclarecedores quando afirmam que:

> A esse respeito cabe salientar que, ao contrário de determinadas interpretações, que tendem a enxergar nessas dificuldades o próprio sucesso da democracia racial à brasileira, no nosso entendimento, tais formas de autoclassificação representam o próprio

sucesso do tipo de racismo que se pratica no Brasil. Ou seja, o peso da opressão que se abate sobre os negros é intenso o suficiente para fazer com que muitos negros prefiram não se reconhecer enquanto tais, preferindo identificar-se com denominações que, pretensamente, lhes poderiam abrir caminhos de mobilidade e realização social e pessoal, no interior de uma sociedade notadamente intolerante aos negros. (p. 74)

Esse processo, além de ser, em parte, derivado do medo de enfrentamento do racismo e do confronto com o outro (branco), passa também pela ideologia do branqueamento (Bento, 2009), marcante na realidade brasileira. Tal ideologia, produzida pela elite branca brasileira, temerosa de perder seu lugar de privilégio econômico e social diante de uma maioria populacional não branca e do surgimento de ascensão social dessa população, traz impactos para a personalidade do negro e a constituição de sua identidade. Para a psicanalista negra Neuza Souza (1983, p. 7), "para o psiquismo do negro em ascensão, que vive o impasse consciente do racismo, o importante não é saber viver e pensar o que poderia vir a dar-lhe prazer, mas o que é desejável pelo branco".

Portanto, as implicações presentes nas discussões sobre preconceito étnico-racial envolvem dimensões sociológicas, econômicas e também psicológicas. Compreendemos que as bases que fundam as relações discriminatórias entre as pessoas têm sua origem em desigualdades econômico-sociais, marcadas pela colonização que impõe a dominação de uns sobre outros. Entretanto, não se esgota no plano social, na formação cultural de determinado povo, enraíza-se também na constituição subjetiva das pessoas. E é pela conjugação dessas dimensões que o preconceito se perpetua.

Em seu livro *Pele negra, máscara branca*, Frantz Fanon (1952/2008) faz uma crítica contundente à negação do racismo contra o negro, especificamente à realidade da França, que em muito se aplica à situação brasileira. O autor discorre sobre a negação como sintoma de muitas pessoas negras, aborda a relação entre racismo e colonialismo e destaca a importância fundamental da linguagem na constituição de identidade negra. Ao mesmo tempo, seu livro é insistentemente uma denúncia e um apelo pela libertação do negro quanto a sua alienação. O autor pretende chamar a atenção para que o negro se transforme em um homem de ação, isto é, reaja à imposição colonialista e opressora do branco e assuma seu pertencimento étnico e sua cultura.

Partindo dessas reflexões, neste capítulo, almejamos fazer um recorte, analisando os dados da pesquisa *Adolescência e Juventude: Situação de Risco e Redes de Proteção no Município de Fortaleza*, referentes à temática do preconceito étnico-racial. Este recorte objetiva verificar a relação entre percepção de preconceito pela cor da pele e os indicadores de exclusão social apontados nas respostas ao questionário utilizado na pesquisa. Adicionalmente, ainda visamos a analisar as respostas dos jovens, relacionando o processo discriminatório com algumas variáveis que denunciam vulnerabilidade e risco pessoal e/ou social, bem como com outras que anunciam condições protetivas.

Compreendemos que a suposta presença de situações de risco não necessariamente é percebida e vivida como tal por cada pessoa individualmente. A percepção de preconceito racial é vivida, enfrentada e elaborada diferentemente, dado que é também um processo subjetivo marcado pelo entrelaçamento de fatores histórico-culturais e experiências singulares e cotidianas. Isto significa dizer que o entendimento que temos sobre o risco se orienta para uma análise contextualizada e circunstanciada acerca da sua produção, ou seja, não está sendo pressuposta a priori a percepção do preconceito racial como comportamento de risco, mesmo que se afirme que o racismo tem sido inegavelmente processo de exclusão social e, portanto, produtor de vulnerabilidade. Nesta direção, buscamos responder nesta análise as seguintes questões: quais variáveis apontam para situações de risco identificadas nas respostas dos questionários de jovens que responderam afirmativamente quanto a sofrer preconceito racial? Que variáveis podem indicar fatores protetivos nas respostas desses jovens? Como caminho inicial para responder à primeira questão, tomamos a análise da variável do questionário relativa à percepção de preconceito pela cor da pele, que é o foco deste capítulo, e associada a ela outras variáveis que possam apontar para um fator de discriminação e exclusão social.

A discriminação e o preconceito são abordados como práticas de violência contra pessoas que, por alguma condição de diferença, são tratadas como desiguais e submetidas ao aviltamento de seus direitos fundamentais.

De acordo com a Agência Nacional dos Direitos da Infância (ANDI), entende-se por violência qualquer tipo ou grau de dano contra a integridade físicopsicossocial de outrem que produza sofrimento e dor. Configura-se como violência "Todo ato ou omissão cometido por pais, parentes, responsáveis, outros indivíduos, instituições públicas ou privadas capazes de causar dor ou dano físico, sexual e/ou psicológico ao(a) vitimizado(a)" (Azevedo & Guerra, 1989, p. 42).

Marilena Chaui (2007, p. 2), tratando da relação entre racismo e violência esclarece que "A violência se opõe à ética porque trata seres racionais e sensíveis, dotados de linguagem e de liberdade como se fossem coisas, isto é, irracionais, insensíveis, mudos, inertes ou passivos". E acrescenta que "É sob este aspecto (entre outros, evidentemente), que o racismo é definido como violência. Não é demais lembrar quando essa idéia aparece".

Sabemos ainda que o fenômeno da violência, em que pese a sua complexidade, reflete situações de desigualdades econômicas e sociais e, como temos discutido até aqui, as diferenças étnicas historicamente exacerbam essas desigualdades. Os dados apresentados no *Mapa da Violência 2011: os Jovens do Brasil* para a comparação raça/cor e sua relação com o aumento de homicídios são alarmantes. O texto informa que:

> O número de homicídios de jovens brancos caiu significativamente no período 2002/2008, passando de 6.592 para 4.582, o que representa uma queda de 30% nesses seis anos. Já entre os jovens negros, os homicídios passaram de 11.308 para 12.749, o que representa um incremento de 13%. Com isso, a brecha de mortalidade entre brancos e negros cresceu 43% num breve lapso de tempo. (Waiselfisz, 2011, p. 60)

Assim, fica evidente a ligação entre a discriminação étnico-racial e a violência, em suas mais diversas formas. Considerando os resultados do nosso estudo, observamos que um número significativamente maior de jovens que se autodeclararam como negros responderam afirmativamente ao item específico sobre preconceito pela cor, o que explicita que o processo de discriminação e exclusão social afeta particularmente esse segmento da população. Sendo essa variável tratada como uma das formas de violência, ela merece uma análise específica quanto aos casos encontrados, de modo a delinear as características principais que apontam para tais situações.

Ao mesmo tempo, reconhecemos que as vítimas dessa violência são adolescentes e jovens que se encontram no contexto familiar, escolar e comunitário. Por conseguinte, fatores protetivos podem ser identificados nesses diferentes ambientes, e se faz importante explorá-los para tentar compreender, em investigação qualitativa posterior, como eles operam e como podem compor possíveis situações de superação das consequências da discriminação.

Método

Como mencionado, o estudo que ora apresentamos é derivado da pesquisa *Adolescência e Juventude: estudo sobre fatores de risco e redes de proteção no município de Fortaleza*, descrita no primeiro capítulo deste livro. Participaram dele 1.140 adolescentes e jovens na faixa etária de 14 a 24 anos ($m = 16,6$; $dp = 2,1$), de ambos os sexos, que frequentavam escolas públicas municipais e estaduais de Fortaleza. Esses se autodeclararam, no que se refere à cor da pele, como brancos (17,3%), negros (11%), pardos (64,2%), amarelos (3,9%) e indígenas (3,5%). As escolas foram escolhidas por sorteio, a partir de cálculo amostral que contemplou as áreas das seis Secretarias Executivas Regionais da cidade, que englobam todos os seus bairros. No total, incluíram-se aleatoriamente 43 escolas, sendo 25 delas estaduais e 18 municipais. Especificamente para realização do estudo apresentado neste capítulo, foram analisados os casos dos participantes que se declararam de cor negra e branca. Estes tinham idades variando entre 14 e 24 anos ($m = 16,8$; $dp = 2,3$). Um detalhamento mais específico com as características dessa amostra pode ser observado na Tabela 1.

Tabela 1. Caracterização biossóciodemográfica das amostras de negros e de brancos (n = 319)

Item	Nível	Negros*		Brancos*	
		f	%	f	%
Sexo	Masculino	54	43,5	88	45,1
	Feminino	70	56,5	107	54,9
Estado Civil	Solteiro	117	94,4	178	91,3
	Casado ou mora junto	03	2,4	06	3,1
	Outros	04	3,2	11	5,6

Continua

Continuação

Item	Nível	Negros*		Brancos*	
		f	%	f	%
Renda familiar mensal**	R$ 0,00 a R$ 500,00	23	18,6	23	11,8
	R$ 501,00 a R$ 1.000,00	18	14,5	33	16,9
	Acima de R$ 1.001,00	07	5,6	16	8,2
	Não sabe	76	61,3	123	63,1
Turno de frequência à escola	Manhã	23	18,6	35	18,0
	Tarde	81	65,3	111	57,2
	Noite	17	13,7	37	19,1
	Integral	03	2,4	11	5,7

Nota: * Valores obtidos a partir dos casos válidos, desconsiderando os não respondentes (*missing*).
** Para uma melhor compreensão dos porcentuais, deve-se considerar a soma dos respondentes negros (48) e brancos (72).

Os participantes responderam ao Questionário da Juventude Brasileira – Versão II (Dell'Aglio, Koller, Cerqueira-Santos, & Colaço, 2009), em anexo neste livro. O instrumento é composto por 77 questões, algumas com opção de respostas dicotômica e outras em escalas *Likert* de cinco pontos sobre intensidade e frequência. O objetivo deste questionário foi observar fatores de risco e de proteção em adolescentes e jovens, abordando aspectos relacionados à educação, família, sexualidade, saúde, trabalho; comportamentos de risco (drogas, suicídio, violência); fatores de risco (violência intrafamiliar e na comunidade, exposição às doenças/drogas, deficiência, discriminação, institucionalização, vida na rua, conflito com a lei, empobrecimento/pobreza, separação/perda na família); e fatores protetores sociais (lazer, rede de apoio) e pessoais (espiritualidade, autoestima, autoeficácia, perspectivas para o futuro).

O projeto teve a autorização das Secretarias de Educação do Estado do Ceará e do Município de Fortaleza e foi aprovado pelo Comitê de Ética da UFC em 2009. Antes da aplicação dos questionários, houve um processo de inserção da equipe de pesquisa nas escolas com a realização de algumas visitas com a finalidade de: explicar o projeto aos gestores e professores; solicitar a aceitação e colaboração destes; pedir a indicação das turmas de alunos que atendiam ao critério de faixa etária para compor a amostra do estudo; fazer contato com as turmas para explicar o projeto e esclarecer dúvidas; saber sobre a aceitação dos estudantes quanto a participar da pesquisa; e entregar os Termos de Consentimento Livre e Esclarecido para serem assinados por eles, no caso dos maiores de 18 anos, ou pelos pais ou responsáveis daqueles que ainda não tivessem atingido essa idade.

A análise dos dados foi realizada por meio do *software* SPSS (versão 18), com a utilização de estatística descritiva e algumas correlações entre variáveis.

Resultados

Inicialmente, procuramos avaliar a percepção de preconceito, medido por meio do item 65c ("Ao longo da vida sofro ou sofri preconceito pela cor da minha pele"), respondido em uma escala de cinco pontos, que variou de 1 (nunca) a 5 (sempre). Para tanto, comparamos as pontuações médias dos respondentes que se declararam brancos ou negros. Os resultados dessa observação demonstraram que os participantes que se declararam negros, quando comparados com os brancos, apresentaram diferença significativa ($t = 6{,}09$; $p \leq 0{,}001$) na percepção do preconceito pela cor da pele ($m = 2{,}04$, $dp = 1{,}23$; e $m = 1{,}31$, $dp = 0{,}84$, respectivamente). É importante esclarecer que, com relação à amostra total, também foi verificada diferença significativa, isto é, os participantes que se autodeclararam negros informaram esse tipo de preconceito com maior intensidade do que os que se afirmaram como pertencendo às demais etnias.

Em seguida, em função dos objetivos propostos, procuramos avaliar a existência de diferença entre os participantes que se disseram negros e brancos com relação a um conjunto específico de variáveis, a saber: autoestima, autoeficácia, identificação com a escola e perspectiva de futuro, bem como quanto a aspectos relacionados à reprovação escolar e ao trabalho (inserção laboral e renda).

No tocante à autoestima, não se observou divergência significativa entre negros e brancos, o que indica que diferenças sociais relativas à cor da pele (por exemplo, a percepção do preconceito, observada em maior intensidade nos participantes que se declararam negros) não afetaram, nessa amostra, os níveis de autoestima. Resultado semelhante foi encontrado ao se analisar a autoeficácia, com exceção dos dados obtidos no item "Se estou com problemas, geralmente encontro uma saída", em que se observou diferença significativa ($t = 3,02; p \leq 0,01$) entre aqueles que se declararam negros ($m = 3,05$, $dp = 1,10$) e os que se declararam brancos ($m = 3,39$, $dp = 0,84$).

Estes dados têm grande importância, particularmente se pensarmos a relação entre risco e proteção. Se, por um lado, o preconceito é percebido pelos jovens negros participantes da pesquisa, o que os expõe a possíveis condições de risco social, por outro, a autoestima positiva e o reconhecimento de autoeficácia são fatores de proteção pessoal que potencializa o enfrentamento dessas condições. Ao mesmo tempo, conforme resultado do item específico mencionado acima, as alternativas para superação dos problemas não são percebidas por esse grupo de estudantes, o que provavelmente está relacionado aos mecanismos de exclusão e desigualdade sociais.

Analisando a identificação com a escola, não foi verificada qualquer diferença entre os que se declararam negros e os que se afirmaram brancos. No entanto, observando as diversas variáveis que compõem a escala de perspectiva de futuro (por exemplo, "entrar na universidade", "ter uma família" e "ter minha casa própria"), a única que apresentou diferença significativa ($t = 2,29$; $p \leq 0,05$) entre os grupos foi "concluir o Ensino Médio (antigo segundo grau)" ($m = 4,00$, $dp = 1,13$; e $m = 4,27$, $dp = 0,87$, respectivamente). Esta diferença, provavelmente, pode ser explicada pela discrepância acentuada no número de reprovações. Dos participantes que se disseram brancos, 40,52% afirmaram já terem sido reprovados pelo menos uma vez na vida, valor que, entre os participantes que definem como negros, foi de 50,81%. Em função disso, para uma análise mais detalhada dessa informação, comparamos os números de reprovações de cada grupo étnico com os demais participantes da amostra, conforme apresentado na Tabela 2.

Tabela 2. Número de reprovações dos participantes em função do grupo étnico

Participantes	Reprovação			
	Não		Sim	
	f	%	f	%
Amostra total sem os brancos ($n = 932$)	491	52,68	441	47,32
Amostra de brancos ($n = 195$)	116	59,48	79	40,52
Amostra total sem os negros ($n = 1003$)	546	54,43	457	45,57
Amostra de negros ($n = 124$)	61	49,19	63	50,81

Como se constata a partir dos dados da Tabela 2, os participantes que se declararam brancos apresentam um número menor de reprovações (40,52%) quando se compara esta com a amostra total sem brancos (47,32%); e os participantes que se definiram como negros possuem mais reprovações (50,81%) ao se comparar esta com a amostra total sem negros (45,57%). Isto é, o elevado índice de reprovação da amostra total é significativamente influenciado pelo número de reprovações apresentado na amostra dos que se declararam negros.

É necessário refletir sobre o que tais resultados representam, de modo a não gerar interpretações que atribuam incompetência a essa população. As origens do fracasso escolar já foram suficientemente discutidas e mostram que, na maioria dos casos, não estão ligadas a problemas individuais, mas decorrem de processos complexos que implicam particularmente a instituição escolar, sua política pedagógica e sua dinâmica estrutural e de relações entre os atores sociais que dela participam. Como discutido acima, a discriminação racial está presente na escola por meio de mecanismos diversos. Assim, os índices elevados de reprovação dos que se declaram negros são influenciados por esses aspectos, que se acrescentam aos problemas da qualidade da educação da escola pública no Nordeste.

No que se refere à renda familiar, entre os que a informaram, o maior porcentual dos que relataram receber menos que um salário mínimo está entre os que se declaram negros (18,6%, ver Tabela 1). Além disso, quanto à renda mensal dos participantes que disseram trabalhar, observou-se uma diferença significativa ($t = 2,41; p \leq 0,05$) entre o salário médio dos que afirmaram ser negros (R$ 218,32) e daqueles que se apresentaram como brancos (R$ 310,75). Tal discrepância pode estar relacionada ao tipo de inserção laboral exercida por esses indivíduos. Como se verifica na Tabela 3, entre os respondentes negros ($n = 62$), quatro trabalham na rua, reciclando e catando lixo, engraxando sapatos, vigiando ou limpando carros. Deve-se ressaltar que, entre os participantes brancos, não foram observadas atividades dessa natureza, apesar de esses estarem representados em maior número (n = 83). Com efeito, é preciso destacar que 12% dos que responderam ser brancos trabalham em funções administrativas, como *office boy*, secretária, técnico em informática etc.; enquanto, entre os negros, ninguém afirmou trabalhar nesta área.

Tabela 3. Frequência por tipo de trabalho de negros e de brancos (n = 145)

Tipo de trabalho**	Negros (n = 62)		Brancos (n = 83)	
	f	%*	f	%*
Comércio em loja, mercados, etc.	8	12,9	15	18,3
Reciclagem, catação, engraxate, vigiando ou limpando carros	4	6,5	0	0,0
Cuidando das crianças, limpando, passando etc.	6	9,7	12	14,5
Área administrativa, *office boy*, secretária, informática etc.	0	0,0	10	12,0
Indústria/fábrica	4	6,6	2	2,4

Nota: * Valores obtidos a partir dos casos válidos, desconsiderando os não respondentes (*missing*).
** Alguns respondentes afirmaram não trabalhar, o que explica o fato de a soma das porcentagens não resultar em 100%.

Finalmente, fizemos a comparação dos resultados referentes às variáveis de violência na família e na comunidade (itens 31 e 62 do questionário). Não foram encontradas diferenças significativas entre os declarantes negros e brancos. Este aspecto provavelmente tem relação com a abrangência que vem tomando o fenômeno da violência na sociedade atual, que se generaliza entre as pessoas das diferentes camadas sociais e diversidades étnicas. O racismo é uma das formas de violência entre várias outras de intensidade e natureza variadas.

Os demais fatores e ou comportamentos de risco abordados no questionário, como exposição às doenças, deficiência, institucionalização, vida na rua, conflito com a lei, droga e suicídio, também não se destacaram nas comparações realizadas. No que se refere ao envolvimento com atos infracionais, este resultado traz um importante elemento de análise concernente à visão preconceituosa com relação de jovens negros, que em geral são vítimas de ações policiais motivadas unicamente pela cor da pele ou aparência física. Podemos apontar a interpretação de que a diversidade étnica não é motivo de distinção entre as pessoas, a não ser naquilo que decorre dos processos discriminatórios.

Considerações finais

No presente capítulo, fizemos um recorte da análise da pesquisa em foco neste livro, tratando um dos aspectos apontados pelos resultados, especificamente a percepção do preconceito étnico-racial. Observamos que essa percepção foi significativamente mais forte entre os participantes que se autodeclararam negros e que isto, embora não tenha nos surpreendido em vista do que se conhece acerca da discriminação racial na sociedade brasileira, levantou alguns questionamentos quanto à análises sobre risco e proteção entre os jovens de escolas públicas de Fortaleza.

Temos uma amostra de participantes composta por jovens de camadas populares, que estão na escola pública, relativamente nas mesmas séries por faixa etária e residem com familiares. Neste sentido, de modo geral, os sujeitos do estudo apresentam características semelhantes quanto a seu perfil socioeconômico e compõem um contingente que podemos considerar representativo da juventude de Fortaleza. Isto nos permitiu fazer comparações específicas quando analisados fatores envolvendo renda, tipo de trabalho e reprovação escolar dos participantes que se autodeclararam negros com relação aos que responderam ser brancos. Portanto, as diferenças encontradas entre os grupos de jovens, particularmente entre negros e brancos, refletem as condições de desigualdades de natureza étnico-racial.

O que nos indicam as análises dos resultados reforça os dados censitários da população afrodescendente brasileira quanto aos baixos níveis de rendimento, situação laboral irregular e tipos de atividade precária e com baixa qualificação. Também os significativos índices de reprovação escolar dos autodeclarantes negros são preocupantes e anunciam a necessidade de investir nas denominadas Ações Afirmativas que contribuam para a inclusão e permanência desses jovens nas escolas.

Por outro lado, alguns pontos importantes deste estudo merecem destaque, como os dados positivos relativos à autoestima, autoeficácia e percepção de oportunidades de futuro, que podem ser reveladores de uma afirmação ao pertencimento étnico desses alunos e de uma reação ao insistente encobrimento do processo discriminatório no contexto brasileiro. Nesta perspectiva, poderíamos falar de jovens que percebem as suas potencialidades e a positividade da imagem que têm de si. São, portanto, fatores protetivos de natureza subjetiva e significação valiosa para se pensar as intervenções no contexto escolar.

Porém, em nosso país, ainda há muito para evoluirmos com relação ao combate ao preconceito étnico-racial, em especial daquele que se manifesta contra o negro. Este preconceito foi construído durante o processo de colonização e se mantém até então. As desigualdades econômicas e educacionais são marcantes e exigem os maiores investimentos de políticas públicas. Isto é reforçador da necessidade de Políticas de Ações Afirmativas, que têm o propósito de minorar essas desigualdades e contribuir para a inserção social e educacional dos afrodescendentes. Como definem Paixão e Gomes (2010),

> As ações afirmativas representam o princípio do tratamento desigual aos desiguais, visando superar crônicas situações de desvantagem para pessoas de grupos, histórica e estruturalmente discriminados, e que, na falta de mecanismos corretivos com esta intenção, se prorrogarão indefinidamente. (p. 80)

Concluindo, afirmamos que, para além da problemática social, urge também compreender e atuar com relação às consequências subjetivas e pessoais produzidas por este fenômeno. Neste sentido, uma das possibilidades que este estudo vislumbra se direciona a propostas de pesquisa-intervenção em escolas onde tenham sido mais fortes os resultados relativos à percepção de preconceito referente à cor. Também merecem investimentos os indicadores de fatores protetivos que foram apontados pelos resultados. Compreender mais aprofundadamente a problemática em conjunto com os jovens poderá auxiliar a discussão e proposição de caminhos alternativos para a superação, particularmente, dos indicadores de reprovação e exclusão escolar.

Referências

Azevedo, M. A, & Guerra, V. N. A. (1989). *Crianças vitimizadas: a síndrome do pequeno poder.* São Paulo: Iglu.

Bento, M. A. S. (2009). Branqueamento e branquitude no Brasil. In Carone, I., & Bento, M. A. (Org.), *Psicologia do Racismo no Brasil: estudos sobre branqueamento e branquitude no Brasil*. Petrópolis, RJ: Vozes.

Brasil. (2003). Presidência da República do Brasil. *Lei 10.639*. Recuperado em 05 de agosto 2011, de http://www.planalto.gov.br/ccivil_03/leis/2003/L10.639.htm.

Chaui, M. (2007). *Contra a Violência*. Recuperado em 31 de março de 2013, de http://sasg.bahai.org.br/2007/05/contra-violncia-marilena-chau.html.

Costa, M. F. V. (2007). Identidade Étnico-Racial nas Artes do Brincar. In Costa, M. F. V.; Colaço, V. F. R., & Costa, N. B. (Orgs.), *Modos de Brincar, Lembrar e Dizer: discursividade e subjetivação* (Coleção Diálogos Intempestivos). Fortaleza: Edições UFC.

Dell'Aglio, D. D.; Koller, S. H.; Cerqueira-Santos, E., & Colaço, V. F. R. (2011). Revisando o Questionário da Juventude Brasileira: uma nova proposta. In Dell'Aglio, D. D.; Koller, S. H. *Adolescência e Juventude: vulnerabilidade e contextos de proteção*. São Paulo: Casa do Psicólogo.

Fanon, F. (1958/2008). *Pele Negra, máscaras brancas*. Salvador: EDUFBA.

Figueira, V. M. (1990, maio). O preconceito racial na escola. In *Estudos Afro-Asiáticos*, 18, 63-72.

Foetsch, A. A. (2007, fevereiro). Refletindo sobre as identidade culturais, a "raça" e a etnicidade. In *Revista Espaço Acadêmico*, Paraná, 69, VI. Recuperado em 31 de março de 2013, de http://www.espacoacademico.com.br/069/69foetsch.htm.

IBGE. (2010). *Síntese dos Indicadores Sociais: análise das condições de vida da população brasileira*. Estudos & Pesquisas. Informação Demográfica e Socioeconômica. n. 27. Brasília: IBGE, 2010. Recuperado em 25 de março de 2011, de http://www.ibge.gov.br/home/estatistica/populacao/condicaodevida/indicadoresminimos/sinteseindicsociais2010/SIS_2010.pdf.

IBGE. (2011). *Pesquisa das Características Étnico-Raciais da População: um Estudo das Categorias de Classificação de Cor ou Raça (PCERP)*. Brasília, IBGE, 2011. Recuperado em 08 de agosto de 2011, de www.ibge.gov.br/home/estatistica/populacao/caracteristicas_raciais/default_raciais.shtm.

Instituto de Estudos do Trabalho e Sociedade (IETS). (2003). *Indicadores da Desigualdade Racial no Brasil*. Recuperado em 10 de setembro de 2011, de http://www.iets.org.br/article.php3?id_article=41.

Menezes, W. (2002). *O preconceito racial e suas repercussões na instituição escola*. Trabalhos para discussão. N°147/2002. Recife: Fundação Joaquim Nabuco. Recuperado em 27 de agosto de 2011, de http://www.fundaj.gov.br/tpd/147.html.

Munanga, K. (2009). Prefácio. In Carone, I., & Bento, M. A. *Psicologia do Racismo no Brasil: estudos sobre branqueamento e branquitude no Brasil*. Petrópolis, RJ: Vozes.

Paixão, M., & Gomes, F. (2010). Razões Afirmativas: pós-emancipação, pensamento social e a construção das assimetrias raciais no Brasil. In Mandarino, A. C. S., & Gomberg, E. (Orgs.), *Racismo: Olhares plurais*. Salvador: EDUFBA, 2010. 290 pp.

Rosemberg, F. (1998). Raça e desigualdade educacional no Brasil. In J. G. Aquino, *Diferenças e Preconceito na Escola: alternativas teóricas e práticas*. 8. ed. São Paulo: Summus.

Rosemberg, F. (2010). Ação Afirmativa no Ensino Superior Brasileiro: pontos para reflexão. In Mandarino, A. C. S., & Gomberg, E. (Orgs.), *Racismo: Olhares plurais*. Salvador: EDUFBA, 2010. 290 pp.

Souza, N. S. (1983). *Tornar-se negro: as vicissitudes da identidade do negro brasileiro em ascensão social.* Rio de Janeiro: Graal.

Waiselfisz, J. J. (2011). *Mapa da Violência 2011. Os jovens do Brasil.* São Paulo: Instituto Sangari.

Estima de lugar e indicadores afetivos: Aportes da psicologia ambiental e social para a compreensão da vulnerabilidade social juvenil em Fortaleza

Zulmira Áurea Cruz Bomfim

Helenira Fonseca de Alencar

Walberto Silva dos Santos

Samara Silva Silveira

Na pesquisa *Adolescência e Juventude Brasileira: Situações de Risco e Redes de Proteção na Cidade de Fortaleza*, as dimensões juventude, vulnerabilidade, risco e resiliência foram acompanhadas de um diálogo permanente entre ambiente e/ou território, principalmente por priorizar as perspectivas ecológica e histórico-cultural. Na primeira perspectiva, é dada uma atenção especial aos contextos mais imediatos, como família, escola e comunidade; e aos mais distantes, como trabalho e rede de apoio social (Bronfenbrenner, 2000). Já na perspectiva histórico-cultural, segundo Vygotsky (1995), o ambiente é visto como uma construção social e simbólica, solo essencial para o desenvolvimento de sujeitos comprometidos com a humanização da sociedade.

Em diversas áreas que envolvem hoje as Ciências Sociais, a Psicologia, a Saúde Pública, a Geografia, a Arquitetura etc. as categorias espaço e território são resultados de uma dinâmica social complexa em que se consideram as relações de poder e de conflitos existentes na sociedade. O cenário de relações sociais envolvidas no território é essencial para a compreensão dos aspectos geradores de riscos.

Tanto o fenômeno biológico como o social pode ser entendido em sua dependência territorial urbana. Por isso, para estudar as situações de risco às quais os jovens brasileiros estão submetidos e suas potencialidades para afrontá-las, faz-se necessário estar atento à dinâmica urbana, espacial e territorial, que apresenta aspectos ideológicos, valorativos, econômicos e, principalmente, de segregação socioespacial.

Milton Santos (1998), geógrafo e estudioso do espaço, desenvolve a ideia de que a organização do território se alia à transformação política da sociedade. O fenômeno urbano está associado à cidadania, porque pode produzir novos níveis de consciência, organização do trabalho e produção política. Para Santos, o indivíduo é um indivíduo em um lugar. E é essa interação com o lugar propicia a construção do conceito de cidadania. Que relação é possível estabelecer entre o território da escola dos alunos pesquisados em Fortaleza e o conceito de cidadania?

Quando falamos da escola, estamos falando também do bairro, da vizinhança e do entorno, espaços fundamentais para o desenvolvimento da cidadania dos jovens pesquisados. A comunidade, por exemplo, é uma extensão do espaço escolar e proporciona ao jovem o crescimento e a expansão de seu potencial de aprendizagem e de autonomia no mundo.

Proshansky, Fabian e Kaminoff (1983), colocam a escola, junto com a casa e o bairro, como cenário por meio do qual crianças, adolescentes e jovens criam sua identidade de lugar. Eles propõem a identidade de lugar como outro aspecto da identidade comparável à social, que descreve a socialização das pessoas com o mundo físico. Esses autores apontam a negligencia do ambiente por parte dos teóricos da Psicologia Social, que colocam o lugar como uma parte separada da identidade social. O lugar é, para eles, uma dimensão importante da categorização social e indica a afiliação dos indivíduos aos grupos a que pertencem, além de funcionar como suporte e espaço de desenvolvimento de aspectos da identidade. As pessoas têm propriedades ambientais e sociais tanto quanto características psicológicas individuais

A identificação com o lugar, que pode ser gerada no ambiente escolar, não se dá somente com relação à sala de aula, mas ao pátio, aos corredores, à biblioteca, às residências de estudantes, aos espaços de lazer, ao bairro, como importantes locais de aprendizagem. Ela envolve atitudes, participação, processo ensino-aprendizagem e, principalmente, valoração positiva ou negativa que esses lugares podem proporcionar aos jovens, protegendo ou aumentando sua autoestima e, consequentemente possibilitando o aumento de suas vulnerabilidades sociais.

A escola e seu contexto são um território, por excelência, de construção da identidade e da cidadania. Ela congrega uma ramificação de relações espaciais e temporais que constitui *lócus* de socialização da cultura, onde se promove um conjunto de atividades em continuidade, e responde pela formação inicial da pessoa ao permitir que os adolescentes e jovens se posicionem diante do mundo. A instituição escolar se configura como espaço formativo que propicia aos jovens a compreensão de si mesmos enquanto sujeitos sociais e históricos ao mesmo tempo em que proporciona a construção como cidadãos (Silveira, Nader, & Dias, 2007).

Sabemos que nem sempre as escolas brasileiras, principalmente as públicas, correspondem a esse espaço formativo que promove uma cultura de direitos humanos, visto que refletem uma sociedade excludente que, muitas vezes, não proporciona um contexto emancipador. O desafio atual para a educação brasileira é dar oportunidades aos jovens e adolescentes de receber uma educação de qualidade, que os proteja nessa fase fundamental de suas vidas, permitindo-lhe viver em um ambiente acolhedor, menos vulnerável, que minimize os riscos apontados em várias pesquisas, conforme mostramos no capítulo 1 deste livro.

Vimos que, para os alunos das escolas públicas de Fortaleza, o local onde eles moram corresponde ao principal índice de vivência do preconceito. Há uma baixa participação e um baixo sentimento de pertencimento à comunidade. A maior parte dos estudantes estigmatizados (Goffman, 1988) pelo local onde reside nas Regionais V e VI de Fortaleza, as duas regionais onde estão os bairros periféricos da capital, nos quais se concentram os maiores índices de pobreza e de violência. Esses resultados mostram que o bairro onde esses jovens moram tende a uma valoração mais negativa que atinge diretamente sua reputação social.

Nesse sentido, entende-se que o espaço não é somente físico, trata-se de um território ativo que transmite significados às pessoas, possibilitando o processo de apropriação por meio de uma reelaboração e interpretação das dinâmicas sociais que ali estão presentes e, a partir desse processo, tornando-se um lugar significativo para o sujeito. Essa simbolização do espaço, por sua vez, contribui para o fortalecimento do sentimento de pertença ao lugar e de identificação (Pol & Valera, 1999). Entendemos esta identificação com o lugar, positiva ou negativa, como estima de lugar (Bomfim, 2010).

Estima de lugar: um diálogo entre a psicologia ambiental e a psicologia social

A estima de lugar refere-se a uma avaliação afetiva, positiva ou negativa, que uma pessoa faz de determinado ambiente, expressa por sentimentos e emoções gerados por imagens, representações e visões de mundo que se dirigem a um bairro ou a uma cidade, por exemplo. É uma categoria teórica que emerge de duas linhas epistemológicas: a Psicologia Social latino-americana e a Psicologia Ambiental Transacionalista, que valorizam, respectivamente, a mediação afetiva e o simbolismo do espaço na construção da subjetividade.

Com a Psicologia Social, compreende-se que os fenômenos psicológicos são constituídos na coletividade, de modo que o homem se "hominiza" somente quando inserido em uma dinâmica sociocultural. Isso significa que ninguém se constitui como sujeito a partir de si mesmo, mas somente por meio da assimilação de elementos socialmente compartilhados, como significados, valores, crenças, representações sociais etc. Homem e ambiente se constroem mutuamente em uma relação dialética:

> [...] constatamos que o fenômeno psicológico a ser estudado é a dialética entre subjetividade e objetividade. Ou seja, a realidade objetiva vivida pelo indivíduo se torna subjetiva, a qual por sua vez se objetivará por meio de suas ações. (Lane, 1995, p. 55)

A perspectiva humano-ambiental, objeto de estudo da Psicologia Ambiental, na sua vertente transacionalista,[1] obriga-nos a superar a dicotomia homem e ambiente e, portanto, sujeito e objeto, conduzindo-nos ao estudo da relação dialética entre estes. Segundo Higuchi e Kuhnen (2008), esta superação é fundamental para a compreensão e compromisso com a sustentabilidade da vida, porque diz respeito às relações entre os homens e destes com o ambiente que os constitui.

---

[1] A perspectiva transacionalista da Psicologia Ambiental é aquela que estuda a relação pessoa-ambiente pelas lentes subjetivas das pessoas que constituem essa relação, ou seja, esta vertente, dá uma especial atenção à construção significado relacionado ao ambiente.

A partir desse diálogo entre Psicologia Social e Psicologia Ambiental, formamos o conceito de estima de lugar, uma categoria socialmente construída, que mostra que o sujeito responde de forma positiva ou negativa ao seu entorno, refletindo as possibilidades de ação do indivíduo no lugar, quer seja potencializando ou diminuindo sua ação no ambiente, respectivamente (Bomfim, 2010). É importante frisar que, por estar aportada na Psicologia Ambiental, a estima de lugar é uma categoria que se constrói também de forma interdisciplinar, valendo-se dos saberes da Arquitetura, da Geografia, da Sociologia etc., sem perder a dimensão subjetiva do ambiente.

Esse diálogo interdisciplinar reafirma o compromisso da estima de lugar como uma categoria socialmente construída sob uma base dialética[2] que articula a representação social do espaço urbano, como apontam Milgran & Jodelet (1976), composta também pela reputação e pela imagem do lugar – o nível de apropriação do espaço (Pol, 1996), portanto, de identificação que o sujeito tem com este –, e também pelos vínculos afetivos (enraizamento, pertença e apego ao lugar), entre outros.

A estima de lugar se refere ao apreço, à valoração, ao apego com relação ao lugar. Apoia-se na avaliação da qualidade de habitação e uso do ambiente, isto é, da segurança, limpeza, organização, sofisticação, estética, preservação ambiental, legibilidade, sinalização, acessibilidade etc.; na qualidade dos vínculos sociais de amizade e boa convivência; na imagem social do lugar perante a sociedade; e, principalmente, no nível de apropriação do espaço do indivíduo que o estima.

---

[2] A noção de dialética a que utilizamos é aquela que Lefebvre define como sendo "um movimento que traz ao mesmo tempo o conflitual e o contraditório e liga teoria e prática. Por exemplo, homogêneo e fragmentado, efêmero e durável. A intenção não é negar nem um nem outro termo, nem transcendê-los, mas revelar o contínuo movimento entre eles." (Kofma & Lebas citado por Ramos, 2001, p. 9).

Encontramos uma relação positiva entre a estima de lugar e a autoestima quando os lugares imprimem uma valorização positiva ao *self* ou à identidade. Uma estima positiva do lugar aumenta a autoestima do jovem quando este tem identificação com aquele, pois proporciona a expressão de uma avaliação afetiva do ambiente e de si mesmo. Estima de lugar e autoestima também são compreendidas de forma dialética e constroem uma síntese valorativa.

Esse diálogo foi observado em 26 jovens, entre 18 e 27 anos, filhos de catadores de material reciclável, que anteriormente reciclavam material descartado e, no momento, estavam participando do projeto de uma fábrica de vassouras, produzidas de garrafas de plástico PET. Levantaram-se os fatores de risco e de proteção desses jovens no trabalho, além de variáveis sociodemográficas e de uma avaliação de seus afetos relacionados com a fábrica de vassouras PET. Este espaço, coordenado por uma ONG com o apoio de um órgão de economia mista, tinha como objetivo criar uma situação favorável à aprendizagem e à criação de emprego e de renda para filhos de catadores de material reciclável. A amostra serviu como elemento de comparação qualitativa com a amostra maior de 1.140 jovens da pesquisa *Adolescência e Juventude Brasileira: Situações de Risco e Redes de Proteção na Cidade de Fortaleza* (Bomfim & Martins, 2011).

Esses resultados nos levaram a refletir sobre a possibilidade de diminuição das vulnerabilidades sociais de adolescentes por meio do incentivo a atividades produtivas, da criação de emprego e renda e de vínculos com o lugar. Ao encontrar respostas potencializadoras da ação do jovem no lugar de trabalho, levantamos a hipótese de que o ambiente laboral, no caso a fábrica, afetou qualitativamente as respostas de autoestima dos respondentes, ademais dos sentimentos de autoeficácia e de perspectiva de futuro, considerados indicadores afetivos. Analisamos também como esses indicadores foram determinantes para a elaboração do conceito de estima de lugar (Alencar,

2010), categoria que envolve sentimentos positivos e negativos e pode refletir ações potencializadoras da ação do indivíduo com/no lugar. E como são avaliados os sentimentos dos jovens com relação aos ambientes com base nos afetos?

Mapas afetivos: construção de sentidos movidos pelos afetos

A esse complexo de sentimentos, sentidos, significados, imagens e representações que permeiam a relação pessoa-ambiente, Bomfim (2010) denominou mapas afetivos. Segundo a autora, ele propicia às pessoas a construção de imagens afetivas com relação a seus lugares. O estudo dos mapas afetivos se orienta pela busca de uma síntese dos afetos na qual se articulam os elementos afetivos presentes nas formas de ver, representar e sentir o lugar por meio da investigação das imagens cognitivas e metafóricas do lugar[3] e pelos processos de apropriação do espaço e de identidade social urbana. De acordo com a estudiosa, essas imagens, por serem acompanhadas de sentimentos, podem indicar uma estima positiva ou negativa quanto ao lugar, assim como a forma de implicação.

A positividade (ou negatividade) da estima é intrínseca aos sentimentos que a acompanham e se baseia na teorização de Agnes Heller sobre os sentimentos orientativos. "Eles são orientativos porque a sua função primária é a orientação, sua fonte também é a experiência,

---

[3] Imagens cognitivas dizem respeito às representações dos lugares em suas formas físicas concretas (prédios, avenidas, monumentos, veículos, pessoas etc.). Conforme definido por Lynch (1997), imagens metafóricas se referem às representações dos lugares em formas abstratas. Estas são usadas para fazer a comparação analógica do que um determinado lugar significa para a pessoa (assim, um local pode ganhar a forma de um coração, um risco, um lixão, uma pessoa amedrontada etc.)

o sistema de objetivação, os conhecimentos" (Bomfim, 2003, p. 48). Conforme a autora, há sentimentos que orientam a ação do indivíduo na cidade, fazendo-o se implicar mais ou menos com esta.

Bomfim (2010) chamou de estima de lugar essa síntese simbólica construída pela mediação da afetividade com relação aos lugares. Como a estima é um fenômeno intersubjetivo, sua investigação depende de um método para objetivação. O método proposto para a investigação da estima é composto de duas fases: a aplicação do instrumento gerador dos mapas afetivos e a sua análise, por meio de uma categorização de seus conteúdos (representações, sentimentos, imagens e qualidades que o indivíduo tem a respeito de um lugar).

Mas, afinal, o que são os mapas afetivos? O mapa afetivo é a expressão gráfica, artística e metafórica das imagens e representações que as pessoas têm de determinado lugar. Essas imagens são geradas a partir de um instrumento que possibilita o acesso a um nível de consciência da relação pessoa-ambiente, por meio do qual se articula, na pessoa que responde a ele, a elaboração de sentimentos, avaliações e identificações quanto a determinado lugar. Segundo Bomfim (2010, p. 222), "Os mapas afetivos são representações do espaço e relacionam-se com qualquer ambiente como território emocional. Os mapas afetivos são instrumentos reveladores da afetividade e indicadores da estima da cidade".

A fim de encontrar um método que possibilitasse aos sujeitos pesquisados comunicar sua afetividade com relação aos lugares, a mesma autora (2010) parte para a elaboração do instrumento gerador dos mapas afetivos, apoiando-se nos aportes teóricos de psicólogos da escola russa, entre eles Lúria (1991) e Vigotsky (1994), os quais já haviam sistematizado um saber sobre as bases afetivo-volitivas da comunicação humana.

Assim, o instrumento gerador do mapa afetivo é um método que busca revelar de forma objetiva as conexões dos pares texto-subtexto (Lúria, 1991) e sentido-significado (Vigotsky, 1994). O texto e o subtexto são os esquemas linguísticos imbricados com a formação dos sentidos e significados.[4]

> Como parte da busca de um método para objetivar formas específicas do comportamento complexo, Lúria (1987) explica a base afetivo-volitiva na compreensão do sentido da comunicação complexa: texto e subtexto articulam-se no desvelar desta comunicação. Enquanto o texto pressupõe um sentido externo, o subtexto revela o sentido interno. É justamente neste último que encontramos o sentido e, em última instância, o motivo que está por trás deste texto. (Bomfim, 2010, p. 54)

Assim, as teorias que fundamentam a tese dos mapas afetivos têm em comum a base afetiva que media tanto a construção das representações sociais como a construção dos sentidos/significados com relação aos espaços apropriados pelo sujeito. Portanto, no instrumento gerador dos mapas afetivos, seus itens constitutivos[5] estimulam a criação de representações, significados e sentidos com relação a lugares, produzindo, assim, os conhecimentos sobre os processos de apropriação do espaço e de construção da identidade de lugar, categorias estudadas pela Psicologia Ambiental, a partir dos afetos de

---

[4] Segundo Oliveira (1992, p. 81), "Vygotsky distingue dois componentes básicos do significado da palavra: o significado propriamente dito e o 'sentido'. O significado propriamente dito refere-se ao sistema de relações objetivas que se formou no processo de desenvolvimento da palavra, consistindo num núcleo relativamente estável de compreensão da palavra, compartilhado por todas as pessoas que a utilizam. O sentido, por sua vez, refere-se ao significado da palavra para cada indivíduo, composto por relações que dizem respeito ao contexto de uso da palavra e às vivências afetivas do indivíduo."

[5] Há itens no questionário, instrumento gerador dos mapas afetivos, que recorrem aos recursos imagéticos desenho e metáfora como elementos básicos para a elaboração e a compreensão de mapas afetivos.

seu respondente. A Figura 1 apresenta um modelo do instrumento gerador do mapa afetivo.

Figura 1. Instrumento gerador dos mapas afetivos

O Instrumento gerador dos mapas afetivos

Bairro: _____ Série: _____

1. Primeiramente, obrigada pela sua colaboração. Abaixo você deverá fazer um **desenho** que represente sua forma de ver, sua forma de representar ou sua forma de sentir o bairro em que você mora;
2. Significado do desenho;
3. Sentimentos;
4. Palavras-síntese;
5. O que pensa do bairro;
6. Comparação do bairro com algo (a **metáfora**);
7. Participação social juvenil;
8. A escala Likert com assertivas indicadoras das seguintes imagens afetivas: a) Pertença, b) Contraste, c) Agradabilidade, d) Insegurança;
9. Caminhos percorridos em seu bairro;
10. O que gosta e que não gosta em seu bairro.
11. Dados pessoais e socioeconômicos (sexo, idade, renda familiar, tempo de residência no bairro).

O questionário acima (Figura 1) é composto por itens que solicitam ao participante da pesquisa a elaboração de desenhos e metáforas, além de respostas a questões abertas e objetivas, que buscam investigar a afetividade das pessoas com relação aos lugares. O desenho possibilita o acesso a níveis emocionais do respondente com relação ao espaço, os quais serão significados pelo investigando na elaboração da resposta escrita à questão subsequente, que pergunta sobre o significado do desenho que ele produziu. A metáfora expressa, de forma sintética, por analogia é algo semelhantemente complexo, assim como são as imagens e representações que temos dos lugares. Ela surge em um dos itens do instrumento gerador do mapa afetivo que solicita ao respondente que compare o lugar com algo qualquer.

A estima de lugar surge da análise interpretativa do instrumento gerador do mapa afetivo. A partir de uma síntese interpretativa de todos os itens, podemos elucidar qual é a imagem afetiva que o respondente apresenta do lugar em questão. Imagens positivas indicam estima de lugar positiva e imagens negativas indicam estima de lugar negativa. As imagens positivas recorrentes em nossos estudos foram de agradabilidade, pertencimento (pertença) e atratividade; já as negativas foram de destruição, insegurança e contraste.

Na pesquisa original, *Cidade e Afetividade: Estima e Construção dos Mapas Afetivos de Barcelona e São Paulo*, Bomfim (2010) propôs o método de avaliação da estima dessas cidades com base em desenhos e metáforas, para revelar dessa maneira a forma de ver, representar e sentir as cidades por seus habitantes.

Esse método tem sido utilizado em outras investigações realizadas pelo Laboratório de Pesquisa em Psicologia Ambiental (LOCUS) da UFC, em Fortaleza, e em outros municípios do Estado do Ceará. O LOCUS tem priorizado a investigação da estima de lugar de jovens em situação de vulnerabilidade socioambiental, seguindo uma psicologia social crítica comprometida com a transformação social da realidade brasileira.

Como exemplo, pode-se citar a pesquisa com jovens nativos de Tauá (Ferreira, 2006), município da zona rural do Ceará, que procurou investigar a afetividade desses adolescentes com relação a seu desejo de ficar ou partir de sua comunidade em função da tensão entre apego ao lugar (ficar na comunidade), de um lado, e da oportunidade de obter emprego em uma capital (Fortaleza, São Paulo, entre outras), de outro. Nesse estudo foi possível entender a afetividade como mediadora da decisão nesse fenômeno do êxodo rural. Ainda dentro dessa perspectiva, Furlani (2007) comparou os projetos de vida de jovens moradores de um ambiente rural (município Cruz) com moradores da capital Fortaleza, buscando compreender como os sentimentos e emoções que os participantes demonstram com relação a estes ambientes podem afetar a perspectiva de futuro desses jovens quanto aos projetos de vida construídos por seus mapas afetivos.

A respeito da cidade de Fortaleza, Alencar (2010), priorizando o estudo de cinco bairros de uma de suas regiões de menor IDH, a Regional III, investigou a estima de lugar de 154 jovens com relação a seus bairros de moradia. Nesse estudo, observou-se que 86% desses indivíduos apresentavam uma estima de lugar negativa com relação a seus bairros, caracterizando-os com um alto índice de imagens de destruição, insegurança e contraste. Enfocando, ainda, esses bairros, a autora (2010) pesquisou a relação entre as estimas de lugar de jovens moradores ($n = 60$) e suas participações comunitárias nos dois bairros que apresentaram menores resultados para essa variável. Verificamos que, mesmo em bairros considerados mais perigosos, os respondentes que apresentavam alto nível de pertencimento, isto é, identificação, confiança, afeição, cordialidade e relações de amizade com a comunidade, tendiam a se apropriar mais de seus espaços comunitários e se sentiam menos inseguros com relação a esses ambientes, ou seja, a percepção de risco desses jovens tendia a se alterar em função da imagem de pertencimento. Em outras palavras, apesar da falta de infraestrutura, da violência e do descaso dos órgãos públicos identificados em seus bairros, a avaliação da estima por parte dos jovens também se apresentava positivamente.

Seguindo os mesmos pressupostos afetivo-ambientais, o presente capítulo, apoiando-se nos dados da pesquisa *Adolescência e Juventude: Situação de Risco e Redes de Proteção na Cidade de Fortaleza*, buscou estudar a estima de lugar dos jovens ($n = 1.140$) moradores das seis regionais da capital cearense, procurando relacioná-la com outras variáveis psicossociais, que chamaremos de indicadores afetivos (autoestima, perspectiva de futuro e autoeficácia), para avaliar em que medida tal estima pode explicar tais variáveis.

Considerando esses aspectos, indagamo-nos sobre a importância do lugar, comunidade e/ou bairro onde está situada a escola dos alunos pesquisados nas respostas a seus indicadores afetivos (autoestima, sentimentos de autoeficácia e de perspectiva de futuro) quando se correlaciona com a estima de lugar (Alencar & Bomfim, 2010).

Estima de lugar e indicadores afetivos: um diálogo qualitativo-quantitativo

Em pesquisas anteriores sobre juventude brasileira, Koller et al. (2009) indicam que os fatores de risco e de proteção ao jovem envolvem desde características individuais positivas e saudáveis, que incluem autoestima, autoeficácia e perspectiva de futuro, até a coesão ecológica, relações comunitárias e a presença e o funcionamento de uma rede de apoio social e afetiva: relações com a escola, trabalho e serviços de saúde e institucionais de um modo geral. Fatores estruturais e subjetivos, nos diversos ambientes frequentados pelos jovens, promovem as condições necessárias para a diminuição de vulnerabilidades sociais e a potencialização de resiliências. Os indicadores afetivos que nos propomos a analisar mostram a importância do diálogo entre os aspectos estruturais e subjetivos na criação de um ambiente protegido para o jovem que está em situação de vulnerabilidade social. Os fatores de proteção só se expressam e são identificados na presença de fatores de risco, conforme aponta Koller et al. (2009).

A autoestima implica uma avaliação valorativa que o indivíduo faz de si mesmo, isto é, um juízo de valor que se expressa mediante as atitudes que o ele mantém para consigo, tendo como critérios de avaliação seus valores pessoais (Coopersmith, 1989).

Já a autoeficácia se refere à avaliação que o indivíduo faz de suas possibilidades pessoais de obter sucesso, perante o enfrentamento de desafios que se lhe apresentam. É uma forma de confiança que a pessoa deposita em si própria a partir das situações de risco que se apresentam e que lhe proporciona, dessa maneira, a percepção da diminuição de vulnerabilidades.

Entendemos a perspectiva de futuro como a continuidade no tempo que permite a construção de um projeto de vida. Podemos inferir que a esta perspectiva está comprometida com a avaliação que fazemos de nós mesmos no presente. Para Gunter (1998), esse conceito corresponde à estrutura de oportunidade percebida, à estrutura de crença pessoal e à estrutura de controle pessoal. Neiva-Silva (2003) compreende, entretanto, a expectativa futura como fator de resiliência, uma vez que ela se relaciona com a variação individual em resposta à situação de risco. Resiliência, nesse sentido, não é uma concepção estática de capacidade individual de superação da adversidade, mas, sim, um processo dinâmico de boa adaptação a um contexto de adversidade significativa.

Que relação, então, poderemos estabelecer entre esses indicadores afetivos de autoestima, autoeficácia, perspectiva de futuro e a estima de lugar? Qual é a importância do lugar para o alcance do bem-estar do indivíduo? Como poderemos diminuir vulnerabilidades nos jovens e resgatar uma identificação com o lugar?

Para responder a essas perguntas, valemo-nos do diálogo qualitativo e quantitativo, avaliando, por meio de análises de componentes principais e do cálculo do alfa de Cronbach, se os itens utilizados no Questionário da Juventude Brasileira – Versão II (Dell'Aglio, Koller, Cerqueira-Santos & Colaço, 2011) para a avaliação da estima de lugar medem, de fato, o que se propõem a medir. Por intermédio desses itens, da questão 68, analisaremos se o conceito de estima de lugar proposto anteriormente apresenta parâmetros psicométricos (validade e precisão) satisfatórios.

Para atender aos objetivos propostos, inicialmente, foi verificada a fatorabilidade da matriz de dados provenientes dos itens referentes à estima de lugar, o que foi confirmado por meio do *KMO* = 0,82 e do Teste de Esfericidade de Bartlett, χ^2 (15) = 1372,44; *p < 0,001* (Tabachnick & Fidel, 2007). Em seguida, procuramos conhecer as estruturas fatoriais possíveis para esse conjunto de itens. Tal observação foi efetivada a partir de dois critérios específicos: *eigenvalue* maior do que 1,0 (Guttman, 1954; Kaiser, 1960) e Teste *Scree* (Cattell, 1966). Para verificar quantos fatores seria possível extrair, com base no critério dos valores próprios (*eigenvalue*), foi realizada uma análise de componentes principais (PC), sem fixar o número de fatores a extrair e o tipo de rotação. Os resultados indicaram a existência de um único fator, o que foi corroborado pelo Teste *Scree*, como se constata na Figura 2.

Figura 2. Representação Gráfica dos Valores Próprios (Critério de Cattell)

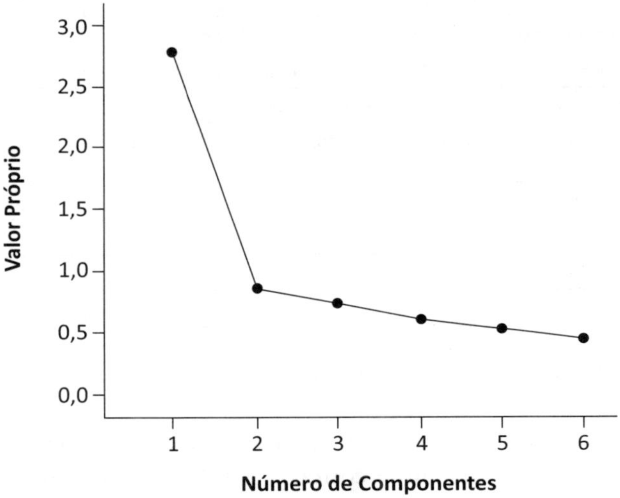

Com base nesses achados, decidiu-se realizar uma análise de componentes principais, fixando a extração de um fator. Como se verifica na Tabela 1, a estrutura unifatorial parece coerente, pois todos os itens apresentaram saturações dentro do que foi estabelecido como satisfatório, a saber, carga fatorial igual ou superior a |0,50|. Tal fator demonstrou valor próprio de 2,81 e explicou 46,89% da variância total, sendo sua consistência interna (alfa de *Cronbach*) de 0,77.

Tabela 1. Estrutura Componencial dos itens de Estima de Lugar

Conteúdo dos Itens	Fator
1. Eu posso confiar nas pessoas da minha comunidade/bairro	0,76*
2. Eu me sinto seguro na minha comunidade/bairro	0,75*

Continua

Continuação

Conteúdo dos Itens	Fator
3. Eu posso contar com meus vizinhos quando preciso deles	0,71*
4. Minha comunidade tem melhorado nos últimos cinco anos	0,70*
5. Eu sinto que pertenço a minha comunidade/bairro	0,58*
6. Eu posso contar com alguma organização/instituição comunitária quando preciso	0,58*
Número de itens	6
Valor próprio	2,81
% Variância Total explicada	46,89
Alfa de *Cronbach*	0,77

Nota: * carga fatorial considerada satisfatória |0,50|.

Para complementar as informações acerca dos correlatos da estima de lugar, efetuaram-se correlações *r* de *Pearson* entre esse construto e as pontuações totais apresentadas pelos participantes nos itens relacionados às variáveis autoestima, perspectiva de futuro e autoeficácia. Como se observa na Tabela 2, a estima de lugar correlacionou-se positiva e significativamente com autoestima ($r = 0,20$, $p < 0,001$), com perspectiva de futuro ($r = 0,17$, $p < 0,001$) e com autoeficácia ($r = 0,14$, $p < 0,001$). Segundo a mesma tabela, as variáveis autoestima, perspectiva de futuro e autoeficácia também se correlacionaram significativamente entre si [$r = 0,37$, $r = 0,45$ e $r = 0,32$ ($p < 0,001$), respectivamente]. Assim, quanto maior os níveis de estima de lugar, maiores serão os níveis de autoestima, de perspectiva de futuro e de autoeficácia.

Tabela 2. Correlatos da Estima de Lugar (*n* = 1.140)

1. Estima de lugar			
2. Autoestima	0,20*		
3. Perspectiva de futuro	0,17*	0,37*	
4. Autoeficácia	0,14*	0,45*	0,32*
	1	2	3

Nota: * *p* < *0,001*, (teste unicaudal; eliminação por pares de itens em branco).

Adicionalmente, para compreender a função explicativa da estima de lugar, considerada nessa ocasião como *variável antecedente*, no que se refere à perspectiva de futuro, à autoeficácia e à autoestima (*variáveis critério*), realizaram-se múltiplas regressões lineares simples. Nessas análises, a estima de lugar explica significativamente a perspectiva de futuro (3,0% da variância total; $r = 0,17$), a autoeficácia (2,1% da variância total; $r = 0,14$) e a autoestima (4,1% da variância total; $r = 0,20$) e pode ser considerada um fator explicativo relevante para as três variáveis critério [F (1,878) = 26,93, F (1,835) = 17,89 e F (1,990) = 42,29; (*p* < *0,001*), respectivamente], sendo que estas são preditas diretamente pela estima de lugar ($\beta = 0,17$, $\beta = 0,14$ e $\beta = 0,20$, respectivamente).

Com base nesses resultados, apesar da baixa variância encontrada para cada variável individualmente, é possível compreender que a estima de lugar pode ser vista como um dos fatores importantes da avaliação tanto da autoestima como dos demais construtos estudados. Contudo, deve-se reconhecer que, ao se tratar de fenômenos psicossociais, dificilmente as explicações derivam de um único fator, portanto, é preciso observar sempre a teia de relações que os compõem.

O objetivo principal deste capítulo foi estudar a estima de lugar dos jovens fortalezenses. Não obstante, foi necessário antes de prosseguir verificar a validade e a precisão dos itens utilizados para mensurar tal construto. Uma pergunta pertinente a se fazer seria se esses itens, de fato, medem o construto teórico sugerido e, ao mesmo tempo, se são válidos, e quão precisa é essa medição. Considerando os resultados, é possível responder positivamente ao primeiro questionamento. Todos os itens apresentaram indicadores satisfatórios de validade (> |0,50|; [Nunnally, 1991]). Com relação à segunda pergunta, o valor do alfa de *Cronbach* ($\alpha = 0{,}77$) se apresentou acima do que a literatura aponta como aceitável ($\alpha \geq 0{,}70$), o que permite considerar que os itens do questionário destinados à avaliação da estima de lugar são precisos (Nunally & Bernstein, 1994).

Estimar os jovens é estimar a escola, o bairro e a comunidade

Encontramos caminhos comuns entre a análise quantitativa e estudos anteriores sobre estima de lugar. Os dados mostram que podemos investir no contexto em que vive o jovem, que é a comunidade e o bairro onde está a escola.

A comunidade da escola não é somente um entorno físico que circunda a escola. Os jovens que estudam em determinada escola criam simbolismos e significações com relação ao bairro, que vão variar em função de cultura, costumes, crenças, valores, representações, visões de mundo reforçado pela coletividade. Um bairro degradado, violento, com altos índices de homicídio tem uma péssima reputação, traz desconforto para o jovem e o adolescente, que também vê sua imagem e reputação de forma negativa, principalmente quando não está implicado e vinculado com a comunidade. O preconceito referente ao lugar foi o mais apontado pelos jovens das escolas públicas de Fortaleza.

Os dados revelaram também que os respondentes têm um baixo nível de confiança na comunidade e não se sentem pertencentes a esta. A confiança nas organizações e instituições comunitárias existentes no bairro também é baixa. Esses resultados mostram que os espaços sociais de convivência comunitária não estão sendo percebidos como suficientemente seguros e confiáveis tampouco são apropriados positivamente, portanto, precisam ser alvo de atenção dos investimentos econômicos e sociais.

Podemos inferir que o lugar e o bairro onde se encontra a escola podem ser um importante caminho para potencializar indicadores subjetivos de proteção ao jovem, como autoestima, autoeficácia e perspectiva de futuro, e consequentemente promover a diminuição de riscos e de vulnerabilidades socioambientais de adolescentes que se encontram em contextos de adversidades sociais, culturais, econômicas e simbólicas próprias das escolas públicas brasileiras.

Isto nos faz refletir sobre a associação de vulnerabilidades socioambientais e de risco não somente como de pobreza material. As vulnerabilidades também estão refletidas nas carências de oportunidades de natureza simbólica. Estas devem ser consideradas essenciais como fatores protetores para o desenvolvimento humano.

Por isso, as políticas públicas para a juventude precisam priorizar aspectos subjetivos de apoio psicossocial que coloquem o espaço do bairro e da comunidade vinculados à escola como prioritários, por exemplo, o incentivo à participação comunitária, a inserção de equipamentos comunitários de lazer, cultura, convivência e apoio social. A estima do lugar positiva se forma a partir de lugares agradáveis, atraentes que promovam o encontro interpessoal. Estimar os jovens é estimar a escola, o bairro e a comunidade e vice-versa.

Referências

Alencar, H. F. (2010). *Participação social e estima de lugar: caminhos traçados por jovens estudantes moradores de bairros da regional III da cidade de fortaleza pelos mapas afetivos,* Dissertação de Mestrado em Psicologia, Universidade Federal do Ceará, Fortaleza, Ceará.

Alencar, H. F., & Bomfim, Z. A. C. (2010). Participación Social y Estima de Lugar de Jóvenes estudiantes de barrios de Fortaleza. *Anais do VII Congreso Iberoamericano de Psicología*. Oviedo, España, 20 a 24 de julio.

Bomfim, Z. A. C. (2010). *Cidade e afetividade, estima e construção dos mapas afetivos de Barcelona e São Paulo*. Fortaleza: Edições UFC.

Bomfim, Z. A. C., & Martins, A. K. (2011). Transformando afetos: Jovens e adolescentes catadores de material reciclável em busca de uma atividade Produtiva. *Anais do XXX Encontro de Iniciação Científica e IV Encontro de Pesquisa de Pós-Graduação*. Fortaleza, Universidade Federal do Ceará.

Bronfenbrenner, U. (2000). *A ecologia do desenvolvimento humano: experimentos naturais e planejados*. Porto Alegre: Artmed.

Cattell, R. (1966). The scree test for the number of factors. *Multivariate Behavioral Research, 1*, 245-276.

Coopersmith, S. (1989). *Self-Esteem Inventory*. Palo Alto, CA: Consulting Psychologists Press.

Dell'Agio, D. D., Koller, S. H., Santos, E. C., & Colaço, V. F. R. (2011). Revisando o Questionário da Juventude Brasileira: uma nova proposta. In D. D. Dell'Agio, & S. H. Koller (Orgs.), *Adolescência e Juventude: vulnerabilidade e contextos de proteção. Adolescência e Juventude:*

vulnerabilidade e contextos de proteção. 1. ed. São Paulo: Casa do Psicólogo, *1*, 259-270.

Ferreira, K. P. M. (2006). *Ficar ou Partir? Afetividade e migração de jovens do sertão semi-árido cearense*. Dissertação de Mestrado em Psicologia, Universidade Federal do Ceará, Fortaleza, Ceará.

Furlani, D. D., & Bomfim, Z. A. C. (2010). Juventude e Afetividade: Tecendo projetos de vida pela construção dos mapas afetivos. *Psicologia e Sociedade*, *22*(1), 50-59.

Goffman, E. *Estigma: notas sobre a manipulação da Identidade Deteriorada* (M. B. M. L. Nunes, trad.). Rio de Janeiro: LTC, 1988 [1963].

Gunther, I. A., & Gunther, H. (1998). Brasílias pobres, Brasílias ricas: perspectivas de futuro entre adolescentes. *Psicologia: Reflexão e Crítica*, *11*(2).

Guttman, L. (1954). Some necessary conditions for common factor analysis. *Psychometrika*, *19*(2), 149-162.

Higuchi, M. I. G., & Kuhnen, A. (2008) Percepção e Representação Ambiental – Métodos e Técnicas de Investigação para a Educação Ambiental. In J. Q. Pinheiro, & H. Gunther (Orgs.), *Métodos de Pesquisa nos Estudos Pessoa-ambiente* (pp. 17-56). São Paulo: Casa do Psicólogo.

Kaiser, H. F. (1960). The application of electronic computers to factor analysis. *Educational and Psychological Measurement*, *20*(1), 141-151.

Koller, S. H., Ribeiro, J., Cerqueira-Santos, E., Morais, N. A. P., Nunnally, J. C. (1991). *Teoría psicométrica*. México, DF: Trillas.

Koller, S., Moraes, N. A., & Cerqueira-Santos, E. (2009). Adolescentes e Jovens Brasileiros: Levantando Fatores de Risco e Proteção.

In R. Libório, & S. H. Koller (Orgs.), *Adolescência e Juventude: Risco e Proteção na Realidade Brasileira*. São Paulo: Casa do Psicólogo, 17-56.

Lane, S. T. M. (1994). A Mediação Emocional na Constituição do Psiquismo humano. In S. T. M. Lane, & B. B. Sawaia, *Novas Veredas da Psicologia Social* (pp. 55-63). São Paulo: Brasiliense.

Luria, A. R. (1991). *Curso de Psicologia Geral*, Rio de Janeiro: Civilização Brasileira.

Milgran, S.; Jodelet, D. (1976). Psychological Maps of Paris. In H. M. Proshansky, & W. H. Ittelson (Eds.), *Environmental Psychology People and their Physical Settings* (pp. 104-124). New York, Holt: Rinehort and Winston.

Neiva-Silva, L. (2003). *Expectativas Futuras de Adolescentes em Situação de Rua: Um Estudo Auto-Fotográfico*. Dissertação do Mestrado de Psicologia do Desenvolvimento, Universidade Federal do Rio Grande do Sul, Porto Alegre, Rio Grande do Sul.

Nunnally, J., & Bernstein, I. (1994). *Psychometric theory*. 3. ed. New York: WCB/Mc Graw Hill.

Pol, E. (1996). La Apropiación Del Espacio. In Iñiguez, L., & Pol, E. *Cognición, Representación y Apropiación del Espacio*. Barcelona: Monografías Sócio/Ambientais, 45-62.

Pol, E., & Valera, S. (1999). Symbolisme de léspace public et identitée sociale. *Villes en Paralélle, 28*(29), 13-33.

Proshansky, H. M., Fabian, A. K., & Kaminoff, R. (1983). Place-Identity: Physical World Socialization of The Self. In *Journal of Environmental Psychology, 3*, 57-83.

Santos, M. (1998). *O espaço do cidadão*. 4. ed. São Paulo: Nobel

Silveira, R. M. G., Nader, A. A. G., & Dias, A. A. (2007). *Subsídios para a elaboração das diretrizes gerais da educação em direitos humanos – versão preliminar*. João Pessoa: Editora Universitária/UFPB.

Teodoro, M. L. (2005). *Juventude brasileira: Comportamento de risco, fatores de risco e de Proteção*. Relatório Técnico da Pesquisa apresentado ao Banco Mundial, UFRGS.

Valera, S., & Pol, E. (1994). El concepto de identidad social urbana: una aproximación entre la Psicología Social y la Psicología Ambiental. *Anuario de Psicología, 62*, 5-24.

Tabachnick, B., & Fidell, L. (2007). *Using multivariate statistics*. Nova York: Allyn & Bacon.

Tuam, Yi-Fu. (1983). *Espaço e lugar: A perspectiva da experiência*. São Paulo: Difel.

Vygotsky, L. S. (1995). El problema del desarollo de las funciones psíquicas superiores. In *Obras Escogidas, Problemas del desarrollo de la psique*. Tomo III. Madrid: Visor, 11-46.

Vozes em contexto de desvantagem: Ressignificando o risco social em histórias de adolescentes[1]

Letícia Leite Bessa
Idilva Maria Pires Germano

Introdução

Muitas são as pesquisas e os estudos contemporâneos interessados na relação entre risco social e adolescência. Em parte, isso demonstra uma preocupação com uma parcela da população que, nos censos e levantamentos, aparece com altos índices de vulnerabilidade social, o que favorece políticas com ações protetivas. Por outro lado, os conhecimentos produzidos sobre risco social também podem ocultar estratégias menos visíveis de regulação social e governo das populações jovens nas sociedades contemporâneas. Além disso, a nomeação de grupos etários como "em risco social" (apoiada por instrumentos estatísticos que permitem o cálculo de probabilidades) pode limitar a compreensão sobre os complexos modos de vida dos adolescentes

---

[1] O presente capítulo é fruto da pesquisa de mestrado em Psicologia empreendida pela primeira autora (sob orientação da segunda) na Universidade Federal do Ceará (UFC), com o título *Adolescência, risco e proteção: um estudo narrativista-dialógico sobre trajetórias de vida* e concluída em junho de 2010. Este estudo contou com o apoio financeiro da FUNCAP (bolsa de mestrado) e do CNPq (Edital 16/2008).

e prejudicar eventuais políticas públicas a eles destinadas. Os levantamentos estatísticos, embora forneçam informações úteis sobre a distribuição populacional de fatores potencialmente danosos para os adolescentes, deixam em segundo plano a dimensão biográfica da experiência e os processos de significação em curso nas múltiplas formas de interação social em que se movem os jovens e os próprios pesquisadores encarregados de estudar o risco social.

A cristalização da imagem do adolescente atrelada ao risco também pode ser fortalecida pela concepção moderna de adolescência,[2] presente nas primeiras pesquisas psicológicas do século XX e ainda compartilhada entre estudiosos do desenvolvimento humano. Segundo esse discurso, a adolescência é, sobretudo, uma fase provisória, com características absolutas e universais, que tem a faixa etária, o corpo, os sistemas hormonal e fisiológico como importantes fatores de determinação (Ozella, 2003). Nessas formulações, sublinha-se que a fase é marcada pela vivência de uma crise de transição (César, 1998).

Para estudiosos do desenvolvimento humano, influenciados pelas ideias de Aberastury e Knobel (1981), por exemplo, é natural e esperado que essa fase de crise traga, a qualquer adolescente, desequilíbrios e instabilidades, a chamada "síndrome normal da adolescência". Com o reforço do olhar psicanalítico, a concepção de adolescência firmou-se, assim, como uma fase natural, universal e, de certo modo, patológica. Até hoje, essa é uma compreensão comumente encontrada nos livros, na mídia, na prática dos profissionais que lidam com

---

[2] De acordo com Calil (2003), foi na obra *Emílio ou da Educação* (1762) de Rousseau que apareceu pela primeira vez o conceito de adolescência. A concepção de adolescência nela apresentada, associada a um segundo nascimento, impulsionado pelo surgimento da paixão sexual, que lança o sujeito para além de si mesmo, provocando mudanças de humor, instabilidade e rebeldia, contribuiu significativamente para a compreensão moderna de adolescência.

adolescentes e incorporada pela sociedade e pelos próprios adolescentes (Gonçalves, 2003; Ozella, 2003).

Os discursos sociais que tratam a adolescência como um período de turbulências, dificuldades, crises, angústias, conflitos e ambiguidades, que ora veem o jovem no papel de vítima, ora como o causador de problemas, são construções sociais e refletem a sociedade que os produz (Pinheiro, 2006). Marcadamente adultocêntrica, com desigualdades sociais e formas históricas de exclusão social (Pinheiro, 2009), a sociedade brasileira termina por incitar uma imprópria associação entre risco e adolescência, entre risco e condições econômicas desfavorecidas, entre risco e determinadas posições sociopolíticas.

Atentando-se aos perigos da cristalização ou reificação do risco social ao negligenciarmos os significados socialmente construídos sobre o fenômeno, este trabalho adota uma abordagem narrativo-dialógica, de inspiração bakhtiniana, e focaliza como os adolescentes compreendem o risco em seu cotidiano e como tais significados podem ser interpretados em diálogo com os jovens narradores e os textos acadêmicos sobre a temática. Essa abordagem, ao rejeitar pressupostos fundacionalistas e assumir o caráter inacabado e descontínuo da identidade, ajuda a desnaturalizar a ideia de que os adolescentes que vivem em situação de desvantagem ou vulnerabilidade social[3] são pessoas "em risco social". Desse modo, para além dos "efeitos reais que ameaças podem infligir às pessoas" (Henwood, Pidgeon, Parkhill, & Simmons, 2010, p. 2), ou seja, do estatuto ontológico dos eventos e circunstâncias que representam perigo ou dano aos jovens, este trabalho analisa como alguns adolescentes participantes de um

---

[3] Foram considerados "adolescentes em situações de desvantagem ou vulnerabilidade social" aqueles que vivem em condições de pobreza e em localidades onde alguns problemas sociais, como tráfico de drogas, violência, prostituição infantil, desemprego, estão enraizados.

projeto social constroem, em suas narrativas de vida, complexos significados sobre risco social em diálogo com múltiplas vozes sociais.

Desnaturalizando a noção de risco

Nem sempre esteve presente na história humana o sentido de risco hoje dominante nas sociedades contemporâneas. O sentido conferido a esse termo "está implicitamente vinculado ao contexto histórico em que os vários riscos se concretizam" (Spink, Medrado, & Méllo, 2002, p. 151). De acordo com Spink (2001), antes do século XIV, a palavra "risco" nem mesmo estava disponível no léxico existente. Dessa forma, as catástrofes naturais ou as guerras eram definidas como perigos ou fatalidades. Somente no século XIV, é que ela emergiu no catalão e posteriormente nas línguas latinas (século XVI) e nas anglo-saxônicas (século XVII), em uma época em que se tornara possível pensar o futuro como controlável.

Spink, Medrado e Méllo (2002, p. 151) assinalam que "a noção de risco que é própria da modernidade está intimamente relacionada à incorporação cultural da noção de probabilidade" e, no seu início, consolidou-se nas áreas da Economia e da Medicina, principalmente nas teorizações da Epidemiologia. Os autores informam que essa noção moderna de risco emergiu no século XVII no contexto dos jogos de azar e foi incorporada, no século XVIII, ao seguro marítimo, e no século XIX, à Economia.

Essa noção, portanto, foi construída em um momento de lenta transformação da sociedade hierárquica para a sociedade baseada no individualismo, quando se fez necessária a separação entre as esferas pública e privada e entre bens coletivos e direitos individuais. Em seu bojo, parece ter trazido "a necessidade de um olhar disciplinador sobre os excessos de risco na esfera individual" (Spink et al.,

2002, p. 151), o que fez com que as instituições públicas (jurídicas, econômicas, sanitárias), apoiadas em corpos de saberes específicos, passassem a cercear o risco individual de ganho e perda. A modernidade clássica, tendo por fulcro a sociedade industrial, ficou marcada pela ação da ciência na gestão pública dos riscos, ou seja, na criação de regras e mecanismos de vigilância, assim como no fomento de uma consciência individual que possibilitasse o autocontrole e encontrasse na culpa e na educação seus aliados (Spink et al., 2002).

Já na modernidade reflexiva ou "sociedade do risco", a ciência e a tecnologia são os principais responsáveis pelos riscos atuais, que têm como princípio central a distribuição de males ou de perigos que, por não serem limitados espacial nem temporalmente, afetam as gerações futuras e ultrapassam fronteiras nacionais (Spink et al., 2002). A possibilidade de controlar o futuro por meio do acúmulo e análise de séries de informação começa a ser questionada ante a natureza sistêmica e imponderável dos riscos manufaturados, o que leva, então, a uma alteração no mecanismo de gestão dos riscos. A norma e os mecanismos tradicionais de vigilância, pautados nas instituições disciplinares, são substituídos por uma gestão dos riscos centrada no gerenciamento de informações que são de todos e não são de ninguém (Spink, 2001). À medida que afetam os coletivos, os riscos são obrigatoriamente objetos da gestão pública, isto é,

> [...] a gestão dos riscos é tarefa central no governo das populações, seja nos microcontextos de cada cidade, estado, nação, ou no macrocontexto da sociedade globalizada. Riscos associados à falência econômica, ao terrorismo internacional, à destruição ambiental, à contaminação por agrotóxicos entre outros, ao emprego de novas tecnologias na saúde, assim como os riscos do cotidiano urbano precisam ser calculados, segurados e gerenciados. (Spink & Menegon, 2004, pp. 276-277)

Levantamentos e relatórios sobre riscos, incluindo aqueles com foco nos contextos de populações adolescentes vulneráveis, sustentam-se, em geral, em concepções probabilísticas sobre o risco e nos esforços socialmente disseminados para seu gerenciamento.[4]

O estudo do risco social e sua avaliação em situações específicas (como nas circunstâncias de vida de jovens economicamente desfavorecidos das grandes cidades brasileiras) podem ser aprofundados com a adoção de uma perspectiva narrativa e dialogicamente orientada, capaz de mitigar algumas tensões epistemológicas e metodológicas usuais na pesquisa e nas formas de administração do risco.

A tradição dialógica de Bakhtin, revalorizada a partir do giro linguístico, tem orientado estudos sobre risco que criticam os princípios de objetividade e a suposta habilidade do pesquisador em capturar diretamente a experiência vivida, argumentando que esta é criada textualmente por ele, na medida em que narra suas observações. Nesse sentido, o pesquisador é entendido como um contador de histórias, em diálogo com seu "objeto". Como afirma Tulloch (2006), essa mudança tem dirigido a atenção para a reflexividade narrativa e estimulado um conjunto de pesquisas recentes sobre risco que examinam a construção de narrativas cotidianas e profissionais. No caso de risco social entre jovens, essa orientação dialógica leva

---

[4] Uma linha de pesquisa crítica sobre risco social, de matiz foucaultiana, é explorada por Spink e Menegon (2004), que examinam as estratégias de governamentalidade para controle dos riscos. Para as autoras, as principais formas são o governo de coletivos (relacionado à necessidade de governar populações, referendando, portanto, medidas coletivas destinadas a gerenciar relações espaciais); a disciplinarização da vida privada das pessoas (relacionada à necessidade de preservar a higiene para prevenir doenças e que considera as pessoas responsáveis pelo autogerenciamento de sua saúde e, assim, vê o corpo como o alvo de controle e a educação como sua principal estratégia); e a aventura (prática perigosa, mas necessária para se obter ganhos). A questão da governamentalidade, embora importante para desnaturalizar a pesquisa sobre risco e desvelar suas condições de possibilidade, não configura o foco deste trabalho.

a examinar tanto o que o significa para o jovem "correr" ou "estar exposto a" riscos quanto o que nós pesquisadores construímos sobre o risco em nossos discursos e práticas.

Acompanhando essa mudança de olhar, em nosso estudo foram entrevistados[5] três adolescentes, frequentadores da Escola de Dança e Integração Social para Criança e Adolescente (Edisca),[6] organização não governamental que trabalha, com uma proposta educativa centralizada na arte, com crianças e adolescentes provenientes de áreas em desvantagem social da cidade de Fortaleza. Paula (14 anos), Cecília (15 anos) e Rodrigo (17 anos) colaboraram com esta pesquisa, narrando suas histórias de vida.[7]

Narrativa autobiográfica: um enunciado dialógico

Entendemos que é por meio das histórias criadas e contadas que as pessoas organizam suas experiências, dão inteligibilidade aos eventos dispersos, fazem escolhas morais, interagem, enfim, produzem

---

[5] Interessadas nas narrações autobiográficas dos adolescentes, utilizamos a entrevista narrativa, técnica desenvolvida por Schütze (1983/2010) e caracterizada por incentivar, no primeiro momento, a geração de uma narrativa mais espontânea, sem o estímulo de perguntas fechadas (Flick, 2004). Após uma questão gerativa aberta, o entrevistado relata sua vida pessoal como um todo ou momentos específicos de sua história (Appel, 2005). Na narração principal, o entrevistador pouco intervém. Em outras fases da entrevista, perguntas mais dirigidas são feitas para a elucidação de pontos relevantes.

[6] Essa instituição colaborou com a pesquisa *Adolescência e Juventude Brasileira: Situações de Risco e Redes de Proteção na Cidade de Fortaleza*, realizada por uma parceria entre os programas de Pós-Graduação em Psicologia da Universidade Federal do Ceará (UFC) e de Pós-Graduação em Psicologia do Desenvolvimento da Universidade Federal do Rio Grande do Sul (UFRGS).

[7] Os nomes são fictícios, com o intuito de resguardar a identidade dos participantes da pesquisa.

sentido sobre o mundo e sobre si mesmas, de forma contínua e dinâmica (Germano et al., 2007).

Bruner (1997) assinala que é por meio da linguagem que as pessoas realizam constantes negociações e que, além de funcionar como referência comum aos participantes dessas negociações, a linguagem tem o poder constitutivo, ao criar "realidades". Nesse sentido, as histórias autobiográficas são entendidas mais em seu papel constitutivo do mundo e da pessoalidade e menos como meio para acessar uma interioridade. As histórias que as pessoas contam sobre si, longe de espelharem uma realidade íntima estável, são, ao contrário, plurais e contingentes, mobilizadas em função dos contextos sociais mais ou menos amplos em que se encontram os falantes.

Segundo Rasera e Japur (2001), há uma demanda cultural para narrativas de um *self* estável que pressupõe uma pessoa portadora de identidade coerente, integrada e duradoura. Contudo, como as pessoas também estão sujeitas às mudanças em seus contextos relacionais, elas precisam produzir narrativas tanto de estabilidade como de mudança. "As narrativas de *self* perdem assim sua aparência monológica e explicitam o caráter sempre dialógico de sua produção" (Rasera & Japur, 2001, p. 204).

Nesse sentido, a narrativa autobiográfica não é concebida fundamentalmente como uma forma de exteriorizar alguma realidade interna, nem de delimitar linguisticamente essa realidade, mas como um modo específico de construção da realidade, marcado por relações sociais e por sua dimensão histórica e que necessita de um contexto cultural para se construir (Gonçalves, 1998). Em uma concepção dialógica, a produção e a interpretação de narrativas se constituem por rupturas, incoerências, instabilidades e tensões polifônicas, de modo que cada texto autobiográfico é passível de múltiplas leituras e pode ser contestado, recontado e ter sua versão renegociada.

Bakhtin (2008) compreende a linguagem, assim como o homem e a vida, marcados pelo dialogismo. O princípio dialógico, fundamento da língua e da constituição do ser, permeia toda produção discursiva. A palavra, em sua natureza dialógica, localiza-se na passagem entre bocas, contextos e gerações. Por isso, para haver dialogia são necessárias, pelo menos, duas vozes: "a palavra é uma espécie de ponte lançada entre mim e os outros. Se ela se apóia sobre mim numa extremidade, na outra, apóia-se sobre meu interlocutor" (Bakhtin, 1997, p. 113).

De acordo com esse autor, o sentido da enunciação não está no indivíduo nem no que é dito, mas no efeito da relação entre os interlocutores. Portanto, é na interação entre locutor e receptor que se constrói o sentido do texto e a significação das palavras. Com base nesse entendimento é que Bakhtin fala da palavra viva, que é captada pelos falantes, nos lábios dos outros e não nos dicionários, carregada de história, de julgamentos, de valores, de vozes, ou seja, de dialogismo.

Diz-se que há polifonia quando esse dialogismo se deixa ver, quando as vozes que o compõem são percebidas e evidenciam-se os confrontos e as tensões nessa constituição. Polifonia, então, é como um cenário de contradições e oposições, no qual vozes, ora discordantes, ora concordantes, emergem em permanente jogo e negociação (Barros, 1997).

A narrativa autobiográfica dos adolescentes pesquisados, que interpretamos sob uma lente que vasculha as significações de risco social, foi compreendida por nós, portanto, como uma enunciação, aos moldes dos pressupostos bakhtinianos. Ou seja, a nosso ver, essa narrativa é um produto de interações de natureza social, cuja estrutura é determinada pela situação social mais imediata e o meio social mais amplo onde está inserido o narrador, ou seja, é uma resposta a alguma coisa e construída como tal; está em permanente construção dialógica, por conseguinte, é inconclusiva, diversa, aberta e plural; por fim, é fruto de ininterruptos processos dialógicos, nos quais vozes se apresentam, contribuindo com a criação de sentidos dos adolescentes sobre si mesmos, assim como também sobre os outros e suas situações de vida.

Nas três narrativas de vida com as quais trabalhamos, percebemos que a noção construída de si e do mundo, mesmo perseguindo uma coerência narrativa, foi marcada por jogos dialógicos e polifônicos. Participaram desses diálogos: a entrevistadora (interlocutora presente), os interlocutores sociais, referidos nas narrativas, bem como todas as vozes que já empregaram ou que vierem a empregar cada um dos discursos abordados pelos adolescentes.[8] Nesse enfoque, o "dizer" de cada um deles está repleto das palavras de outrem, porém não se limita a uma soma de alterações socialmente definidas, pois é visto como qualitativamente distinto da soma de suas partes (Dahlet, 1997). Nesse sentido, nas três histórias, aparecem em destaque vozes dos familiares (pai, mãe e irmãos), dos amigos e da instituição Edisca.

A seguir, apresentamos um pouco da nossa interpretação dos textos narrados, pensando em possibilidades de entendimento dessas histórias, com o intuito de percorrer as significações sobre risco e proteção e também as construções dialógicas e polifônicas aí presentes. Utilizamo-nos da história de Cecília para exemplificação dessas ideias.

---

[8] Segundo Amorim e Rossetti-Ferreira (2008, p. 239), "nossa fala está repleta de palavras dos outros, ecos e lembranças de outros enunciados e não podemos nunca determinar nossa posição sem correlacioná-la com outras posições. [...] a expressividade de uma enunciação nunca poderá ser compreendida e explicada até o fim, se se levar em conta somente o teor do objeto de sentido. A expressividade de um enunciado é sempre, em menor ou maior grau, uma resposta. Manifesta não só a relação com o objeto, mas também a relação do locutor com os enunciados dos outros".

Versões sobre risco e proteção: interpretando histórias de vida

Falar de risco não é tarefa fácil, apesar de ser um assunto da ordem do dia na contemporaneidade. A influente tese da *sociedade de risco* (Beck, 1998) e os estudos sobre a modernidade pós-industrial desenvolvidos por Beck, Giddens e Lash (1994) discutem a modernização reflexiva tanto no nível institucional quanto no nível individual. Segundo Giddens (1991), as consequências da modernidade possibilitaram, de um lado, o aumento das oportunidades de se ter uma vida segura e gratificante e, de outro, a apropriação reflexiva do conhecimento, o que contribui para sensação de instabilidade do mundo, onde os riscos são imanentes e de proporções globais. Para o autor, vive-se, na atualidade, a sociedade de risco, devido a um conjunto de fatores: a intensidade dos riscos fornece um horizonte de ameaça para todos; a expansão do risco supera as fronteiras nacionais e de classes; a interferência do homem com seu conhecimento na natureza, criando a natureza socializada, gera perigos ecológicos sérios; o homem desenvolve ambientes institucionalizados de risco afetando a vida de muitos (por exemplo, os mercados de investimentos, os jogos de aventura); a compreensão do risco não passa fundamentalmente pelas explicações religiosas ou mágicas, como acontecia na pré-modernidade; não é privilégio de poucos ter consciência sobre os perigos coletivos que são hoje enfrentados; e as pessoas conhecem as limitações dos saberes especializados, isto é, dos "sistemas peritos".

A plasticidade do conceito de risco gera outras compreensões e níveis de análise. Do ponto de vista do desenvolvimento, vários estudos vêm examinando os riscos segundo a perspectiva do curso da vida (por exemplo, estudos de coortes, estudos sobre a transição para a vida adulta etc.) e de acordo com a perspectiva das condições sociais desiguais, que defende que indivíduos e grupos experienciam riscos e podem eficientemente lidar com as contingências da vida.

Para Yunes e Szymanski (2002, p. 24), são relacionados com fatores de risco todos os tipos de eventos negativos de vida que, uma vez presentes, aumentam a probabilidade de problemas físicos, sociais ou emocionais. Nessa mesma linha, para Libório e Castro (2009), os fatores de risco podem ser condições, comportamentos ou situações de ordens diversas, sejam elas econômicas, sociais, culturais, políticas ou psicológicas, advindas de ações externas ou de características internas, que interferem negativamente no desenvolvimento humano. Esses autores apontam alguns fatores de risco:

> [...] (a) características individuais precárias ou negativas (psicopatologia, comportamentos de risco, deficiência mental etc.); (b) inexistência de coesão ecológica (ausência de amigos, violência e insegurança doméstica e comunitária, vitimização etc.); e (c) falta de uma rede de apoio social e afetiva (aparece em situações de desemprego, preconceito, fracasso escolar, carência de serviços de saúde e institucionais, eventos negativos na vida sem suporte etc.). (Koller, Ribeiro, Cerqueira-Santos, Morais, & Theodoro, 2005, citado por Libório & Castro, 2009, p. 189)

O que nos parece importante destacar nesse cenário é: uma situação de risco não pode ser definida *a priori*; o risco não deve ser pensado como a variável em si, mas como processo e que os riscos têm caráter flutuante na história das pessoas, pois estas podem mudar seus efeitos dependendo das circunstâncias de vida e das formas de interação entre as elas e seus contextos. Um acontecimento estressor pode ser considerado um indicador de risco (evento-chave), porém o que determinará se esse indicador se configura ou não como um fator de risco serão os mecanismos mediadores, ou seja, a complexa rede de acontecimentos anteriores e posteriores a esse evento-chave. Somente conhecendo o movimento dos fatos e a presença de efeitos negativos é que se poderá falar em situação de risco (Yunes & Szymanski, 2002; Koller, Morais, & Cerqueira-Santos, 2009; Libório & Castro, 2009).

Seguindo essas considerações, fizemos um levantamento dos eventos e aspectos relatados nas narrativas dos adolescentes entrevistados que pareciam sinalizar um aumento na probabilidade de consequências negativas em suas vidas. Com base na proposta de Libório e Castro (2009), procuramos, em seguida, considerar como indicadores de risco os eventos e situações definidos usualmente como fatores de risco em pesquisas na área. A intenção, com o uso desse termo, é não invocar aprioristicamente nenhuma condição de risco, a fim de evitar estigmas e visões generalizantes. Todavia, é importante ressaltar que a análise priorizou as significações discursivamente produzidas sobre os indicadores de risco e não as consequências objetivas que tais ameaças poderiam ter ou efetivamente tiveram no curso da vida dos jovens participantes.

Assim, os indicadores de risco considerados na narrativa de Cecília, por exemplo, foram divididos em três grupos: os relacionados às características pessoais, os relativos às características de coesão ecológica e os referentes à rede de apoio social e afetivo.

São indicadores do primeiro grupo: sentir-se diferente de seus colegas da escola por não ter sempre dinheiro como eles (Cecília é bolsista de uma escola particular de classe média alta da cidade de Fortaleza); tristeza diante de sua vida, que não apresentava melhorias; e a sensação de estar perdendo as esperanças com sua família.

Com relação à coesão ecológica, apareceram muitas situações, entre as quais: a região perigosa do trabalho da mãe; o pai gastar dinheiro com bebida; conviver com os ladrões do bairro; viver episódio em que homem drogado fez ameaças à sua família e disparou tiros em frente à sua casa; o pai haver enfrentado esse rapaz; o pai quase ter sido baleado; a família paterna estar envolvida com crimes; o pai querer resolver os problemas quando alcoolizado; o pai guardar um revólver em casa; as brigas entre os pais; o pai bêbado e parecendo "ter sido" drogado, quebrando tudo e querendo colocar fogo em casa; a relação difícil entre pai e filho (o irmão mais velho da jovem); o pai passar dois meses distante de casa por motivo de separação; a família morar em um bairro muito perigoso; a mãe pensar em se separar.

E, por último, no grupo sobre a rede de apoio socioafetivo estão: a instabilidade de emprego do pai; sentir-se excluída na escola; o medo de perder a bolsa de estudos; a pressão com relação às notas no colégio; sentir-se oprimida a não dizer suas opiniões na escola por ser bolsista; a situação humilde de sua moradia; a possibilidade de ter um apelido racista; a possibilidade de estar "perdida" caso não estivesse estudando na escola particular.

Tais eventos, ao serem considerados indicadores de risco, convocam os pesquisadores a uma investigação processual, que acompanha o movimento do antes e do depois, a fim de perceber a presença de efeitos negativos. Porém, nossa proposta vai além de uma leitura linear e tenta capturar, no dinamismo discursivo, dialógico e polifônico das autobiografias, as significações sobre situações de risco.

Desse modo, fez-se também necessário um estudo sobre fatores de proteção, uma vez que estes contribuem com o desenvolvimento saudável e reduzem a incidência e a gravidade de resultados negativos diante de fatores de risco (Paludo & Koller, 2005). Fatores, mecanismos ou processos de proteção se referem a influências que modificam, melhoram ou alteram respostas pessoais a determinados ambientes hostis que predispõem à desadaptação (Hutz, Koller, & Bandeira, 1996). Nesse mesmo sentido, Libório e Castro (2009) entendem os fatores de proteção como condições, traços ou situações de ordens diversas (econômicas, sociais, culturais, políticas ou psicológicas) advindas de ações externas ou com características internas, que interferem no desenvolvimento humano por ação de vetores positivos.

Sobre os fatores de proteção, Rutter (citado por Yunes & Szymanski, 2002) propôs quatro funções principais: redução do impacto dos riscos, alterando a exposição da pessoa à situação adversa; redução das reações negativas em cadeia que seguem a exposição da pessoa à situação estressora; estabelecimento da autoestima e da autoeficácia; e criação de oportunidades para reverter os efeitos do estresse.

Yunes e Szymanski (2002) assinalam que a função dos fatores protetivos é modificar a resposta da pessoa que se encontra em situações adversas. De acordo com essa compreensão, esses fatores só se expressam e são identificados na presença de mecanismos de risco. Assim, os fatores de proteção não devem ser equiparados às condições de baixo risco, nem às experiências positivas, pois os fatores de proteção não constituem necessariamente um acontecimento agradável e, na ausência de um elemento estressor, eles podem não ter efeito, diferentemente das experiências positivas.

Grande parte dos autores define três tipos de fatores de proteção: os relacionados às características pessoais positivas e saudáveis (humor, otimismo, autoestima, criatividade, espiritualidade, valores morais, senso de realização e bem-estar, sentido para a vida, autoeficácia, perspectiva de futuro, autocontrole, autonomia, características de temperamento afetuoso e flexível etc.); os relacionados à coesão ecológica (relações de amizade, segurança doméstica e comunitária, estabilidade familiar, respeito mútuo, apoio/suporte etc.); e, por fim, os relacionados à existência e ao funcionamento de uma rede de apoio social e afetiva (suporte da família, relações com a escola e o trabalho, serviços de saúde e institucionais etc.) (Hutz et al., 1996; Pesce, Assis, Santos, & Oliveira, 2004; Paludo & Koller, 2005; Libório & Castro, 2009).

Mantendo o foco na experiência biográfica e nos processos de significação, nossa visão da proteção social também se torna mais dependente das contingências sociais e culturais desses processos. Uma mesma relação interpessoal, por exemplo, pode, em situações diferentes, funcionar como proteção, como risco ou até mesmo não causar nenhum efeito e, por isso, não é possível apontar precipitadamente quais são ou não os mecanismos de proteção.

Então, assim como foram tratadas as dimensões de risco nos relatos, consideramos indicadores de proteção os eventos e situações que, na descrição de circunstâncias adversas, sugeriam consequências positivas para seus protagonistas. Seguindo a proposta de Libório e Castro (2009), evitamos considerar de forma determinista os "fatores de proteção".

Os indicadores de proteção presentes na história autobiográfica de Cecília também foram divididos em três grupos. O primeiro engloba os indicadores relacionados às características pessoais positivas: conseguir aprovação em teste para entrar na Edisca; ser aprovada no teste para o corpo de baile e se tornar componente do grupo especial da Edisca; fazer faculdade; visualizar positivamente o futuro; desejar construir um futuro melhor para seus filhos e para seus pais; acreditar em Deus/espiritualidade.

O segundo reúne os aspectos de coesão ecológica: contar com apoio da mãe para alcançar determinados objetivos (como entrar na Edisca e no corpo de baile) e em momentos de dúvida e medo (como aceitar a bolsa de estudo e se adaptar à nova escola); conseguir fazer amizades em novos ambientes; ver o irmão aprovado para cursar a faculdade de Engenharia em uma universidade pública; ter o irmão como exemplo; contar com atitudes de cuidado da mãe, que afasta os filhos das situações perigosas; voltar a morar com os pais e ter o irmão morando próximo; construir fortes laços de amizade; sentir-se como membro da família de uma grande amiga; lidar com o fato de a mãe pensar em se separar; esperar que pai pare de beber e não faça mais confusão; compreender o que sua mãe pode e o que não pode lhe dar; não se sentir mais diferente dos outros colegas da escola; conseguir que os amigos da escola não a tratem de forma diferente.

Por fim, os indicadores associados a uma rede de apoio social e afetivo: mudança na qualidade de seus estudos via bolsa de estudos; o fato de o pai começar a frequentar o "terço dos homens"[9] e a trabalhar com mais frequência; a mãe adquirir um computador para os filhos; o fato de ser aluna da Edisca e do curso de língua inglesa.

Pensar sobre esses indicadores de risco e de proteção demanda reconhecer a interpretação e o sentido atribuídos a cada evento pela adolescente em meio a uma coconstrução social de significados, partindo do entendimento de que risco, proteção e qualquer outro aspecto correlacionado com essa temática é uma construção narrativa e, portanto, contingente, múltipla, situacional e dinâmica.

Observamos que a fala de Cecília mostrou histórias entrecortadas, com passagens de um tema a outro, sem conclusões, com poucos elementos de coesão, com idas e vindas nos episódios de um mesmo acontecimento, além de intercalação de segmentos narrativos com muitas explicações de fundo, teorias, avaliações e detalhamentos. Ao mesmo tempo, apresentou um discurso de forte convencimento, seja pelas emoções que afloraram no decorrer de sua produção, seja pelo emprego acentuado de expressões repetidas, defendendo sua posição contra qualquer dúvida ou refutação. Percebemos claramente nesse relato autobiográfico como a narrativa configura uma tensão entre, de um lado, a busca dinâmica de coerência e sentido de continuidade diante de fatos múltiplos e desconexos e, de outro, uma construção dialógica, incoerente e descontínua.

---

[9] Atividade desenvolvida pela Igreja Católica, voltada especificamente para pessoas do sexo masculino.

Nesse enunciado, ouve-se o ressoar da voz de Cecília, atravessada por vozes coletivas e contraditórias, advindas de muitos interlocutores, em um cenário cultural marcado pela desigualdade socioeconômica, o alcoolismo, a discriminação racial, a educação, o trabalho, os valores religiosos, a insegurança e a violência urbana.

Sua narrativa é, pois, uma construção pública e coletiva de partilha de significados, fruto de negociações discursivas em suas interações sociais – um exercício de alteridade. Mesmo sozinha, a pessoa não age isoladamente, sua prática discursiva reflete, sempre, uma construção em coautoria, se não com interlocutores presentes, com interlocutores imaginados. O dialogismo extrapola a relação face a face.

A organização da narrativa autobiográfica, que tem Cecília como protagonista e autora da própria história de vida, foi estruturada de tal forma que são apresentadas inúmeras situações difíceis, de sofrimento, suas ou de sua família, seguidas por superação.

No início da história, ela fala de quando morava no antigo bairro, momento em que sua vida caminhava para um rumo muito diferente do que segue hoje. Nessa época, a mãe, que trabalhava até tarde da noite como cozinheira, mudou de emprego para evitar as situações de perigo trazidas pelo horário de trabalho. O pai fazia trabalhos esporádicos de pintor, entretanto, pouco contribuía financeiramente em casa, pois, além de permanecer períodos desempregado, quando trabalhava, ficava com uma parte dos ganhos para beber com os amigos, deixando para a mãe de Cecília, assim, a tarefa de sustentar efetivamente toda a família.

Desde o princípio da narrativa dessa adolescente, foi possível observar alguns aspectos relevantes: o comportamento pouco protetor do pai, piorado pelo uso da bebida alcoólica, e a força da mãe para percorrer seus objetivos e contribuir para uma vida melhor para a família. De fato, muitos dos comportamentos do pai de Cecília apareceram no levantamento dos indicadores de risco dessa narrativa e, em contraposição, muitas das atitudes da mãe apareceram no levantamento dos indicadores de proteção.

A maior parte dos indicadores de risco elencados no relato corresponde ao que Libório e Castro (2009) chamam de "inexistência de coesão ecológica", pois muitos desses aspectos se referem às situações em que há violência e insegurança doméstica e comunitária, seja pelos problemas acarretados pelo comportamento do pai ou pelos casos de violência urbana aos quais a menina e sua família estão sujeitas. O descontrole e o alcoolismo do pai são significados como fatores intensificadores das situações de risco, pois Cecília, ao contextualizar esses episódios, sempre explicava que ele estava bêbado ou que era inconsequente, "cabeça quente". A agressividade do pai foi relatada em várias circunstâncias: quando ele agrediu o filho (irmão da entrevistada), quando brigou com os garotos que jogavam bola em frente a sua casa e, ainda, quando tentou pegar as facas da casa ("sempre que meu pai bebia era certeza, ele [pegar], toda faca a gente tinha que esconder em algum canto porque não sabia o que ele ia fazer. Então, sempre foi assim, meu pai sempre teve um temperamento muito forte, ele sempre, ele quando bebia sempre perdia o controle e tal")[10] Essa agressividade também apareceu relacionada às perdas materiais, como no caso em que ele voltou para

---

[10] A partir de agora, alguns trechos da entrevista comporão o presente texto. Há códigos na transcrição da entrevista: a letra C e a letra L identificam Cecília e a entrevistadora respectivamente; palavras pronunciadas de forma enfática foram sublinhadas; palavras que não foram compreendidas totalmente foram colocadas entre parêntesis; colchetes vazios expressam a omissão de uma palavra ou frase que não foi compreendida; palavra com hífen indica que não foi pronunciada completamente; expressões não verbais foram colocadas entre parêntesis duplos; palavras ou frases pronunciadas entre risos foram colocadas entre sinais de arroba; palavras ou frases pronunciadas entre choro foram colocadas entre sinais de jogo da velha; os três pontinhos foram usados em momentos em que a fala passou a noção de reticência.

casa "totalmente descontrolado", "quebrando tudo, quebrando tudo mesmo, quebrando tudo o que tinha, tudo o que via pela frente".

Muitos desses acontecimentos narrados por pela jovem foram acompanhados de choro. Entretanto, observou-se que, nas situações em que abordou a relação conflituosa entre o pai e o irmão, o choro se intensificou. A temática da dificuldade de convivência entre os dois foi retomada em muitos momentos de sua enunciação. No trecho abaixo, é possível perceber que a bebida alcoólica é significada como um elemento que os diferencia e um obstáculo que os separa:

> C: Meu irmão tem vinte anos agora, mas meu irmão nunca botou nenhum álcool na boca, nunca fumou, nunca fez nada.
>
> L: Hum, hum.
>
> C: Meu pai não fumava, mas ele bebia, muito, entendeu?

A situação em que o pai agride o irmão a murros em um beco a caminho de casa é significada pela adolescente como o ápice da crise desse relacionamento e, mais uma vez, a bebida é entendida por ela como elemento catalisador do atrito:

> C: Meu irmão nunca deu motivo pra meu pai fazer aquilo, ele só não gostava quando ele tava bebendo e, como não gostava, ele falava e meu pai ficava doido: 'Quem é tu, pra ficar falando de mim... num sei quê, quando crescer tu vai beber também, num sei quê'. Entendeu?.

A ênfase dada à expressão "nunca fez nada", na descrição sobre o irmão, bem como o comentário "e meu irmão nunca deu motivo pra nada", logo após o relato do episódio de agressão do pai contra o filho, sugerem que Cecília não concordava com a atitude daquele e se posicionava em apoio ao irmão. No entanto, não há referências quanto à sua efetiva oposição ao pai. Um exemplo disso é quando o irmão fazia, como muitas vezes, o pedido para que os pais se separassem e ela dizia que, quando o pai passou dois meses fora de casa, sentiu muito sua falta. Essa singular forma de experienciar tais eventos adversos ratifica o jogo polifônico, dissonante e contraditório no qual está imersa.

Ainda sobre essa temática, a entrevistada ressalta a importância que teve para a sua vida o fato de o irmão fazer um curso superior na Universidade Federal do Ceará. Vê-lo construindo uma identidade profissional diferente da dos pais e dos outros familiares mudou a forma de Cecília se ver e ser vista, abriu-lhe novas portas e possibilidades de trajetórias. Nesse sentido, tal elemento não age sozinho: a Edisca, o colégio e a mãe são outras vozes que se destacam e agem com força social circunscritora, sendo significadas, no discurso da adolescente, como fatores de proteção.

A narradora contou que a Edisca entrou em sua vida por dois motivos: porque sempre desejou fazer balé e porque sua mãe, coincidentemente, foi trabalhar na casa de uma funcionária da instituição. Ao contar que precisou fazer um teste de admissão, demonstrou a disposição, sua e de sua mãe, para alcançar esse objetivo.

Foi a partir de sua vivência nessa instituição que outras oportunidades surgiram, como a bolsa de estudos para cursar o Ensino Fundamental (na época) e o Ensino Médio (hoje) em uma escola particular da cidade, a bolsa de estudos para fazer o curso de língua inglesa e a participação no grupo especial de dança, o corpo de baile. O ingresso nesses novos espaços são significados como conquistas, atravessadas por persistência (no caso do corpo de baile), por dificuldades de adaptação (no caso da nova escola) e por medo de não corresponder às expectativas (por ser aluna bolsista).

A possibilidade de estudar em uma escola particular é sentida pela adolescente como a oportunidade para construir um percurso diferente e positivo, com autocrítica, com consciência sobre a importância dos estudos para seu pleno desenvolvimento e com a perspectiva de êxito futuro, como evidenciam os trechos.

> C: Então, as pessoas do colégio M. marcaram muito minha vida, entende? O colégio assim, ((#)) porque se eu estivesse estudando num colégio público eu taria (pensando) o quê? Eu taria faltando aula, sei lá o que eu taria fazendo, sabe, na rua, sei lá, sei lá fazendo o quê, entendeu?

> C: Porque hoje em dia eu vejo que se não tivesse no colégio M. minha vida meio que taria perdida e eu não taria percebendo isso, seria como se fosse muitas amigas minhas daqui, tipo, eu falo: 'Ah, vai fazer o que, sei lá, no vestibular?' 'Ah, não sei, sei lá, vou primeiro fazer uns cursos aí, num sei quê'. Na verdade elas não veem a importância que tem hoje em dia de ter uma faculdade, um mestrado ou um doutorado, entende?

Ao falar da escola, das pessoas da escola e do conhecimento como motivos que lhe impediram de trilhar um caminho negativo (faltando à aula, na rua, sem referenciais e perdida), atribui a esses fatores o sentido de proteção, pois, dessa forma, eles contribuem para seu desenvolvimento saudável, pela ação de vetores positivos.

A mãe da narradora participou de sua história fornecendo apoio e suporte nas circunstâncias de desafio e de mudanças. O modo como Cecília incorpora os conselhos da mãe, por sua vez, denota quanto essa é uma voz privilegiada e dominante nas negociações dialógicas com outras vozes sociais.

Ademais, é a matriarca quem ocupa o papel de chefe de família. Em todas as falas em que há referência ao adulto provedor, ela aparece: "Minha mãe conseguiu comprar um computador pra gente porque, querendo ou não, tinha que ter um computador em casa". Este trecho também é uma demonstração de que a vida da adolescente e a de sua família mudaram, porque, ao contrário da destruição dos bens materiais por parte do pai, agora, a família adquire novos bens e se adapta às mudanças tecnológicas da contemporaneidade.

A visão que a jovem tem do futuro reflete o dialogismo com as vozes da Edisca, da escola, do irmão e da mãe. Essas são vozes que dão o suporte necessário para que a sua ressoe em uma direção de bem-estar, autorrealização e melhoria de vida. Uma boa visão do futuro funciona como um fator de proteção, impelindo-a a dar continuidade aos projetos pessoais.

A partir da reflexão que a adolescente fez sobre sua motivação para a escolha do curso de Psicologia para se graduar, percebe-se o significado de luta, de conquista espinhosa que ela confere a sua vida.

C: Eu não sei mais se eu quero @ fazer psicologia @ não.

L: @

C: Que é se foi também pelo fato de tudo que eu passei com relação a isso, se é porque eu realmente gosto, eu acho muito interessante a profissão, eu acho que dar apoio às pessoas, acho que toda profissão que faz isso pelas pessoas que tal, acho que ela se (atenta) muito nisso, tipo, no ser da pessoa, no interior e tal, eu gosto muito disso, eu gosto, ah, eu gosto então, eu me vejo também tipo sendo psicóloga assim, não sei pra que área exatamente.

A reflexividade sobre a carreira profissional posiciona Cecília como autora das decisões importantes de sua trajetória. Outras situações também enfatizam a postura ativa da jovem na construção de sua história, como os exemplos em que apresentou forte disposição e determinação para buscar oportunidades e perseguir objetivos: perseverar na fila quando foi se inscrever no teste da Edisca; locomover-se sozinha de ônibus, aos 9 anos, para ir às aulas da Edisca; permanecer no colégio particular e enfrentar as dificuldades de adaptação; perdoar o namorado e dar uma nova chance ao relacionamento.

O enredo construído traz à tona a superação de obstáculos e sofrimentos, seguida de um momento de tranquilidade e harmonia. No desfecho da primeira fase da entrevista, a narrativa autobiográfica de Cecília é dedicada às várias mudanças ocorridas em sua vida.

> C: E aí pronto, né. A gente tá morando no B. [bairro novo], agora, e meu pai parou de beber, meu pai não tá mais arranjando confusão com ninguém, tá tudo muito perfeito, entendeu? Eu tô namorando já tá com quatro meses @de novo@ e meu pai gosta dele, minha mãe gosta dele, tipo, todo mundo, meu irmão, tipo, tá mais próximo do meu pai agora, tão saindo junto agora, pra jogo, assim, estão mais próximos. A minha mãe, eu vejo que ela tá mais feliz, sabe, eu vejo que as coisas tão mudando bastante. Tipo, coisas que eu pensei que nunca fossem acontecer, que era principalmente com relação a meu pai e mudar em relação a parar de beber, que tudo, tudo era relacionado à bebida e ele mudou bastante.

Acreditamos que a avaliação positiva que a narradora faz de seu percurso e o desfecho feliz da história de sua família podem ser interpretados como resiliência, especialmente, resiliência familiar. Segundo Garcia e Yunes (2006),

[...] entende-se como resiliência familiar os processos de superação de adversidades, presentes na dinâmica da unidade familiar. Tais processos possibilitam que as consequências do sofrimento em família sejam minimizadas ao longo do desenvolvimento do grupo e/ou transformadas em aprendizado coletivo para uma vida familiar mais saudável. (p. 118)

Essas autoras sugerem que contribui para a resiliência familiar, entre outros fatores, o sentido de coesão presente nas famílias. No caso de Cecília, este aparece na satisfação em voltar a morar perto do irmão, bem como em ver o pai e o irmão superando suas divergências e passando a ter uma convivência saudável. A melhora da relação entre pai e filho repercute na possibilidade de felicidade da mãe, evidenciando o sentido positivo e protetor que a adolescente atribui à coesão familiar como fator de superação das adversidades.

A superação do alcoolismo pelo pai e a transformação das relações familiares também são bons exemplos para uma discussão sobre continuidade e descontinuidade no desenvolvimento humano (Silva, 2003). Longe de compreender o desenvolvimento humano e o *self* como lineares, estáveis e coesos, ressalta-se a multiplicidade dialógica presente no jogo complexo das interações. Da mesma forma que o pai de Cecília assume posicionamentos diversos em diferentes momentos de sua vida, os outros componentes da família e a própria protagonista estão em processo permanente de negociação de posições, atravessado por conflitos e tensões.

Com um olhar múltiplo e dinâmico, que entende a existência humana marcada pelas trocas semióticas nas interações sociais, situadas em certos contextos sócio-históricos e culturais, é que os processos de resiliência, risco e proteção puderam ser analisados e interpretados.

Considerações finais

Este estudo tomou alguns cuidados, de acordo com os arcabouços teórico-metodológicos adotados. Um deles foi a recusa de uma definição preconceituosa de que os adolescentes que vivem em situação de desvantagem ou vulnerabilidade social façam parte antecipadamente de grupos de risco; outro diz respeito ao entendimento de que o significado de risco social não é fixo e que cabe a cada sujeito, nos múltiplos contextos em que se move, posicionar-se e ser posicionado com relação a muitos discursos sociais; o terceiro é concernente ao cuidado de lidar com a produção narrativa dos adolescentes como uma construção coletiva, isto é, que tanto eles quanto as vozes sociais que com eles dialogam são responsáveis por suas significações e trajetórias de vida.

As conclusões a que "chegamos" (no sentido de que construímos), embora não se pretendam finalizadas nem definitivas,[11] parecem-nos pertinentes e reveladoras.

Nos três casos, escutaram-se histórias de outros jovens, de situações e experiências de risco, que se cruzam nos relatos dos narradores. Paula fala das gangues presentes na sua escola; Cecília, das colegas que não valorizam os estudos; Rodrigo, dos amigos que usam drogas e cometem outros atos ilícitos. Observam-se, desse modo, caminhos que não são percorridos por esses protagonistas, o que evidencia, assim, que outras possibilidades lhes foram abertas, muito

---

[11] Não temos a intenção de cristalizar as imagens dos adolescentes produzidas aqui. Como nos dizem Davies e Harré (2007, pp. 244-245): "Un indivíduo emerge de los procesos de interacción social no como un producto final relativamente completo, sino como uno que se constituye y reconstituye a través de las variadas prácticas discursivas en las cuales participa. De este modo, uno es siempre una pregunta abierta con una respuesta cambiante que depende de las posiciones disponibles entre las prácticas discursivas propias y ajenas; en esas prácticas se encuentran las historias a través de las cuales entendemos nuestras vidas y las de otros".

em virtude da ação eficaz de fatores de proteção. Ao se diferenciarem dessas outras trajetórias juvenis, também mostram que muitos outros caminhos existem e que, portanto, não se deve entender, de forma estigmatizada e determinista, as opções de vida para quem é adolescente e pobre. Nesse mesmo sentido, todos falaram da condição econômica simples em que vivem, mas não deram a isso o sentido de problema nem de um desencadeador de riscos.

A Edisca apareceu nos três casos como uma voz que ajuda a construir um desenvolvimento saudável, abrindo espaços para a vivência com a arte, com a reflexão, com os estudos.

Na coconstrução das narrativas de vida, as famílias apareceram em destaque. Nas três histórias, as mães ocupam papéis parecidos e são relacionadas a fatores de proteção. Para Rodrigo, até mesmo a vida pregressa, de fome e dificuldades de sua mãe, serviu-lhe como um fator de proteção, ensinando-o a ressignificar seus valores. No caso de Cecília e Paula, as mães ocupam o lugar de quem, de forma ativa, busca oportunidades de melhoria de vida e de desenvolvimento saudável para as filhas.

O que também é comum nessas três histórias é a expectativa de um futuro feliz, quando se concretizarem os sonhos dos jovens quanto a uma profissão qualificada e de trabalhar com o que gostam.

No mais, evidenciou-se que nas trocas dialógicas os adolescentes não são apenas posicionados, mas se posicionam e posicionam os outros. Eles são protagonistas e têm voz e, portanto, também são autores de suas histórias de vida.

Acreditamos que um estudo que versa sobre risco social precisa priorizar as construções sociais em que os sujeitos estão imersos. A pretensão desta pesquisa foi contribuir com os diálogos acadêmicos e cotidianos a respeito da adolescência que vive em situação de vulnerabilidade social, bem como a respeito de risco e proteção social. Trilhando trajetórias saudáveis ou não, essa é uma população que precisa ser conhecida, que deve ter suas vozes ouvidas e amplificadas. O que implica, por sua vez, uma mudança na visão que compreende a adolescência como fase provisória, em latência, "marginalizada" (César, 1998), à espera de transformar-se em adultez capaz de reflexão e de negociação de sentidos na construção social. O jovem, o adolescente, a criança são todos sujeitos produtores sociais, na mesma proporção que os adultos. Cada um, a seu modo, marcado por suas circunstâncias, interações sociais, contexto e tempo, participa dos jogos dialógicos, das trocas semióticas, das negociações de posicionamento, têm seus percursos influenciados e influenciam os percursos dos outros.

Referências

Aberastury, A., & Knobel, M. (1981). *Adolescência normal: um enfoque psicanalítico*. Porto Alegre: Artes Médicas.

Aguiar, W. M. J., Bock, A. M. B., Ozella, S. A. (2007). A orientação profissional com adolescente: um exemplo de prática na abordagem sócio-histórica. In A. M. Bock, M. G. Gonçalves, & O. Furtado, *Psicologia socio-histórica: uma perspectiva crítica em Psicologia* (pp. 163-178). São Paulo: Cortez.

Amorim, K. S., & Rossetti-Ferreira, M. C. (2008). Dialogismo e a investigação de processos desenvolvimentais humanos. *Paidéia, 18*(40), 235-250.

Appel, M. (2005). La entrevista autobiográfica narrativa: Fundamentos teóricos y la praxis del análisis mostrada a partir del estudio de caso sobre el cambio cultural de los Otomies en México. *Forum:*

Qualitative Social Research, 6. Recuperado em 19 agosto 2010, de http://www.qualitative-research.net/index.php/fqs/article/view/465/994

Bakhtin, M. (1997). *Marxismo e Filosofia da Linguagem*. 8. ed. São Paulo: Hucitec.

Bakhtin, M. (2008). *Problemas da poética de Dostoiévski*. 4. ed. Rio de Janeiro: Forense Universitária.

Barros, D. L. P. (1997). Contribuições de Bakhtin às teorias do discurso. In B. Brait (Org.), *Bakhtin, dialogismo e construção do sentido* (pp. 27-38). Campinas: Editora da Unicamp.

Beck, U. (1998). *La sociedad del riesgo*. (M. R. Borras, D. Jiménez, & J. Navarro, Trads.). Barcelona: Paidós Básica. (obra original publicada em 1986)

Beck, U., Giddens, A., & Lash, S. (1994). *Reflexive Modernization: Politics, Tradition and Aesthetics in the Modern Social Order*. Cambridge: Polity Press.

Bruner, J. (1997). *Atos de significação*. Porto Alegre: Artes Médicas.

Calil, M. I. (2003). De menino de rua a adolescente: Análise sócio-histórica de um processo de ressignificação do sujeito. In S. Ozella (Ed.), *Adolescências construídas: A visão da Psicologia Sócio-histórica* (pp. 17-40). São Paulo: Cortez.

César, M. R. de A. (1998). *A invenção da "adolescência" no discurso psicopedagógico*. Dissertação de Mestrado, Universidade Estadual de Campinas, São Paulo, SP, Brasil.

Costa, L. G., & Dell'Aglio, D. D. (2009). A rede de apoio social de jovens em situação de vulnerabilidade social. In R. M. C. Libório, & S. H. Koller (Eds.), *Adolescência e juventude: risco e proteção na realidade brasileira* (pp. 219-263). São Paulo: Casa do Psicólogo.

Dahlet, P. (1997). Dialogização enunciativa e paisagens do sujeito. In B. Brait (Org.). *Bakhtin, dialogismo e construção do sentido* (pp.59-87). Campinas: Editora da UNICAMP.

Davies, B. & Harré, R. (2007) Posicionamiento: La producción discursiva de la identidad.*Athenea Digital, 12,* 242-259 (obra original publicada em 1990).

Flick, U. (2004). *Uma introdução à pesquisa qualitativa.* (2a ed.). Porto Alegre: Bookman.

Garcia, N. M. & Yunes, M. A. M. (2006). Resiliência familiar: Baixa renda e monoparentalidade In D. D. Dell'aglio, S. H. Koller & M. A. M. Yunes (Eds.), *Resiliência e Psicologia Positiva: Interfaces do risco à proteção* (pp. 117-140). São Paulo: Casa do Psicólogo.

Germano, I., Serpa, F. A. S., Moura Junior., J. F., Borges, A. R., Aguiar, J. C. S., Coelho, J. P. L. et al. (2007, outubro-novembro). "Aí eu vi que isso não era vida não": Narrativas autobiográficas de jovens em conflito com a lei. *Anais do Encontro Nacional da ABRAPSO.* Rio de Janeiro, RJ, Brasil, 14. Recuperado em 02 março 2009, de http://www.abrapso.org.br/siteprincipal/anexos/AnaisXIVENA/conteudo/pdf/trab_completo_216.pdf.

Giddens, A. (1991). *As consequências da modernidade.* São Paulo: Editora da Universidade Estadual Paulista.

Gonçalves. O. F. (1998). Psicologia e narrativa: implicações para uma ciência e prática da autoria. In R. F. Ferreira, & C. N. de Abreu (Orgs.), *Psicoterapia e construtivismo: Implicações teóricas e práticas* (pp. 129-155). Porto Alegre: Artmed.

Gonçalves, M. G. M. (2003). Concepções de adolescência veiculadas pela mídia televisiva: um estudo das produções dirigidas aos jovens.

In S. Ozella (Ed.), *Adolescências construídas: A visão da Psicologia Sócio-histórica* (pp. 41-62). São Paulo: Cortez.

Hutz, C., Koller, S. H., & Bandeira, D. R. (1996). Resiliência e vulnerabilidade em crianças em situação de risco. In S. H. Koller (Org.), *Aplicações da psicologia na melhoria da qualidade de vida – Coletâneas da ANPEPP* (vol. 12, pp. 79-86), Porto Alegre: ANPEPP.

Henwood, K., Pidgeon, N., Parkhill, K., & Simmons, P. (2010). Researching risk: Narrative, biography, subjectivity. In *Forum: Qualitative Social Research, 11*. Recuperado em 05 maio, 2010, de http://www.qualitativeresearch.net/index.php/fqs/article/viewArticle/1438/29 25.

Koller, S. H., Morais, N. A, & Cerqueira-Santos, E. (2009). Adolescentes e jovens brasileiros: Levantando fatores de risco e proteção. In R. M. C. Libório, & S. H. Koller (Eds.), *Adolescência e juventude: Risco e proteção na realidade brasileira* (pp. 17-56). São Paulo: Casa do Psicólogo.

Koller, S. H., Ribeiro, J., Cerqueira-Santos, E.; Morais, N. A., & Teodoro, M. L. (2005). *Juventude brasileira: Comportamento de risco, fatores de risco e de proteção*. (Relatório Técnico de Pesquisa apresentado ao Banco Mundial /2005). Porto Alegre, RS, Programa de Pós-Graduação em Psicologia do Desenvolvimento, Universidade Federal do Rio Grande do Sul.

Libório, R. M. C., & Castro, B. M. (2009). Juventude e sexualidade: Educação afetivo-sexual na perspectiva dos estudos da resiliência. In R. M. C. Libório, & S. H. Koller (Eds.), *Adolescência e juventude: Risco e proteção na realidade brasileira* (pp. 185-217). São Paulo: Casa do Psicólogo.

Ozella, S. (2003). A adolescência e os psicólogos: A concepção e a prática dos profissionais. In S. Ozella (Ed.), *Adolescências construídas: A visão da Psicologia Sócio-histórica.* (pp. 17-40). São Paulo: Cortez.

Paludo, S. S., & Koller, S. H. (2005). Resiliência na rua: Um estudo de caso. *Psicologia: Teoria e Pesquisa, 21*(2), 187-195.

Pesce, R. P., Assis, S. G., Santos, N., & Oliveira, R. de V. C. (2004). Risco e proteção: Em busca de um equilíbrio promotor de resiliência. *Psicologia: Teoria e Pesquisa, 20*(2), 135-143.

Pinheiro, A. (2006). *Criança e adolescente no Brasil: Porque o abismo entre a lei e a realidade.* Fortaleza: Editora UFC.

Rasera, E., & Japur, M. (2001). Contribuições do pensamento construcionista para o estudo da prática grupal. *Psicologia: Reflexão e Crítica, 14*(1), 201-209.

Schütze, F. (2010). Pesquisa biográfica e entrevista narrativa. In W. Weller, & N. Pfaff (Orgs.), *Metodologias da pesquisa qualitativa em Educação: Teoria e Prática* (pp. 210-222). Petrópolis, RJ: Vozes (obra original publicada em 1983).

Silva, A. P. S. (2003). *(Des)Continuidade no envolvimento com o crime: Construção de identidade narrativa de ex-infratores.* São Paulo: IBCCRIM.

Spink, M. J. P. (2001). Trópicos do discurso sobre risco: Risco-aventura como metáfora na modernidade tardia. *Cadernos de Saúde Pública, 17*(6), 1277-1311.

Spink, M. J. P., Medrado, B., & Méllo, R.P. (2002). Perigo, probabilidade e oportunidade: A linguagem dos riscos na mídia. *Psicologia: Reflexão e Crítica, 15*(1), 151-164.

Spink, M. J. P., & Menegon, V. M. (2004). Práticas discursivas como estratégias de governamentalidade: A linguagem dos riscos em documentos de domínio público. In L. Iñiguez (Ed.), *Manual de análise do discurso em Ciências Sociais* (pp. 258-311). Petrópolis: Vozes.

Tulloch, J. (2006). Everyday and leisure time. In P. Taylor-Gooby, & J. Zinn (Eds.), *Risk in Social Science* (pp. 117-139). Oxford University Press.

Yunes, M. A. M., & Szymanski, H. R. (2002). Resiliência: Noção, conceitos afins e considerações críticas. In J. Tavares (Org.), *Resiliência e educação* (pp. 13-42). São Paulo: Cortez.

Trajetórias de vida, risco e proteção social em estudo biográfico com jovens[1]

Idilva Maria Pires Germano

Muito, e por vezes tudo, depende da forma como o portador da biografia expêriencia o encadeamento negativo de eventos e como ele o processa teoricamente.
F. Schutze

O risco e a incerteza sob a perspectiva biográfica

Os estudos sobre risco nas Ciências Sociais têm crescido significativamente nos últimos anos, abrangendo variadas disciplinas e métodos de pesquisa e, principalmente, impondo desafios teóricos, éticos e políticos para sua compreensão e administração. Com efeito, pesquisas sobre risco e incerteza nas Ciências Sociais incluem trabalhos que examinam questões no nível de análise "macro", no qual esses fenômenos são concebidos segundo a configuração sociocultural da modernidade; no nível intermediário, em que se focalizam as formas organizacionais e institucionais de manejo do risco; e, por fim, no nível mais pessoal e interpessoal (nível "micro-"), em que se

---

[1] Na realização e transcrição das entrevistas discutidas neste trabalho, colaboraram as bolsistas de Iniciação Científica do curso de Psicologia da UFC, Natalia Silveira de Andrade Aquino (CNPq) e Izabelle Maria Silva Câmara Pessoa (UFC), e as alunas da disciplina de Pesquisa em Psicologia Diana Carla Laureano de Oliveira, Dirce Helena Santos Sequeira, Gizelly Medeiros Mosca de Carvalho e Juliana Carneiro Torres.

analisam os modos como as pessoas percebem e respondem a situações de risco em contextos complexos (Zinn & Taylor-Gooby, 2006). Como afirmam os autores Zinn e Taylor-Gooby, hoje, a pesquisa na área implica tentar conjugar esses níveis de análise e desenvolver métodos que podem "capturar experiência, antecipação e biografia" (idem, p. 55).

A Sociologia Biográfica tem trazido contribuições teóricas e metodológicas promissoras ao estudo do risco e da incerteza, contornando alguns vieses próprios de delineamentos mais objetivistas, que ofuscam a dimensão individual do vivido e centram-se excessivamente em tendências populacionais, descritas em forma de médias e conjuntos de variáveis. Como argumentam Henwood, Pidgeon, Parkhill e Simmons (2010), *surveys* e estudos estatísticos sobre risco tendem a adotar crenças realistas, pressupondo uma percepção verídica do real, isto é, de ameaças objetivas que podem ser estimadas como probabilidade de ocorrência. Para tais teóricos, embora essa abordagem fundamente o estudo científico do risco e forneça instrumentos para a tomada de decisões, também pode representar entrave quando cristaliza ou reifica a sua existência. Essa tendência de reificação pode "obscurecer questões essenciais sobre processos sociais, culturais e políticos que dão sentido ao risco e como isso ocorre nas situações, lugares e espaços onde pessoas encontram risco em seu cotidiano" (Henwood et al., 2010, p. 2). Outro obstáculo, também assinalado pelos autores, se dá no plano metodológico, quando pesquisadores definem situações de pesquisa a partir de noções supostamente universais ou consensuais, sem considerar a perspectiva dos participantes. O alerta é:

> Pesquisadores do risco precisam ser capazes de lidar com essas tensões mediante, primeiro, a distinção entre os efeitos reais que ameaças podem infligir às pessoas e os significados de risco socialmente construídos que condicionam e orientam suas ações, e,

em segundo lugar, mediante a valorização de diversos modos de produzir conhecimentos sobre risco, não apenas aqueles tributários de paradigmas, práticas e procedimentos estabelecidos, onde o teste estatístico de medidas quantitativas de juízos de risco probabilísticos é a norma. (Henwood et al., 2010, p. 2) [tradução nossa]

Na Sociologia Biográfica Interpretativa,[2] tributária de tradições hermenêuticas e fenomenológicas, o foco desloca-se para a interpretação subjetiva das situações de vida, para as escolhas, padrões de ação e desenvolvimento da identidade pessoal ao longo do tempo. No estudo do risco, essa abordagem sublinha o caráter simbólico e localmente construído dos juízos e conhecimentos sobre ameaças e perigos e o modo como as pessoas ativamente interpretam e compreendem circunstâncias e eventos inseguros. Esse deslocamento permite compreender a gênese e o desenvolvimento de problemas oriundos de situações de risco e o modo como os indivíduos e grupos respondem diferentemente a certos eventos potencialmente danosos em suas histórias de vida. Zinn (2005) observa, por exemplo, que certos fracassos em medidas de promoção da saúde se devem à indevida avaliação da importância dos aspectos sociais e subjetivos do risco.

---

[2] A abordagem biográfica em Sociologia se originou a partir da tradição interpretativa desenvolvida pela Escola de Chicago, com o trabalho pioneiro de William Isaac Thomas e Florian Znaniecki, *The Polish Peasant in Europe and America* (1918), que contribuiu para elucidar fenômenos sociais complexos referentes à migração. Posterior desenvolvimento do método abarcou problemas de desvio e delinquência (por exemplo, o estudo de Clifford Shaw, *The Jack Roller*, de 1930). A partir da década de 1970, a pesquisa biográfica ganhou particular impulso na Alemanha, com base no interacionismo simbólico, no pragmatismo e na hermenêutica, com destaque para a Escola de Bielefeld e os trabalhos de Fritz Schütze. Hoje, o campo abarca outras tradições, como a etnometodologia, a análise de conversação, a sociolinguística e a fenomenologia francesa (especialmente Paul Ricoeur e Daniel Bertaux) (Apitzsch & Siouti, 2007).

> Os modos como indivíduos definem risco, sua relevância, como deveria ser tratado e assim por diante dependem do enraizamento biográfico [*biographical embeddedness*] da saúde e doença e de como essas questões são conectadas à gestão da vida em geral. Tais definições serão influenciadas pela situação sociocultural do indivíduo como também pelo conhecimento biográfico acumulado [...]. (p. 2) [tradução nossa]

A abordagem biográfica se apresenta como um instrumento útil para compreender como os indivíduos respondem a situações de risco e incerteza, como as administram e, às vezes, como correm (deliberadamente ou não) certos riscos no curso da vida. A pesquisa biográfica, mais que apreender o ponto de vista subjetivo, tem como objeto estudar as relações entre os fatos sociais e as construções individuais, mostrando especialmente como as construções biográficas individuais perlaboram os dados históricos e socioestruturais das experiências e da ação (Alheit & Dausien, 2006). Nesse sentido, ao estudar risco e incerteza, a abordagem biográfica busca entender a percepção e o manejo de eventos potencialmente danosos, considerando os padrões de interpretação e ação socialmente disponíveis e também com base nas experiências passadas e nas expectativas de futuro dos indivíduos.

O presente estudo discute, a partir de uma perspectiva biográfica, algumas reflexões sobre a experiência juvenil de risco social e resiliência suscitadas na análise de oito entrevistas narrativas (técnica formulada pelo sociólogo Fritz Schütze) realizadas com estudantes de ambos os sexos, entre 15 e 19 anos, de escolas públicas e moradores de áreas mais carentes da cidade de Fortaleza.

O delineamento adotado procura simultaneamente o ponto de vista subjetivo dos atores envolvidos (a forma como os jovens experimentam eventos, situações e problemas em suas histórias) e o aspecto processual e contextualizado dessas experiências. O estudo do risco social entre jovens pode ganhar em complexidade quando abordado por intermédio da autobiografia e da imersão dos sujeitos em contextos socioculturais e históricos específicos.

Os problemas contados pelos participantes podem ou não ser interpretados por eles como "risco", dependendo do modo como estruturam biograficamente as informações que compõem sua história de vida. Estruturação biográfica é uma prática conversacional em que o indivíduo, ao contar sua história para um ouvinte, constrói, no presente, uma interpretação de sua vida como processo, o que resulta em uma compreensão global sobre sua experiência e conduta. A estruturação biográfica ocorre continuamente ao longo da vida e permite conferir sentido a eventos passados (tornados biograficamente relevantes), expectativas e planos alcançados ou interrompidos, bem como determinar sua influência sobre o curso de vida atual e o porvir. Apresentar-se no momento de uma entrevista (como também no de outras conversas cotidianas) permite ao narrador posicionar-se e teorizar sobre si mesmo com relação ao curso de sua vida passada e às suas antecipações quanto ao futuro (Fischer & Goblirsch, 2007, p. 39).

A técnica da entrevista narrativa e o método de análise de narrativas podem contribuir para o estudo biográfico do risco juvenil, porque oferecem ocasião para a autoteorização do informante e permitem analisar o entrelaçamento entre experiências prévias, constrangimentos sociais e possibilidades de ação no curso da vida dos jovens. O objetivo desse tipo de estudo não é somente levantar as interpretações biográficas dos sujeitos (ou a definição da situação dada pelos atores), mas especialmente detectar para o que e como tais interpretações e modelos de autoanálise interessam para a reconstrução da história de vida. Como afirma Weller (2009, p. 6), o método de Schütze não foi criado "com o intuito de reconstruir a história de vida do informante em sua especificidade, mas de compreender os contextos em que essas biografias foram construídas e os fatores que produzem mudanças e motivam as ações dos portadores da biografia".

Nesta pesquisa, nosso interesse substantivo são os processos envolvidos no risco social e na resiliência no âmbito de populações juvenis mais sujeitas aos efeitos danosos de condições socioeconômicas precárias. Seguindo as pistas fornecidas por Schütze, a pergunta que então nos fazemos inicialmente é: o que aconteceu nas histórias de vida particulares de cada jovem (supostamente vulnerável), que nos interessam como processos e construções sociais, com significado histórico e socioestrutural?

Molduras teóricas e conceituais: as narrativas biográficas segundo Fritz Schütze

A Sociologia Interpretativa de Schütze é tributária, principalmente, da fenomenologia social de Alfred Schutz, do interacionismo simbólico e da etnometodologia, além de adotar procedimentos da *grounded theory* (teoria fundamentada).

Para o primeiro teórico (2007, p. 11), a história de vida ou biografia configura uma "*gestalt* narrativa que deve ser imaginada como uma sequência ordenada de experiências pessoais e esse ordenamento implica o desenvolvimento interior da identidade do portador da biografia" [tradução nossa]. Nesse sentido, ele define o que chama de "estruturas de processo" ou "processos de estrutura" dos cursos de vida individuais como "princípios de ordenamento da história de vida" ou como "formas elementares do curso da vida" que, em vestígio ou de modo combinado, podem ser encontrados em muitas biografias (Schütze, 1983, 2010). Algumas combinações são socialmente relevantes, considerando que se apresentam como "tipos de destinos pessoais" (muitas vezes, problemáticos; por exemplo, "crianças de rua", "jovens em risco", adolescentes em "conflito com a lei" e assim por diante). O método de Schütze pretende revelar tais estruturas de processos pessoais e sociais de ação e sofrimento também como possíveis recursos de enfrentamento e mudança. Ele parte do pressuposto de que há uma "profunda relação entre o desenvolvimento da identidade de um indivíduo e suas versões narrativas de experiências históricas de vida" (Schütze, 2007, p. 8) [tradução nossa].

Após analisar centenas de entrevistas narrativas, o sociólogo sistematizou quatro categorias analíticas elementares de processos biográficos estruturados. Tais processos compõem a teoria biográfica de Schütze e exprimem "atitudes e conceitos básicos do protagonista da biografia frente a suas experiências biográficas" (Appel, 2005, p. 7). Esses processos elementares não se apresentam necessariamente em cada narração biográfica, mas representam, em um nível maior de abstração, as possíveis alternativas quanto à representação de experiências biográficas potenciais em cada autobiografia.

a) Esquemas de ação biográficos – incluem esquemas de atuação com relevância biográfica em que o protagonista busca mudar uma situação de vida e controlar situações difíceis que ameaçam sua capacidade de atuar intencionalmente e alcançar um objetivo de vida (princípio intencional).
b) Padrões institucionais do curso da vida (de expectativas institucionais) – padrões nos quais as pessoas seguem cursos de vida definidos institucional e normativamente, típicos da sociedade e cultura do narrador, por exemplo, ciclos de vida familiar, etapas escolares, profissões (princípio normativo-objetivo).
c) Metamorfoses – transformações criativas da identidade que indiquem que um importante desenvolvimento

interior emerge. O narrador se dá conta de que descobriu e desenvolveu novas capacidades biográficas antes não imaginadas, e essas progressivamente alteraram sua autoimagem e visão do mundo. Também se mostra intrigado ou perplexo diante de mudanças interiores e desafiado a desvendar seus enigmas.

d) <u>Trajetórias biográficas de sofrimento</u> – processos biográficos de sofrimento prolongado e duradouro, de subjugação a forças externas e de perda da capacidade ou autonomia para controlar as circunstâncias da vida (princípio condicional).

É possível reconhecer esses processos na narração por meio de indicadores linguísticos de mudança (por exemplo, "aí", "depois", "então"), conjunções ("mas") e marcadores paralinguísticos (pausas, interrupções, entonação, correções). Além disso, apresentam-se formas típicas de expressão e orientação que exprimem intencionalidade ("Aí eu resolvi...", "eu pensei e decidi...", "tentei resolver...", "então eu passei a planejar..."), condicionamento ("Então ficou mais difícil...", "isso me impediu de...", "as coisas fugiram do controle...", "fui obrigado a..."), normatividade ("Fui bom aluno, passei em todas as matérias", "na escola, cumpro meus deveres e todos os professores gostam de mim", "quero terminar o ensino médio, pois pretendo entrar na universidade", "deixei a escola, preciso trabalhar e me sustentar") e transformação ("Tenho um desejo de me encontrar, saber quem sou", "isso abriu a minha cabeça, não havia pensado nisso", "entrei em estado de choque, foi um vendaval", "me tornei outra pessoa, nem pareço a mesma").

A teoria da narrativa de Schütze abrange as coerções narrativas e as figuras cognoscitivas da narração espontânea (isto é, do relato não dirigido por perguntas diretas). As coerções se referem a constrangimentos próprios da relação comunicativa sem preparação, que "pressionam" o conteúdo e a estrutura da narração: coerção de detalhar fatos e experiências (contextualizar, descrever e articular fatos), coerção de relevância e condensação (selecionar os eventos-chave, refletir e avaliar seu impacto sobre a história geral) e coerção de "fechar" a *gestalt* (configuração) dos temas abordados.

Quanto às figuras cognoscitivas, a narração autobiográfica é caracterizada por:

a) uma perspectiva pessoal do narrador como "dono", "portador" ou protagonista de sua biografia, o que implica que o narrador apresenta-se como protagonista, descreve personagens significativos em sua vida e argumenta e avalia aspectos da identidade pessoal;

b) uma cadeia ou articulação de experiências e acontecimentos externos envolvendo o narrador, incluindo mudanças internas experimentadas nessas situações;

c) marcos ou quadros (*frames*) sociais dos eventos e experiências relatados, que envolvem organizações, ambientes institucionais, unidades coletivas (família, grupo de amigos, colegas e trabalho), relações sociais entre indivíduos e unidades sociais, mundos e arenas sociais etc.;

d) uma configuração global (*gestalt*) da narração, isto é, a narração apresenta um aspecto temático dominante (que pode ser uma história de sofrimento, de luta e superação, de final feliz, de vitimização) indicativo da teorização autobiográfica do narrador.

Neste estudo, argumentamos que a contribuição teórico-metodológica de Schütze fornece instrumentos úteis para refletir sobre a experiência juvenil de risco e proteção social, ao levar em consideração experiências biográficas que evoluem temporalmente, são linguisticamente estruturadas e resultam de complexas ações e interações entre atores sociais em seus contextos.

Método

Realizando entrevistas narrativas autobiográficas com jovens em Fortaleza

A entrevista narrativa é um método de geração de narrativas sem o estímulo de perguntas fechadas por parte do entrevistador. A adoção de perguntas geradoras abertas, especialmente no início da entrevista, evita o modelo tradicional de pergunta-resposta, o que permite ao pesquisador acompanhar o processo de reconstrução da experiência e os modos de ação na vida do narrador, a partir de certos constrangimentos que a situação comunicativa impõe. O entrevistado deve selecionar o que parece importante para contar, detalhar episódios, condensar e concluir o relato com base em seus próprios recursos e por meio de uma interação particular com o entrevistador. O resultado de narrações autobiográficas sem preparação é um "texto narrativo que apresenta e explicita de forma continuada o processo social de desenvolvimento e mudança de uma identidade biográfica" (Schütze, 1983/2010, p. 213).

A seleção dos participantes de nosso estudo foi realizada em visitas às escolas estaduais e municipais incluídas em projeto[3] mais amplo de investigação dos fatores de risco e proteção social entre

---

[3] O projeto *Adolescência e Juventude: Estudo sobre a Situação de Risco e Fatores de Proteção no Município de Fortaleza* foi coordenado por Veriana de Fátima R. Colaço, da Universidade Federal do Ceará (UFC), e faz parte do projeto de intercâmbio entre os Programas de Pós-graduação em Psicologia da UFC e da Universidade Federal do Rio Grande do Sul (UFRGS), contemplado com financiamento do CNPq, por meio do Edital 16/08 "Casadinho", no período de 2009-2011.

jovens de Fortaleza. Durante as visitas agendadas, solicitamos à direção e ao corpo docente da escola que nos indicassem estudantes que pudessem contribuir para esclarecer a temática do risco e proteção juvenil contando suas histórias. Acrescentamos que nosso interesse era ouvir tanto alunos que apresentavam histórico mais "difícil" (com relação ao enfrentamento de adversidades no campo material, familiar, acadêmico etc.) quanto os que se mostravam mais capazes de superar problemas similares, desempenhando-se bem na escola, na família e em outros contextos. Também fizemos alguns convites gerais em sala de aula, após explicarmos a natureza da pesquisa. Foram realizadas 21 entrevistas, das quais oito foram analisadas mais profundamente, sob a inspiração do método de Schütze. O procedimento de seleção de informantes e de análise dos dados não seguiu, portanto, os princípios de amostragem teórica, oriundos da *grounded theory*, usuais na aplicação do método. A opção por uma amostra de conveniência tinha a vantagem de reduzir o tempo (já curto) de execução do projeto.

As entrevistas foram realizadas por uma integrante da equipe ou por uma dupla em salas cedidas pela direção de cada escola. Na fase de iniciação da entrevista narrativa, cada entrevistadora apresentou a seguinte questão gerativa: "Estou pesquisando histórias de vida de jovens da cidade de Fortaleza e gostaria de conhecê-lo melhor. Para isso peço que você conte a sua história do modo que achar conveniente. Você pode levar o tempo que quiser, começar e terminar sua história como desejar, contando sua vida de modo que eu compreenda quem você é. Para que você conte sua história livremente, eu não vou interrompê-lo. Você deve me dizer quando a história acabou e somente depois eu farei algumas perguntas para esclarecer o que não entendi bem. Certo?".

Durante a narração central, cada informante produziu um relato espontâneo sobre sua vida, com um mínimo de intervenção da entrevistadora até a indicação de finalização por parte do narrador.

Na segunda fase, a das **perguntas imanentes** (referentes ao conteúdo da história contada), após indicação do narrador de que a história havia acabado, a entrevistadora fez, quando necessário, algumas perguntas sobre alusões, ambiguidades e passagens não compreendidas (por exemplo, "Você mencionou..."; "Não entendi quando você disse..."). De modo geral, essa etapa foi reduzida em nossas entrevistas, com breves perguntas para esclarecimento.

Posteriormente, na fase das **perguntas exmanentes** (referentes ao interesse do pesquisador), cada pesquisadora fez perguntas mais dirigidas à problemática do risco, vulnerabilidade e proteção juvenil: 1) Você tem algum medo na vida? Fale-me sobre isso. 2) Você se sente um jovem desprotegido, desamparado? Como assim? 3) Que situações você acha que mais lhe trazem risco, mais prejudicam seu desenvolvimento? 4) Você acha que pode evitar esses riscos? Como evita essas situações? 5) Você se considera forte para enfrentar as dificuldades da sua vida, mesmo que elas pareçam não ter solução? Fale-me sobre situações como essas que você vivenciou. 6) Que situações você acha que mais lhe trazem benefício, mais ajudam o seu desenvolvimento? 7) Quem ou o que lhe ajuda nas horas difíceis? 8) Quais são os seus planos para o futuro?

Análise das entrevistas narrativas

Metodologicamente, estudar a estruturação biográfica por meio das histórias pessoais envolve geralmente uma triangulação de perspectivas de análise. Segundo Fischer & Goblirsch (2007, p. 41), tal triangulação inclui: a) análise do **vivido** (quais dados biográficos o narrador relata e qual é a estrutura cronológica dos eventos considerados relevantes para a narração); b) análise da estrutura das

experiências em histórias (como esses eventos e situações foram sentidos, interpretados e avaliados); e c) análise da estrutura da **autoapresentação** na entrevista (como a situação da interação define o que é contado). Oito entrevistas foram analisadas procurando-se seguir os passos ou etapas do método de análise de Schütze adotado, com o apoio da exposição de Appel (2005) e Weller (2008).

1. Transcrição das gravações e registro dos apontamentos realizados após a gravação.
2. Análise formal do texto ou diferenciação do tipo de texto: identificação dos diferentes esquemas comunicativos (narração, descrição e argumentação) e passagens narrativas em que se apresentam os sedimentos das experiências biográficas, conforme marcadores linguísticos e paralinguísticos de inicialização e finalização.
3. Descrição sequencial da estrutura (ou descrição estruturada do conteúdo): análise detalhada e em sequência de cada segmento da narração central e de segmentos oriundos das fases posteriores das perguntas, considerando os fenômenos estruturais do texto (introdução, frases-chave, detalhamento, avaliação do sedimento biográfico, construções de fundo etc.), os acontecimentos e experiências apresentados e suas relações com estruturas processuais biográficas (etapas da vida, eventos-chave, imbricação de episódios, linha da biografia, esquemas de ação etc.) e coletivas, bem como outros elementos que podem tornar visíveis esquemas de ação (em que o sujeito intencionalmente age para controlar ou modificar uma situação biográfica) e trajetórias ou processos de sofrimento (em que o sujeito perde a capacidade de conduzir sua vida intencionalmente, vendo-se forçado a agir de forma reativa a circunstâncias externas).

4. Abstração analítica: a abstração busca padrões de significados e experiência. A biografia do indivíduo é reconstruída e os fatores estruturais-objetivos que modelaram sua vida são identificados. Essa abstração focaliza os processos estruturais da vida do sujeito, os diferentes tipos de teorias que se relacionam com essas experiências e os aspectos singulares e gerais da trajetória individual. O passo da abstração analítica também lida com a análise do conhecimento do entrevistado, isto é, "com as relações entre as autorreflexões e teorias de si produzidas pelo portador da biografia, por um lado, e o fluxo dos processos estruturais factuais da biografia, por outro" (Schütze, 2007, p. 24) [tradução nossa]. Segundo Weller (2009), os elementos não indexados incluem: teorias sobre o eu, teorias explicativas, avaliação da trajetória biográfica ou teoria sobre a biografia, explicações ou construções de fundo, projetos biográficos/modelos ou teorias de orientação, descrições abstratas, avaliações gerais e teorias comentadas.

O Quadro 1 ilustra os procedimentos de microanálise de cada entrevista. O modelo de análise de Schütze ainda inclui as etapas de comparação contrastiva de casos-chave analisados (a fim de comprovar a significação geral dos conhecimentos obtidos nos estudos de casos) e de construção de um modelo teórico. Em virtude do escopo mais limitado de nosso estudo, excluíram-se essas últimas etapas.

Quadro 1. Quadro ilustrativo da microanálise da entrevista narrativa (passos 2 a 4)

Transcrição	Tipo de material indexado (Análise formal do texto)	Tipo de material não indexado (para análise do conhecimento)
Posso, bom quando eu era pequena, eu não lembro de muita coisa não, sabe?		
mas um fato aconteceu, uns fatos muito importantes na minha vida é...	Narrativo	Comentário e avaliação dos acontecimentos
o primeiro é que depois de catorze anos de casada que... eu tinha, eu morava em Recife, né? Eu sou pernambucana e a minha mãe morava com o meu pai há catorze anos e há oito anos ele tinha outra mulher	Descritivo	Explicações ou construções de fundo
e aí a nossa vida virou um vendaval	Avaliativo	Comentário e avaliação dos acontecimentos
lá em Recife eu tinha tudo, estudava em colégio particular, a minha mãe tinha uma condição financeira boa, a gente tinha uma vida estabilizada, tinha casa própria a gente tinha porque a gente podia, né? Com o trabalho dela e dele, ela criou a empresa dele, ela deu carro, ela deu moto pra ele, ela deu fundos e mundos que nem um casal faz, né?	Descritivo	Explicações ou construções de fundo
só que aí ele começou a... a ir pra festa, começou a se soltar, querendo ser menino novo, né? (...)	Narrativo e avaliativo	Teorias explicativas (motivos "por que")

Continua

Continuação

Transcrição	Tipo de material indexado (Análise formal do texto)	Tipo de material não indexado (para análise do conhecimento)
e aí ele arranjou outra mulher e quando a gente... eu tinha dez anos e ia fazer onze, ele espancou a minha mãe, ele espancou, teve tentativa de estupro e... ele tentou também matar ela e ele faz isso sem eu tá em casa e me buscou que eu tava na casa da minha madrinha e faz na minha frente novamente,	Narrativo	Comentário
então assim a gente sofreu muito, eu fiquei com inicio de depressão, eu tive depressão mesmo de ficar de me esconder, de não querer sair, sentia medo de tudo, eu não podia ver uma briga, começa a chorar, me tremer é... aquela coisa de você não querer viver o mundo, ficar dentro de casa, na escola, as minhas notas abaixaram e tudo.	Avaliativo e narrativo	Produção de teoria explicativa autobiográfica

A seguir, apresentamos algumas reflexões sobre a experiência da violência oriundas das oito entrevistas analisadas em maior profundidade.

Risco social e resiliência em narrativas autobiográficas: alguns casos ilustrativos sobre a experiência da violência e sua estruturação biográfica

Na análise das histórias colhidas, destaca-se a experiência da violência e seu impacto sobre o bem-estar e desenvolvimento do jovem, de seus familiares e amigos. Das oito narrativas analisadas com mais profundidade, sete exibem episódios de violência, em que os narradores se posicionam como vítimas. Em uma das entrevistas, a violência se mostra na descrição da participação do jovem no tráfico de drogas (ver síntese dos principais campos temáticos no Quadro 2). Os episódios envolvendo violência física e emocional tendem a ser apresentados como eventos-chave no curso da vida, que resultaram ou ainda resultam em processos de sofrimento. As situações de violência (citadas também nas demais entrevistas realizadas) incluem espancamentos dos jovens, de seus irmãos e das mães (especialmente pelo pai), abusos sexuais e tentativas de abuso cometidos pelo pai, parentes ou conhecidos, homicídio (ou tentativa) de membros da família (um caso em que a mãe mata o pai), humilhações e *bullying* na escola, assaltos, brigas de gangues e estupros no bairro. Todos esses eventos – violência doméstica (física e sexual), violência emocional na comunidade, violência (física e sexual) na comunidade – são genericamente considerados fatores de risco social para essas populações (Koller, Morais, & Cerqueira-Santos, 2009).

Quadro 2. Principais campos temáticos nas autobiografias de oito jovens entrevistados (15-19 anos)

Participante, sexo, idade, nível escolar	Campos temáticos na linha da história
AW, M, 16, 2º ano do Ensino Médio	Migração para a capital como desvantagem inicial; problemas de adaptação da família à cidade; escola pública degradada; reprovação e declínio da autoestima e autoeficácia; gravidez indesejada, pobreza e fome na família; bairro violento; lazer limitado. Agressão física e humilhações em casa. Papel protetor de amiga íntima que ajuda no processo de metamorfose ou transformação pessoal. Esquemas de ação: empenho nos estudos para cursar universidade. História de alguém que superou dificuldades referentes à sua competência para aprender e fazer amizades: "Eu digo que eu sou... tô feliz hoje em dia por tudo que eu já passei, só isso que eu tenho pra contar da minha vida".
IS, F, 16, 2º ano do Ensino Médio	Separação dos pais por conta de alcoolismo e violência do pai contra a mãe; declínio do padrão de vida; trabalho e renda precários da mãe; saída da escola privada e mudança para escola pública precária. Indícios de preservação da capacidade para enfrentar problemas e história contada como retorno à normalidade: "Morando com a minha mãe, estudando num colégio profissional e passando todos os finais de semana na casa do meu pai, isso todo, todo, todo dia".
SO, F, 16, 2º ano do Ensino Médio	Salário da mãe insuficiente para o sustento. Exploração materna em subemprego e invalidez do pai. Migração para a capital devido à pobreza da família. Moradia em casa de familiares e trabalho precário, cansativo e mal pago. Convivência difícil com os parentes e maus-tratos; perseguição e fofocas sobre sua sexualidade. Isolamento da mãe, pai e irmãos. Sentimento de abandono e solidão, mitigado apenas pela crença em Deus: "Meu Deus do céu, parece que o mundo caiu em cima de mim, caiu em cima da minha cabeça. Um dia eu cheguei a pensar em me matar, mas Deus me deu uma força assim."

Continua

Continuação

Participante, sexo, idade, nível escolar	Campos temáticos na linha da história
MT, F, 17, 2º ano do Ensino Médio	Violência doméstica com episódios recorrentes de espancamento da mãe e dos filhos pelo pai abusivo; pai assassinado pela mãe; prisão da mãe; migrações constantes e mudança de lar; falta da mãe durante a adolescência. Expectativas escolares mínimas e falta de projetos de trabalho específicos. Poucos recursos para contornar obstáculos. Esquemas reativos e não intencionais. Poucos indícios de planejamento.
IA, M, 15, 9º ano do Ensino Fundamental	Morte precoce do pai (aos 11 anos); depressão; envolvimento com álcool e drogas aos 13 anos. Passa a vender drogas; ocupa lugar do irmão na chefia do tráfico no bairro; perda das boas amizades; conflitos com a mãe por conta das drogas. Tentativas de deixar as drogas; ameaça de ser expulso de casa; reflexão pessoal sobre a trajetória; mudança de cidade a mando da mãe. Há três meses sem usar drogas e se readaptando à escola.
EM, F, 19, 2º ano do Ensino Médio	Violência doméstica; entrevistada e mãe espancadas pelo pai; abuso sexual do pai contra as irmãs da jovem; mãe separa-se do pai; novos casamentos da mãe. Aos 16 anos, decisão quanto à orientação sexual (transexualidade). Rejeição da família no início e sofrimento. Aceitação posterior da família. Hoje, as decepções amorosas e a falta de um parceiro fixo são fonte de sofrimento.
CA, F, 16, 2º ano do Ensino Médio	Violência doméstica do pai contra a mãe; mãe espancada, traída e sob ameaça e tentativa de homicídio. Aos 11 anos, ela e a mãe fogem de Recife para Fortaleza. Declínio financeiro, com perda do padrão de vida. Depressão e tratamento psicológico. Melhora após frequentar centro espírita. Suspeita ter sido abusada sexualmente na infância por padrinho. Permanece sozinha longos períodos em casa e já foi vítima recente de assédio de vizinho. Trabalho desgastante da mãe é fonte de sofrimento da filha; auxilia a mãe a completar suas obrigações do emprego. Vítima de *bullying* na escola. Processo de metamorfose: "Assim que eu entrei no V. [centro espírita] eu mudei muito, né? Porque foi a reviravolta, comecei a mudar de verdade com as pessoas."

Continua

Participante, sexo, idade, nível escolar	Campos temáticos na linha da história
CR, F, 16, 2º ano do Ensino Médio	Pai assassinado por cunhado; criação pela avó materna, pois mãe trabalha em horário integral. Mãe discriminada na família por ser mãe solteira. Experiência traumática em hospital público. Família desunida e violenta, com tio usuário de drogas, primo traficante assassinado e histórico de loucura (tias). O assassino do pai não foi preso. Bairro de risco: lugar de gangues e tráfico, com muitas situações de perigo (balas perdidas, estupros, gravidez na infância, assassinatos, brigas de gangues, casos de extrema violência). Vê história da mãe como exemplo de vulnerabilidade (gravidez precoce, interrupção dos estudos, sem qualificação profissional e dependente de marido). Pobreza e vida precária dos familiares é motivo de sofrimento.

Apesar da referência praticamente consensual ao *ethos* violento em que esses jovens circulam, difere significativamente o modo como a violência é configurada globalmente nas histórias, como são tomadas as decisões e ações para seu enfrentamento, quais seus desdobramentos no curso da vida e como o narrador-protagonista teoriza sobre si em resposta a essas situações. De fato, as respostas a tais eventos revelam nuances e complexidades da estruturação biográfica e levam a um leque de desfechos e formas de autocompreensão. Se, por um lado, é possível encontrar histórias caracterizadas por uma orientação negativa, por outro, encontramos percursos positivos, bem como formas mescladas e indistintas, mais difíceis de avaliar. Schütze (1983/2010, p. 216) denomina **trajetórias negativas ou descendentes** aquelas "que reduzem progressivamente os espaços e possibilidades de ação e desenvolvimento do portador da biografa em função de determinadas formas de evolução da sedimentação de condições de atividades 'heterônomas' que não podem ser controladas por ele". Por sua vez, **trajetórias positivas ou ascendentes** são as que "abrem, por meio do estabelecimento de novos posicionamentos sociais, novos espaços, possibilidades de ação e desdobramentos da identidade do portador da biografia" (Schütze, 1983/2010, p. 216).

Nas trajetórias descendentes, que revelam a dominância do processo biográfico de sofrimento duradouro, o narrador experimenta a gradativa perda da capacidade de fazer escolhas, como se ele fosse determinado principalmente por circunstâncias externas, alheias à sua vontade. Tais relatos costumam ser iniciados por um estado de sofrimento potencial, que evolui progressivamente, à medida que o protagonista integra modos mais compulsórios de agregação social ("é obrigado" a certas interações e atividades sociais). Essas narrativas também exibem tentativas de manutenção de um equilíbrio precário (situação indesejável, mas a única possível, dadas as circunstâncias) até culminar em uma perda importante de orientação e nas estratégias de adaptação e fuga.

Analisando os processos biográficos estruturados (ver síntese no Quadro 3), cremos que especial atenção deva ser dada, portanto, às trajetórias de sofrimento que podem ser desencadeadas pelo conjunto e combinação de adversidades experienciadas no curso do desenvolvimento da criança e adolescente.

Quadro 3. Síntese dos processos biográficos estruturados nas autobiografias de oito jovens entrevistados (15-19 anos)

Participante	Padrões de expectativas institucionais	Esquemas de ação	Trajetória ou processo de sofrimento	Metamorfose
1. AW, M, 16, 2º ano do Ensino Médio	Imperativo de se esforçar, passar de ano, aprender satisfatoriamente, cursar a universidade e ter um emprego qualificado.	Empenho nos estudos após reprovação; não detalhamento dos esquemas.	Sofrimento presente ligado à "injustiça paterna", humilhações e rivalidades na relação com irmãos. O pai impede sua autonomia e representa barreira para seus planos futuros e ruptura com suas expectativas do papel parental (imparcialidade)	Papel de amiga mais próxima, que age como conselheira na transformação pessoal. História construída como a de alguém que "deu a volta por cima", isto é, superou um conjunto de experiências danosas referentes à sua competência para aprender e fazer amizades.
2. IS F, 16, 2º ano do Ensino Médio	Imperativo do Enem, da educação continuada e do sucesso escolar, pavor de ser reprovada; desejo de fazer faculdade e seguir carreira de prestígio (Direito/Juíza).	Disposição para contornar dificuldades no campo escolar após separação dos pais e declínio financeiro (seleção para escola profissionalizante).	Sofrimento passado ligado à separação dos pais (por conta do alcoolismo e violência do pai contra a mãe); declínio do padrão de vida e mudança para escola pública, além da separação dos irmãos que moram com o pai. Não há indicativo de perda da capacidade de enfrentar problemas de forma intencional.	Não há indicativo de processos de metamorfose pessoal. História contada como rotineira/normal.

Continua

Continuação

Participante	Padrões de expectativas institucionais	Esquemas de ação	Trajetória ou processo de sofrimento	Metamorfose
3. SO F, 16, 2º ano do Ensino Médio	Curso da biografia orientado por imperativos de classe e gênero: "selecionada" pela família para trabalhar fora e arcar com despesas. Papel importante da religião (evangélica).	Poucos recursos para contornar obstáculos ou destruir trajetória de sofrimento: sem agentes de proteção disponíveis. Conta apenas com a fé em Deus. Passividade.	Processo de sofrimento duradouro ligado à condição de jovem migrante, morando longe dos pais, na casa de parentes, em trabalho precário e sem apoio. Sofrimento físico no trabalho e psíquico no lar (rejeição e preconceito)	Não há indicativo de metamorfose, mas permanência em modo de vida precário, sem opções significativas de mudança a curto ou médio prazo.
3. SO F, 16, 2º ano do Ensino Médio		Esquemas reativos e involuntários: "Meu Deus do céu, parece que o mundo caiu em cima de mim, caiu em cima da minha cabeça. Um dia eu cheguei a pensar em me matar, mas Deus me deu uma força assim".		
4. MT F, 17, 2º ano do Ensino Médio	Curso da biografia definido em função de ruptura radical com padrões esperados da vida em família (assassinato do pai pela mãe).	Poucos recursos para contornar obstáculos ou destruir trajetória de sofrimento: amiga e professora para confidenciar o *reggae*.	Processo de sofrimento ligado à violência e morte do pai e à prisão da mãe (presa há mais de dois anos); equilíbrio precário.	Não há indicativo de metamorfose, mas permanência em modo de vida precário, sem opções significativas de mudança:

Continua

Participante	Padrões de expectativas institucionais	Esquemas de ação	Trajetória ou processo de sofrimento	Metamorfose
4. MT F, 17, 2º ano do Ensino Médio	Expectativas escolares mínimas e sem projetos de trabalho específicos. Quanto aos planos para o futuro: "Trabalhar. Com estudo ou sem estudo".	Esquemas reativos e não intencionais.		"No meu futuro, eu não imagino não, eu nem consigo parar pra pensar nisso".
5. IA M, 15, 9º ano do Ensino Fundamental	Desorientação biográfica após perda do pai, com afastamento das expectativas familiares e escolares. Papel de jovens do bairro e da figura do irmão traficante no seu envolvimento com drogas. Na fase atual de recuperação, menção à boa reputação de seus pais, sua aceitação pelas boas famílias, e seu esforço para cursar o Ensino Médio e cursar faculdade.	Esquemas de ação precários para lidar com a morte do pai. Perda de autonomia no contexto das drogas : "Aí as drogas fizeram eu ficar violento"; "botaram na minha cabeça". Esquemas não detalhados sobre decisão de mudar (aceitação de conselhos da mãe e irmã).	Processo de sofrimento ligado à morte prematura do pai: "Aí ele faleceu, né? Aí eu entrei em depressão, fiquei dois anos em depressão. Aí da depressão eu comecei a.. usei drogas. [...] Eu usava, aí eu me sentia melhor, né? Era como um remédio, eu usava e se sentia melhor. E se saía daquela solidão".	Processo de metamorfose recente em curso: "Eu parei totalmente de fazer essas coisas. Aí hoje eu vivo aqui, aqui na escola há três meses. Sou amigo de todo mundo, todo mundo me conhece, tiro minhas brincadeiras com todo mundo. É isso aí. Aí eu parei, até hoje eu tô vivendo muito bem".

Continua

Continuação

Participante	Padrões de expectativas institucionais	Esquemas de ação	Trajetória ou processo de sofrimento	Metamorfose
6. EM transexual, 19, 2º ano do Ensino Médio	Biografia definida em torno de sua condição referida como "homossexual" e "transexual" e dos problemas que teve que enfrentar no passado (não aceitação da família) e os atuais (falta de parceiro fixo). Finalização do Ensino Médio e faculdade nos planos futuros. Atualmente, está realizando trabalho doméstico. Expectativa de melhor trabalho e de ser aceito no ambiente laboral:	Disposição pessoal e autonomia para superar obstáculos, com o apoio de amigos e da família: "Aí, aos 16, eu me decidi, minha vida a partir daí, o que eu queria ser, e foi assim meio difícil, porque a minha mãe, a minha família, às vezes, não aceitava. Eu sofri, sofri muito, mas aí, ao passar o tempo, a minha família começou a aceitar do jeito que eu sou, do jeito que eu sou agora.	Já superado o processo de sofrimento desencadeado por sua decisão quanto à orientação sexual. Processo doloroso que levou à vontade de morrer. Ainda persistem dificuldades na esfera pessoal e preconceito sexual na esfera laboral.	Processo de metamorfose iniciado aos 14 anos (reorientação sexual), com posterior aceitação da família. "Nessa parte aí eu sou a pessoa mais feliz do mundo de eu ter descoberto o que eu queria, ser uma pessoa aceita, minha alegria ser uma pessoa aceita e não ter mais aquela angústia que eu sempre tinha."
6. EM transexual, 19, 2º ano do Ensino Médio	"Só queria assim encontrar no mundo, pessoas que me aceitem do jeito que eu sou, me deixasse ter o controle, pra que eu possa seguir a minha vida, que eu possa trabalhar como uma pessoa qualquer".	Hoje, eu dou graças a Deus que eu tenho a minha família, que ela me aceita do jeito que eu sou".		

Continua

Continuação

Participante	Padrões de expectativas institucionais	Esquemas de ação	Trajetória ou processo de sofrimento	Metamorfose
7. CA F, 16, 2º ano do Ensino Médio	Imperativo de formação acadêmica estimulado por mãe. Participação em conselho de classe, papéis de liderança. Esforço pessoal para aprovação, desejo de cursar universidade e exercer um emprego qualificado.	Esquemas de ação bem-sucedidos na superação das dificuldades acarretadas pela separação dos pais e fuga para outra cidade: adaptação à escola pública, auxílio à mãe, liderança em sala de aula, planos bem delineados.	Processo de sofrimento ligado à violência do pai contra a mãe, separação do casal e fuga para outra cidade com a mãe. Superação após período de depressão.	Metamorfose a partir das grandes mudanças vividas: reconhecimento da capacidade de lidar com os sérios problemas de sua vida (declínio do padrão, revolta contra pai), amadurecimento, ganho espiritual (a partir da comunidade espírita).
7. CA F, 16, 2º ano do Ensino Médio				Otimismo e autoconfiança após pontos de mutação.

Continua

Continuação

Participante	Padrões de expectativas institucionais	Esquemas de ação	Trajetória ou processo de sofrimento	Metamorfose
8. CR F, 16, 2º ano do Ensino Médio	Imperativo de formação acadêmica. Esforço pessoal para aprovação, desejo de cursar universidade e exercer um emprego qualificado.	Disposição e otimismo pessoal para superar obstáculos escolares, familiares. Planejamento do curso da vida, trabalho de reflexão a partir de exemplos de vida. Reconhece-se e é reconhecida como "protagonista": "[...] aula na semana passada que falava sobre o protagonismo, aí os meninos pegaram e falaram desse jeito assim:	Processo de sofrimento na infância ligado à violência familiar que vitimou pai. Cultura de violência, desequilíbrio e desarmonia entre familiares. Altos índices de criminalidade no bairro que vitimizam a vizinhança. Testemunha diariamente atrocidades cometidas por gangues, traficantes e usuários de drogas.	Não há indicativos de processos de mudança de identidade resultante de eventos-chave; perfil pessoal de resiliência composto a partir de descrição das circunstâncias difíceis que atravessou e tem superado até o momento.
8. CR F, 16, 2º ano do Ensino Médio		'ah, eu queria ser que nem a C. e tal e tal e tal'."		

As trajetórias ascendentes são marcadas pelo predomínio (ou maiores oportunidades para o surgimento) de esquemas de ação com relevância biográfica e por maior espaço para o exercício da autonomia do protagonista. Na configuração global da história, o protagonista, diante de grandes obstáculos, ainda se percebe capaz de contorná-los, de orientar-se quanto ao futuro e de perseguir metas de vida. Isso implica, muitas vezes, flexibilidade para alterar e adiar planos e também para reinterpretar situações e episódios passados. O conceito de trabalho biográfico parece corresponder em parte às capacidades reflexivas, de planejamento e de autocontrole do indivíduo envolvidas no enfrentamento bem-sucedido das adversidades e na resiliência. O trabalho biográfico envolve: compreender a si próprio como uma identidade única, que se desenvolve positivamente; reconhecer quais são os seus potenciais e os mecanismos para seu desenvolvimento (na forma mais elementar, isso significa recordar a própria história); reconhecer os impedimentos e as impossibilidades desse desenvolvimento (incluindo as próprias incapacidades e falsas noções sobre si); descobrir se há ou não modos alternativos de compreender o desenvolvimento da identidade pessoal e como alcançá-los; identificar em que direção o desenvolvimento de sua identidade deveria seguir e quais seriam os modos exequíveis de ampará-lo; e decidir sobre os próximos passos para reconhecer e concretizar tal desenvolvimento (Schütze, 2007, p. 6). Embora a resiliência não possa ser reduzida à dimensão individual e intrapsíquica, podemos acreditar que as redes de proteção grupais, familiares e institucionais fazem a mediação promovendo o trabalho biográfico e a orientação para o futuro que o trabalho biográfico implica.

Com efeito, parece-nos que, de acordo com uma perspectiva biográfica, as trajetórias descendentes corresponderiam a trajetórias de risco social, pois descrevem formas de interação social e de desenvolvimento humano que tendem a cercear as possibilidades de autonomia, bem-estar e crescimento saudável dos indivíduos. Por sua vez, as trajetórias ascendentes corresponderiam a trajetórias de resiliência e de *coping* bem-sucedido, que focalizam uma história de superação e esperança, "apesar de tudo". É necessário, contudo, advertir que o reposicionamento social e as novas possibilidades de desenvolvimento abertas aos protagonistas ocorrem em um contexto complexo de interações, portanto, não dependem exclusivamente das intencionalidades individuais. Nas trajetórias ascendentes, observam-se a atuação de personagens adjuvantes, relações e contextos sociais que funcionam de forma a proteger o protagonista de efeitos nocivos de muitos eventos estressores. Nas teorizações e avaliações dos jovens, é comum o reconhecimento do apoio fornecido por pais, parentes, amigos, professores e outros significativos em ambientes como a escola e a igreja para a superação dos problemas.

Algumas histórias contadas pelos jovens ilustram como episódios de violência foram sedimentados de modos bastante distintos.

Um exemplo de trajetória ascendente parece ser o caso de CA, 16 anos, aluna do segundo ano do Ensino Médio. A jovem narra episódios de violência doméstica do pai contra a mãe, com espancamentos, ameaças e tentativa de homicídio. Aos 11 anos, ela e a mãe fogem de sua cidade natal para Fortaleza para escapar das ameaças do pai. Em consequência da separação, vem o declínio financeiro, com perda do padrão de vida e também a depressão e o tratamento psicológico da jovem. Sua narração entremeia longas descrições e narrações de seu cotidiano de vulnerabilidade (por exemplo, pobreza, assédio do vizinho, suspeita de abuso sexual na infância, trabalho precário da mãe e baixo padrão financeiro de ambas) com descrição autobiográfica de autoeficácia e disposição para enfrentamento das adversidades. Destacam-se esquemas de ação e redes de proteção eficazes em sua trajetória ascendente: vínculos afetivos com mãe e amigas próximas, participação em um centro espírita, identificação com a escola e participação no conselho de classe escolar. O processo de metamorfose é mencionado após frequência ao centro espírita, cujos membros são cuidadosos e afetivos.

> Assim que eu entrei no V. [centro espírita] eu mudei muito, né? Porque foi a reviravolta, comecei a mudar de verdade com as pessoas [...] aí eu comecei a visualizar que o mundo não era só o que eu vivia, era o que eu tava vivendo naquela hora, de se preocupar com você, de ligar pra você, perguntar como você tá, sabe? Você vê uma sinceridade [...], a gente consegue ver isso lá no V., é assim e eu tô aprendendo lá, todo domingo eu vou fazer a minha parte lá, né? Agradecer por tudo, fazer as minhas orações, volto e acho que toda semana pra mim é aquela luta, mas é como se fosse só mais uma, ainda vai muita, tenho fé em Deus que ainda vai vim muita coisa pra mim lutar, muita coisa ainda vou passar, por muita coisa ainda, né?

A pluralidade e o detalhamento de planos futuros no campo acadêmico, profissional, familiar e pessoal também são indicadores do rumo positivo da biografia de CA.

Outro exemplo de trajetória ascendente é o de EM, 19 anos, jovem transexual e estudante do 2º ano do Ensino Médio, que relata episódios de espancamento e de abuso sexual do pai contra suas irmãs:

> Bom, a minha [história] assim, no começo, minha família, assim, hoje em dia minha mãe é separada, que, quando era mais pequena, o meu pai ele me batia muito ou ele batia muito na minha mãe e muita gente via ele batendo. Aí, mesmo assim, ele nunca deixou assim de, ele nunca foi assim um bom marido, nem foi um bom pai,

porque além dele maltratar muito minha mãe, ele batia na gente. Tinha, às vezes, até abusava, algumas vezes, das minhas irmãs.

Contudo, a biografia tende a está centrada nas tristezas atuais decorrentes da falta de um companheiro fixo para amenizar sua necessidade de afeto: "Nada que me estressa mais do que [...] é esse momento de não ter ninguém, de assim, de não ter uma pessoa que goste de mim, que me respeite do jeito que eu sou, que vivesse comigo [...]". Apesar dessas queixas, a construção geral exibe uma tendência ascendente e vários indicadores de resiliência e capacidade de enfrentar obstáculos. A adolescente, toma a decisão quanto à orientação sexual, que representa importante fator estressor e de sofrimento, porém também de agência e controle do destino pessoal:

> Aí, aos 16 anos, eu me decidi, minha vida a partir daí, o que eu queria ser, e foi assim meio difícil, porque a minha mãe, a minha família, às vezes, não aceitava. Eu sofri, sofri muito, mas aí, ao passar o tempo, a minha família começou a aceitar do jeito que eu sou, do jeito que eu sou agora.

Além dos recursos pessoais, EM contou e conta também com uma rede de suporte, composta por primas, amigas e uma empregadora que vem contribuindo para sua aceitação pela família. Sua avaliação da superação desses problemas é positiva: "Nessa parte aí eu sou a pessoa mais feliz do mundo de eu ter descoberto o que eu queria, ser uma pessoa aceita, minha alegria ser uma pessoa aceita e não ter mais aquela angústia que eu sempre tinha".

No caso de CR, 16 anos, aluna do segundo ano do Ensino Médio, observamos o potencial para uma trajetória descendente. A jovem narra sua história focalizando um conjunto de episódios negativos que enfrenta desde a infância e que resultou em prejuízo para seu desenvolvimento e um sentido de fragilidade e medo do futuro. Um forte acento é dado ao que Ungar (2004), ao abordar a resiliência, chama de "tensão em relação à injustiça social", isto é, as possibilidades e os impedimentos para exercer individual e coletivamente seus direitos contra preconceitos e formas de desigualdade sociopolítica. O pai da jovem foi assassinado por um cunhado, quando ela era bem pequena e, por estratégia de um advogado importante em Fortaleza, o homicida jamais foi preso. Isso é motivo de revolta constante para ela e para sua família. O campo temático da injustiça social retorna, muitas vezes, à argumentação ao tratar das condições socioestruturais precárias que acometem a família ampliada e a comunidade. A autobiografia desta adolescente tende a exibir matiz negativo, com descrições e narrações de vitimização (tratamento psicológico prévio, experiência traumática em hospital público, família desunida e violenta, com tio usuário de drogas, primo traficante assassinado e histórico de loucura de tias). A garota descreve vividamente os perigos do bairro, com suas gangues, tráfico, balas perdidas, estupros, gravidez precoce, assassinatos, casos de extrema violência. Pobreza e vida precária dos familiares são motivo de sofrimento, uma vez que se vê incapaz de solucionar objetivamente esses problemas, apesar de desejar ardentemente ajudá-los. O trecho abaixo ilustra o modo como a narradora experiencia um dos episódios em que é levada por condicionantes externos à sua vontade:

> [...] eu comecei tratamento psicológico, como eu disse, porque chegou um determinado momento da minha vida que eu tava louca, eu vivia trancada dentro do quarto só me vestindo toda de preto, gostava só de música do anticristo, nem em Deus mais eu acreditava, eu era rebelde, não falava com ninguém, eu vivia trancada e chorando do nada, eu tinha cada pesadelo maluco, toda

noite eu via coisas que não existia, eu sentia coisas, tinha alucinações, sei lá, eu tava pirando. Eu tava levando até mais por uma questão religiosa, mas assim, o fato de eu passar o dia trancada dentro de casa num quarto, só ia pra escola e voltava, não queria amizade, não queria papo com ninguém, me afastei de toda a sociedade, eu vivia só em quarto escuro, não podia acender a luz, eu tinha pânico a luz.

A autobiografia de CR, contudo, exibe esforços e capacidades pessoais para orientação positiva quanto ao futuro, com esquemas de ação no plano escolar (dedicação aos estudos, a fim de cursar a universidade e ter um emprego qualificado no futuro), seguindo padrões de expectativas compartilhadas no ambiente acadêmico e familiar. A adolescente também apresenta disposição e otimismo pessoal para superar obstáculos familiares.

O caso de MT, 17 anos, aluna do segundo ano do Ensino Médio, parece ilustrar o desenvolvimento de uma trajetória descendente com estabelecimento de equilíbrio precário. A jovem conta sua história trágica de modo peculiar, com a adoção de uma narrativa curta, praticamente sem avaliações e argumentações, que lembra uma reportagem objetiva.

Vou começar pela parte que meu pai morreu. Eu tinha 7 anos, aí eu saí lá de casa com meus irmãos, aí eu peguei, minha irmã me derrubou do patins, e aí eu quebrei o meu braço. Aí minha irmã pediu pra eu não contar pro meu pai, aí eu cheguei em casa com o braço doído que [estava] quebrado, aí tudinho perguntou o que tinha acontecido comigo. Aí eu contei pra minha mãe, aí minha mãe pediu pro meu pai pra me levar pro hospital pra engessar meu braço, aí meu pai disse que não queria e disse que, se minha mãe me levasse, matava a gente tudinho e ia enterrar na piscina.

Aí minha mãe pegou, aí ficou, né? Aí quando foi de madrugada, que a gente foi dormir, minha irmã me botou pra dormir, aí minha mãe pegou e matou meu pai. Aí eu me acordei de madrugada, eu olhei pro chão embaixo da rede, aí o chão tava cheio de sangue. Aí, quando eu tava no hospital, que tava todo mundo lá, aí minha mãe pegou e me botou na rede, aí eu perguntei que sangue era aquele no chão, aí ela disse que não era nada não e me botou pra dormir de novo. Aí quando foi de manhã, minha mãe me acordou, aí me levou pro hospital, aí engessou meu braço, aí depois a gente viajou. Ela deixou a gente em Itapajé, na casa da minha avó, aí voltou pra Fortaleza. Aí ela se entregou, aí prenderam ela.

O homicídio é explicado em função dos episódios recorrentes de espancamento da mãe e dos filhos pelo pai abusivo, que culminaram com este assassinado por aquela enquanto dormia. Após esse desfecho trágico, vem a prisão da mãe, migrações constantes e mudança de lar e uma referência breve à saudade da mãe que não vê há dois anos. Contudo, os elementos de uma trajetória de sofrimento são apenas inferidos, com a entrevistada "normalizando" o acontecimento.

– Como foi saber que seu pai morreu?

– Foi problemático não, porque, assim, eu sinto falta de ter um pai, mas eu não sinto falta do meu pai. Não gosto, porque ele era mau, ele batia na minha mãe, batia nos meus irmãos. [...] Não sei, saber que ele morreu foi normal, porque ele era ruim. Sei lá, eu sinto falta de ter um pai, não do meu [...]

– Como foi enfrentar tudo isso?

– Foi normal né, tanto porque... pela minha mãe as pessoas falava... foi normal.

Há duas hipóteses que podem explicar a narrativa esquemática: o não estabelecimento de uma relação de confiança com a entrevistadora para a produção de uma narrativa mais densa e rica de detalhes e certo "apagamento" ou "esmaecimento" (*fading out*) que acompanha algumas experiências traumáticas, que assim se configuram como fundo na *gestalt* da história. Embora a narração não exiba claramente os prováveis efeitos traumáticos do evento-chave, podemos considerar a autobiografia como uma trajetória descendente, portanto, de risco, especialmente pela ausência de indicadores de um trabalho biográfico capaz de amparar o desenvolvimento saudável no futuro. O trabalho reflexivo é importante na avaliação do que foi vivido e na definição da direção dos passos a seguir futuramente. Nesse sentido, a narração apresenta expectativas reduzidas no plano escolar, laboral e mesmo familiar. Não há indicativo de esquemas de ação específicos nem opções significativas para mudança: "No meu futuro, eu não imagino não, eu nem consigo parar pra pensar nisso".

Considerações finais

Nossa investigação procurou compreender o risco e a vulnerabilidade social – bem como suas contrapartes, os processos de resiliência, enfrentamento e proteção – a partir de uma perspectiva narrativo-biográfica. Nossa intenção foi trazer algumas pistas para o estudo dessas temáticas, tomando por base as formulações sobre trajetórias, trabalho biográfico e processos biográficos estruturados propostas por Schütze e outros teóricos cujas teses estão alinhadas com a abordagem. Procuramos apresentar alguns elementos oriundos de uma tradição de pesquisa biográfica para compreender como os jovens elaboram importantes eventos e situações de estresse e sofrimento em suas vidas, tentando superá-los e orientar-se para o futuro.

Observamos que muitos eventos ameaçadores ou prejudiciais estão igualmente presentes em trajetórias positivas e negativas, como ilustram os casos de violência discutidos acima. Contudo, nas trajetórias positivas, parecem predominar experiências em que as principais tensões em direção ao desenvolvimento saudável (como as referidas por cada narrador) foram ou estão em vias de solução. Nesses casos, formas de proteção e esquemas de ação mais eficazes (por exemplo, planos acadêmicos e laborais mais detalhados, participação comunitária, suporte social de amigos e outros), metamorfoses (descoberta de um potencial criativo em meio à adversidade) e certo sentido de controle e autonomia sobre eventos futuros inibem ou amenizam o potencial para as trajetórias de sofrimento e suas tensões correspondentes. Trajetórias juvenis negativas são marcadas significativamente pela duração do processo de sofrimento (com sua permanência no presente), por condições aparentemente incontornáveis às quais o jovem se submete, esquemas de ação limitados e redução dos processos de transformação pessoal positiva. No entanto, muitos episódios e situações dolorosas, e até mesmo trágicas, podem ser elaborados como pontos de mutação, capazes de catalisar um processo de resistência e mudança positiva.

A abordagem biográfica permite que pensemos a gênese e o percurso temporal de eventos, situações e estados que resultam em "destinos pessoais" positivos e saudáveis (ou não). Nesse sentido, estudos biográficos, ao enfatizarem a dimensão sociocultural e subjetiva dos fenômenos psicossociais, fornecem perspectivas, quadros conceptuais e estratégias metodológicas promissoras na investigação da problemática do risco e da proteção social.

Referências

Alheit, P., & Dausien, B. (2006). Processo de formação e aprendizagem ao longo da vida. In *Educação e Pesquisa* (USP), *32*(1), 177-197.

Apitzsch, U., & Siouti, I. (2007). *Biographical analysis as an interdisciplinary research perspective in the field of migration studies. Frankfurt am Main, Johann Wolfgang Goethe Universität*. Recuperado em 05 de setembro de 2008, de http://www.york.ac.uk/res/researchintegration/Integrative_Research_Methods/Apitzsch%20Biographical%20Analysis%20April%202007.pdf.

Appel, M. (2005). La entrevista autobiográfica narrativa: fundamentos teóricos y la praxis del análisis mostrada a partir del estudio de caso sobre el cambio cultural de los Otomíes en México. *Forum Qualitative Social Research, 6*(2). Recuperado em 30 de setembro de 2008, de http://nbn-resolving.de/urn:nbn:de:0114-fqs0502160.

Fischer, W., & Goblirsch, M. (2007). Biographical structuring: narrating and reconstructing the self in research and professional practice. In M. Bamberg (Ed.), *Narrative: State of the art* (pp. 37-46). Amsterdam/Philadelphia: John Benjamins Publishing Co.

Henwood, K., Pidgeon, N., Parkhill, K., & Simmons, P. (2010). Researching risk: narrative, biography, subjectivity. *Forum Qualitative Social Research. 11*(1). Recuperado em 10 de março de 2010, de http://www.qualitative-research.net/index.php/fqs/article/view/1438/2926.

Koller, S. H., Morais, N. A. de, & Cerqueira-Santos, E. (2009). Adolescentes e jovens brasileiros: levantando fatores de risco e proteção. In R. M. C. Libório, & S. H. Koller (Orgs.), *Adolescência e juventude: Risco e proteção na realidade brasileira* (pp. 17-56). São Paulo: Casa do Psicólogo.

Schütze, F. (2010). Pesquisa biográfica e entrevista narrativa (Denison Werle, Trad.). In W.Weller, & N. Pfaff (Orgs.), *Metodologias da pesquisa qualitativa em Educação: Teoria e prática* (pp. 210-22). Petrópolis, RJ: Vozes. (Obra original publicada em 1983).

Schütze, F. (2007). Biography analysis on the empirical base of autobiographical narratives: How to analyse autobiographical narrative interviews - Part 1. In *INVITE - Biographical counseling in rehabilitative vocational training-further education curriculum*. Recuperado em 30 de setembro de 2008, de http://www.biographicalcounselling.com/download/B2.1.pdf

Ungar, M. (2004). A constructionist discourse on resilience: Multiple contexts, multiple realities among at-risk youth. *Youth & Society, 35*, 341-365.

Weller, W. (2009, outubro). Tradições hermenêuticas e interacionistas na pesquisa qualitativa: A análise de narrativas segundo Fritz Schutze. In *Anais da Reunião Anual da ANPED*, Caxambu, MG, Brasil, 34. Recuperado em 10 de janeiro de 2010, de http://www.anped.org.br/reunioes/32ra/arquivos/trabalhos/GT14-5656--Int.pdf.

Weller, W. (2008). *A entrevista narrativa na pesquisa social: Análise de uma entrevista segundo o método proposto por Fritz Shützé* (Texto do minicurso). Natal, RN: III Congresso Internacional sobre pesquisa (auto) biográfica.

Zinn, J. O. (2005). The biographical approach: A better way to understand behaviour in health and illness. *Health, Risk and Society*, 7(1), p. 1-9.

Zinn, J. O., & Taylor-Gooby, P. (2006). The challenge of new risks. In P. Taylor-Gooby, & J. Zinn (Eds.), *Risk in social science* (pp. 54-75). Oxford, New York: Oxford University Press.

Anexo A

Questionário Adolescência e Juventude – Fortaleza

Código:_____ Data:___/___/_____ Escola:_____
Turma:_____

Bairro onde mora:_____ Cidade:_____
Estado:_____

1. Sexo: a. ( ) Masculino b. ( ) Feminino
2. Idade: _____ anos
3. Data de nascimento: ___/___/_____
4. Qual a cor da sua pele?
   a. ( ) Branca b. ( ) Negra c ( ) Parda d. ( ) Amarela (oriental)
   e. ( ) Indígena
5. Estado civil:
   a. ( ) Solteiro b. ( ) Casado c. ( ) Mora junto d. ( ) Separado/divorciado
   e. ( ) Viúvo f. ( ) Outros: _____
6. Com quem você mora? (Marque mais de uma resposta se for o caso)
   ( ) Pai   ( ) Avó
   ( ) Mãe   ( ) Tios
   ( ) Padrasto   ( ) Pais adotivos
   ( ) Madrasta   ( ) Filho(s)
   ( ) Irmãos   ( ) Companheiro(a)
   ( ) Avô   ( ) Outros:_____

7. Quantas pessoas moram na sua casa **incluindo você**? _____
   Quantos têm: até 5 anos ____
   entre 6 e 14 anos _____
   entre 15 e 24 anos _____
   acima de 25 anos _____
8. Quem são as pessoas que mais contribuem para o sustento na sua casa?
   a. ( ) Você mesmo b. ( ) Outros: Quem?_____
9. Qual o total da renda mensal familiar do seu domicílio?
   Em média R$_____ ( ) não sei
10. Marque na tabela quantos dos itens abaixo têm na casa onde você mora?

		Quantos?
a	Banheiro	
b	Quarto	
c	Aparelho de vídeo cassete ou dvd	
d	TV a cores	
e	Rádio/aparelho de som	
f	Máquina de lavar roupa	
g	Geladeira	
h	Computador	
i	Aspirador de pó	
j	Empregada doméstica	

11. Você ou sua família recebe algum tipo de bolsa ou auxílio (bolsa escola, bolsa alimentação etc.)?
    a. ( ) Não b. ( ) Sim c. Que tipo? (Marque mais de uma resposta se for o caso)
    a.( ) Bolsa família
    b.( ) Bolsa de estudo
    c.( ) Pró-Jovem

d.( ) PETI – Programa de Erradicação do Trabalho Infantil
e.( ) Outra _____

12. Qual é o grau de instrução de seu pai e da sua mãe? Marque com X:

		Pai	Mãe
a	Analfabeto		
b	Sabe ler, mas não foi à escola		
c	Fundamental incompleto (1º grau)		
d	Fundamental completo (1º grau)		
e	Médio incompleto (2º grau)		
f	Médio completo (2º grau)		
g	Superior incompleto (universitário)		
h	Superior completo (universitário)		
i	Pós-Graduação		
j	Não sei		

13. Sua escola é...?
    a. ( ) Pública
    b. ( ) Particular
14. Em qual série/etapa/ano escolar você está?_____
15. Qual o turno em que você frequenta a escola?
    a. ( ) Manhã   c. ( ) Integral
    b. ( ) Tarde   d. ( ) Noite
16. Você já foi reprovado?
    a. ( ) Não
    b. ( ) Sim   c. Quantas vezes? _____
17. Você já foi expulso de alguma escola?
    a. ( ) Não   c. Quantas vezes? _____
    b. ( ) Sim   d. Por quê? ( ) Brigas ( ) Faltas ( ) Outro: _____

18. Por favor, marque com X no número que corresponde a sua opinião sobre as seguintes afirmativas:
    ① Discordo totalmente
    ② Discordo um pouco
    ③ Não concordo nem discordo
    ④ Concordo um pouco
    ⑤ Concordo totalmente

a	Eu me sinto bem quando estou na escola	① ② ③ ④ ⑤
b	Gosto de ir para a escola	① ② ③ ④ ⑤
c	Gosto da maioria dos meus professores	① ② ③ ④ ⑤
d	Quero continuar meus estudos nessa escola	① ② ③ ④ ⑤
e	Posso contar com meus professores	① ② ③ ④ ⑤
f	Posso contar com técnicos da escola (orientador, coordenador)	① ② ③ ④ ⑤
g	Confio nos colegas da escola	① ② ③ ④ ⑤

19. Marque com um X TODAS as opções a seguir que estão relacionadas com a sua situação de trabalho remunerado:

a	( ) Nunca trabalhei
b	( ) Já trabalhei mas não trabalho atualmente
c	( ) Estou trabalhando
d	( ) Estou procurando trabalho
e	( ) Não estou procurando trabalho
f	( ) Trabalho em comércio (em loja, mercados etc.)
g	( ) Trabalho na rua (vendendo coisas, reciclagem, catação, engraxate, vigiando ou limpando carros)
h	( ) Trabalho em casa de família (cuidado de crianças, cozinhando, limpando, passando etc.)
i	( ) Trabalho na agricultura, pecuária ou pesca
j	( ) Trabalho na área administrativa (*office boy*, secretária, informática etc.)

Continua

Continuação

k	( ) Trabalho em indústria/fábrica
l	( ) Trabalho em outros lugares:
m	( ) Trabalho com carteira assinada
n	( ) Não trabalho com carteira assinada

20. Você alguma vez já teve que parar de estudar para trabalhar?
    a. ( ) Não
    b. ( ) Sim
21. Se você trabalha atualmente:
    a. Qual a sua renda mensal média proveniente de seu trabalho atualmente? _____ Reais
    b. Quantas horas por dia você dedica ao trabalho? _____ horas
22. Você tem alguma doença crônica (diabetes, AIDS, câncer, insuficiência renal, outra)?
    a. ( ) Não
    b. ( ) Sim   Qual?_____
23. Você tem algum problema mental/psicológico ou dos nervos?
    a. ( ) Não   c. Qual?_____
    b. ( ) Sim   d. Você já procurou algum tipo de auxílio/tratamento?
                       ( ) Não   ( )sim
24. Você tem algum tipo de deficiência:
    a. ( ) Não
    b. ( ) Sim   ( ) Visual ( ) Auditiva ( ) Física ( ) Outra
       Qual?_____
25. Qual o serviço de assistência à saúde você recorre? (Marque mais de uma resposta se for o caso)
    ( ) SUS – Sistema Único de Saúde
    ( ) Plano de Saúde
    ( ) Atendimento Particular
    ( ) Outros

26. Com que frequência acessa o serviço de saúde?
    a. ( ) Não tenho acesso aos serviços de saúde
    b. ( ) De uma a três vezes por mês
    c. ( ) Uma vez por mês
    d. ( ) De 2 a 4 vezes a cada seis meses
    e. ( ) Uma vez a cada seis meses
    f. ( ) Uma vez ao ano
27. Você participa de alguma das atividades abaixo? (Marque mais de uma resposta se for o caso)
    a. ( ) Grêmio estudantil ou diretório acadêmico
    b. ( ) Grupo de escoteiros ou bandeirantes
    c. ( ) Grupo ou movimentos religiosos
    d. ( ) Grupos musicais (coral, bandas etc.)
    e. ( ) Grupo de dança, teatro ou arte
    f. ( ) Grupos ou movimentos políticos
    g. ( ) Grupo de trabalho voluntário
    h. ( ) Equipe esportiva
28. Com relação à sua religião/doutrina/crença, você se considera: (Marque mais de uma resposta se for o caso)
    a. ( ) Não acredito em Deus (ateu)
    b. ( ) Sem religião (mas acredito em Deus)
    c. ( ) Católico
    d. ( ) Protestante
    e. ( ) Evangélico
    f. ( ) Espírita
    g. ( ) Umbandista
    h. ( ) Candomblé
    i. ( ) Outro: _____
29. Por favor, marque com X no número que mais corresponde a sua opinião sobre as seguintes afirmativas:
    ① Nunca

② Quase nunca
③ Às vezes
④ Quase sempre
⑤ Sempre

a	A religião/espiritualidade tem sido importante para a minha vida	① ② ③ ④ ⑤
b	Costumo frequentar encontros, cultos ou rituais religiosos	① ② ③ ④ ⑤
c	Costumo fazer orações no dia a dia	① ② ③ ④ ⑤
d	Costumo ler livros sagrados no dia a dia (Bíblia, Alcorão etc.)	① ② ③ ④ ⑤
e	Costumo agradecer a Deus pelo que acontece comigo	① ② ③ ④ ⑤
f	Peço ajuda a Deus para resolver meus problemas	① ② ③ ④ ⑤
g	Costumo fazer orações quando estou em momentos difíceis	① ② ③ ④ ⑤
h	Busco ajuda da minha instituição religiosa (igreja, templo etc.) quando estou em dificuldades	① ② ③ ④ ⑤
i	Sigo recomendações religiosas na minha vida diária	① ② ③ ④ ⑤

30. Agora vamos falar um pouco das suas relações com a família, especialmente entre você e seus pais (mãe, madrasta, pai, padrasto, ou outras pessoas que cuidam ou cuidaram de você).

    Ao responder estas questões, pense em diferentes momentos que a sua família passou e nas diferentes pessoas com quem você mora/morou.

    ① Discordo totalmente
    ② Discordo um pouco
    ③ Não concordo nem discordo
    ④ Concordo um pouco
    ⑤ Concordo totalmente

a	Costumamos conversar sobre problemas da nossa família	① ② ③ ④ ⑤
b	Meus pais raramente me criticam	① ② ③ ④ ⑤
c	Raramente ocorrem brigas na minha família	① ② ③ ④ ⑤
d	Quando estou com problemas, posso contar com a ajuda dos meus pais	① ② ③ ④ ⑤

Continua

Continuação

e	Sinto que sou amado e tratado de forma especial pelos meus pais	① ② ③ ④ ⑤
f	Meus pais em geral sabem onde eu estou	① ② ③ ④ ⑤
g	Nunca sou humilhado por meus pais	① ② ③ ④ ⑤
h	Meus pais raramente brigam entre eles	① ② ③ ④ ⑤
i	Meus pais dão atenção ao que eu penso e ao que eu sinto	① ② ③ ④ ⑤
j	Meus pais conhecem meus amigos	① ② ③ ④ ⑤
k	Eu me sinto aceito pelos meus pais	① ② ③ ④ ⑤
l	Meus pais me ajudam quando eu preciso de dinheiro, comida ou roupa	① ② ③ ④ ⑤
m	Costumo conversar com meus pais sobre decisões que preciso tomar	① ② ③ ④ ⑤
n	Meus pais sabem com quem eu ando	① ② ③ ④ ⑤
o	Eu me sinto seguro com meus pais	① ② ③ ④ ⑤

31. Identifique situações que VOCÊ já viveu COM SUA FAMÍLIA, relacionadas aos eventos na coluna 1 e a seguir responda às questões:

Tipo de situação	A. Já aconteceu?	B. Em geral, com que frequência esta situação acontecia?	C. Em geral, o quão ruim foi para você esta situação?	D. Indique quem fez isto com mais frequência?
a) Ameaça ou humilhação	A ☐ Não B ☐ Sim	① Nunca ② Quase nunca ③ Às vezes ④ Quase sempre ⑤ Sempre	① Nada ruim ② Um pouco ruim ③ Mais/menos ruim ④ Muito ruim ⑤ Horrível	A ☐ Mãe B ☐ Madrasta C ☐ Pai D ☐ Padrasto E ☐ Irmãos F ☐ Avós G ☐ Outros: _____

Continua

Continuação

Tipo de situação	A. Já aconteceu?	B. Em geral, com que frequência esta situação acontecia?	C. Em geral, o quão ruim foi para você esta situação?	D. Indique quem fez isto com mais frequência?
b) Soco ou surra	A ☐ Não B ☐ Sim	① Nunca ② Quase nunca ③ Às vezes ④ Quase sempre ⑤ Sempre	① Nada ruim ② Um pouco ruim ③ Mais/menos ruim ④ Muito ruim ⑤ Horrível	A ☐ Mãe B ☐ Madrasta C ☐ Pai D ☐ Padrasto E ☐ Irmãos F ☐ Avós G ☐ Outros: _____
c) Agressão com objeto (madeira, cinto, fio, cigarro etc.)	A ☐ Não B ☐ Sim	① Nunca ② Quase nunca ③ Às vezes ④ Quase sempre ⑤ Sempre	① Nada ruim ② Um pouco ruim ③ Mais/menos ruim ④ Muito ruim ⑤ Horrível	A ☐ Mãe B ☐ Madrasta C ☐ Pai D ☐ Padrasto E ☐ Irmãos F ☐ Avós G ☐ Outros: _____
d) Mexeu no meu corpo contra a minha vontade	A ☐ Não B ☐ Sim	① Nunca ② Quase nunca ③ Às vezes ④ Quase sempre ⑤ Sempre	① Nada ruim ② Um pouco ruim ③ Mais/menos ruim ④ Muito ruim ⑤ Horrívell	A ☐ Mãe B ☐ Madrasta C ☐ Pai D ☐ Padrasto E ☐ Irmãos F ☐ Avós G ☐ Outros: _____
e) Relação sexual forçada	A ☐ Não B ☐ Sim	① Nunca ② Quase nunca ③ Às vezes ④ Quase sempre ⑤ Sempre	① Nada ruim ② Um pouco ruim ③ Mais/menos ruim ④ Muito ruim ⑤ Horrível	A ☐ Mãe B ☐ Madrasta C ☐ Pai D ☐ Padrasto E ☐ Irmãos F ☐ Avós G ☐ Outros: _____

32. Você tem algum amigo próximo que usa drogas?

    a. ( ) Não   b. ( ) Sim   ( ) drogas lícitas (bebida alcoólica, cigarro)
                                                      ( ) drogas ilícitas (*crack*, cocaína, cola etc.)

33. Você tem algum familiar que usa drogas?
    a. ( ) Não   b. ( ) Sim   ( ) drogas lícitas (bebida alcoólica, cigarro)
                                ( ) drogas ilícitas (*crack*, cocaína, cola etc.)
34. Quanto a você, responda às questões abaixo:

	Tipo	Já experimentou ao menos uma vez na vida?	Que idade você tinha quando usou pela 1ª vez?
a	Bebida alcoólica	a. ( ) Não b. ( ) Sim	
b	Cigarro comum	a. ( ) Não b. ( ) Sim	
c	Maconha	a. ( ) Não b. ( ) Sim	
d	Cola, solventes, *thinner*, lança-perfume, acetona	a. ( ) Não b. ( ) Sim	
e	Cocaína	a. ( ) Não b. ( ) Sim	
f	*Crack*	a. ( ) Não b. ( ) Sim	
g	*Ecstasy*	a. ( ) Não b. ( ) Sim	
h	Remédio para emagrecer sem receita médica	a. ( ) Não b. ( ) Sim	
i	Anabolizante	a. ( ) Não b. ( ) Sim	
j	Remédio para "ficar doidão"	a. ( ) Não b. ( ) Sim	
k	Chá para "ficar doidão"	a. ( ) Não b. ( ) Sim	
l	Outra: _____	a. ( ) Não b. ( ) Sim	

35. Se você nunca experimentou drogas lícitas (bebida alcoólica, cigarro) ou ilícita (*crack*, cocaína, cola etc.) pule para a questão 41. Se você já experimentou, responda qual foi a primeira droga que você usou?_____
_____

36. Caso você já tenha experimentado alguma droga, responda às questões abaixo:

	Tipo	Usou no **ÚLTIMO ANO?**	Usou no **ÚLTIMO MÊS?** Marque com um X			
			Não usei no último mês	Usei menos de 1 vez por semana	Usei de 1 a 4 vezes/ semana	Usei 5 ou mais vezes/ semana
a	Bebida alcoólica	a. ( ) Não b. ( ) Sim				
b	Cigarro comum	a. ( ) Não b. ( ) Sim				
c	Maconha	a. ( ) Não b. ( ) Sim				
d	Cola, solventes, lança-perfume, *thinner*, acetona	a. ( ) Não b. ( ) Sim				
e	Cocaína	a. ( ) Não b. ( ) Sim				
f	*Crack*	a. ( ) Não b. ( ) Sim				
g	*Ecstasy*	a. ( ) Não b. ( ) Sim				
h	Remédio para emagrecer sem receita médica	a. ( ) Não b. ( ) Sim				
i	Anabolizante	a. ( ) Não b. ( ) Sim				
j	Remédio para "ficar doidão"	a. ( ) Não b. ( ) Sim				
k	Chá para "ficar doidão"	a. ( ) Não b. ( ) Sim				
l	Outra:_____	a. ( ) Não b. ( ) Sim				

37. Se você consome/consumia drogas, você o faz/fazia quando: (Marque mais de uma resposta se for o caso)
    a. ( ) Estou sozinho
    b. ( ) Estou com amigos
    c. ( ) Estou com algum familiar
    d. ( ) Estou com o(a) namorado(a)
    e. ( ) Outros. Quem? _____
38. Você já **pensou** em parar de usar alguma droga?
    a. ( ) Não (pule para a questão 41)
    b. ( ) Sim
39. Já **tentou** (de fato) parar de usar alguma substância?
    a. ( ) Nunca tentei parar, pois nunca usei nenhuma substância regularmente
    b. ( ) Nunca tentei parar, apesar de usar ou já ter usado regularmente alguma substância
    c. ( ) Sim, já tentei parar (então preencha a tabela abaixo)

	A – Tentou parar	B – Conseguiu parar de usar
1. Álcool	A ( ) Não B ( ) Sim	A ( ) Não B ( ) Sim C ( ) Parei por um tempo e depois voltei
2. Tabaco	A ( ) Não B ( ) Sim	A ( ) Não B ( ) Sim C ( ) Parei por um tempo e depois voltei
3. Solventes	A ( ) Não B ( ) Sim	A ( ) Não B ( ) Sim C ( ) Parei por um tempo e depois voltei
4. Maconha	A ( ) Não B ( ) Sim	A ( ) Não B ( ) Sim C ( ) Parei por um tempo e depois voltei
5. Cocaína	A ( ) Não B ( ) Sim	A ( ) Não B ( ) Sim C ( ) Parei por um tempo e depois voltei

Continua

Continuação

	A – Tentou parar	B – Conseguiu parar de usar
6. *Crack*	A ( ) Não B ( ) Sim	A ( ) Não B ( ) Sim C ( ) Parei por um tempo e depois voltei
7. Outra: _____	A ( ) Não B ( ) Sim	A ( ) Não B ( ) Sim C ( ) Parei por um tempo e depois voltei

40. Se você já tentou parar de usar drogas, alguém ajudou você nesta tentativa? (Marque mais de uma resposta se for o caso)

    ( ) Tentei sozinho

    ( ) Tentei com um amigo/grupo de amigos

    ( ) Alguém da igreja

    ( ) Alguém de escola

    ( ) Alguém do hospital, posto de saúde ou comunidade terapêutica

    ( ) Alguém da família

    ( ) Outros _____

41. Onde você obtém informações sobre sexo? Marque com um X no número correspondente à frequência:

    ① Nunca

    ② Quase nunca

    ③ Às vezes

    ④ Quase sempre

    ⑤ Sempre

a	Família	① ② ③ ④ ⑤
b	Amigos	① ② ③ ④ ⑤
c	Escola (professores, funcionários, coordenadores diretores etc.)	① ② ③ ④ ⑤
d	Líderes religiosos (padre, pastor, pai de santo etc.)	① ② ③ ④ ⑤
e	Organização não governamental (ONG)	① ② ③ ④ ⑤
f	Televisão	① ② ③ ④ ⑤

Continua

Continuação

g	Internet	① ② ③ ④ ⑤
h	Rádio	① ② ③ ④ ⑤
i	Jornal, revista ou livro	① ② ③ ④ ⑤

42. Você já teve relações sexuais (transou) alguma vez?
    a. ( ) Não (pule para a questão 62)
    b. ( ) Sim   c. Quantos anos você tinha "na primeira vez"? _____ anos
                     d. Quantos anos o(a) parceiro(a) tinha ? _____ anos
                        ( ) Não sei
                     e. Com quem foi? ( ) Namorado(a) ( ) Vizinho(a)
                                      ( ) Parente Qual?_____
                                      ( ) Outro: _____
                     f. A primeira relação sexual ( ) foi desejada ( ) foi forçada

43 Você já transou com:
    a. ( ) Meninas/mulheres
    b. ( ) Meninos/homens
    c. ( ) Ambos sexos

44. NO ÚLTIMO ANO, nas suas transas, você teve: (Marque mais de uma resposta se for o caso)
    a. ( ) Parceiro(a) FIXO(a) [namorado(a), companheiro(a), esposa/marido]
           Quantos ___namorado(a) ___companheiro(a) ___esposa/marido
    b. ( ) Parceiro(a) NÃO FIXO(a)   Quantos(as): ____

45 NO ÚLTIMO ANO, com que frequência você ou seu parceiro usou camisinha?
    a. ( ) Nunca
    b. ( ) Poucas vezes
    c. ( ) Muitas vezes, mas não em todas
    d. ( ) Sempre (pule para a questão 47)

46. NO ÚLTIMO ANO, nas vezes em que você NÃO USOU camisinha, por que motivo você não usou? (Marque mais de uma resposta se for o caso)
    a. ( ) Não tinha camisinha
    b. ( ) Não tinha dinheiro para comprar

c. ( ) Não gosto
d. ( ) Camisinha machuca/incomoda
e. ( ) Não acho que seja importante
f. ( ) Não lembrei de colocar
g. ( ) Estava sob efeito de álcool
h. ( ) Estava sob efeito de drogas
i. ( ) Meu parceiro(a) não aceita
j. ( ) Porque confio no meu parceiro(a)
k. ( ) Porque uso anticoncepcional (pílula)
l. ( ) Outro motivo: _____

47. NO ÚLTIMO ANO, nas vezes em que você USOU camisinha, por que motivo você usou? (Marque mais de uma resposta se for o caso)
    a. ( ) Para evitar doenças
    b. ( ) Para evitar AIDS
    c. ( ) Para evitar gravidez
    d. ( ) Porque o (a) parceiro (a) exigiu
    e. ( ) Porque é importante usar
    f. ( ) Porque dizem que é bom usar
    g. ( ) Porque é mais limpo (higiene)
    h. ( ) Não sei
    i. ( ) Outros: _____

48. Atualmente, você possui algum parceiro FIXO [namorado(a), companheiro(a), esposa/marido]:
    a. ( ) Não
    b. ( ) Sim

49. Na última vez que você transou, você ou seu parceiro(a) usou camisinha?

    Com parceiro FIXO (namorado(a), companheiro(a), esposa/marido)
    a. ( ) Não
    b. ( ) Sim
    c. ( ) Não lembro

    Com parceiros NÃO FIXOS
    a. ( ) Não
    b. ( ) Sim
    c. ( ) Não lembro

50. No ÚLTIMO MÊS, você carregou camisinha com você alguma vez?
    a. ( ) Não
    b. ( ) Sim   Quantos dias você carregou camisinha com você? _____
51. Onde você costuma pegar camisinha? (Marque mais de uma resposta se for o caso)
    a. ( ) Não costumo pegar camisinha
    b. ( ) Busco/recebo na Rede/SUS
    c. ( ) Compro na farmácia/supermercado
    d. ( ) Compro de vendedores ambulantes
    e. ( ) Busco/recebo em instituições ou ONGs
    f. ( ) Ganho de conhecidos ou amigos
    g. ( ) Troco por objetos/favores
52. Você já teve alguma Doença Sexualmente Transmissível/DST (doença que se pega através de sexo e pode gerar corrimento, coceira, ardência ou feridas nos órgãos sexuais)?
    a. ( ) Não
    b. ( ) Sim   Quantas vezes?_____   Quais doenças? _____
    c. ( ) Não sei
53. Alguma vez você já fez sexo em troca de dinheiro, favores ou vantagens?
    a. ( ) Não (pule para questão 55)
    b. ( ) Sim   Em geral, com que frequência você faz/fazia sexo em troca de dinheiro, favor ou vantagem? (Resposta única)
            ____vezes por semana   ____vezes por ano
            ____vezes por mês   ____vezes na vida
54. Nas vezes em que você fez sexo por dinheiro, favor ou vantagem, com que frequência você usou camisinha?
    a. ( ) Nunca
    b. ( ) Poucas vezes
    c. ( ) Muitas vezes, mas não em todas
    d. ( ) Sempre

55. Você usa algum método para evitar gravidez?
    a. ( ) Não
    b. ( ) Sim   Quais? (Marque mais de uma resposta se for o caso)
        a. ( ) Camisinha
        b. ( ) Coito interrompido (interromper a transa antes do orgasmo masculino)
        c. ( ) Pílula anticoncepcional
        d. ( ) Injeção/implante/adesivo
        e. ( ) Tabela / ritmo / calendário
        f. ( ) DIU
        g. ( ) Outro: _____

56. Onde você/sua parceira costuma obter anticoncepcionais? (Marque mais de uma resposta se for o caso)
    a. ( ) Não costumo obter anticoncepcionais
    b. ( ) Busco/recebo na Rede/SUS
    c. ( ) Compro na farmácia
    d. ( ) Compro de vendedores ambulantes
    e. ( ) Busco/recebo em instituições para meninos(as) em situação de rua
    f. ( ) Busco/recebo em ONG
    g. ( ) Ganho de conhecidos
    h. ( ) Troco por objetos/favores
    i. ( ) Outros: _____
    j. ( ) Não sei

57. Você já engravidou alguém/esteve grávida?
    a. ( ) Não (pule para a questão 62)
    b ( ) Sim   c. Quantas vezes? _____
                    d. Que idade tinha quando engravidou/ficou grávida na primeira vez? _____
                    e. A sua gravidez foi desejada? a. ( ) Não   b. ( ) Sim
                    f. Quantos filhos(as) vivos(as) você tem? _____
                    g. Com quantas pessoas você já teve filho? _____

Anexo A

58. Alguma das situações abaixo ocorreu com você em consequência da PRIMEIRA gravidez? (Marque mais de uma reposta se for o caso)
    a. ( ) Interrompeu os estudos
    b. ( ) Casou ou foi morar junto com o pai/mãe da criança
    c. ( ) Precisou começar a trabalhar
    d. ( ) Precisou parar de trabalhar
    e. ( ) Família não aceitou a gravidez
    f. ( ) Família ou parceiro(a) sugeriu fazer aborto
    g. ( ) Parou de fumar
    h. ( ) Parou de usar drogas
    i. ( ) Não precisou mais ter que cuidar dos irmãos menores
    j. ( ) Passou a ser mais respeitada(o) dentro de casa
    k. ( ) Terminou o namoro/relação
59. Durante a ÚLTIMA gravidez, você/sua parceira fizeram algum exame médico para acompanhar a gravidez?
    a. ( ) Não
    b. ( ) Sim Quantas vezes? _____
    c. ( ) Não sei
60. Com quem moram seus filhos hoje? (Marque mais de uma resposta se for o caso) (Escreva o número de filhos)
    a. ( ) Com ambos os pais _____
    b. ( ) Apenas comigo _____
    c. ( ) Apenas com o pai/mãe _____
    d. ( ) Avós paternos _____
    e. ( ) Avós maternos _____
    f. ( ) Outro parente_____
    g. ( ) Abrigos_____
    h. ( ) Família adotiva_____
    i. ( ) Na rua_____
    j. ( ) Não sei_____

61. Você/sua parceira já teve algum aborto?
    a. ( ) Não
    b. ( ) Sim Quantas vezes? _____ Natural
                                _____ Provocado
    c. ( ) Não sei
62. Identifique situações que você já viveu FORA DE CASA, na coluna 1 e a seguir responda às questões:

Tipo de situação	A. Já aconteceu?	B. Em geral, com que frequência esta situação acontecia?	C. Em geral, o quão ruim foi para você esta situação?	D. Indique quem fez isto com mais frequência?
a) Ameaça ou humilhação	A ☐ Não B ☐ Sim	① Nunca ② Quase nunca ③ Às vezes ④ Quase sempre ⑤ Sempre	① Nada ruim ② Um pouco ruim ③ Mais/menos ruim ④ Muito ruim ⑤ Horrível	A ☐ Amigos B ☐ Colegas de escola C ☐ Vizinhos D ☐ Professores/monitores E ☐ Policiais F ☐ Desconhecidos G ☐ Outros:_____
b) Soco ou surra	A ☐ Não B ☐ Sim	① Nunca ② Quase nunca ③ Às vezes ④ Quase sempre ⑤ Sempre	① Nada ruim ② Um pouco ruim ③ Mais/menos ruim ④ Muito ruim ⑤ Horrível	A ☐ Amigos B ☐ Colegas de escola C ☐ Vizinhos D ☐ Professores/monitores E ☐ Policiais F ☐ Desconhecidos G ☐ Outros:_____
c) Agressão com objeto (madeira, cinto, fio, cigarro etc.)	A ☐ Não B ☐ Sim	① Nunca ② Quase nunca ③ Às vezes ④ Quase sempre ⑤ Sempre	① Nada ruim ② Um pouco ruim ③ Mais/menos ruim ④ Muito ruim ⑤ Horrível	A ☐ Amigos B ☐ Colegas de escola C ☐ Vizinhos D ☐ Professores/monitores E ☐ Policiais F ☐ Desconhecidos G ☐ Outros:_____

Continua

Continuação

Tipo de situação	A. Já aconteceu?	B. Em geral, com que frequência esta situação acontecia?	C. Em geral, o quão ruim foi para você esta situação?	D. Indique quem fez isto com mais frequência?
d) Mexeu no meu corpo contra a minha vontade	A ☐ Não B ☐ Sim	① Nunca ② Quase nunca ③ Às vezes ④ Quase sempre ⑤ Sempre	① Nada ruim ② Um pouco ruim ③ Mais/menos ruim ④ Muito ruim ⑤ Horrível	A ☐ Amigos B ☐ Colegas de escola C ☐ Vizinhos D ☐ Professores/ monitores E ☐ Policiais F ☐ Desconhecidos G ☐ Outros: _____
e) Relação sexual forçada	A ☐ Não B ☐ Sim	① Nunca ② Quase nunca ③ Às vezes ④ Quase sempre ⑤ Sempre	① Nada ruim ② Um pouco ruim ③ Mais/menos ruim ④ Muito ruim ⑤ Horrível	A ☐ Amigos B ☐ Colegas de escola C ☐ Vizinhos D ☐ Professores/ monitores E ☐ Policiais F ☐ Desconhecidos G ☐ Outros: _____

63. Dentre os eventos abaixo, indique quais os que já aconteceram em sua vida, e escolha o número que mais representa o quão ruim foi esta situação para você:

   ① Nada ruim
   ② Um pouco ruim
   ③ Mais ou menos
   ④ Muito ruim
   ⑤ Horrível

	A – Já aconteceu?	B – O quão ruim foi?
a) O nível econômico da minha família baixou de uma hora para outra	A ☐ Não B ☐ Sim	① ② ③ ④ ⑤
b) Alguém em minha casa está desempregado	A ☐ Não B ☐ Sim	① ② ③ ④ ⑤

Continua

Continuação

c) Meus pais se separaram	A ☐ Não B ☐ Sim	① ② ③ ④ ⑤
d) Já estive internado em instituição (abrigo, orfanato)	A ☐ Não B ☐ Sim	① ② ③ ④ ⑤
e) Já fugi de casa	A ☐ Não B ☐ Sim	① ② ③ ④ ⑤
f) Já morei na rua	A ☐ Não B ☐ Sim	① ② ③ ④ ⑤
g) Já dormi na rua	A ☐ Não B ☐ Sim	① ② ③ ④ ⑤
h) Já trabalhei na rua	A ☐ Não B ☐ Sim	① ② ③ ④ ⑤
i) Alguém da minha família está ou esteve preso	A ☐ Não B ☐ Sim	① ② ③ ④ ⑤
j) Sofri algum acidente grave	A ☐ Não B ☐ Sim	① ② ③ ④ ⑤
k) Alguém muito importante pra mim faleceu	A ☐ Não B ☐ Sim	① ② ③ ④ ⑤
l) Já passei fome	A ☐ Não B ☐ Sim	① ② ③ ④ ⑤
m) Meu pai/mãe casou de novo	A ☐ Não B ☐ Sim	① ② ③ ④ ⑤
n) Meu pai/minha mãe teve filho com outros parceiros	A ☐ Não B ☐ Sim	① ② ③ ④ ⑤
o) Já fui assaltado(a)	A ☐ Não B ☐ Sim	① ② ③ ④ ⑤
p) Já cumpri medida socioeducativa sem privação de liberdade	A ☐ Não B ☐ Sim	① ② ③ ④ ⑤
q) Já estive privado de liberdade (Instituição fechada)	A ☐ Não B ☐ Sim	① ② ③ ④ ⑤
r) Já fui levado para o Conselho Tutelar	A ☐ Não B ☐ Sim	① ② ③ ④ ⑤
s) Já tive problemas com a justiça	A ☐ Não B ☐ Sim	① ② ③ ④ ⑤
t) Já tive problemas com a polícia	A ☐ Não B ☐ Sim	① ② ③ ④ ⑤

64. Em algum momento da sua vida você já se envolveu em situações ilegais? Marque todas que já aconteceram:

   A ( ) Não

   B ( ) Sim   a. ( ) Envolvimento em brigas com agressão física/violência contra pessoas

                        b. ( ) Destruição de propriedade

c. ( ) Envolvimento em pichação
d. ( ) Assaltou alguém
e. ( ) Roubou algo
f. ( ) Vendeu droga
g. ( ) Outra Qual? _____

65. Ao longo da vida, sofro ou sofri preconceito:
① Nunca
② Quase nunca
③ Às vezes
④ Quase sempre
⑤ Sempre

a) Por morar onde moro (bairro, favela)	① ② ③ ④ ⑤
b) Pelo fato de ser homem ou ser mulher	① ② ③ ④ ⑤
c) Pela cor da minha pele	① ② ③ ④ ⑤
d) Por estudar em uma determinada escola	① ② ③ ④ ⑤
e) Por causa do trabalho dos meus pais	① ② ③ ④ ⑤
f) Por causa do meu nível socioeconômico	① ② ③ ④ ⑤
g) Por causa da minha religião	① ② ③ ④ ⑤
h) Por causa da minha aparência física	① ② ③ ④ ⑤
i) Por ser deficiente	① ② ③ ④ ⑤
j) Pelas minhas escolhas sexuais	① ② ③ ④ ⑤
k) Por ter a idade que eu tenho	① ② ③ ④ ⑤
l) Por causa do meu trabalho	① ② ③ ④ ⑤

66. Você já **pensou** em se matar?
    a. ( ) Não (pule para a questão 68)
    b. ( ) Sim Quantas vezes: _____

67. Você já **tentou** se matar?
    a. ( ) Não
    b. ( ) Sim Quantas vezes: _____

c. Quantos anos você tinha quando tentou se matar pela primeira vez? ____

d. Quando você tentou se matar, como foi que você fez? (Marque mais de uma resposta se for o caso)

    a. ( ) Com faca, tesoura, canivete   a1. Quantas vezes: _____
    b. ( ) Com revólver   b1. Quantas vezes: _____
    c. ( ) Enforcado   c1. Quantas vezes: _____
    d. ( ) Com remédios, venenos   d1. Quantas vezes: _____
    e. ( ) Atropelamento   e1. Quantas vezes: _____
    f. ( ) Queda provocada (viadutos, edifícios,...)   f1. Quantas vezes: _____
    g. ( ) Com fogo   g1. Quantas vezes: _____
    h. ( ) Outro: _____   h1. Quantas vezes: _____

68. Marque com um X no número correspondente à sua opinião sobre as seguintes afirmações:

① Nunca
② Quase nunca
③ Às vezes
④ Quase sempre
⑤ Sempre

a	Eu sinto que pertenço a minha comunidade/bairro	① ② ③ ④ ⑤
b	Eu posso confiar nas pessoas da minha comunidade/bairro	① ② ③ ④ ⑤
c	Eu me sinto seguro na minha comunidade/bairro	① ② ③ ④ ⑤
d	Eu posso contar com meus vizinhos quando preciso deles	① ② ③ ④ ⑤
e	Eu posso contar com alguma organização/instituição comunitária quando preciso	① ② ③ ④ ⑤
f	Minha comunidade tem melhorado nos últimos cinco anos	① ② ③ ④ ⑤

69. O que você costuma fazer quando não está estudando ou trabalhando? (marque mais de uma resposta se for o caso)

    a. ( ) Praticar esportes
    b. ( ) Jogar/brincar

c. ( ) Passear
d. ( ) Assistir TV
e. ( ) Ouvir ou tocar música
f. ( ) Desenhar/pintar/artesanato
g. ( ) Namorar
h. ( ) Descansar
i. ( ) Navegar na internet
j. ( ) Ir a festas
k. ( ) Cinema ou teatro
l. ( ) Ler livros, revistas ou quadrinhos
m. ( ) Outros: _____

70. Você tem (marque todos que se referem à sua situação):
    a. ( ) Celular pré-pago
    b. ( ) Celular de conta (pós-pago)
    c. ( ) Acesso a televisão com canais abertos
    d. ( ) Acesso à televisão por assinatura
    e. ( ) Acesso à internet
    f. Se você tem internet, você acessa a partir de:
        a. ( ) Casa
        b. ( ) Escola
        c. ( ) *Lan House, Cybercafé*
        d. ( ) Trabalho
        e. ( ) Outro local Qual ? _____

71. Com que frequência você utiliza a internet:
    a. ( ) não utilizo
    b. ( ) uma ou duas vezes por mês
    c. ( ) apenas aos finais de semana
    d. ( ) de um a dois dias por semana
    e. ( ) entre três e cinco dias por semana
    f. ( ) todos os dias

72. Em média, quando você se conecta, quanto tempo fica conectado:
    a. ( ) Não me conecto à internet
    b. ( ) Menos de meia hora
    c. ( ) De meia a uma hora
    d. ( ) De uma a três horas
    e. ( ) De três horas a cinco horas
    f. ( ) Mais de cinco horas
73. Se você usa a internet, você a utiliza para: (Marque mais de uma resposta se for o caso).
    a. ( ) Me comunicar com as pessoas (e-mail, Orkut, msn etc.)
    b. ( ) Baixar músicas, jogos, filmes
    c. ( ) Fazer trabalhos da escola
    d. ( ) Navegar em *sites* de meu interesse
    e. ( ) Fazer/escrever *blogs*
    f. ( ) Jogar
    g. ( ) Comprar coisas
    h. ( ) Outra atividade Qual? _____
74. Marque com um X no número que corresponde à sua opinião sobre as seguintes afirmações:
    ① Nunca
    ② Quase nunca
    ③ Às vezes
    ④ Quase sempre
    ⑤ Sempre

a	Sinto que sou uma pessoa de valor como as outras pessoas	① ② ③ ④ ⑤
b	Eu sinto vergonha de ser do jeito que sou	① ② ③ ④ ⑤
c	Às vezes, eu penso que não presto para nada	① ② ③ ④ ⑤
d	Sou capaz de fazer tudo tão bem como as outras pessoas	① ② ③ ④ ⑤
e	Levando tudo em conta, eu me sinto um fracasso	① ② ③ ④ ⑤

f	Às vezes, eu me sinto inútil	① ② ③ ④ ⑤
g	Eu acho que tenho muitas boas qualidades	① ② ③ ④ ⑤
h	Eu tenho motivos para me orgulhar na vida	① ② ③ ④ ⑤
i	De modo geral, eu estou satisfeito(a) comigo mesmo(a)	① ② ③ ④ ⑤
j	Eu tenho uma atitude positiva com relação a mim mesmo (a)	① ② ③ ④ ⑤

75. Marque com um X no número que corresponde à sua opinião sobre as seguintes afirmações:

① Não é verdade a meu respeito
② É dificilmente verdade a meu respeito
③ É moderadamente verdade a meu respeito
④ É totalmente verdade a meu respeito

a	Se estou com problemas, geralmente encontro uma saída	① ② ③ ④ ⑤
b	Mesmo que alguém se oponha eu encontro maneiras e formas de alcançar o que quero	① ② ③ ④ ⑤
c	Tenho confiança para me sair bem em situações inesperadas	① ② ③ ④ ⑤
d	Eu posso resolver a maioria dos problemas, se fizer o esforço necessário	① ② ③ ④ ⑤
e	Quando eu enfrento um problema, geralmente consigo encontrar diversas soluções	① ② ③ ④ ⑤
f	Consigo sempre resolver os problemas difíceis quando me esforço bastante	① ② ③ ④ ⑤
g	Eu acho que sou capaz de fazer coisas tão bem quanto a maioria das pessoas	① ② ③ ④ ⑤
h	Tenho facilidade para persistir em minhas intenções e alcançar meus objetivos	① ② ③ ④ ⑤
i	Devido às minhas capacidades, sei como lidar com situações imprevistas	① ② ③ ④ ⑤
j	Eu me mantenho calmo mesmo enfrentando dificuldades porque confio na minha capacidade de resolver problemas	① ② ③ ④ ⑤
k	Eu geralmente consigo enfrentar qualquer adversidade.	① ② ③ ④ ⑤

76. Use a seguinte escala para indicar suas chances de:
    ① Muito baixas
    ② Baixas
    ③ Cerca de 50%
    ④ Altas
    ⑤ Muito altas

a	Concluir o ensino médio (segundo grau)	① ② ③ ④ ⑤
b	Entrar na Universidade	① ② ③ ④ ⑤
c	Ter um emprego que me garanta boa qualidade de vida	① ② ③ ④ ⑤
d	Ter minha casa própria	① ② ③ ④ ⑤
e	Ter um trabalho que me dará satisfação	① ② ③ ④ ⑤
f	Ter uma família	① ② ③ ④ ⑤
g	Ser saudável a maior parte do tempo	① ② ③ ④ ⑤
h	Ser respeitado na minha comunidade	① ② ③ ④ ⑤
i	Ter amigos que me darão apoio	① ② ③ ④ ⑤

77. Neste espaço você pode colocar o que achou deste questionário e/ou mencionar algo que considera importante e/ou que não foi perguntado:

_____
_____
_____
_____
_____

Anexo B

Caro(a) estudante,

Esta pesquisa tem uma parte que é específica para ser respondida pelos participantes da cidade de Fortaleza. Por isso, para encerrar sua colaboração, solicitamos que você responda as três questões abaixo.

Agradecemos a sua importante contribuição.

1. Responda o quadro abaixo se já fez ou ajudou a fazer alguns dos itens abaixo:

	Você já fez/ajudou a fazer	Onde você fez?
Blog	a. ( ) Não b. ( ) Sim	a. ( ) Casa b. ( ) Escola c. ( ) ONG d. ( ) Associação de moradores e. ( ) Comunidade f. ( ) Outros Qual?_____
Site	a. ( ) Não b. ( ) Sim	a. ( ) Casa b. ( ) Escola c. ( ) ONG d. ( ) Associação de moradores e. ( ) Comunidade f. ( ) Outros Qual?_____
Vídeo	a. ( ) Não b. ( ) Sim	a. ( ) Casa b. ( ) Escola c. ( ) ONG d. ( ) Associação de moradores e. ( ) Comunidade f. ( ) Outros Qual?_____

Continua

Continuação

	Você já fez/ajudou a fazer	Onde você fez?
Rádio	a. ( ) Não b. ( ) Sim	a. ( ) Casa b. ( ) Escola c. ( ) ONG d. ( ) Associação de moradores e. ( ) Comunidade f. ( ) Outros Qual?_____
Jornal ou Revista (impresso)	a. ( ) Não b. ( ) Sim	a. ( ) Casa b. ( ) Escola c. ( ) ONG d. ( ) Associação de moradores e. ( ) Comunidade f. ( ) Outros Qual?_____
Outros tipos de mídia. Qual? _____	a. ( ) Não b. ( ) Sim	a. ( ) Casa b. ( ) Escola c. ( ) ONG d. ( ) Associação de moradores e. ( ) Comunidade f. ( ) Outros Qual?_____

2. Caso você tenha marcado o item G na questão 19, trabalho na rua, responda se sua atividade envolve a catação de material reciclável:

   ( ) Não

   ( ) Sim

3. O que você gostaria que acontecesse de bom na sua vida?

   _____
   _____
   _____
   _____
   _____
   _____
   _____

Sobre os Autores

Andréa Carla Filgueiras Cordeiro
Psicóloga pela Universidade Federal do Ceará (UFC). Mestre em Psicologia Cognitiva pela Universidade Federal de Pernambuco (UFPE). Professora Assistente do Departamento de Psicologia da UFC. Coordenadora da Graduação em Psicologia UFC. Coordenadora do Programa de Extensão Núcleo Cearense de Estudos e Pesquisas sobre a Criança (NUCEPEC).
E-mail: andreacfc@ufc.br

Cátula Pelisoli
Psicóloga pela Universidade do Vale do Rio dos Sinos (UNISINOS). Especialista em Psicoterapia Cognitivo-Comportamental pela WP Centro de Psicoterapia Cognitivo-Comportamental. Mestre e Doutoranda em Psicologia pela Universidade Federal do Rio Grande do Sul (UFRGS), com período de doutorado sanduíche na University of Hawaii att Hilo. Psicóloga do Centro de Atenção Psicossocial

Casa Aberta – Osório – RS. Docente da Faculdade Cenecista de Osório (FACOS).
E-mail: catulapelisoli@yahoo.com.br

Cristina Benites Tronco

Psicóloga pela Pontifícia Universidade Católica do Rio Grande do Sul (PUC/RS). Mestre em Psicologia pelo Programa de Pós-Graduação em Psicologia da Universidade Federal do Rio Grande do Sul (UFRGS).
E-mail: cristina_tronco@hotmail.com

Débora Dalbosco Dell'Aglio

Psicóloga. Mestre e Doutora em Psicologia do Desenvolvimento (UFRGS). Pesquisadora do CNPq. Coordenadora do Núcleo de Estudos e Pesquisas sobre Adolescência (NEPA/UFRGS). Docente do Programa de Pós-Graduação em Psicologia (UFRGS). Atua nas áreas do desenvolvimento humano, Psicologia Positiva, famílias, abuso sexual, adolescentes e crianças em situação de vulnerabilidade e de institucionalização.
E-mail: dalbosco@cpovo.net

Diego Mendonça Viana

Psicólogo pela Universidade Federal do Ceará (UFC). Atuação no Orçamento Participativo da Prefeitura Municipal de Fortaleza. Residente em Saúde da Família e Comunidade em Fortaleza. Aluno do curso de Especialização em Gestão de Sistemas e Serviços de Saúde pela Universidade Federal do Ceará.
E-mail: diegomendoncaviana@gmail.com

Elder Cerqueira-Santos

Doutor em Psicologia pela Universidade Federal do Rio Grande do Sul, com bolsa sanduíche pela University of Nebraska – EUA (2008). Possui graduação em Psicologia pela Universidade Federal de Sergipe (2000) e mestrado em Psicologia do Desenvolvimento pela Universidade Federal do Rio Grande do Sul (2004). Consultor da Childhood Foundation (WCF). Tem experiência na área de Psicologia Positiva, com ênfase em Desenvolvimento Social e da Personalidade e atua principalmente nos seguintes temas: desenvolvimento da criança e do adolescente, sexualidade e religiosidade. Atualmente é Professor Adjunto do Departamento de Psicologia da UFS, Pesquisador Produtividade do CNPq e líder do grupo de pesquisa CNPq Psicologia do desenvolvimento e da personalidade: investigações em contextos culturais. Coordenador do Núcleo de Pós-Graduação em Psicologia Social (Mestrado) da Universidade Federal de Sergipe (UFS). Membro da diretoria da Associação Nacional de Pesquisa e Pós--Graduação em Psicologia (ANPEPP).
E-mail: eldercerqueira@yahoo.com.br

Fernanda Lüdke Nardi

Psicóloga pela PUC-RS. Mestre e doutoranda do Programa de Pós--Graduação em Psicologia Universidade Federal do Rio Grande do Sul (UFRGS), com especialização em Terapia de Casal e Família. Membro do Núcleo de Estudos e Pesquisas em Adolescência (NEPA/UFRGS) e psicóloga na Prefeitura Municipal de Porto Alegre.
E-mail: fernanda.nardi@yahoo.com.br

Guilherme Machado Jahn

Estudante de graduação do curso de Psicologia da Universidade Federal do Rio Grande do Sul (UFRGS) e bolsista de Iniciação

Científica do CNPq no Núcleo de Estudos e Pesquisas em Adolescência (NEPA/UFRGS).
E-mail: guijahn@gmail.com

Guilherme Sobreira Lopes
Mestrando em Psicologia pela UFC. Membro do Laboratório Cearense de Psicometria (LACEP).
E-mail: guilherme.s.lopes@hotmail.com

Helenira Fonseca de Alencar
Doutoranda em Psicologia pela Universidade Federal da Bahia (UFBA). Possui graduação e mestrado em Psicologia pela Universidade Federal do Ceará (UFC) e tem experiência acadêmica nas áreas de Processos Clínicos, Psicologia Social e Psicologia Ambiental. Possui formação em Psicologia e Psicoterapia Fenomenológico Existencial.
E-mail: helenirafonseca@yahoo.com.br

Iago Cavalcante Araújo
Psicólogo formado pela Universidade Federal do Ceará (UFC) e mestrando em Psicologia na mesma instituição. Membro do Laboratório de Psicologia em Subjetividade e Sociedade (LAPSUS). Ex-bolsista PIBIC-CNPq e PIBIC-UFC.
E-mail: iago@ymail.com

Idilva Maria Pires Germano
Psicóloga, doutora em Sociologia e professora associada do Departamento de Psicologia da Universidade Federal do Ceará, lecionando na Graduação e na Pós-Graduação em Psicologia. Participa do grupo de trabalho da Associação Nacional de Pesquisa e Pós-Graduação em Psicologia (ANPEPP) Juventude, resiliência e vulnerabilidade" e é

membro do Laboratório de Psicologia em Subjetividade e Sociedade (LAPSUS). Foi coordenadora do curso de Psicologia entre 2001 e 2003, coordenadora do Mestrado de Psicologia em 2005 e vice-coordenadora em 2006. Suas áreas de interesse incluem: métodos qualitativos e narrativo-biográficos; análise de discurso e de narrativas com o objetivo de investigar a interface entre práticas discursivas, biografias e vulnerabilidades; percepção do risco social eincerteza no curso da vida; juventude e vulnerabilidade social; desigualdade social, risco e conflito com a lei; memória, narrativa e resiliência.
E-mail: idilvapg@ufc.br

Jacquelyne Nathaly dos Santos Moura

Assistente Social pela Universidade Estadual do Ceará (UECE) e colaboradora do Núcleo Cearense de Estudos e Pesquisas sobre a Criança – NUCEPEC. Atualmente, cursa especialização em Serviço Social, Políticas Públicas e Direitos Sociais na Universidade Estadual do Ceará (UECE). Realiza Residência Multiprofissional em Saúde Mental na UFC.
E-mail: jacquelynensm@hotmail.com

Janaína Farias de Melo

Psicóloga pela Universidade Federal do Ceará (UFC). Atualmente é membro do Núcleo Cearense de Estudos e Pesquisa sobre a Criança – NUCEPEC. Ex-bolsista de Iniciação Científica PIBIC-CNPq.
E-mail: janjanmelo@uol.com.br

João Paulo Pereira Barros

Mestre em Psicologia e doutorando em Educação Brasileira pela Universidade Federal do Ceará (UFC), Professor Assistente do Curso de Psicologia da Universidade Federal do Piauí – Campus de Parnaíba. E-mail: jppbarros@yahoo.com.br

Joyce Hilario Maranhão
Estudante do curso de Psicologia da Universidade Federal do Ceará (UFC), Integrante do Núcleo Cearense de Estudos e Pesquisas sobre a Criança-NUCEPEC e ex-bolsista de Iniciação Científica PIBIC--CNPq.
E-mail: joyce_hilario@hotmail.com

Juliana Burges Sbicigo
Psicóloga pela Universidade do Vale do Rio dos Sinos (UNISINOS). Mestre e doutoranda pelo Programa de Pós-Graduação em Psicologia da Universidade Federal do Rio Grande do Sul. Integrante do Núcleo de Estudos em Neuropsicologia Cognitiva e do Núcleo de Estudos e Pesquisas em Adolescência.
E-mail: julianasbicigo@gmail.com

Lara Lages Gava
Psicóloga pela Universidade Federal do Espírito Santo (UFES), Mestre em Filosofia pela Universidade Federal do Rio Grande do Sul (UFRGS) e Doutoranda no PPG Psicologia UFRGS. É funcionária do Instituto Geral de Perícias do Rio Grande do Sul, onde exerce o cargo de Perita Criminal/Psicóloga, atuando na realização de avaliações psicológicas investigativas em casos de suspeita de abuso sexual cometido contra crianças e adolescentes.
E-mail: laralagesgava@gmail.com

Letícia Leite Bessa
Professora do curso de Psicologia da Universidade de Fortaleza. Psicóloga pela Universidade de Fortaleza (2002), formação em Psicodrama pelo Instituto de Psicodrama e Máscara (2003), especialização em Psicopedagogia Clínica e Institucional pela Universidade Estadual do Ceará (2004) e mestrado em Psicologia pela Universidade

Federal do Ceará (2010). Atua como psicóloga escolar educacional e colabora em pesquisas com enfoque na adolescência/juventude, situação de risco e proteção social, na cidade de Fortaleza.
E-mail: leticialeitepsi@yahoo.com.br

Luciana Fernandes Marques
Psicóloga, Mestre e Doutora em Psicologia (PUCRS), Professora Adjunta da Faculdade de Educação da Universidade Federal do Rio Grande do Sul, Departamento de Ensino e Currículo e do Programa de Pós-Graduação em Ensino na Saúde da Faculdade de Medicina da UFRGS. Coordenadora do NIETE – Núcleo Interdisciplinar de Estudos Transdisciplinares sobre Espiritualidade (PROREXT--UFRGS). Membro da International Association for the Psychology of Religion. Tem experiência em várias áreas, com ênfase em: Educação e Saúde, Psicologia, Religiosidade/Espiritualidade.
E-mail: luciana.marques@ufrgs.br

Luciana Lobo Miranda
Doutora em Psicologia pela PUC-RJ. Professora do Programa de Pós-Graduação em Psicologia da Universidade Federal do Ceará (UFC). Tem experiência na área de Psicologia Social e Psicologia Educacional/Escolar, atuando principalmente no seguinte tema de pesquisa: subjetividade, educação e mídia. É membro do Laboratório de Psicologia em Subjetividade e Sociedade (LAPSUS). Coordenadora do Programa de Extensão TVEZ: Educação para o Uso Crítico da Mídia (www.tvez.ufc.br).
E-mail: lobo.lu@uol.com.br

Mauro Michel El Khouri

Psicólogo graduado pela Universidade Federal do Ceará. Ex- Bolsista PIBIC-CNPq. Bacharel em Filosofia pela Universidade Estadual do Ceará (UECE). Mestrando em Psicologia pela UFC.
E-mail: maurokhouri@gmail.com

Natália Parente Pinheiro

Psicóloga graduada pela Universidade Federal do Ceará (2012). Ex-Bolsista PIBIC-UFC. Ex-Bolsista FUNCAP. Atua na área Educacional e Escolar.
E-mail: nataliaparentep@gmail.com

Othon Cardoso de Melo Neto

Mestrando em Psicologia Social pela Universidade Federal de Sergipe-UFS. Psicólogo pela UFS (2010), com interesse de pesquisa em Psicolgia do Adolescente a partir da Abordagem Bioecológica do Desenvolvimento Humano. É membro do grupo de Pesquisa sobre Sexualidade Humana da UFS (SexUs) e ministra cursos em Psicologia do Desenvovimento.
E-mail: othon_neto@msn.com

Paula Brígido Rodrigues

Psicóloga pela Universidade Federal do Ceará. Ex-bolsista PIBIC-CNPq e PIBIC-UFC e ex-membro do Laboratório de Psicologia em Subjetividade e Sociedade (LAPSUS/UFC). Atuação em Psicologia Educacional e Escolar.
E-mail: paula_brigido@yahoo.com.br

Samara Silva dos Santos

Psicóloga, pela Universidade do Vale do Rio dos Sinos (Unisinos), Mestre e Doutora em Psicologia pela Universidade Federal do Rio Grande do Sul. Membro do Núcleo de Estudos e Pesquisa em Adolescência – NEPA/UFRGS. Atualmente bolsista de pós-doutorado pela Coordenação de Aperfeiçoamento de Pessoal de Nível Superior (CAPES) no Programa de Pós-graduação em Psicologia na Universidade Federal de Santa Maria (UFSM).
E-mail: silvadossantos.samara@gmail.com

Samara Silva Silveira

Estudante do curso de graduação em Psicologia da Universidade Federal do Ceará (UFC). Integrante do Laboratório de Pesquisa em Psicologia Ambiental (LOCUS).
E-mail: sss.samara@hotmail.com

Shirley Dias Gonçalves

Psicóloga do Instituto Federal de Alagoas. Mestra em Psicologia pela Universidade Federal do Ceará (UFC). Ex-bolsista CAPES.
E-mail: shirleydiasgoncalves@gmail.com

Veriana de Fátima Rodrigues Colaço

Psicóloga pela Universidade Federal de Pernambuco (1978), mestrado em Educação pela Universidade Federal do Ceará (1992), doutorado em Educação pela Universidade Federal do Rio Grande do Sul (2001) e pós-doutorado em Psicologia Educacional pela Universidade de Barcelona (2008). Atualmente é professora Associado da Universidade Federal do Ceará, Departamento de Psicologia. Membro do Núcleo Cearense de Estudos e Pesquisas sobre a Criança (NUCEPEC) e do Grupo de Trabalho da Associação Nacional de Pesquisa e Pós-Graduação em Psicologia (ANPEPP) Juventude,

Resiliência e Vulnerabilidade. Líder do grupo de pesquisa do CNPq Linguagem, Práticas Culturais e Cidadania. Áreas de estudo: Psicologia Educacional e do Desenvolvimento, com ênfase nos temas da infância e juventude.
E-mail: verianac@gmail.com

Walberto Silva dos Santos

Doutor em Psicologia (Psicologia Social) pela Universidade Federal da Paraíba, com estágio sanduíche na Universidade de Santiago de Compostela. Atualmente é Professor Adjunto II da Universidade Federal do Ceará. Tem experiência na área de Psicologia, com interesses voltados para a Psicologia Social e a Construção e Validação de Testes, Escalas e outras Medidas Psicológicas. Atua principalmente em pesquisas acerca de Comportamentos Socialmente Desviantes, Criminologia, Valores Humanos, Validação e Construção de Medidas.
E-mail: walbertosantos@gmail.com

Zulmira Áurea Cruz Bonfim

Psicóloga pela Universidade Federal do Ceará (1985), com mestrado em Psicologia Social e da Personalidade pela Universidade de Brasília (UNB) (1990) e doutorado em Psicologia (Psicologia Social) pela Pontifícia Universidade Católica de São Paulo (PUC/SP) (2003). É especialista em intervenção socioambiental e foi pesquisadora em Espaço Público e Regeneração Urbana pela Universidade de Barcelona no ano de 2001. Atualmente é Professora Adjunto II da Universidade Federal do Ceará. Tem experiência na área de Psicologia Social e Psicologia ambiental, atuando principalmente nos seguintes temas: psicologia social comunitária, psicologia ambiental e afetividade. Coordena o Laboratório de Pesquisa em Psicologia ambiental (LOCUS).
E-mail: zulaurea@uol.com.br